성서 속의 동물들

All Creatures Great and Small: Living Things in the Bible

에드워드 R. 호프(Edward R. Hope) 저
채은하 김동혁 양재훈 우택주 이영미 홍성혁 번역
유정칠 감수

세계성서공회연합회 대한성서공회

성서 속의 동물들
2018년 9월 30일 초판 1쇄 인쇄
2018년 10월 30일 초판 1쇄 발행

지은이 에드워드 R. 호프(Edward R. Hope)
옮긴이 채은하 김동혁 양재훈 우택주 이영미 홍성혁
동물 이름 감수 유정칠
발행처 (재)대한성서공회
서울시 서초구 남부순환로 2569
인쇄소 한일문화사
등록 1962년 7월 20일, 제 1-78

ISBN 978-89-412-9880-9 03230 UBSTH-03

목차

머리말

세계성서공회연합회(United Bible Societies)의 "번역자를 위한 안내서"(Helps for Translators) 시리즈의 책들은 일차적으로는 성서 번역자들에게 필요한 주석적 정보에 집중하고 번역상의 문제들에 해결책을 제시하고자 노력하지만, 동시에 성경을 진지하게 공부하는 다른 이들에게도 유용하고 유익하다고 인정을 받았습니다. 이 책 역시 번역자들뿐 아니라 이 두 번째 그룹의 독자들을 염두에 두고 쓰였습니다. 이 책은 본문 주석이나 언어 및 문화와 관련된 번역상의 문제를 논의하는 데에서 더 나아가, 보다 넓은 자연계 자체에 관한 정보도 제공해 줍니다. 우리는 이 책이 이 시리즈의 다른 책들처럼 유용하고 유익한 자료가 되기를 기대합니다.

동물들은 여섯 개의 범주로 분류되어 다루어지는데(2-7장), 그에 앞서 1장에서는 종과 상관없이 동물 일반을 가리키는 말들을 다룹니다. 각 장에서 동물들은 필자가 제안한 영어 명칭의 알파벳 순서를 따라 수록되어 있습니다. 원문을 기준으로 관련 단어가 나타나는 구절들의 목록을 제공하였는데, 번역에 영향을 주는 문제가 있는 구절이나 단락은 심도 있게 논의하였습니다. 이런 구절들은 굵은 활자로 표기하였습니다.

모든 관련 구절의 장절과 문구는 다른 언급이 없다면 〈영어개정표준역〉(Revised Standard Version)을 따른 것입니다.[1)]

비교적 짧은 **참고 문헌**은 관련 주제에 관심을 두고 보다 깊이 연구할 이들을 위한 것입니다. **용어 해설**은 전문 용어들이 이 책에서 어떻게 사용되었는지를 설명해 줍니다. 이 책을 읽는 성서 번역자는 **용어 해설**을 훑어봄으로써 각 용어가 사용된 전문적인 방식을 이해하는 데 도움을 받을 수 있을 것입니다. **색인**도 몇 개 포함되어 있습니다. 첫째로 이 책에서 논의되는 용어와 주제에 관한 **일반 색인**이 있습니다. 그 다음에는 **동물 이름 색인**, **동물 학명 색인**, **지명 색인**, **성경 장절 색인**, 히브리어/아람어와 그리스어와 라틴어 낱말을 정리한 **성경 낱말 색인**이 있습니다.

히브리 대학교의 디멘트만(C. Dimentman) 교수는 친절하게도 이 책의 원고를 읽고 동물학 분야와 관련된 유용한 설명과 제안을 많이 해 주었습니다.

---

1) [역자주] 한국어 성경은 주로 『성경전서 개역개정판』을 참고하였다.

본문 변환과 원고 편집과 조판의 고된 일을 해 준 프리츠(R. Pritz) 박사께 이루 말할 수 없는 감사를 드립니다. 프리츠 박사는 또 우리에게 없던 그림 자료들을 찾아 주었고 색인들을 만들었습니다. 이스라엘에 살고 있는 프리츠 박사는 그곳의 전문가들을 통해 방대한 문제들에 관해 확인해 주는 작업도 해 줄 수 있었습니다. 그의 꼼꼼한 수고 덕에 이 책이 훨씬 나은 모습으로 나올 수 있게 되었습니다.

세계성서공회연합회의 "번역자를 위한 안내서" 시리즈의 편집자는 이 책을 사용하는 번역자들과 다른 이들의 비평을 귀를 열고 기다립니다. 여러분의 비평을 통해 이후에 나올 책들이 독자들께 더 유용하고 더 필요한 책이 될 수 있을 것입니다.

그림 출처 목록

2.2 – 나사뿔영양(Addax), ©Ltshears, Wikimedia Commons, CC–BY–SA–3.0
2.2 – 물영양(Waterbuck), Pixabay, CC0
2.3.1 – 망토개코원숭이(Hamadryas baboon), Wikimedia Commons, Public Domain
2.3.2 – 버빗원숭이(Vervet monkeys), Pixabay, CC0
2.3.2 – 파타스원숭이(Patas monkey), ©Rhythmasharmad, Wikimedia Commons, CC–BY–SA–4.0
2.4 – 나귀(Donkey), Pixabay, CC0
2.4 – 나귀와 개(Donkey with dog), Ray A. Pritz, UBS
2.5 – 박쥐(Bat), ©Oren Peles, Wikimedia Commons, CC–BY–2.5
2.6 – 시리아불곰(Syrian brown bears), ©Yoninah, Wikimedia Commons, CC–BY–SA–3.0
2.7 – 부발하테비스트(Bubal hartebeest), Pixabay, CC0
2.8 – 단봉낙타(Dromedary), Pixabay, CC0
2.8 – 쌍봉낙타(Bactrian camel), Pixabay, CC0
2.9 – 집고양이(Domestic cat), Pixabay, CC0
2.9 – 살쾡이(Wild cat), ©Tambako The Jaguar, Flickr, CC–BY–ND–2.0
2.10 – 암소(Cows), ©Richard Mayer, Wikimedia Commons, CC–BY–3.0
2.11 – 붉은사슴(Red deer), Pixabay, CC0
2.11 – 다마사슴(Fallow deer), ©Johann–Nikolaus Andreae, Flickr, CC–BY–SA–2.0
2.12 – 개(Dogs), Pixabay, CC0
2.12 – 개(Dog), ©SixtyWeb, Wikimedia Commons, CC–BY–SA–3.0
2.13 – 매너티(Manatee), Pixabay, CC0
2.13 – 바다표범(Seal), Pixabay, CC0
2.14 – 인도코끼리(Indian elephant), ©Jayanand Govindaraj, Flickr, CC–BY–SA–2.0
2.14 – 아프리카코끼리(African elephant), Pixabay, CC0
2.15 – 가젤(Gazelle), ©Ikiwaner, Wikimedia Commons, GFDL
2.15 – 임팔라(Impala), Pixabay, CC0

3.10 – 매(Peregrine falcon), ©Juan Lacruz, Wikimedia Commons, CC-BY-SA-3.0

3.10 – 황조롱이(Kestrel), Pixabay, CC0

3.10 – 붉은꼬리매(Red-tailed hawk), Pixabay, CC0

3.11 – 왜가리(Gray heron), Pixabay, CC0

3.11 – 백로(Egret), Pixabay, CC0

3.12 – 후투티(Hoopoe), ©Dr. Raju Kasambe, Wikimedia Commons, CC-BY-SA-4.0

3.13 – 갈까마귀(Jackdaw), Pixabay, CC0

3.14 – 솔개(Black kite), ©CharlesLam, Flickr, CC-BY-SA-2.0

3.15 – 물수리(Osprey), Pixabay, CC0

3.16 – 수컷 타조(Male ostrich), Pixabay, CC0

3.17.1 – 수리부엉이(Eagle owl), Pixabay, CC0

3.17.2 – 부엉이(Eared owl), Pixabay, CC0

3.17.3 – 금눈쇠올빼미(Little owl), Pixabay, CC0

3.17.7 – 쇠부엉이(Short-eared owl), ©Andy Reago & Chrissy McClarren, Flickr, CC-BY-2.0

3.17.7 – 땅에 앉아 있는 쏙독새(Nightjar roosting on the ground), Pixabay, CC0

3.17.7 – 쏙독새(Nightjar), Pixabay, CC0

3.17.8 – 가면올빼미(Barn owl), Pixabay, CC0

3.18 – 바위자고새(추카)(Rock partridge (chukar)), ©Richard Bartz, Wikimedia Commons, CC-BY-SA-2.5

3.19 – 메추라기(Quail), Pixabay, CC0

3.19 – 메추라기와 그 새끼(Quail with youngs), ©SearchNet Media from Tucson Arizona USA

3.20 – 바다갈매기(Seagull), Pixabay, CC0

3.21 – 참새(Sparrow), Pixabay, CC0

3.21 – 참새(Sparrows), Pixabay, CC0

3.22 – 흰황새(White storks), Pixabay, CC0

3.22 – 검은황새(Black stork), Pixabay, CC0

3.23 – 제비(Swallow), ©JJ Harrison, Wikimedia Commons, CC-BY-SA-3.0

3.23 – 칼새(Swift), ©pau.artigas, Wikimedia Commons, CC-BY-2.0, 제비(Swallow), ©MICOLO J Thanx, Flickr, CC-BY-2.0

4.3 – 카멜레온(Chameleon), Pixabay, CC0

4.4 – 코브라(Cobra), Pixabay, CC0

4.5 – 도마뱀붙이(Gecko), Pixabay, CC0

4.6 – 대브 도마뱀(Dab lizard), ©Jacob, Wikimedia Commons, CC–BY–3.0

4.6 – 아가마도마뱀(Agama lizard), ©Norbert Potensky, Wikimedia Commons, Public Domain

4.6 – 수컷 가시꼬리도마뱀(Male thorn–tailed lizard), ©Eitan f, Wikimedia Commons, CC–BY–SA–3.0

4.7 – 이구아나(Iguana), Pixabay, CC0

4.7 – 사막왕도마뱀(Desert monitor lizard), ©Knockout mouse, Wikimedia Commons, CC–BY–SA–3.0

4.8 – 스킹크도마뱀(Skink), Pixabay, CC0

4.9 – 뱀(Snake), Pixabay, CC0

4.9 – 사막비단뱀(Desert rock snake), ©H. B. Tristram

4.10 – 독사(Viper), Pixabay, CC0

5.1 – 지느러미, 비늘(Fins, Scales), Pixabay, CC0

5.1 – 물고기(Fish), Pixabay, CC0

5.2 – 개구리(Frog), Pixabay, CC0

5.2 – 개구리(Frogs), Pixabay, CC0

5.4 – 달팽이(Snail), Pixabay, CC0

5.4 – 민달팽이(Slug), Pixabay, CC0

6.1 – 개미(Ants), Pixabay, CC0

6.2 – 벌(Bees), Pixabay, CC0

6.2 – 벌(Bees), Pixabay, CC0

6.3 – 벼룩(Flea), ©Katja ZSM, Wikimedia Commons, CC–BY–SA–3.0

6.4 – 파리(Flies), Pixabay, CC0

6.6 – 모기(Mosquito), Pixabay, CC0

6.6 – 깔따구 떼(Swarm of midges), Pixabay, CC0

6.6 – 이(Louse), ©Gilles San Martin, Flickr, CC–BY–SA–2.0

6.7 – 큰 말벌 1(hornet) , 작은 말벌(wasp), Pixabay, CC0, 큰 말벌 2(hornet) ©Ernie, Wikimedia Commons, CC–BY–SA–3.0

6.8 – 거머리(Leech), Pixabay, CC0

6.9 – 메뚜기(Grasshopper), Corel Corporation MOSAIC! CD ©Corel Corporation 1988–1993

성서 속의 동물들 분류 목록

1. 동물 일반

2. 포유류

3. 조류

이 책에서 사용한 약자들

일반 약자, 성경 본문, 번역본, 인용된 책(상세한 사항은 부록의 **참고 문헌** 참조)

A.D.	*Anno Domini* (in the year of our Lord)
B.C.	Before Christ
CEV	Contemporary English Version
DUCL	Dutch common language version
ERH	Edward R. Hope
GECL	German common language version
HOTTP	Hebrew Old Testament Text Project
JB	Jerusalem Bible
KJV	King James Version
NAB	New American Bible
NASB	New American Standard Bible
NEB	New English Bible
NIV	New International Version
NJB	New Jerusalem Bible
NJPSV	New Jewish Publication Society Version
NRSV	New Revised Standard Version
REB	Revised English Bible
RSV	Revised Standard Version
SPCL	Spanish common language version
TEV	Today's English Version
TOB	Traduction oecuménique de la Bible

성경 책 약자

창	창세기
출	출애굽기
레	레위기
민	민수기
신	신명기
수	여호수아
삿	사사기
룻	룻기
삼상 삼하	사무엘 상하
왕상 왕하	열왕기 상하
대상 대하	역대 상하
스	에스라
느	느헤미야
에	에스더
욥	욥기
시	시편
잠	잠언
전	전도서

아	아가	골	골로새서
사	이사야	살전 살후	데살로니가 전후서
렘	예레미야	딤전 딤후	디모데 전후서
애	예레미야애가	딛	디도서
겔	에스겔	몬	빌레몬서
단	다니엘	히	히브리서
호	호세아	약	야고보서
욜	요엘	벧전 벧후	베드로 전후서
암	아모스	요일	요한1서
옵	오바댜	요이	요한2서
욘	요나	요삼	요한3서
미	미가	유	유다서
나	나훔	계	요한계시록
합	하박국		
습	스바냐	토빗	토비트
학	학개	유딧	유딧
슥	스가랴	에(외)	그리스어 에스더
말	말라기	지혜	지혜서
마	마태복음	집회	집회서(시락)
막	마가복음	바룩	바룩
눅	누가복음	바룩 6장	예레미야의 편지
요	요한복음	단(외) 3장	세 젊은이의 노래
행	사도행전	단(외) 13장	수산나
롬	로마서	단(외) 14장	벨과 용
고전 고후	고린도 전후서	1마카 2마카 3마카	
갈	갈라디아서		마카베오 1서, 2서, 3서
엡	에베소서	1에스 2에스	에스드라 1서, 2서
빌	빌립보서		

장절 표시 체계

* 이 책의 논의에서 언급되거나 관련 구절 목록에 사용된 장절 표시 체계는 『성경전서 개역개정판』이나 대다수의 영어 역본들에서 사용된 방식을 바탕으로 하고 있다.
* 히브리어 구약성경과 칠십인역과 영어 외의 일부 번역본에서 사용하는 장절 체계가 다른 경우에는 소괄호 ( )로 표시해 주었다.

  보기: 창 32:5(6)
* 제시된 관련 구절 목록 중에서 사본상의 차이를 보이는 신약 본문 부분과, 그리스어 동물 이름이 외경(제2경전)에 나타나는 경우에는, 대괄호 [ ] 안에 제시했다.

  보기: 6.13 벌레, 구더기(worm, maggot)의 관련 구절 중

  스콜렉스(skōlēx) [막 9:44, 46]; 막 9:48; (행 12:23); [유딧 16:17; 집회 7:17; 10:11; 19:3; 1마카 2:62; 2마카 9:9]
* 외경(제2경전)은 본문이 번역되어 있는 『공동번역개정판』의 장절을 기준으로 표시해 주었다. (『공동번역개정판』에서 한 절을 다시 여러 절로 구분한 경우는 위 첨자로 표시하였다.)

  보기: * 쎄리온(thērion) 막 1:13; 행 28:4, 5 (총 30회 이상); [유딧 11:7; 에(외) 8:12[24](16:24); 지혜 7:20; 12:9; 16:5; 17:19(18) (총 30회 이상)]
* (관련 구절에는 동물 이름이 본문에 나타나는 횟수가 제시되는 경우가 있는데, 이 횟수는 번역본에 따라 조금 차이가 날 수 있다.)

히브리어와 그리스어 음역

아래의 간단한 히브리어 음역 체계는 히브리어를 잘 모르는 이들이 이 책의 논의 내용을 잘 이해할 수 있도록 하려고 채택한 것이다. 영어 모음 *a*, *e*, *i*, *o*, *u*는 히브리어 모음과 가장 가까운 소리를 나타내고 있다. 중복점(다게쉬 포르테)으로 생긴 자음 중복은 보통 자음의 반복을 표시하고 있으나, 영어에서는 필자의 뜻에 따라서 간편하게 자음 하나로만 표시하였다. (그러나 한국어 음역은 한국어의 특성을 고려하여 '악코, 탄닌, 림마, 압비르'처럼 두 자음을 다 밝혀 주었다.) 경강점(다게쉬 레네)은 '김멜', '달레트', '카프'를 음역하는 경우에는 반영하지 않았다. 영어에서 그 발음의 차이는 무시할 만하거나 거의 없기 때문이다. 히브리어 자음은 다음과 같이 음역한다.

א	'	표기 않음	ט	t	ㅌ	פ, ף	f	ㅍ
בּ	b	ㅂ	י	y	표기 않음	צ, ץ	ts	ㅊ
ב	v	ㅂ	כ, ך	k	ㅋ	ק	q	ㅋ
ג	g	ㄱ	ל	l	ㄹ	ר	r	ㄹ
ד	d	ㄷ	מ, ם	m	ㅁ	שׂ	s	ㅅ
ה	h	ㅎ	נ, ן	n	ㄴ	שׁ	sh	(쉬)
ו	w	(위)	ס	s	ㅅ	תּ	t	ㅌ
ז	z	ㅈ	ע	'	표기 않음	ת	th	ㅌ
ח	ch	ㅎ	פּ	p	ㅍ			

다음은 간단한 그리스어 음역 체계이다.

α	a	ㅏ	ι	i	ㅣ	ρ	r	ㄹ
β	b	ㅂ	κ	k	ㅋ	σ, ς	s	ㅅ
γ	g	ㄱ	λ	l	ㄹ	τ	t	ㅌ
δ	d	ㄷ	μ	m	ㅁ	υ	u	ㅜ
ε	e	ㅔ	ν	n	ㄴ	φ	f	ㅍ
ζ	z	ㅈ	ξ	x	ㅋㅅ	χ	ch	ㅋ
η	ē	ㅔ	ο	o	ㅗ	ψ	ps	ㅍㅅ
θ	th	ㅆ	π	p	ㅍ	ω	ō	ㅗ

히브리어와 그리스어의 한글 음역

히브리어 한글 음역 원칙:

1) b(בּ)와 v(ב)는 구별 없이 'ㅂ'으로.
2) p(פּ)와 f(פ)는 구별 없이 'ㅍ'으로.
3) t(תּ)와 th(ת)는 구별 없이 'ㅌ'으로.
4) h(ה)와 ch(ח)는 구별 없이 'ㅎ'으로.
5) t(ט), t(תּ), th(ת)는 구별 없이 'ㅌ'으로.
6) k(כ)와 q(ק)는 구별 없이 'ㅋ'으로.
7) s(ס)와 s(שׂ)는 구별 없이 'ㅅ'으로.
8) sh(שׁ)는 'ㅅ'를 발음할 때 입술을 맞부딪칠 정도로 오므려서 발음하는 것이다.
9) w(ו)는 모음을 발음할 때 입술을 맞부딪칠 정도로 오므려서 발음하는 것이다.
10) l(ל)과 r(ר)은 낱말의 초성일 경우에는 구별 없이 'ㄹ'로 표기한다. 다만 l(ל)이 낱말 가운데서 음절의 초성에 올 경우에는 앞 음절의 종성에 'ㄹ'을 덧붙인다.
11) l(ל)과 m(מ)과 n(נ)이 음절 끝에 올 때에는 그 음절의 종성으로 달아 읽는다.
12) 유성 '쉐와' 및 무성 '세와'는 구별 없이 그것이 붙은 자음에 'ㅡ'모음을 붙여서 읽는다. 예외적으로 sh(שׁ)는 '셰'로 읽고, w(ו)는 '웨'로 읽는다.
13) '(א)와 '(ע)의 발음은 한글에서 표기하지 않는다.

그리스어 한글 음역 원칙:

1) e(ε)와 ē(η)는 구별 없이 'ㅔ'로.
2) k(κ)와 ch(χ)는 구별 없이 'ㅋ'로.
3) o(ο)와 ō(ω)는 구별 없이 'ㅗ'로.
4) p(π)와 f(φ)는 구별 없이 'ㅍ'로.
5) u(υ)와 ou(ου)는 구별 없이 'ㅜ'로.
6) l(λ)과 r(ρ)의 음역은 히브리어 음역 표기법 10번과 같다.
7) l(λ)과 m(μ)과 n(ν)이 음절의 끝에 올 때에는 그 음절의 종성으로 붙여서 읽는다.
8) 이중모음은 두 모음 그대로 이어서 읽는다.

네가 사자를 위해 먹이를 사냥하겠느냐?
아니면 사자의 식욕을 만족시키겠느냐?
그들이 은신처에서 기다릴 때
덤불 숲 속에 누워서 기다리겠느냐? …
아이벡스(산염소) 새끼가 언제 태어나는지 너는 아느냐?
아니면 너는 사슴이 새끼를 낳을 때 있었느냐? …
누가 야생말을 마음대로 돌아다니게 하느냐?
누가 야생나귀(들나귀)에게 자유를 주었느냐? …
매가 날도록 가르치는 기술이 있느냐?
매가 날개를 펴서 남쪽으로 향하게 하는 기술이 있느냐?
너는 (독)수리가 하늘로 솟아오르도록 가르치느냐?
또 높은 곳에 둥지를 틀게 하느냐?
그때 욥이 여호와께 대답하였다:
"저는 비천하오니 어찌 제가 대답할 수 있겠습니까?
저는 제 손으로 저의 입을 가립니다.
다시는 저는 말하지 않겠습니다."

—욥 38-40장에서: 호프(E. R. Hope)의 번역—

일러두기

고대의 자연 환경

짐승, 새, 뱀, 곤충 등 다양한 동물이 성경에서 자주 언급되는데, 특히 욥기, 시편 같은 시가서와 예언서에서 그러하다. 이는 놀랄 일이 아니다. 이스라엘 사람들이 살았던 자연 환경은 사람 손에 그리 많이 훼손되지 않았고 사냥꾼들이 있었더라도 단순한 무기로만 사냥을 했기에 동물 개체 수가 심각하게 줄어들지 않았기 때문이다. 삼림 일부가 인간이 사용하기 위해 잘려 나가고 목초지를 마련하고자 불태워지기도 했지만, 광범위한 수준은 아니었을 것이다. 수 세기 동안 자연 환경은 거의 원형 그대로 보존되었을 것이다.

심지어 주요 도시에서도 히브리 사람들은 새나 도마뱀, 곤충에 둘러싸여 살았고, 들짐승을 만날 요량으로 굳이 외딴곳까지 나갈 필요가 없었다. 탁 트인 초원에는 가젤 떼와 영양 무리가 한가로이 풀을 뜯거나 나뭇잎을 뜯어 먹었고, 숲이 더 우거진 곳에는 사슴과 야생 돼지들이 있었다. 돌이 많은 산지에는 아이벡스(산염소)와 산에서 서식하는 야생 양이 살았다. 도시에 거주하는 이들은 또한 자기 가축이 있어서 식구들 혹은 고용한 목자들이 돌보며 근교의 초원에서 풀을 먹게 했다. 그리하여 이스라엘 사람이라면 가축과 들짐승 모두의 습성과 행동에 대해 아주 잘 알았을 것이다.

지금도 그렇지만 당시에도 그 땅에는 수많은 조류 종이 살고 있었는데, 텃새도 있었고 철새도 있었다. 북반구에 겨울이 시작되면 중앙아시아와 유럽으로부터 많은 조류 종들이 아프리카로 날아간다. 이 새들은 지중해나 인도양을 건너는 장거리 비행을 피하기 위해 이스라엘을 지나는 육로를 택한다. 그리하여 매년 이 위를 통과하는 새들이 말 그대로 수백만이 있어서 9월 말에서 11월 초에는 남쪽으로 날아가고 3월과 4월에는 북쪽으로 돌아간다. 아마도 지구상의 모든 나라들 가운데 철새가 가장 많이 통과하는 나라는 이스라엘일 것이다. 이곳이 세계에서 유일하게 세 대륙이 만나는 지점이기 때문이다. 이 새들 중 많은 수가 이스라엘에서 몇 주를 머물면서 여행을 재개하기 전에 힘을 보충한다. 이런 이유로 이 지역 사람들은 이 새들에 관해 잘 알고 있다. 이런 상황은 성서 시대에도 다르지 않았을 것이다.

성경에 나오는 길짐승과 날짐승 확인하기

히브리어와 그리스어로 된 성경에 나오는 길짐승과 날짐승의 이름을 번역하는 일은 결코 쉽지 않다. 성경에 나오는 많은 길짐승들의 이름이 실제로 무엇을 뜻하는지 의문이 들 수밖에 없다. 대부분의 새들 이름의 경우는 불확실성이 더욱 크다. 이것은 번역 성서들을 비교해 볼 때 여실히 드러난다. 번역본들이 선택한 이름이 일치하는 경우가 실로 드물고, 동일한 새 이름이 매번 같은 단어로 번역되는 경우도 마찬가지로 드물다.

필자는, 이러한 문제를 고려하면서, 각 장에서 동일한 방법론을 적용하고자 하였다. 첫째로, 고고학적 증거 및 다른 증거를 검토하여서, 성서 시대에 이집트와 이스라엘 땅에서 살았을 가능성이 큰 짐승과 새와 다른 동물이 무엇이었는지 규명하고자 주의를 기울였다. 그 다음, 동물 이름이 나타나는 성경 본문의 맥락에 기초하여, 또한 그 이름이 파생된 동사 어근의 의미에 관해 알려진 바에 비추어서, 주어진 문맥에 맞을 가능성이 가장 높은 동물을 찾고자 했다.

이 방법론이 도출한 결과물을 관련 사안의 최종 정답으로 생각해서는 안 될 것이다. 다만 a) 기존의 번역(들)을 뒷받침해 주는 또 다른 증거, 혹은 b) 개연성 있는 또 다른 선택 사항으로 보아야 할 것이다.

위에서 언급한 문제들 외에 또 다른 문제는, 몇몇 새들에 대한 영어 이름이 지역에 따라 서로 다르다는 점이다. 예를 들면, 영국이나 이스라엘, 동아프리카에서 출판된 책에서는 뱀독수리(short-toed eagle)로 알려진 (독)수리(eagle)가 미국이나 남부 아프리카에서 출판된 책에서는 검은가슴뱀수리(black-breasted snake-eagle)로 소개된다. 이런 이유로, 흔히 쓰이는 쉬운 이름 옆에 학명이 제시된다. 때로 다른 학명이 더 있는 경우도 있는데, 이때는 두 학명이 모두 제시된다. 책이 어느 언어로 출판되든, 학명은 새를 다루는 책이라면 보편적으로 사용된다.

동물학자들이 동물을 분류할 때는 보편적으로 받아들이는 체계를 사용한다. 이 책은 이 분류 체계의 용어들을 자주 사용한다. 과학적 정확성이 중요한 요소가 아닌 몇몇 곳에서는 '유형'(type) 또는 '종류'(variety)와 같은 용어들이 나타날 수 있다. 다음은 주요 분류 범주 혹은 계급을 나타낸 표이다. 큰 범주에서 작은 범주 순으로 되어 있다. 굵은 활자체로 나타나는 분류 계급은 책 뒤의 **용어 해설**에서 설명된다.

동물 분류 계급

동물계
문(門, phylum, phyla)
강(綱, class)
목(目, order)
과(科, family)
아과(亞科, subfamily)
속(屬, genus, genera)
종(種, species)
아종(亞種, subspecies)

성경에 나오는 동물들의 이름 번역하기

번역자는 자신의 지역에 서식하는 길짐승과 날짐승(조류)에 관한 최고의 도감을 확보해야 할 것이다. 이 도감에서 현지에 서식하는 동물 중 가장 가까운 것을 찾아내야 한다. 이 도감들이 영어나 불어, 스페인어, 포르투갈어, 독일어 등으로 쓰였다 하더라도, 그 속의 그림이나 설명이나 학명이 길짐승과 날짐승을 확인하는 데 도움이 될 것이고, 그러고 나서 현지인들이 일반적으로 쓰는 이름을 — 만일 있다면 — 찾을 수 있을 것이다. 아프리카의 몇몇 도감, 예컨대 〈로버츠의 남부 아프리카 조류 연구〉(*Roberts' Birds of Southern Africa*) 같은 훌륭한 책은 몇몇 이름을 현지 명칭으로 제시하려고 노력한다. 이런 현지어 이름들은 그림과 설명에 비추어 면밀하게 검토되어야 하고, 번역자들은 그 언어 공동체의 사람들이 그 새들을 보통 어떻게 부르는지를 알아내야 할 것이다. 새들을 부르는 말은 지역에 따라 종종 다를 수 있다.

남북 아메리카와 극동 지역과 오스트랄라시아[1]에서는, 특히 새들의 경우, 번역자들이 현지에서 상응하는 동물을 찾기가 힘든 경우가 많다. 왜냐하면, 성서에 나오는 새들 대부분은 성서의 땅에서만 발견되거나, 유럽 혹은 중앙아시아와 아프리카 사이를 이동할 뿐 그보다 먼 지역에서는 볼 수 없기 때문이다. 번역자들 앞에는 항상 다음과 같은 선택 항목이 있다.

---

1) [역자주] 호주, 뉴질랜드, 뉴기니를 포함한 남태평양 제도를 통틀어서 부르는 이름이다. 넓은 의미의 '오세아니아'와 같은 뜻으로 사용하기도 한다.

1. 성서에서 사용할 동물 이름을, 같은 동물을 가리키는 현지 명칭으로 번역하라.
2. 성서에서 사용할 동물 이름을, 가장 비슷한 현지 동물을 가리키는 현지 명칭으로 번역하되, 성서의 동물이나 현지의 동물이 지닐 수 있는 특별한 상징성에 주의하라.
3. 특정 동물을 가리키는 말을 좀 더 일반적인 이름으로 번역하라. 그리하여 예컨대 곰이 알려지지 않은 지역에서는, 문맥에 따라 '몸집이 큰 사나운 짐승' 같은 표현으로 대체하고 각주를 덧붙일 수 있다.
4. 성서 속의 동물을 가리키는 이름을, 잘 알려진 교역용 통상어나 그 지역의 지배적인 통용어에서 차용하여 번역하고서, 성경 뒤에 부록으로 **용어 해설**이나 작은 사전을 추가하여 그 동물에 대한 설명을 담으라.

위 선택 항목 중 첫 번째 것이 가장 좋은 해결책이긴 하지만, 이것은 성경에서 언급된 동물이 현지에서도 잘 알려져 있는 경우에만 가능할 것이다. 그러나 이런 경우일지라도 번역자는 주의할 필요가 있는데, 특히 동물이 성서 속에서 비유적 표현이나 은유로 사용되었을 때에 그러하다. 성서 문화 속에서의 의미가 현지 문화 속에서의 의미와 매우 다를 수 있다. 예를 들면, 히브리 저자들에게 하이에나는 죽음이나 파멸, 혹은 전쟁에서 완전히 패한 뒤의 황폐함을 의미했다. 그러나 몇몇 아프리카 문화권에서 하이에나는 마녀와 연결된다. 이런 문화권에서 "네 땅은 하이에나의 소굴이 되리라" 하고 말하는 것은 네 땅을 마녀들이 차지할 것이라는 의미를 함축한다. 완전히 똑같은 말로 표현되었지만, 히브리어 저자가 전달하고자 의도했던 의미는 아니다.

비슷한 예로서, 아시아의 많은 지역에서 용은 행운과 번영을 상징하지만, 성경에서는 악과 사악함을 상징한다. 이 같은 경우 번역자는 각주를 삽입하여 독자에게 본래의 의미를 밝힐 필요가 있다.

두 번째 선택 항목도 현지의 동물과 성경의 동물이 중요한 특징을 충분히 공유한다는 조건을 만족시킨다면 좋은 해결책일 때가 많다. 다시 한번, 비유적 표현에서 대체어를 사용할 때에 어떤 함의를 갖게 되는지를 면밀히 검토해야 한다. 현지 동물 이름을 대체어로 선택할 때에는, 당시 이스라엘의 기후나 경관에 대해 잘못된 인상을 주지 않도록 하는 것이 중요하다. 예를 들면, '야생 소'(wild ox)를 '물소'(water buffalo)로 대체하고 '사자'를 '호랑이'로 대체하게 되면, 독자는 이스라엘을 상상할 때에 무의식적으로 몬순 우림 지역을 생각할 것이다. 이런 경우에는 각주를 추가하여, 원문에 언급된 동물은 번역에 언급된 동물과 비슷하지만 다르다는 점을 밝힐 필요가 있다.

만일 원문이 특정한 짐승이나 새를 언급하는데 번역자가 보다 일반적인 명칭을 사용하기로 한다면(3번 선택 항목), 그 동물이 비유적인 표현에서 언급될 경우 바른 의미를 번역에서 되살릴 수 있도록 다시 한 번 주의를 기울여야 한다. 이 문제는 보통, 형용사나 설명하는 어구를 덧붙임으로써 해결된다. 예를 들면, 자칼은 모르지만 개를 아는 곳에서는 '들개'(wild dog)가 가장 나은 현지 명칭일 수 있겠으나, 이 단어는 여러 문맥에서 바른 의미를 전달하지 못할 수 있다. 그러나 '파멸의 들개' 같은 어구는 본래 의도했던 내포적 의미를 되살려 줄 수 있다. 이러한 '첨가'는 전적으로 정당한 것이다. 이 내포적 의미가 원문에 분명히 의도되어 있기 때문이다.

번역에서 다른 언어에서 빌려온 차용어가 사용되는 경우(4번 선택 항목), 그 단어는 반드시 성경 뒤의 **용어 해설**에서 설명해 주어야 한다. 차용어를 음역하여 적을 때에는 독자들이 쉽게 발음할 수 있도록 주의를 기울여야 한다. 독자들이 이 차용어들을 읽을 때 더듬거나 머뭇거린다면, 이는 음역을 개선할 필요가 있다는 뜻이다.

이 책의 특징

성서 속 동물들의 중요성에도 불구하고, 많은 번역자들과 성서 연구자들을 매우 혼란스럽게 하는 사실이 있다. 다양한 성서 번역을 비교해 보면 짐승과 새의 이름들이 번역본들 간에 일치하는 경우가 거의 없다는 것이다. 예를 들면, **레 11:13–19**에 있는 부정한 새들의 목록을 다양한 번역본들에서 서로 비교해 보면 RSV에서 '따오기'(ibis)로 불리는 것이 NEB에서는 '비명올빼미'(또는 북아메리카 귀신소쩍새, screech owl)로, JB에서는 '가마우지'(cormorant)로, NIV에서는 '큰올빼미'(great owl)로 불린다. 사실, 목록이 완전히 일치하는 영어 역본은 존재하지 않는다.

이 모든 것은 짐승이나 새, 곤충, 파충류를 가리키는 고대 히브리어 명칭의 대부분이 어떤 특정 생물과 확실히 연결되지 못한다는 사실에서 비롯된다. 기껏해야 주석가와 번역자는 자신이 할 수 있는 최선의, 합리적 추측만을 해 볼 뿐이다.

학자들조차도 문제들을 마주한다. 학자들의 다수가 히브리어와 그리스어 혹은 중동 지역의 다른 고대 언어들의 전문가이지만, 동물이나 새 등과 관련한 분야에 있어서는 대개 그 반대이기 때문이다. 그 결과, 몇몇 번역본에서 본문은 성서의 땅에 존재한 적이 없는 동물을 언급하게 되었다. 반대로, 학자들이 그 지역의 짐승들과 새들에 관해서는 다 알더라도 성서 히브리어와 그리스어에 대해서는 거의 모르는 경우도 있다.

이 책의 목적은 이런 어려운 명칭들을 번역·해석함에 있어 성서 연구자들에게 더 나은 기초를 제공하고자 함이다. 동물학, 언어학, 고고학적 사실들이 (동물의 명칭들이 사용되는 모든 성서 본문과 더불어) 매우 자세하게 연구되었다. 이 연구의 결과가 여기에 요약되어, 연구자와 번역자를 우리가 믿는바 가장 개연성 높은 해석으로 안내하고자 한다. 때로 이것은 어떤 특정 동물의 이름에 대한 해석뿐 아니라, 성서 속에서 그 동물에 관해 말하는 내용에 관한 해석도 아우른다.

이 책은 다음의 장들로 구성되어 있다.

1. 동물 일반
2. 포유류
3. 조류
4. 뱀과 도마뱀
5. 물고기, 개구리, 연체동물
6. 곤충, 거미, 벌레
7. 신화적 괴물

각 장에서 동물들은 영어 이름의 알파벳 순서를 따라 다루어진다. 모든 동물이 — 성경에 단 한 번 언급된 동물의 경우에도 — 각각 따로 논의된다. 연구자/번역자에게 최대한 도움이 될 수 있도록 각 논의는 동일한 순서를 따른다. 표제어는 논의할 동물의 영어 이름(들)에 기초하는데, 이름(들)은 필자가 제안한 것이다. 이것은 연구자나 번역자가 쓰고 있는 영어 역본에 나타나는 이름과 다를 수 있다. 공부하고자 하는 동물의 이름이 표제어에 없다면, 동물 이름 색인에서 찾을 수 있을 것이다. 또는 성경 장절 색인을 참고할 수도 있다. 색인에 적힌 쪽을 찾아가면, 찾고자 하는 동물에 관한 논의에 이르게 될 것이다.

대개는, 필자가 제안하는 번역에 동의하는 성경 역본과 학자 그룹이 적어도 하나는 있다. 그러나 한두 사례에서, 필자의 제안에 오직 몇몇의 학자만이 동의를 하고 현재 사용되는 영어 성경 중에는 동의하는 역본이 하나도 없는 경우도 있다. 어떤 경우든 본문에서 이것은 분명하게 제시된다.

이 안내서가 이 책을 읽는 모든 독자에게 유용하고 흥미로운 책이 되기를 희망한다. 비교적 전문적인 용어를 사용해야 할 때가 몇 번 있었다. 그러나 이런 경우 좀 더 널리 사용되는, 그러나 약간은 덜 정확한 표현을 괄호 안에 삽입하고자 하였다.

기타 안내

* 『성경전서 개역개정판』과 같은 '전통 번역'에서 사용해온 동물 이름을 제시할 필요가 있을 경우에는 '영양'(산염소)과 같이 괄호 안에 제시하였다.
* 동물 이름에 대한 한국어 대응어가 없을 경우 음역을 하고, 괄호 안에 옆줄을 써서 간략한 설명을 덧붙여 번역하였다.
  보기: 긴 꼬리를 지닌 랑구르(langur - 긴꼬리원숭잇과의 포유류)
* 동물 이름을 한국어로 달리 번역할 수도 있을 때는 괄호 안에 '또는'으로 제시해 주고, 영어 명칭 또는 학명을 이어서 적었다.
  보기: 물사슴(또는 삼바사슴, sambar deer)
* 무게 및 길이 단위는 미터법만을 썼다.
* 본문에서 저자 이름과 '출판 연도와 쪽수 정보'로 제시된 책 또는 논문들은 이 책 뒤의 '참고 문헌' 목록에서 확인할 수 있다.
  보기: 발터 바우어(Walter Bauer)는 마 21:5의 '에피 폴론 후이온 후포주기우'(epi pōlon huion hupozugiou)라는 본문에 언급된 짐승이 나귀가 아니라 망아지(foal)임을 매우 설득력 있게 논증한 바 있다(1953: 220-229).
* 한국어로 출판된 책 이름은 겹낫표 『 』로 표시했고, 한국어로 출판되지 않은 책 이름은 홑화살표 〈 〉로 표시했다.
  보기: 『성경전서 개역개정판』
  〈요한계시록 안내서〉(A Handbook on The Revelation to John)
* 외경 본문은 『공동번역성서』의 장절 체제를 따라 다음과 같이 표기하였다.
  GrkEst 16:24 → 에(외) 8:12[24]

1. 동물 일반

성경에는 특정 종(species)을 명시하지 않고 일반적인 의미로서 '동물' 또는 '피조물'을 뜻하는 단어가 많다. 거의 모든 언어에는 '살아 있는', '숨 쉬는' 또는 '정신이 깃든'(영어 '애니멀'[animal]의 문자적인 의미) 생물을 가리키는 단어가 한 개 이상 있다.

히브리어 '브헤마'(*behemah*)는 그 의미의 범위가 넓어서 이 장의 소제목들, 곧 동물 일반, 가축, 운송용 동물과 야생 동물 모두를 가리키고 있다. 이 단어는 성경에 약 190회 정도 나온다. '브헤마'(*behemah*)가 사용된 몇 가지 대표적 용례를 각 의미의 범주에 따라 제시하였다. 대체로 문맥을 보면 이 가운데 어떤 의미가 적절한 것인지를 알 수 있다.

관련 구절

브헤마(*behemah*) 창 1:24, 25, 26; 2:20; 3:14; 6:7 등

하이(*chay*), 하야(*chayah*), 헤와(*cheywah*) 창 1:28; 2:19; 3:20; 6:19 (총 100회 이상)

쎄르(*thēr*) 지혜 11:18; 2마카 4:25; 11:9; 3마카 5:31; 6:7 등

조온(*zōon*) 히 13:11; 벧후 2:12; 유 10절; 계 4:6, 7, 8, 9; 5:6, 8, 11, 14; 6:1, 3, 5, 6, 7; 7:11; 14:3; 15:7; 19:4; [지혜 7:20; 11:15; 12:24; 13:10, 14; 15:18, 19; 17:19(18); 19:10; 집회 16:30; 43:25]

크노달론(*knōdalon*) 지혜 11:15; 16:1; 17:9

크테노스(*ktēnos*) 1에스 2:7(4), 9(6); 5:1; 8:50; 9:4; 토빗 10:10; 유딧 4:10; 5:9; 8:7; 11:7, 12; 집회 7:22; 40:8; 바룩 3:32; 1마카 1:47; 2:30, 38; 12:23

테트라포도스(*tetrapodos*) 바룩 3:32; 단(외) 3:81

케르사이오스(*chersaios*) 지혜 19:19

아니마(*anima*), 아니말리스(*animalis*) 2에스 6:47, 48; 11:39, 40

베스티아(*bestia*) 2에스 5:8; 6:53; 7:65; 8:30

크레아투라(*creatura*) 2에스 5:45; 11:6

콰드루페스(*quadrupes*) 2에스 7:65

이름에 대한 논의 히브리어 '하이'(*chay*), '하야'(*chayah*)와 아람어 '헤와'(*cheywah*), 그리스어 '조온'(*zōon*)은 '생명', '살아 있다'를 뜻하는 어근에서 파생된 것

이다. 이 단어들은 살아 있는 모든 유형의 생물을 가리킬 수 있다. 문맥에 따라 사람을 나타내기도 하고, 동물 또는 물속에 사는 생물을, 때로는 살아 있는 모든 생물을 말하기도 한다. 그렇지만 예외 없이 모든 경우에 이 단어들은 식물이 아니라 어떤 형태의 동물 생태를 가리킨다. 몇몇 문맥에서 '하이'(*chay*)라는 단어는 형용사적으로 기능해서 '살아 있는', '산', '생명이 있는' 등으로 번역되고 있다.

'하이'(*chay*)라는 단어가 특정 동물을 지목하지 않는다 하더라도 문맥을 보면 대체로 어떤 동물을 의미하는지 알 수 있다. 그러나 창세기와 에스겔과 요한계시록의 몇몇 구절에서는 어떤 동물 또는 존재를 의미하는지를 유추할 수 있는 단서가 없기도 하다. 우리가 알고 있는 전부는 그것들이 살아 있다는 것뿐이다.

문자적으로 '네 발을 가진'이라는 뜻을 지닌 '테트라포도스'(*tetrapodos*)와 '콰드루페스'(*quadrupes*)라는 단어는 일반적인 의미의 동물을 가리키는데, 특히 뱀이나 새나 다른 생물과 대조되는 포유류를 언급한다.

특별한 의미 또는 상징 창세기와 에스겔과 요한계시록에서 "생물"들은 생명을 주시는 하나님과 어떤 식으로든 연결되어 있는 것이 확실하다.

번역 대부분의 언어에서 살아 있는 것을 통칭하는 단어는 문맥에 따라 서로 다르게 번역해야 할 것이다. 이 단어가 확실히 사람을 가리키는 문맥에서는 '살아 있는 사람'을 뜻하는 표현이 좋은 번역어가 될 것이고, 다른 문맥에서는 '살아 있는 동물', '살아 있는 피조물' 등이 가장 좋을 것이다. 어떤 경우에는 '동물'을 뜻하는 일반적인 단어가 적절할 것이다. 예컨대 CEV의 벧후 2:12 번역을 비교하라. "이 사람들은 지각 없는 동물들보다 나은 점이 없어서…" 희생 제사가 관련된 문맥에서는 '살아 있는 들비둘기'(dove)나 '살아 있는 염소'(goat) 또는 다른 살아 있는 희생 제물용 짐승으로 번역하는 것이 나을 것이다. 그러면 동물에 따라서 그 맥락 안에서 구체적으로 구별될 수 있다.

계 4:6: '생물'이라고 번역된 단어는 대부분의 문맥에서 '동물'을 뜻하지만, 여기서는 이 특정 의미('동물')로 사용해서는 안 된다. 이들은 단지 살아 있는 존재일 뿐이고, 동물이나 사람으로 구분되지 않기 때문이다. 이들은 겔 1:5-14에 있는 생물들을 본보기로 삼은 것으로 보인다. '생물'의 번역어로 '그룹'(*cherub*) 또는 '스랍'(*seraph*)이란 음역을 사용하는 오랜 기독교 전통이 있는 문화권이 많은데, 그러한 문화권에서는 (그리고 번역자들이 이 용어가 계속 사용되어야 한다고 느낀다면) 음역으로 표기한 후 이 피조물에 관해 설명해 주는 각주나 용어 해설이 제공되어야 할 것이다.

1.1 길들여서 기르는 동물, 가축, 동물, 생물

관련 구절

브헤마(*behemah*) 창 34:23; 36:6; 47:18; 출 9장(5회) (총 50회 이상)

브이르(*be'ir*) 출 22:5(4); 민 20:4, 8, 11; 시 78:48

미크네(*miqneh*) 창 4:20; 13:2, 7; 26:14 (총 50회 이상)

쓰렘마(*thremma*) 요 4:12

이우멘툼(*iumentum*) 2에스 6:53

페쿠스(*pecus*) 2에스 8:29

이름에 대한 논의 위에서 언급한 단어들은 소유물 또는 '살아 있는 재산'으로 간주되는 모든 종류의 가축을 가리킨다. 몇몇 번역본들은 이 단어들을 '소들, 소 떼'를 뜻하는 영어 '캐틀'(cattle)로 번역하고 있다. 하지만 이 단어들이 이들 번역본에서 사용될 때에는, '길들여서 기르는 동물' 또는 '가축'에 해당하는, ('캐틀'의) 좀 더 일반적인 옛 의미를 지닌다. 이 단어들의 의미는 소(cattle), 양(sheep), 염소(goat), 낙타(camel)와 나귀(donkey)를, 다시 말해서 가정 및 상업적 목적을 위해 집단적으로 키우는 모든 짐승을 포함한다.

특별한 의미 또는 상징 아브라함, 이삭과 야곱의 족장 시대에 가축은 한 사람의 부유함을 측정하는 기준이었다. 가축을 많이 소유한 사람은 '유복한' 사람으로 간주되었다. 반대로 가축이 없는 사람은 지위가 낮은 사람이었다.

번역 가장 좋은 번역어는 모든 종류의 가축용 짐승을 아우르는 포괄적인 표현이다.

1.2 사람을 태우거나 짐을 나르는 동물

관련 구절

브헤마(*behemah*) 느 2:12, 14

브이르(*be'ir*) 창 45:17

크테노스(*ktēnos*) 눅 10:34; 행 23:24; 고전 15:39; 계 18:13

이름에 대한 논의 이 범주에 속하는 동물에는 사람이 타거나 짐을 나르는 모든 동물들이 해당된다. 여기에는 나귀(donkey), 낙타(camel), 말(horse), 노새(mule)와 소(oxen)가 포함된다. 각각의 동물들에 대해 더 자세히 알고 싶으면 2장의 '포유류' 항목 아래 다루어지는 각 동물에 관한 논의를 보라.

번역 **눅 10:34:** 이 본문에서 선한 사마리아인이 부상을 입은 유대인을 어떤 동물에 태웠는지는 정확히 알 수 없다. 우리가 아는 것은 그것이 사람을 태우거나 짐을 나를 수 있는 동물이었다는 것뿐이다. 그래서 많은 영어 역본들은 이 단어를 '짐승'(beast)이나 '승용마'(mount)라고 번역하고 있다. 그러나 우리는 흔히 타는 운송 수단이 나귀였음을 알고 있으므로, 예수가 이 비유를 말할 때 나귀를 생각했을 것이라고 추측할 수 있다. 그래서 NIV를 포함한 몇몇 번역본들은 '나귀'(donkey)로 번역하고 있다. 그렇다면 번역자는 '타는 동물' 또는 '짐 싣는 동물'을 뜻하는 표현을 쓰거나 '나귀'를 뜻하는 단어를 선택할 수 있다.

행 23:24: 마찬가지로 바울이 예루살렘을 떠나서 가이사랴로 갈 때에, 어떤 동물이 탈 것으로 마련되었는지 우리는 알 수 없다. 그 당시 로마인들의 일반적인 운송 수단이 말이었음을 우리가 알고 있으므로, 이 역시 '말'(horse)이었을 가능성이 크다. 이때 번역자는 '타는 동물' 같은 표현이나 '말'을 뜻하는 단어를 쓸 수 있다.

고전 15:39: 문맥을 보면 어떤 특정 동물도 의도되지 않았음을 알 수 있다. '동물'을 통칭하는 일반적인 단어가 이 문맥에 가장 잘 어울린다.

계 18:13: 모든 영어 역본이 이 절에서 '캐틀'(cattle)이란 단어를 사용하고 있는데, 그것은 이 단어가 복수형이고 '양들'과 함께 나오면서 평행을 이루고 있기 때문이다. 이 문맥에서 저자가 나귀를 의도하지 않았음은 거의 확실하다. 나귀는 상품으로 수출되지 않았기 때문이다.

1.3 야생 동물 또는 위험한 동물

관련 구절

브헤마(*behemah*) 신 28:26; 32:24; 삼상 17:44; 렘 7:33; 15:3; 16:4; 21:6; 34:20; 욜 1:20; 2:22; 미 5:8(7)

하야(*chayah*), 헤와(*cheywah*) 창 37:20, 33; 출 23:11, 29; 레 17:13; 26:6, 22 (총 60회 가량)

쎄리온(*thērion*) 막 1:13; 행 11:6; 28:4, 5 (총 30회 이상); [유딧 11:7; 에(외) 8:12[24]; 지혜 7:20; 12:9; 16:5; 17:19(18) (총 30회 이상)]

모양 위의 단어들은 야생 동물, 또는 사람에게 위험한 동물들이다. 사자나 늑대 같은 동물뿐 아니라 뱀(snake)도 가리킬 수 있다.

특별한 의미 또는 상징 요한계시록에서 '짐승'은 큰 악과 연관이 있다.

번역 '브헤마'(*behemah*), '하야'(*chayah*)와 '헤와'(*cheywah*)가 야생 동물이나 위험한 동물을 가리킨다는 사실은 본문 속에서 대개 '악한', '야생의', '들의', '땅의', '숲의' 같은 수식어를 통해서 확실해진다.

마카베오서에서 '쎄리온'(*thērion*, 문자적으로, '큰 동물')은 대체로 코끼리를 가리킨다. 2.14 '코끼리'를 보라.

행 28:4-5: 28:3에서 바울이 독사에 물렸다고 나오지만(4.10 '독사'를 보라), 이 동물은 4절과 5절에서 그리스어 '토 쎄리온'(*to thērion*, '그 위험한 생물')으로 불리고 있다. 대부분의 영어 역본에서 이 단어는 '그 뱀'(the snake)으로 번역되고 있으며, 또 다수의 언어들에서도 이렇게 번역하는 것이 자연스러울 것이다. 몇몇의 번역본은 '독을 지닌 것'을 뜻하는 표현을 사용하고 있다.

히 12:20: 이 구절에서는 '쎄리온'(*thērion*)이 특별히 어떤 위험한 동물이 아니라 일반적인 동물을 가리키는 것 같다. 대부분의 현대 영어 역본은 이 본문의 '쎄리온'(*thērion*)을 '동물'(an animal)로 번역하고 있다.

다른 모든 경우에 '쎄리온'(*thērion*)은 '야생 동물'(또는, 들짐승)이나 '위험한 동물(짐승)'을 나타내는 표현으로 사용된다. 요한계시록의 짐승은 상징적으로 사용되고 있는데, 때때로 어떤 문화권에서는 흉악함을 대표하는 특정 짐승의 이름(예, 하이에나)으로 번역되기도 한다. 그러나 이 방식은 정말 최후의 수단으로만 사용되어야 한다. 왜냐하면 요한계시록의 저자가 특정 동물의 이름이 아닌 일반적인 단어를 사용함으로써 그가 가리키는 위험한 짐승이 무엇인지는 독자의 상상력에 맡겼기 때문이다. 4-6장에서 선을 대표하는 '생물'과 후반부의 악을 대표하는 '야생 동물'을 분명하게 구별할 수 있도록 주의를 기울여야 한다.

아래의 내용은 브래처(Robert Bratcher)와 해튼(Howard Hatton)의 <요한계시록 안내서>(*A Handbook on The Revelation to John*)에서 계 11:7과 13:1의 해설을 정리한 것이다:

> '짐승'(beast)으로 번역된 단어는 단순히 '동물'(animal)을 의미한다. AT(The American Translation)와 필립스(J. B. Phillips)는 여기서 '그 동물'(the animal)이라고 번역하고 있는데, 영어에서 이 표현은 좀 이상하다. 번역자는 가능하다면 이 동물들만을 일컫는 단어 하나를 찾아내야 한다. 어쩌면 상상 속의 동물들이 흔히 등장하는 전설이나 동화에서 가져온 단어들을 쓸 수도 있겠다. 여기서는 '괴물'(monster)이나 '거친/야생 짐승'(wild beast), 나아가 '식인 도깨비'(ogre) 같은 단어가 적절할 수 있다. 길들인 동물과 야생 동물, 이렇게 두 가지로만 동물을 구별하는 언어들에서는 '짐승'을 규정할 때에 '무서운 야생 동물'이나 '거대하고 무시무시한 동물', 나아가 '공포스럽고 잔학한 동물' 같은 문구를 사용하여 그 동물을 특징지을 필요가 있을 것이다.

2. 포유류

2.1 정결한 동물(신 14:4-6)

신 14:4-6에는 정결한 동물들의 목록이 나오는데, 여기에는 세 종류의 가축과 일곱 종류의 초식 동물이 들어 있다. 이 가운데 세 종류가 어떤 동물인지에 관해서는 학자들 사이에 합의가 이루어졌으나 일곱 종류에 관해서는 의견이 분분하다.

각각에 해당하는 동물을 찾기 전에, 먼저 고고학적인 증거에 따라 어떤 동물들이 당시 사람들에게 친숙했는지를 추론하는 것이 유용해 보인다. 가젤(gazelle, 노루), 오릭스(oryx, 뿔이 긴 사슴), 아이벡스(ibex, 산 염소), 다마사슴(fallow deer)과 산에 사는 야생 양(mountain sheep, 산양)과 같은 동물들이 모두 이 지역에서 발견되었던 만큼, 당시 사람들이 이 동물들을 알고 있었으리라는 것은 확실하다. 이 동물들은 차례대로 히브리어 '츠비'(*tsevi*), '트오'(*te'o*), '악코'(*'aqo*), '아얄'(*'ayal*), '제메르'(*zemer*)와 연결될 수 있다. 이로써 일곱 종류의 동물들 중 다섯이 밝혀진 셈이다. 나머지 둘은 여전히 해결되지 않은 문제로 남아 있다.

아주 이른 시기부터 성서의 땅에서 발견되었던 야생 동물 중 정결한 동물이라고 확고하게 간주된 것들에는 '붉은하테비스트'(red hartebeest)와 코부스(kobus) 유형의 '영양'(antelope)이 있다. 문제의 히브리어 '야흐무르'(*yachmur*, 불그스름한 사슴)가 이 둘 중 하나로, 아마 거의 하테비스트를 가리킬 것이다. 만약 이것이 옳다면, 후대에 솔로몬이 이스라엘에서 붉은하테비스트 떼를 목축했을 것으로 보인다(**왕상 4:23**). 이처럼 야생 하테비스트를 기르는 일은 메소포타미아와 이집트에서 흔한 일이었다.

문제의 두 번째 히브리어 디숀(*dishon*)은 '코부스영양'(kobus antelope)이나 '나사뿔영양'(addax antelope)을 가리킬 수 있는데, 이것 역시 이집트에서 목축되었던 동물이다.

분명한 것은 이스라엘 사람들에게 알려졌던 모든 '사냥용 동물들'—사슴, 영양, 가젤, 야생 염소(wild goat), 야생 양(wild sheep)—이 정결한 동물들의 목록에 포함되어 있다는 점이다. 번역할 때 이 사실을 보존해 주는 것이 각 동물에 해당하는 히브리어를 확정하는 일보다 더 중요할 것이다.

〈신 14:4-5〉

히브리어	쇼르(*shor*)	케세브(*kesev*)	에즈(*'ez*)	아얄(*'ayal*)	츠비(*tsevi*)
KJV	ox([수]소)	sheep(양)	goat(염소)	hart(수사슴)	roebuck(수노루)
RSV	ox([수]소)	sheep(양)	goat(염소)	hart(수사슴)	gazelle(가젤)
NEB	ox([수]소)	sheep(양)	goat(염소)	buck(수사슴)	gazelle(가젤)
JB, NIV	ox([수]소)	sheep(양)	goat(염소)	deer(사슴)	gazelle(가젤)
TEV	cattle(소)	sheep(양)	goats(염소)	deer(사슴)	—
NAB	ox([수]소)	sheep(양)	goat(염소)	red deer (붉은사슴)	gazelle(가젤)
ERH	**cattle(소)**	**sheep(양)**	**goats(염소)**	**deer(사슴)**	**gazelle(가젤)**

히브리어	야흐무르 (*yachmur*)	악코 (*'aqo*)	디숀 (*dishon*)	트오 (*te'o*)	제메르 (*zemer*)
KJV	fallow deer (다마사슴)	wild goat (들염소/야생염소)	pygarg (피가르그)	wild ox (야생 소)	chamois (알프스산양)
RSV	roebuck (수노루)	wild goat (들염소/야생염소)	ibex (아이벡스)	antelope (영양)	mountain-sheep (산양)
NEB	roebuck (수노루)	wild goat (들염소/야생염소)	white-tailed deer (흰꼬리사슴)	long-horned antelope (긴뿔영양)	rockgoat (바위염소)
JB	roebuck (수노루)	ibex (아이벡스)	antelope (영양)	oryx (오릭스)	mountain sheep (산양)
NIV	roe deer (노루)	wild goat (들염소/야생염소)	ibex (아이벡스)	antelope (영양)	mountain sheep (산양)
TEV	—	wild goats (들염소/야생염소)	antelopes (영양)	—	wild sheep (야생양)
NAB	roe deer (노루)	ibex (아이벡스)	addax (나사뿔영양)	oryx (오릭스)	mountain sheep (산양)
ERH	hartebeest (bubal)([부발] 하테비스트)	ibex (아이벡스)	antelope (영양)	oryx (오릭스)	mountain sheep(산양)

2.2 영양(antelope)

관련 구절

디숀(*dishon*) 신 14:5

이름에 대한 논의 칠십인역은 히브리어 '디숀'(*dishon*)을 '푸가르고스'(*pugargos*, KJV는 'pygarg'로 음역)로 옮기고 있는데, 이 말은 '흰 궁둥이'라는 뜻을 갖고 있다. 이 그리스어는 코부스(*Kobus*)과(科)에 속한 영양을 가리킬 수 있는데, 여기에 '물영양'(waterbuck), '싱싱영양'(defassa waterbuck, *Kobus defassa*)과 '흰귀코브'(white-eared kob, *Kobus megaceros*)가 포함되어 있다. 이들 모두 궁둥이 주변에 하얀 고리 무늬를 갖고 있다. 두 번째와 세 번째 종의 영양은 성서 시대에 잘 알려져 있었다. 대부분의 가젤 유형은 흰 궁둥이를 갖고 있다.

그러나 이 이름은 또 다른 영양인 '나사뿔영양'(*Addax nasomaculatus*)과 연결 짓는 것이 거의 전통처럼 되었는데, 이상하게도 이 동물은 하얀 궁둥이를 갖고 있지 않다(NAB와 비교하라). 나사뿔영양이 서북 아프리카의 종인데다, 리비아 동쪽 지역에서 서식했다는 확실한 증거도 없다. 그렇지만 유럽의 사슴 공원에서 사슴을 기르는 것과 비슷한 방식으로 이집트 사람들이 나사뿔영양을 목축했을 가능성이 충분히 있다. 다만 식용의 목적뿐 아니라 제사의 목적도 있었을 것이다. 솔로몬 또한 이런 목적으로 이 동물들을 사육했을 것이다.

나사뿔영양

많은 학자들은 '디숀'(*dishon*)이라는 이름을 히브리어 어근 *d-w-sh*와 연결하고 있는데, 그러면 이 이름은 '뚜벅뚜벅 걷다'라는 뜻과 관련된다. 이 점은 나사뿔영양과 잘 맞아떨어진다. 이 동물은 발굽이 크고 대체로 리듬감 있게 걷기 때문이다. 몇몇 학자들은 몇 가지 증거를 가지고서 '디숀'(*dishon*)이 오릭스(*Oryx leucoryx*)[1] 즉 '아라비아오릭스'(Arabian oryx) 또는 '흰오릭스'(white oryx)라고 제안하고 있다. 이

1) [감수자주] 아라비아오릭스(또는 흰오릭스)는 아라비아반도의 사막이나 스텝 지역에 살고 있는 가장 작은 오릭스이다.

주장의 언어학적 근거는 오릭스를 가리키는 아카드어 이름 '다-앗-수'(*da-as-su*)에서 나왔는데, 그 어근이 히브리어 어근 *d-sh-n*과 가깝다는 것이다. 그러나 동물학자들은 다른 히브리어 단어인 '트오'(*te'o*)도 '오릭스'로 해석하고 있다. 이 이름 역시 신 14:5의 정결한 동물의 목록에 포함되어 있으므로, '디숀'(*dishon*)이라는 단어마저 '오릭스'를 가리킬 것 같지는 않다. '디숀'(*dishon*)은 나사뿔영양 아니면 코부스영양 중 하나를 가리키겠지만, 어떤 선택도 절대다수의 지지를 얻지 못하고 있다(또한 2.7 '부발하테비스트'를 보라).

모양 코부스영양은 몸집이 상당히 큰 편이어서 어깨까지 높이가 약 1.3미터에 이르고 털도 꽤 길다. 수컷은 뿔이 있는데, 뿌리 쪽에서 약 45도 각도로 자라다가 앞쪽 위로 휘어지고, 길이가 50센티미터를 넘는 경우가 많다. 물영양과 싱싱영양은 회색빛에서 회색에 가까운 황갈색이고, 흰귀코브는 붉은 색을 띠고 있다. 이들은 강이나 습지 부근에 작은 떼를 이루고 살고(흰귀코브는 종종 큰 떼를 이루고 산다), 풀과 물풀을 먹는 초식 동물(grazer)[2]이다.

물영양

나사뿔영양은 뿔이 나선형이고 발굽이 넓다. 겨울철에는 나사뿔영양의 털이 엷은 갈색이지만 여름에는 거의 흰색이다. 이들의 몸 크기는 나귀와 비슷하다.

특별한 의미 또는 상징 이 동물은 정결한 동물의 목록 속에 들어 있다.

번역 신 14:5의 정결한 동물의 목록에는 일곱 개의 이름이 있다. TEV는 이것을 '사슴(deer), 야생 양(wild sheep), 야생 염소(wild goats), 또는 영양(antelopes)'의 네 종류로 줄였다. 이것들은 두루 아울러 말하는 큰 범주의 이름들인데, 사실 원문에 언급된 것을 다 포함하고 있지는 않다. 예컨대 가젤은 빠져 있다. 일곱 종류의 동물들을 찾기 어려운 환경에서는 이런 방식이 해결책이 될 수 있을 것이다.

---

2) [역자주] 그레이저(grazer)는 양이나 소처럼 풀을 먹는 초식 동물이고, 브라우저(browser)는 염소처럼 나무의 잎이나 잔가지를 먹는 초식 동물이다.

물영양, 리추에(lechwe), 싱싱영양과 흰귀코브를 알고 있는 사하라 사막 이남 아프리카에서는 이 이름들 중 하나를 쓸 수 있을 것이다. 나사뿔영양과 비슷한 영양으로는 '그레이터쿠두'(greater kudu, *Strepsiceros strepsiceros*)와 '레서쿠두'(lesser kudu, *Strepsiceros imberbis*)가 있다.

인도 아대륙에서는 '디숀'(*dishon*)과 가장 가까운 번역어가 닐가이영양(nylghaie, *Boselaphus tragocamelus*)[3]일 것이다. 그 외의 다른 지역에서는 '디숀'(*dishon*)에 대하여 '흰궁둥이영양'(white-rumped antelope)과 같은 표현을 쓰거나 음역을 할 수 있다.

2.3 유인원(apes)

2.3.1 개코원숭이(baboon)

관련 구절

코프(*qof*) 왕상 10:22; 대하 9:21

이름에 대한 논의 아프리카와 아시아와 유럽에서 발견되는 영장류과(primate family)의 두 종류로는 꼬리가 있는 원숭이류(monkeys, *Cercopithecidae*)와 꼬리가 없는 참 유인원류(apes, *Pongidae*)[4]가 있다. 고대 이집트와 고대 중동의 증거들을 살펴보면 '원숭이'(monkey)와 '개코원숭이'(baboon)가 알려져 있었다. 그러나 문헌이나 미술 작품 중 꼬리 없는 유인원을 언급하거나 표현한 것은 하나도 없다. 따라서 '에입스'(apes, '유인원', 16세기와 17세기에 이 단어는 사람을 제외한 모든 영장류를 가리키는 말이었다)라는 영어 단어를 모든 영어 역본들이 사용하고 있기는 해도, 사실 현대 영어에서 이 단어를 선택하는 것은 최선은 아닐 것이다.

보덴하이머(F. S. Bodenheimer)는 히브리어 단어이자 알파벳인 '코프'(*qof*)를 고대 이집트어 어근 *g-f*와 상형 문자 '카푸'(*kafu*)로 설명하고 있는데, 둘 다 개코원숭이를 가리키고 있다. 다른 학자들은 다른 많은 동물의 경우처럼 '코프'(*qof*)와 '카푸'(*kafu*)를 의성어(즉 명칭이 동물이 내는 소리와 같다)라고 생각하고 있다. 세 종류의 개코원숭이 즉 '노랑개코원숭이'(yellow baboon, *Papio cynocephalus*), '아누비스개코원숭이'(anubis baboon, *Papio anubis doguerra*)와 '신성한망토개코원숭이'(sacred hamadryas baboon, *Papio hamadryas*)가 모두 고대 중동에서 잘 알려져 있었으므로, '코프'(*qof*)를 개코원숭이로 보는 것은 매우 설득력이 있다.

---

3) [감수자주] 아시아에서 가장 큰 영양으로서 '인도 아대륙'(Indian subcontinent, 동쪽은 벵골만, 북동쪽은 히말라야 산맥, 서쪽은 아라비아 해로 둘러싸인 인도반도 지역)의 토착 영양이다.

4) [역자주] '*Pongidae*'는 일반적으로 '유인원'으로 번역된다.

모양 개코원숭이들(개코원숭이 종(種)에 속하는 다양한 아종들)은 꼬리가 길고 코와 주둥이 부위가 개(dog)를 닮은 큰 영장류이다. 다 자란 개코원숭이는 크기가 보통 제법 큰 개만하다. 일부 큰 수컷은 사자처럼 갈기가 자란다. 이들은 대부분의 시간을 땅 위에서 보내며 다양한 종류의 뿌리, 순, 과일, 나뭇잎, 곤충과 작은 파충류 등을 먹는다. 몇몇 지역에서는 쥐, 멧토끼 심지어 어린 가젤 등 작은 포유류를 사냥하여 먹기도 한다. 30마리에서 80마리 정도가 무리를 지어 생활하고, 그 무리는 우두머리 암컷이 이끌고 있는데, 분명한 사회적 구조를 형성하고 있다. 대체로 몸은 밝은 갈색을 띠지만, 나이든 수컷은 회색으로 변하는 경우가 가끔 있다.

망토개코원숭이

개코원숭이 또는 이와 비슷한 종인 '맨드릴'(mandrill, 또는 맨드릴개코원숭이) 등은 사하라 지역과 서북 아프리카를 제외한 아프리카 대부분 지역의 바위 많은 구릉지에서 볼 수 있다.

번역 아프리카 지역이라면 개코원숭이(baboon)나 '맨드릴원숭이'(mandrill) 또는 '겔라다개코원숭이'(gelada, 에티오피아)를 부르는 현지의 이름이 적절한 번역어가 될 것이다. 그 외의 다른 지역에서는 땅 위에서 많은 시간을 보내는 몸집 큰 원숭이가 있다면, 그 원숭이 종류를 부르는 현지의 이름이 번역어로 좋은 선택이 될 것이다. 남아시아나 동아시아 또는 동남아시아에서는 '마카크원숭이'(macaque monkey)나 '히말라야원숭이'(rhesus monkey) 중에서 큰 종류들이 개코원숭이와 여러 면에서 비슷하다. 남아메리카에서는 좀 더 큰 '짖는원숭이'(howler monkey)를 통칭하는 일반적인 이름이 적절하고, 그러한 일반적인 이름이 없는 지역에서는 짖는원숭이 중 하나를 지칭하는 특정 단어가 사용될 수 있을 것이다.

위에서 언급된 동물들 가운데 알려진 것이 하나도 없는 지역이라면 '큰 원숭이'를 뜻하는 표현을 쓰거나 아니면 히브리어 원문 또는 그 지역의 지배적인 통용어의 단어를 음역해서 사용할 수 있다.

2.3.2 원숭이(monkey)

관련 구절

툭키(*tuki*) 왕상 10:22; 대하 9:21

이름에 대한 논의 히브리어 '툭키'(*tuki*)를 '공작(새)'(KJV, RSV)로 번역한 것은 거의 확실히 잘못된 것이다. 솔로몬의 배들에 실린 화물 중 '툭키'(*tuki*)를 제외한 나머지는 모두 동아프리카에서 온 것이지만(고고학자들이 밝혀낸 바로는 팔레스타인 땅에서 오늘날까지 발견된 고대의 상아 제품들은 모두 아프리카 상아로 만든 것이다), 공작새는 인도와 버마로 불렸던 미얀마가 원산지이다.

'코프'(*qof*)가 개코원숭이를 가리킨다면, '툭키'(*tuki*)는 그보다 작은, 게논 속(屬)(guenon, 긴꼬리원숭이속)의 '긴꼬리원숭이'(long-tailed monkey) 중 하나를 가리킨다. 이 원숭이들 중 가장 흔한 것은 사하라 사막 이남 아프리카, 수단과 에티오피아 전역에서 볼 수 있는 '녹색' 및 '푸른' '버빗원숭이'(vervet monkey, *Cercopithecus aethiops*)이다. 이 원숭이들은 포획하기가 쉬워서 고대에 중동과 유럽 곳곳에 애완동물로 수출되었다.

모양 버빗원숭이는 크기가 작은 편이며, 꼬리가 길고 녹색 또는 푸른빛이 감도는 회색 털이 나 있다. 눈꺼풀과 수컷의 생식기도 녹색이나 푸른빛을 띠고 있다. 주로 초식성이어서 과일과 어린잎을 먹지만 가끔 곤충과 거미를 먹기도 한다. 대부분의 시간을 나무에서 보내지만, 땅 위에서 풀 씨나 떨어진 과일을 뒤지기도 한다. 약 20마리에까지 이르는 가족 무리를 이루면서 살아간다.

번역 아프리카 대부분의 지역에서 그 지역의 게논 유형 원숭이를 일반적으로 통칭하는 현지 이름이나 버빗원숭이를 부르는 특정 이름인 세르코피테쿠스 모

버빗원숭이

파타스원숭이

나(*Cercopithecus mona*)나 에리트로세부스 파타스(*Erythrocebus patas*)가 적절한 선택이다. 아시아에서는 긴 꼬리를 지닌 랑구르(langur-긴꼬리원숭잇과)를 통칭하는 일반적인 이름 또는 흔히 볼 수 있는 랑구르 중 한 종류를 일컫는 특정 이름을 쓸 수 있고, 라틴 아메리카에서는 그보다 작은 꼬리감기원숭이(capuchin monkeys)를 통칭하는 일반적인 이름이나 그 종의 고유한 이름이 적절할 것이다. 선택의 폭이 좁거나 원숭이를 가리키는 말이 하나밖에 없다면, '작은 원숭이'로 번역할 수 있다. 원숭이가 알려져 있지 않은 지역에서는 '투키'(*tuki*)를 음역하거나 그 지역의 지배적인 통용어나 교역 또는 무역을 할 때 의사소통 수단으로 사용되는 주요 통상어에서 쓰는 이름을 사용해야 할 것이다.

따라서 **왕상 10:22**와 **대하 9:21**에 나오는 히브리어 문구 '웨코핌 웨투키임'(*veqofim vetukiyim*)의 번역으로는 "개코원숭이들과 원숭이들"을 추천한다.

2.4 당나귀, 나귀(ass, donkey)

관련 구절

아톤(*'athon*) 창 49:11; 민 22장(9회); 삿 5:10 (총 22회)

하모르(*chamor*) 창 12:16; 22:3, 5; 24:35; 30:43; 32:5(6) (총 93회)

아이르(*'ayir*) 창 32:15; 49:11; 삿 10:4; 12:14; 욥 11:12; 사 30:6, 24; 슥 9:9

오노스(*onos*) 마 21:2, 5, 7; 눅 13:15; 요 12:15; [유딧 2:17; 집회 33:25(24)]

오나리온(*onarion*) 요 12:14

폴로스(*pōlos*) 마 21:2, 5, 7; 막 11:2, 4, 5, 7; 눅 19:30, 33, 35; 요 12:15

후포주기온(*hupozugion*) 마 21:5; 벧후 2:16; [1에스 5:43(42)]

이름에 대한 논의 위의 히브리어와 그리스어 단어들은('폴로스'[*pōlos*]와 '후포주기온'[*hupozugion*] 제외; 아래의 논의를 보라) 모두 길들인 나귀인 에쿠우스 아시누스(*Equus asinus*)를 가리킨다. 그렇더라도 위의 단어들은 저마다 약간의 뜻 차이가 있다.

'하모르'(*chamor*)와 '오노스'(*onos*)는 나귀를 통칭하는 일반적인 이름인 데 반해, '아톤'(*'athon*, 여성형)은 특별히 승용 나귀 즉 타고 다니는 나귀를 가리킨다. 승용 나귀는 보통 크고 힘센 암나귀(female donkey)를 사용하는데, 그 이유는 수나귀(male donkey)는 발정한 암컷 근처에 있을 때에는 제어하기가 매우 힘들기 때문이다. 히브리어 단어 '하모르'(*chamor*)는 '강하다'를 뜻하는 어근에서 파생되었다.

'아이르'(*'ayir*)는 어린 수나귀를 가리킨다. (아마도 팔팔한 점 또는 제어하기 힘든 점을 강조할 때 쓰는 듯한데, 히브리어 어근이 '까불다' 정도의 뜻을 지니기 때문이다.)

'오나리온'(*onarion*)은 암수 상관없이 어린 나귀를 뜻한다. 어떤 언어들에는 특히 어린 나귀를 가리키는 별도의 단어가 있다. 그러한 단어가 오나리온의 번역으로 적절할 것이다.

'후포주기온'(*hupozugion*)은 자주 '나귀'(donkey)로 번역되고 있지만 실제로 '짐 싣는 짐승'이면 어느 동물이라도 가리킬 수 있다. 독일의 저명한 신약학자 발터 바우어(Walter Bauer)는 **마 21:5**의 '에피 폴론 후이온 후포주기우'(*epi pōlon huion hupozugiou*)라는 본문에 언급된 짐승이 나귀가 아니라 망아지(foal)임을 매우 설득력 있게 논증한 바 있다(1953: 220-229). 몇몇 언어권에서는 이를 어떤 특정한 동물을 지정하지 않는 방식으로, 예컨대 '짐을 싣는 짐승'(beast of burden, NEB, JB, REB) 등으로 표현할 수 있을 것이다. '폴로스'(*pōlos*)는 나귀를 가리키는 단어가 뒤따라 나오지 않는다면, 보통 망아지 곧 어린 말을 가리킨다(또한 2.32 '야생 나귀'를 보라).

모양 나귀는 말과 같은 과에 딸려 있는 길들여서 기르는 동물이지만 몸집이 더 작고 귀가 더 길다. 중동에서 교배해서 사용하는 나귀는 누비아당나귀 또는 소말리당나귀(Nubian or Somali wild ass, *Equus asinus africanus*)를 가축화한 것이다. 원래 야생 상태에서는 털이 회색이고, 배에는 엷은

나귀

빛 또는 흰빛이 돌고, 다리 아래쪽에는 어두운 색의 고리 무늬가 있었다. 이 동물은 일찍이 기원전 2500년부터 이집트에서 가축화되었다. 가축화된 나귀들은, 유럽 및 페르시아에서 온 나귀들과 교배한 결과로 다양한 색깔을 지니게 되어, 어두운 갈색 또는 밝은 갈색, 원래의 회색과 종종 흰색을 띠는 것까지 생겨났다. 히브리어 '하모르'는 '붉은 갈색'을 뜻하는 어근에서 왔다.

나귀는 몸집이 더 큰 노새만큼 짐을 나를 수 있으나, 노새처럼 감정의 기복을 예측하기 어려운 것은 아니어서 짐을 싣는 동물로 적절하다. 또 나귀는 지구력이 매우 좋고, 주변에서 얻을 수 있는 초목을 거의 다 먹을 수 있기 때문에 식성도 까다롭지 않다. 큰 나귀(대개 암컷)는 사람이 타는 경우가 많았다.

나귀는 성서 시대에 매우 높이 평가되었다. 암컷이 특히 그러했는데, 짐과 사람을 나르기에 좋고 새끼를 생산할 가능성이 있었기 때문이다. 나귀는 동물의 왕국에서 인간의 가장 좋은 친구로 여겨졌다. 나귀는 보통 사람들의 이동 수단이었고, 많은 일반 가정에서는 나귀 한 마리 정도를 소유하고 있었다. 나귀는 운송 수단뿐만 아니라 밭갈이를 하거나 연자매를 돌리는 데도 사용되었다.

오늘날 가축화된 나귀는 아프리카의 사바나, 중동, 남아시아와 중앙아시아, 유럽, 라틴아메리카 그리고 호주에서 모두 볼 수 있다. 열대 우림 지역이나 몬순 지역에서는 나귀를 기르지 않는 듯하지만, 이런 지역에서도 대개 잘 알려져 있다.

특별한 의미 또는 상징 나귀는 가정의 기초 필수품으로 간주되었고, 그렇기 때문에 보유하고 있는 나귀 수는 어느 시점에서 그 사회의 상대적 번영을 평가하는 수단이었다. 유력한 정치인이나 군인들만이 말을 탄 데 반해(말은 대개 국가가 소유했다.) 평민들은 나귀를 탔다. 이것이 **슥 9:9** 본문의 의미이다. 승리한 왕께서 나귀를 타고 도성에 귀환하신다는 것은, 개선장군이 아니라 일반 이스라엘 사람으로서 자신을 규정하는 것이다.

나귀와 개

번역 대부분의 언어들은 나귀를 가리키는 그 지역의 이름이나 차용어가 있다. 그러므로 그 이름을 선택하는 것이 가장 확실하다. 나귀가 드물거나 알려져 있지 않은 동남아시아, 파푸아뉴기니와 서아프리카 등의 지역에서는 주요 통용어나 교역 때 주로 사용되는 통상어(예컨대 영어, 스페인어, 프랑스어, 중국어 또는 아랍어)에서 빌린 단어가 음역되는 경우가 많다.

대부분의 문맥에서 '아톤'('*athon*)은 '암나귀'를 가리키는 단어로 번역해야 하지만, 어떤 경우에는 '타는 나귀'(riding donkey)가 더 낫다.

'아이르'('*ayir*)는 주어진 문맥에 따라서 번역해야 한다. **창 32:15**에 나타난 이 단어는 '수나귀'에 상응하는 단어로 번역해야 하고, 아마도 **삿 10:4**와 **12:14**도 마찬가지일 것이다. 대체로 사람들이 타던 나귀가 암컷이었기 때문에, 사사기 본문들이 수나귀인 점은 의미가 있는 것이다.

창 49:11에서는 나귀의 팔팔한 성향을 강조하고 있기에 (어느 정도의 무책임 그리고 무절제를 나타낸다.) "그는 어린 나귀를 포도나무에 묶고, 까불까불한 나귀 새끼를 아름다운 포도나무에 맬 것이며"에 상응하는 번역이 되어야 할 것이다.

욥 11:12와 **슥 9:9**는 나귀가 새끼라는 점을 분명하게 강조하고 있다. 따라서 '나귀 새끼', '어린 나귀' 등의 번역어가 사용되어야 할 것이다.

사 30:6, 24의 강조점은 드러나지 않으므로, '나귀'를 가리키는 평범한 이름이 적절하다.

덧붙이는 말 **마 18:6**과 **막 9:42**에서 연자 맷돌로 번역하고 있는 그리스어 문구 '물로스 오니코스'(*mulos onikos*)는 그대로 번역하면 '나귀 맷돌'이란 뜻이다. 즉 이것은 사람 손으로 돌리는 맷돌이 아니라 나귀가 돌리는 큰 맷돌을 가리킨다.

2.5 박쥐(bat)

관련 구절

아탈레프('*atalef*) 레 11:19; 신 14:18; 사 2:20

눅테리스(*nukteris*) 바룩 6:21

이름에 대한 논의 고대의 이스라엘 사람들은 세계의 다른 많은 민족들처럼 박쥐를 조류로 분류하고 있는데, 박쥐가 날기 때문이었다. 그러나 박쥐는 익수목(翼手目, *Chiroptera*)에 속하는 포유류(mammal)이다. '아탈레프'('*atalef*)란 히브리어는 이스라엘에서 발견되는 32종류의 박쥐들 가운데 어느 것이든 가리킬 수 있는 일반적인 이름이다. 박쥐는 북극 지방의 툰드라 지역과 남극 대륙을 제외한 세계 모든 지역에서 볼 수 있다. 성서의 땅에서 자생하는 박쥐는 두 종류인데, 과일을 먹는 종류와 곤충을 먹는 종류가 있다.

모양 박쥐는 실제로 날아다니는 유일한 포유류(flying mammal)이다(예외적으로 포유류 가운데 몇몇 동물은 높은 곳에서 낮은 곳으로 날기도 한다).

박쥐는 깃털이 아닌 털이 있고, 알이 아니라 새끼를 낳는다. 가늘고 긴 앞다리와 손가락은, 손가락부터 발가락까지 잇는 피부막을 지지해 주며, 이것이 날개 역할을 한다. 박쥐는 밤에 날아다니고 낮에는 나무나 돌출된 바위 밑에 거꾸로 매달려 있다. 특별하게 발달한 귀와 뇌로 자기가 낸 소리를 근처 물체에 반사시켜 들음으로써 거리를 정확히 측정할 수 있다.

박쥐

이스라엘에 사는 박쥐는 생쥐만 한 크기부터 큰 시궁쥐(rat)만 한 것까지 있다.

특별한 의미 또는 상징 과일을 먹는 유형과 곤충을 먹는 유형의 박쥐는 모두 구약성서에서 부정한 것으로 간주되고 있다. 이스라엘에서 볼 수 있는 박쥐들 가운데 많은 종류는 동굴, 무덤, 빈집과 오래된 폐허에서 살고 있다. 그리하여 박쥐는 죽음, 황폐함, 파괴 그리고 사악한 마법과 연결되어 있다.

번역 박쥐는 어디에서나 볼 수 있으므로, 박쥐 이름을 찾기는 그리 어렵지 않다. 곤충이나 과일을 먹는 박쥐 이름은 적절하지만, 열대 지방의 라틴 아메리카 흡혈박쥐, 물고기를 잡아먹는 박쥐와 새를 잡아먹는 박쥐를 가리키는 이름은 사용해서는 안 된다. 박쥐가 폐허나 황폐함과 연결되지 않는 문화권이 많으므로, **사 2:20**의 어구를 번역할 때는 '박쥐에게…버려질 것이다' 정도로 표현해야 할 것이다.

2.6 곰(bear)

관련 구절

도브(*dov*) 삼상 17:34, 36, 37; 삼하 17:8; 왕하 2:24; 잠 17:12; 28:15; 사 11:7; 59:11; 애 3:10; 단 7:5; 호 13:8; 암 5:19

아르코스(*arkos*) 계 13:2; [지혜 11:17; 집회 25:17; 47:3]

이름에 대한 논의 성서 시대에 알려져 있던 곰은 '시리아불곰'(Syrian brown bear, *Ursus arctos syriacus*)[5]이다. 히브리어에서는 한 단어가 암수를 모두 가리키고, 어느 특정한 문맥에서 곰의 성 구분은 함께 사용된 단어들을 통해 알 수

5) [역자주] '불곰'(brown bear)은 '큰곰'으로도 번역된다.

있다(아래 '번역'을 보라).

모양 시리아불곰은 매우 크고 북아메리카의 '회색곰'(grizzly bear, *Ursus horribilis*)이나 '유럽불곰'(European brown bear, *Ursus arctos*)[6]과 유사하다. 시리아불곰의 얼굴은 개와 꽤나 비슷하다. 두터운 털이 나 있고, 네 발로 걷지만 더 잘 보기 위해서는 뒷다리로 설 수도 있다. 이렇게 섰을 경우 키가 무려 2미터 또는 그 이상이 되기도 한다. 또 몸무게는 200킬로그램 이상일 때도 있다. 다른 많은 곰들처럼, 시리아불곰은 여름과 가을에 잔뜩 먹어서 지방을 축적하고, 동굴이나 통나무 밑에 판 구멍에서 겨울잠을 잔다.

시리아불곰

곰의 기본 식량은 나무뿌리, 산딸기류, 야생 과일, 쥐와 도마뱀이지만, 때때로 떠돌이 곰은 작은 가축을 죽일 수도 있다. 곰은 시력이 그다지 좋지 않다. 이것은 사람이 곰에게 아주 가까이 다가갔을 때에야 그를 발견하는 경우가 자주 있다는 것을 의미한다. 그렇게 되면 곰은 공격할 가능성이 큰데, 땅을 팔 수 있는 강한 발톱을 휘두르고 또 물기도 한다. 암곰은 자기 새끼에 대한 보호 본능이 크다.

특별한 의미 또는 상징 성경에서 곰과 사자가 함께 언급되는 경우가 잦은데, 둘 모두 맹수의 강한 힘과 위험을 상징한다. 특히 암곰은 위험하게 여겨졌고, 새끼가 있는 경우라면 더욱 그러했다.

번역 성을 구분하는 언어권에서 **삼하 17:8; 왕하 2:24; 잠 17:12; 호 13:8**의 본문을 번역할 경우 암곰으로 표시해야 하지만, 그 외의 다른 본문들에서는 수컷 곰으로 봐야 한다.

일반적으로 북반구에 사는 번역자들은 곰에 해당하는 단어를 그리 어렵지 않게 찾을 수 있을 것이다. 가장 좋은 선택은 곰의 어떤 한 유형을 가리키는 특정 단어가 아니라 '곰' 전체를 통칭하는 단어로 번역하는 것이다. 특정 곰을 가리키

6) [역자주] '유라시아불곰' 또는 '불곰'이라고도 부른다.

는 단어를 사용해야 한다면, 북아메리카에서는 회색곰을 가리키는 단어가 적절하고, 유럽이나 아시아 일부에서는 유럽불곰이 시리아불곰에 가장 가까운 친족이다. 불곰이 알려져 있지 않은 아시아 대륙 일부 지역에서는 히말라야곰(또는 아시아흑곰, Himalayan black bear, *Selenarctos thibetanus*)을 가리키는 단어가 가장 좋은 선택이다. 인도 또는 스리랑카의 느림보곰(sloth bear)이나 말레이시아와 인도차이나와 인도네시아의 태양곰(sun bear)과 반달가슴곰(moon bear)을 가리키는 단어는 피해야 한다. 왜냐하면 이런 곰들은 이빨이 작고 위험하지 않기 때문이다.

남아메리카의 고지대의 경우 안경곰(spectacled bear, *Tremarctos ornatus*)이 독자들에게 알려져 있다면 이 곰을 가리키는 이름을 쓸 수 있다. 남반구의 다른 지역, 특히 곰이 알려져 있지 않은 지역의 번역자들에게는 이 문제가 조금 더 어렵다. 그 지역의 다른 동물의 이름을 쓰는 것은 좋은 결과를 가져오기가 힘들다. 왜냐하면 그 지역의 다른 종류의 위험한 동물들이 대체로 곰과 매우 다르기 때문이다. 이 문제에 대한 유일한 대안은 그 지역의 주요 통용어나 교역을 할 때 주로 사용되는 통상어에서 쓰는 이름을 사용하는 것이고, 그렇지 않으면 성경 원어의 이름을 음역하고서 다음과 같은 설명을 덧붙이는 것이다: "곰은 큰 발톱과 이빨을 가진 크고 위험한 동물이다."

중앙아프리카와 남부 아프리카의 몇몇 지역에서 '갈색하이에나'(brown hyena)를 부르는 이름은 '음베레'(*mbere*) 또는 '베레'(*bere*)인데, 이 단어는 '곰'의 영어 표현인 '베어'(bear)와 소리가 비슷하지만 이들은 서로 다른 동물들이다. 이 단어를 '곰'을 가리키는 이름으로 번역해서는 안 된다. 하이에나는 사악한 마법과 관련된 반면 곰은 그렇지 않기 때문이다.

2.7 부발하테비스트(노루) (bubal hartebeest [roe deer])

관련 구절

야흐무르(*yachmur*) 신 14:5; 왕상 4:23(5:3)

이름에 대한 논의 대부분의 영어 역본들(RSV, NEB, JB, NIV, REB, NAB)은 히브리어 '야흐무르'(*yachmur*)를 '노루'(roe deer)의 남성형인 '수노루'(roebuck)라고 번역하고 있지만, 성경 동물학자의 다수는 이 번역을 받아들이지 않는다. 이들은 노루가 성서 시대에 흔한 동물이었지만 1년 중 일부를 홀로 그리고 일부를 한 쌍으로 지낼 뿐, 떼를 지어 살지는 않는다고 주장한다. 또 노루가 아주 겁이 많고, 빽빽한 덤불에 살면서 그곳을 거의 떠나지 않기에, 사냥하기가 어렵다고 한다. 노루는 심지어 서식지에서조차 보기 힘들다는 것이다. 따라서 **왕상 4:23**에 기록된 대로 엄청난 수의 노루를 솔로몬의 식탁에 매일 올리는 것은 거의 불가능했을 것이라고 주장한다. 반대로, 노루 사냥이 어려웠다 하더라도 덫으로 노루를 잡는 것은 쉬웠을 것이라고 주장하는 이들도 있다.

'야흐무르'(*yachmur*)를 '다마사슴'(fallow deer)으로 번역하는 것도(KJV) 거부되고 있다. 왜냐하면 히브리어 '아얄'('*ayal*)이 다마사슴을 가리킨다는 주장이 오히려 거의 만장일치로 받아들여지고 있고, 또 이 단어가 솔로몬의 먹거리 목록에 이미 나와 있기 때문이다.

동물학자들이 합의한 의견은 '야흐무르'(*yachmur*)를 '부발하테비스트'(bubal hartebeest)로 번역하는 것이다. 부발하테비스트는 당시에 잘 알려져 있었고 사슴과 마찬가지로 쉽게 반(半)가축화된 떼로 기를 수 있었다. 이집트에서 그리고 이집트보다는 덜하지만 시나이(Sinai) 반도 지역에서 부발하테비스트가 벽화 그림과 돌에 새겨져 있고, 미라로 보존된 하테비스트(hartebeest)도 이집트의 유적지들에서 많이 발견되었다. 가나안과 이스라엘의 고고학적인 유적지 양쪽 모두에서 꽤 많은 양의 하테비스트(hartebeest) 뼈가 발견되었다. 이 뼈들은 심지어 가나안의 제단과 아주 가까운 곳에서도 발견되었는데, 이것은 가나안 사람들이 하테비스트를 희생 제물로 바쳤음을 의미한다.

히브리어 이름 '야흐무르'(*yachmur*)는 어근 *ch-m-r*에서 파생되었을 것인데, 이것은 '붉다'는 뜻이고 나귀의 히브리어 이름이 파생된 어근과 동일하다. 부발하테비스트는 붉기도 하고 뿔 달린 나귀와 놀랄 만큼 비슷하다. '붉은하테비스트'(red hartebeest)라는 이름으로도 불린다. '하테비스트'라는 단어는 네덜란드어에서 차용하여 가져온 것이고 문자적으로는 '사슴-소'를 의미한다.

흥미롭게도 칠십인역은 '야흐무르'(*yachmur*)를 '부발로스'(*bubalos*) 곧 '물소'(water buffalo)로 번역하고 있는데, 이 동물은 이스라엘 사람들에게 잘 알려진 동물이었다. 물소는 바빌로니아와 시리아에서 가축화되었고, 훌레(Huleh) 호수를 둘러싼 북 이스라엘의 습지에서 볼 수 있었다. 그러나 이 번역은 현대 학자들의 지지를 받지 못하고 있다. 부발하테비스트의 '부발'은 그리스어 '부발로스'(*bubalos*)에서 온 것이다.

모양 '노루'(roe deer, *Capreolus capreolus*)는 작은 사슴류이다. 어른 수컷은 세 갈래로 갈라진 짧은 뿔이 있다. 털은 여름에는 갈색 빛이 돌고, 겨울에는 회색이다. 숲과 빽빽한 삼림의 덤불 속에서 홀로 또는 한 쌍으로 지내며, 먹이를 먹을 때조차 은신처에서 1-2미터 이상 떨어지지 않는다.

부발하테비스트 또는 붉은하테비스트(bubal 또는 red hartebeest, *Alcelaphus buselaphus*)는 어깨까지 그 키가 약 1.5미터쯤 되는 큰 영양이다. 암수 모두 얼굴이 아주 길쭉하고 머리에 큰 혹이 있는데 거기서 짧고 굵은 뿔이 솟아 있다. 뿔은 절반까지는 위쪽으로 구부러져 올라가다가 뒤로 급하게 휘어진다. 색깔은 붉은 빛을 띠는 갈색이다.

부발하테비스트는 평원에 사는 동물이고 떼를 지어 풀을 뜯어 먹는데, 가젤이나 얼룩말이나 다른 영양과 섞여 있는 경우도 자주 있다. 등이 굽어 있어서 외모가 볼품없어 보여도 아주 잘 달린다. 10킬로미터까지 빠른 속력을 유지할 수 있어서 이 거리를 달리는 동안 어떤 동물이든 쉽게 따돌릴 수 있다.

부발하테비스트

이 동물은 한때 북아프리카와 이스라엘 평원 어느 곳에서든 볼 수 있었고, 이스라엘 땅에서는 베두인 사람에게 '야생 소'(wild cow)라는 이름으로 알려졌었다. 일부 유대교 번역 성경에서 '야흐무르'(*yachmur*)는 '야생 소'로 번역되어 있다. 부발하테비스트는 이 지역들에서는 사라졌지만 보츠와나(Botswana)의 칼라하리(Kalahari) 반(半)사막 지역과 앙골라, 나미비아, 잠비아와 짐바브웨의 인근 지역들에서 지금도 볼 수 있다. 이 동물과 매우 비슷한 하테비스트인 렐웰하테비스트(또는 잭슨사슴영양, *Alcelaphus lelwel*)와 코케하테비스트(*Alcelaphus cokii*)도 차드(Chad), 수단, 우간다, 케냐와 탄자니아에서 볼 수 있다. 케냐와 탄자니아에서 이 동물들은 스와힐리어 이름인 '콩고니'(kongoni)로 알려져 있다. 이와 친족 관계에 있는 동물로는 카메룬, 자이르, 우간다와 케냐에서 볼 수 있는 티앙(tiang) 또는 토피(영양)(topi, *Damaliscus korrigum*)가 있고, 짐바브웨와 모잠비크의 '사사비영양'(또는 체체비, tsessebe, *Damaliscus lunatus*), 남아프리카공화국의 '케이프하테비스트'(cape hartebeest, *Alcelaphus caama*)와 '본테복영양'(bontebok, *Damaliscus pygargus*)과 '블레스복영양'(blesbok, *Damaliscus albifrons*)이 있다.

번역

1) '노루'라는 번역을 선택할 경우, 노루가 알려져 있는 지역에서는 노루를 부르는 이름을 사용할 수 있다. 그렇지 않은 지역에서는 이와 비슷한 작은 사슴을 부르는 이름을 쓸 수 있는데, 그 예는 다음과 같다.

인도, 미얀마(버마), 동남아시아: 문착 또는 아기사슴[7](muntjak 또는 barking deer, *Muntiacus muntiacus*).

라틴아메리카: 브라질과 아르헨티나의 팜파스사슴(Pampas deer, *Ozotoceros bezoarticus*).

사슴이 알려져 있지 않은 아프리카 지역에서는 홀로 생활하는 작은 영양, 예컨대 다이커영양(duiker)의 한 종을 부르는 이름을 사용할 수 있다.

서아프리카와 중앙아프리카: 노란등다이커영양(yellow-backed duiker 또는 bush goat, *Cephalophus sylvicultrix*).

동부, 중앙 및 남부 아프리카: 회색 다이커영양(common grey duiker, *Sylvicapra grimmia*).

그 외 다른 곳에서는 (다마사슴을 가리키는 '큰 사슴'과 대조를 이루는) '작은 사슴'과 같은 표현을 사용하거나 음역을 할 수 있다.

2) 붉은하테비스트 또는 부발하테비스트를 선택할 경우, 아래와 같은 가능성이 있다.

보츠와나, 잠비아, 짐바브웨: 붉은하테비스트(red hartebeest, *Alcelaphus buselaphus*)를 부르는 현지 이름.

동아프리카: 코케하테비스트 또는 콩고니하테비스트(또는 콩고니)[8](coke's hartebeest 또는 kongoni, *Alcelaphus cokii*).

차드, 수단: 렐웰하테비스트(또는 잭슨사슴영양, lelwel hartebeest, *Alcelaphus lelwel*).

남부 아프리카: 케이프하테비스트(cape hartebeest, *Alcelaphus caama*) 또는 사사비영양(tsessebe, *Damaliscus lunatus*) 또는 본테복영양(bontebok, *Damaliscus pygargus*) 또는 블레스복영양(blesbok, *Damaliscus albifrons*).

다른 지역에서는 '야생 소'(wild cow) 같은 이름을 쓸 수 있다.

---

7) [역자주] 소목, 사슴과, 문착속의 동물. 네눈사슴 또는 대만문착이라고도 한다.

8) [감수자주] '콩고니'(kongoni)는 '하테비스트'(hartebeest, *Alcelaphus buselaphus*)라고도 불리는 아프리카영양(African antelope)이다.

2.8 낙타, 단봉낙타(camel, dromedary)

관련 구절

베케르(*beker*), 비크라(*bikrah*) 사 60:6; 렘 2:23

가말(*gamal*) 창 12:16; 24장(18회); 30:43; 31:17, 34 (총 54회)

키르카라(*kirkarah*) 사 66:20

카멜로스(*kamēlos*) 마 3:4; 19:24; 23:24; 막 1:6; 10:25; 눅 18:25; [토빗 9:2; 유딧 2:17; 1에스(Greek) 5:43(52); 2에스(Latin) 2:67]

카멜루스(*camelus*) 2에스(Latin) 15:36

이름에 대한 논의 위에서 언급한 히브리어, 그리스어와 라틴어 단어들이 낙타를 가리키는 것에 대해서는 의심의 여지가 없다. 그러나 **창 12:16**의 히브리어 '가말'(*gamal*)이 낙타를 언급하는 것인지에 대해서는 학자들 간에 이견이 있다. 1960년 이전만 해도 학자들은 이집트에서 길들인 낙타를 사용하기 시작한 것은 기원전 1300년 무렵 이후였다고 생각했다. 그 증거는 그 이전에는 낙타를 표현하는 상형 문자나 그림이 없었다는 점이다.

그러나 1960년대 이후 석회암 재질의 짐 실은 낙타 조각품과 돌에 선을 새겨 그린 그림 몇 점이 발견되었는데, 고고학자들은 이 유적들의 연대를 모두 기원전 3000년경으로 추정하고 있다. 고대 유적지들에서는 기원전 1800-1600년 무렵의 낙타 뼈가 또한 많이 출토되었고, 기원전 2500년경의 것으로 추정되는 낙타털로 만든 끈이 카이로 근처 파이윰(Faiyum)에서 발견되었다. 새로 발굴된 이러한 증거들을 근거로 학자들은 다음과 같은 결론을 내리고 있다. 즉 길들인 낙타가 기원전 3000년 무렵부터 실제로 사용되었으나, 낙타에 관한 금기가 있어서 낙타가 상형 문자나 기념비 혹은 무덤 장식에서 표현되지 못했으며, 낙타상(像) 역시 기원전 1550년 이전에는 제작되지 않았다는 것이다.

학자들의 이런 결론의 진실 여부를 떠나서 현재의 히브리어 성경 본문에 '낙타'를 가리키는 단어가 분명히 있기에 **창 12:16**의 '가말'(*gamal*) 역시 이런 상황에 맞게 번역해야 한다.

성서 시대에는 두 가지 유형의 낙타가 알려져 있었다. 가장 흔한 것은 이 지역에서 자생한 '아라비아 단봉낙타'(Arabian dromedary, *Camelus dromedarius*)이다. 등에 혹이 두 개가 있는 '쌍봉낙타'(bactrian camel, *Camelus bactrianus*)도 알려져 있었고 귀하게 여겨졌지만, 이 낙타는 중앙아시아에서 수입된 것이었다.

모양 낙타는 남아메리카의 야마(또는 라마, llama), 비쿠냐(vicuna)[9], 알파

9) [감수자주] 비쿠냐는 안데스 고산 지역에서 살고 있는 두 종류의 남미 야생 낙타 가운데 하나이다. 다른 하나는 과나코(guanaco)이다.

단봉낙타

쌍봉낙타

카(alpaca)와 과나코(야생 라마, guanaco)와 같은 과(科)에 속하지만, 이들보다 훨씬 크고 지방질로 된 큰 혹이 등에 있다. 쌍봉낙타는 키가 약 2미터에 이르는 것도 있는데, 단봉낙타는 이보다 훨씬 더 크다. 단봉낙타는 단일한 엷은 황갈색을 띠고 있다. 이에 비해서 쌍봉낙타는 더 어두운 색을 띠고 있다. 특히 겨울에 털이 길게 자라면 더 어두워진다.

낙타는 발굽은 없지만 넓적한 발가락 두 개가 있는 큰 발바닥이 있어서 모래 위를 걷기에 더할 나위 없이 좋다. 이외에 다른 측면에서도 낙타는 사막 지역에서 살기에 이상적이다. 여분의 양식을 혹에 저장할 수 있기에 먹지 않고도 오랜 시간을 여행할 수 있다. 혈액 세포가 특별해서 오랜 시간 물을 마시지 않고도 지낼 수 있다. 또한 소화 체계가 매우 효율적이어서 메말라 보이는 풀에서도 최대한의 영양분을 뽑아낼 수 있다. 혹독한 환경에 이같이 잘 적응한다는 것은 낙타가 나귀 같은 다른 짐 싣는 동물 종보다 건조한 지역을 더 오래 여행할 수 있음을 의미한다. 낙타는 사람을 태우거나 무거운 짐을 싣는 데 쓰였다. 수레를 끄는 데 사용되기도 했다.

낙타 털은 겨울에 두꺼워지고 길어진다. 그러다가 여름이 오면 겨울털을 큰 뭉치로 떨어뜨리면서 털갈이를 한다. 이 낙타 털 뭉치는 모아서 끈이나 밧줄을 꼬아 만들기도 하고, 실을 뽑아서 거친 천을 짜는 데 사용하기도 한다. 이 천은 대개 천막을 만드는 데 썼지만, 겉옷을 만드는 경우도 가끔 있었다.

낙타 젖은 식품과 음료로 활용되었지만, 이스라엘 사람들은 낙타 고기를 부정한 음식으로 여겼다.

특별한 의미 또는 상징 낙타는 부정한 음식으로 여겨졌지만 부유함과 무역의 상징이었다. 낙타는 상품을 멀리까지 운반해 주고 무역에 참여할 가능성을 열어 주었으므로, 낙타를 많이 소유한 사람들이나 나라는 상업적 성공과 부유함을 가진 것으로 여겨졌다.

번역 낙타가 알려져 있지 않은 지역에서는 낙타를 가리키는 히브리어나 그 지역의 주요 통용어를 음역하는 경우가 많다. 그러나 몇몇 언어권에서는 낙타를 묘사해 주는 이름이 만들어지기도 했다. 남아메리카의 몇몇 언어권에서는 '혹등 야마'(hump-backed llama)나 '혹 있는 큰 알파카'(big alpaca with a hump)를 뜻하는 이름들이 쓰이고 있다. 다른 곳에서는 '등에 혹 있는 말' 같은 표현이 쓰인다. 이보다 자세한 묘사는 용어 해설이나 단어 목록에 포함시켜야 한다.

창 32:15: 이 절은 젖을 제공하는 암낙타(female camel)를 언급하고 있으므로, '젖 나오는 낙타 30마리' 또는 '젖을 주는 어미 낙타 30마리'로 자주 번역되고 있다.

사 60:6: '베케르'(*beker*)라는 단어는 아마도 '이른'이나 '첫 번째'를 뜻하는 히브리어 어근 *b-k-r*과 관련이 있겠지만, 이 본문에서는 낙타가 어리다는 점을 특별히 강조하려는 것이 아니라 낙타의 우수성을 부각시키기 위해 쓰인 것으로 보인다. 이 단어는 시적인 평행법(대구법)을 완성하기 위해서 '낙타'를 수식하는 동의어로 사용된 것이다. 영어 번역 성경들(KJV, NEB, JB)에서는 '단봉낙타'(dromedary)가 이 같은 기능을 하고 있다.

낙타를 가리키는 단어가 두 개가 있는 언어에서는, **사 60:6**의 대구를 이루는 첫 번째 행에는 낙타를 가리키는 일반적인 단어를, 그리고 그것과 평행 대구를 이루는 두 번째 행에는 이보다는 덜 알려진 단어를 '베케르'(*beker*) 자리에 사용할 수 있다. 그러나 낙타를 가리키는 단어가 하나밖에 없는 언어 또는 차용어나 새로 만든 이름을 쓰는 언어에서는 대구를 이루는 짝의 첫 번째 행에는 낙타를 가리키는 일반적인 단어를, 두 번째 행에는 평행 대구를 완성하기 위하여 적절한 수식 표현을 사용하는 것이 낫다. 예를 들어보자.

> 낙타 대상(隊商)들이 땅을 덮을 것이며,
> 미디안과 에바에서 온 최상의 낙타들도 그리할 것이다.
> 또한 스바로부터…

본문의 전후 문맥을 볼 때 **렘 2:23**의 '비크라'(*bikrah*)는 막 짝짓기하려는 암컷 낙타, 곧 '발정 난' 암낙타를 가리키고 있는 것이 분명하다. TEV에서는 '비크라'(*bikrah*)를 '거친'(wild)이라고 번역하고 있는데, '날뛰는'(berserk)이라고 번역하는 것이 더 낫다(JB의 '광란하는'[frantic]과 비교하라). 이 절은 "너희가 발정난 암낙타처럼 날뛰었다."라고 번역할 수 있다.

사 66:20: '키르카로트'(*kirkaroth*, '키르카라'[*kirkarah*]의 복수형)라는 히브리어가 성경에서 단 1회 나타나는데, 이것은 물건이 아닌 사람을 태우는 낙타를 일컫는 듯하다. 이 본문의 문맥을 보면 먼 이방 땅에서 오는 사람들이 묘사되고 있는데, 그렇다면 여기의 낙타는 중앙아시아에서 온 쌍봉낙타일 수 있다. 대부분의 언어권에서는 이 절에서 낙타에 대한 일반 명칭을 쓸 수 있다. 짐을 싣는 동물과 사람을 태우는 동물을 구분 짓는 언어에서는 이 절의 낙타를 '사람 태우는 낙타'(camel for riding)로 표시할 수 있다. 쌍봉낙타가 알려져 있는 곳에서는, 그 유형의 낙타를 가리키는 단어를 쓸 수 있다.

마 19:24; 23:24; 막 10:25; 눅 18:25: 이 구절들에서 낙타의 큰 몸집이 한편으로는 작은 바늘귀와 그리고 다른 한편으로는 작은 모기와 대조되고 있다. 낙타가 잘 알려져 있지 않은 몇몇 언어권에서 번역자들은 그 지역 독자들에게 예수의 말씀의 강한 의미를 전달하려고 '황소', '말' 또는 '코끼리'와 같이 더 잘 알려진 큰 동물의 이름들을 사용해 왔다. 이런 경우 그리스어 본문에는 '낙타'라고 표기되어 있음을 알려 주는 각주가 필요하다. 번역자들은 '말코손바닥사슴'(moose)이나 '캥거루'처럼 원래의 독자들이 알지 못했을 법한 동물의 이름이나, '거대한 돼지'(big pig)처럼 부정적인 뜻이나 느낌을 포함할 수 있는 동물들의 이름을 쓰는 것은 피해야 한다.

2.9 고양이(또는 살쾡이, cat)

관련 구절

아일루로스(*ailouros*) 바룩 6:21

이름에 대한 논의 고양이는 기원전 1600년이나 1700년경 이집트 또는 에티오피아에서 처음으로 길들여졌고, 중국에서도 비슷한 시기에 길들여졌다. 아프리카에서 '아프리카들고양이'(또는 아프리카살쾡이, African wild cat, *Felis libyca*)가 생쥐와 시궁쥐를 잡으면서 곡간에 살기 시작했고, 사람들이 고기 조각을 먹이면서 꾀어내어 결국 가정집에서 함께 살게 되었을 것이다. 초기의 집고양이는 단지 애완용으로가 아니라 설치류를 억제하려고 키웠다. 이집트에서 바쉬트(Basht) 여신은 고양이가 그 여신의 상징이 되었고, 대체로 그 여신은 고양이의 머리를 가진 모습으로 표현되고 있다. 고양이는 또한 미라로 만들어져서 중요 인물들과 함께 매장되었다. 바쉬트는 나일강 동쪽 지역에 살면서 그곳을 지배하는 신으로 숭배되었는데, 그 지역은 이스라엘 백성이 요셉 시대부터 출애굽 때까지 살았던 장소이다. 고양이와 바쉬트의 이런 관련성 때문에 히브리어 정경의 각 책들이 고양이를 언급하지 않았을 것이다. 고양이가 구약 외경(제2경전)에서 언급되는 유일한 경우는 바빌로니아 신전들과 관련한 내용에서이다.

고양이가 처음에 길들여진 후 몇 세기 동안, 집고양이가 된 리비아들고양이(또는 리비아살쾡이)는 이웃 국가들에서도 받아들여졌고, 얼마 후에는 멀리 인도에서까지 집고양이가 발견되었다. 키우는 곳이 어디든지 집고양이는 그 지역의 들고양이(또는 살쾡이)와 잡종 번식을 했고, 그리하여 오늘날 볼 수 있는 많은 변종이 생겨나게 되었다. 바룩 6장(예레미야의 편지)에서 언급된 고양이는 아프리카들고양이(또는 아프리카살쾡이, 이 동물은 바빌로니아 동쪽 멀리에서도 야생 상태로 발견되었다)였거나 유럽들고양이(또는 유럽살쾡이, European wild cat, *Felis silvestris*)와 같은 그 지역 다른 고양이였을 것이다. 고대에 살쾡이는 유익한 동물로 생각되었다. 이 동물은 쥐의 개체 수를 줄여 주고 이로써 작물과 곡간을 어느 정도 지켜 주었기 때문이다. 그 결과 살쾡이는 도시와 촌락에서 흔했을 것이다. 그러나 여기에서 말하는 고양이는 집고양이 곧 펠리스 리비카 도메스티카(*Felis libyca domestica*)였을 것이다.

모양 아프리카들고양이(또는 아프리카살쾡이)는 집고양이든 들고양이(살쾡이)든, 몸집이 꽤 크고 노르스름한 회색빛을 띤 얼룩무늬 고양이다. 어두운 색의 줄이 등뼈를 따라 몸 가운데에 있고, 또 거기서 어두운 색의 줄무늬들이 몸 옆을 따라 수직 아래 방향으로 뻗어 있다. 다른 모든 고양이처럼 앞발에는 발가락이 다섯 개, 뒷발에는 네 개 있는데, 발톱을 접어 넣을 수 있다. 꼬리에 고리 무늬가 있고 그 길이는 몸길이의 절반쯤 된다.

집고양이

특별한 의미 또는 상징 고양이는 제의적으로 부정한 동물로 여겨졌는데, 아마도 그 이유는 위에서 언급한 것처럼 고양이가 이집트 여신 바쉬트와 연결되었기 때문일 것이다.

번역 바룩 6장(예레미야의 편지)에 언급된 고양이가 들고양이(살쾡이)였는지 집고양이였는지는 주석가들의 의견이 엇갈린다. 그러므로 각 지역에서 집고

살쾡이

양이를 부르는 일반적인 이름을 사용하는 것이 가장 좋은 선택일 것이다. 자생하는 고양이가 없는 지역인 경우에도 오늘날 고양이는 꽤 잘 알려져 있기에 적절한 단어를 찾는 일이 어렵지 않을 것이다. 단색 고양이와 무늬 고양이를 구별 짓는 언어권에서는 무늬가 있는 고양이 명칭을 사용해야 한다.

2.10 소, 암소, 수소, 황소(cattle, cow, ox, bull)

관련 구절

압비르(*'abir*) 시 50:13; 68:30(31); 사 34:7; 렘 50:11

알루프(*'aluf*), 엘레프(*'elef*) 신 7:13; 28:4, 18, 51; 시 8:7(8); 144:14; 사 30:24; 렘 11:19

브헤마(*behemah*) 민 32:26; 신 28:4

바카르(*baqar*) 창 12:16; 13:5; 18:7; 20:14 (총 180회 이상)

므리(*meri'*) 삼하 6:13; 왕상 1:19, 25; 사 1:11; 11:6; 겔 39:18; 암 5:22

에겔(*'egel*), 에글라(*'eglah*) 출 32장(6회); 레 9:2, 8; 신 9:16, 21 (총 49회)

파르(*par*), 파라(*parah*) 출 29장(8회); 레 4장(17회) (총 150회 이상)

쇼르(*shor*) 창 32:5(6); 출 20:17; 21장(13회); 22장(6회) (총 79회)

토르(*tor*) 스 6:9, 17; 7:17; 단 4:25(22), 32(29), 33(30); 5:21

부스(*bous*) 눅 13:15; 14:5, 19; 요 2:14, 15; 고전 9:9; 딤전 5:18; [유딧 2:17; 집회 38:25]

다말리스(*damalis*) 히 9:13; [집회 38:26]

모스코스(*moschos*) 눅 15:23, 27, 30; 행 7:41; 히 9:12, 19; 계 4:7; [1에스 1:7, 8, 9]

시티스토스(*sitistos*) 마 22:4

타우로스(*tauros*) 마 22:4; 행 14:13; 히 9:13; 10:4; [집회 6:2; 38:25; 단(외) 3:40(39); 1에스 6:29(28); 7:7; 8:14, 65(63)]

이름에 대한 논의 히브리인들이 소를 치고 번식시켰다는 내용은 **창 12:16**에 처음으로 언급되어 있다. 여기에서 아브람은 이집트 왕으로부터 소를 받아서 가나안으로 돌아온다. 이때부터 소는 히브리인의 삶과 문화에서 중요한 부분을 차지하게 되었다. 물론 상대적으로 부유한 이들만이 소를 소유하였다. 길르앗 지역은 소가 많았고 품질도 좋은 것으로 알려졌다(**민 32:1, 4; 대상 5:9**).

〈영어 용어〉

모국어가 영어가 아닌 독자들을 위해서 다양하고 다소 혼란스러운 소의 여러 이름의 뜻을 명확히 하는 것이 좋겠다고 생각된다. 영어가 모국어인 이들조차 때로는 소에 관한 여러 이름은 어렵다.

'cattle'(캐틀, 소): 현대 영어에서 이 단어는 복수 형태일 뿐, 이 단어의 단수 형태나 가산 명사 형태는 없다. 따라서 이 동물을 특정 숫자로 언급할 때에는 '소 다섯 마리'(five head of cattle)와 같은 표현을 쓰거나 '암소 네 마리와 황소 한 마리'(four cows and one bull)와 같은 표현에서처럼 가축이 암컷인지 수컷인지 그 성을 밝혀야 한다. 옛 영어에서 '캐틀'은 '소유물'(possessions)을, 그 이후에는 '가축류'(livestock)를, 그리고 현대 영어에서는 집에서 키우는 축우(畜牛)류를 집합적으로 일컫는 단어로 사용되고 있다. 즉 '캐틀'(cattle)은 암소(cow), 황소(bull), 거세한 수소(ox), 송아지(calf), 거세한 수송아지(bullock), 식용을 위한 거세한 수소(steer)와 암송아지(heifer)를 모두 포함하는 단어이다.

'cow'(카우, 암소)와 **'bull'**(불, 황소): '카우'는 엄격히 말해서 다 자란 암소를 가리키지만, 현대 영어에서 이 단어는 때때로 성별과는 무관하게 '소'(cattle)를 뜻할 수 있다. 특히 소의 숫자를 셀 때 그렇다. 그리하여 '400 카우즈'(cows)는 '소 400 마리'를 뜻할 수 있다. TEV는 때때로 이 단어를 이런 의미로 사용하고 있다. 다 자란 수소를 일컫는 단어인 '불'(bull, 수소)은 '카우'(cow)와는 달리 일반적인 의미로 사용되지 않는다.

'ox'(옥스, 거세한 수소): 현대 영어에서 이 단어는 거세한 수소를 가리킨다. 수소를 거세하면 온순해지기에 노동을 위한 동물로 쓸 수 있다. 거세의 효능은 소를 처음 가축화한 직후부터 알려졌다. 유대인들은 동물 거세를 금지하였는데, 그럼에도 불구하고 거세한 동물을 이웃의 이방 사람들에게서 들여왔거나 그 금령을 무시했던 것 같다.

영어 단어 '옥슨'(oxen)의 옛 쓰임새 중에는 '소'(cattle)라는 일반적인 의미가 있었다. 이러한 옛 쓰임새는 '소몰이 막대'(oxgoad), '소꼬리'(oxtail), '야생 소들'(wild oxen)과 같은 단어에 보존되어 있는데, 동물의 성별은 의미의 구성 요소가 아니다. 영어 역본들 대부분이 이 단어를 이런 옛 용도로 사용하고 있으며 특히 숫자를 셀 때 그렇다. 따라서 이 역본들에서 '400 옥슨'(oxen)이라고 번역한 것은 '거세한 수소 400마리'가 아니라 그냥 '소 400마리'를 의미한다. 성경에 거세한 짐승을 희생 제물로 바치지 말라는 금기 사항이 명시되어 있는데도 희생 제물로 바치는 '옥슨'(oxen)이라는 번역을 보게 되는 것은 바로 이런 이유 때문이다.

'steer'(스티어, 식용을 위해 거세한 수소): 이 단어는 노동을 위한 소가 아니라 고기를 얻기 위해서 키운 거세한 수소를 가리킨다.

'bullock'(거세한 수송아지): 이 단어는 일반적으로 어린 수소(young bull)를 뜻한다. 그러나 예컨대 호주 영어 같은 일부 영어 방언에서는 'ox'(거세한 수소) 또는 'steer'(식용을 위해 거세한 수소)와 같은 의미, 즉 거세한 수소를 의미할 수 있다.

'heifer'(헤퍼, 암송아지): 이 단어는 새끼를 낳아 본 적이 없는 어린 암소를 가리킨다.

'calf'(캐프, 송아지): 이 단어는 암수 상관없이 어린 소를 가리킨다.

〈유제품〉

이스라엘 사람들은 소, 양과 염소에서 모두 우유를 얻었다. 그러나 그들의 거주지의 기후와 우유를 염소 가죽 부대에 담는 보관 방식 때문에 우유의 신선도는 오래 유지될 수 없었다. 대부분의 다른 유목 사회가 그렇듯이 그들은 아마 발효 우유(sour milk)[10]를 마셨을 것이다. 발효 우유를 흔들면 응유(엉긴 젖, curd)라 불리는 덩어리들이 우유에서 분리되고, 나머지는 '유장'(whey)이라고 하는 물같은 묽은 액체가 된다. 응유를 그대로 먹을 수도 있는데, 영어 역본들은 이것을 '버터'로 자주 번역하고 있다. 그러나 이것은 현대에 보통 버터라고 불리는 것과

암소

10) [역자주] 요구르트처럼 젖산 발효를 시키거나 레몬 즙이나 식초 같은 산을 첨가하여 신맛이 나게 만든 음료.

는 다르다. 또한 응유는 소금을 첨가한 후 납작한 덩어리로 말려서 포장할 수 있다. 대부분의 영어 역본에서 '치즈'라고 번역하고 있다. 현대의 치즈는 외피 또는 껍질이 있어서 신선도를 보장해 주는데, 응유는 그만큼은 잘 보존되지 못했다.

모양 아브람이 가나안으로 이주할 무렵 몇몇의 소 품종이 이미 메소포타미아와 이집트에서 개량되었다. 얕은 돋을새김 조각들(bas-relief)과 이집트의 경우 기원전 3000년 무렵의 것으로 추정되는 무덤 벽화들을 통해 뿔이 긴 종류와 뿔이 짧은 종류 및 혹 있는 종류와 혹 없는 종류의 소가 알려져 있었음을 알 수 있다. 이미 그 이른 시기에 몇몇의 서로 다른 색깔(갈색, 검은색과 흰색)의 소들이 있었고 또 그 색들이 조합된 소들도 있었다.

특별한 의미 또는 상징 소는 제의적으로 정결한 동물로서 희생 제물로 바칠 수 있었고, 부유함의 기준이 되었다. 이스라엘의 모든 주변 땅에서 소, 특히 황소(bull)는 여러 시대를 거쳐 신들과 연결되고 숭배되었다. 이집트와 메소포타미아 그리고 가나안 종족들도 그러했다. 그 외에 다른 문명에서도 마찬가지여서 서쪽으로 미노아 사람들(Minoans)부터 동쪽으로 힌두(인도) 사람들까지 소를 신들과 연결하고 숭배했다. 따라서 소는 이스라엘 사람들에게 양식과 부의 원천이었고 제물로 바치는 짐승이기도 했지만, 동시에 유혹의 원천이었다.

번역 '압비르'('*abir*)에는 문자적으로 '강한 자'라는 뜻이 있는데, 사람, 천사, 하나님과 동물에게 사용된다. 동물에게 사용될 때는 군마나 황소를 가리킬 수 있다. 언제나 그런 것은 아니지만, 대체로 이 단어가 사용된 문맥을 통해 의도된 뜻의 단서를 얻을 수 있다. 명백하게 황소를 뜻하는 문맥으로는 **시 50:13; 68:30**이 있고, **렘 50:11**도 RSV, TEV, NIV, NAB에서는 '압비르'('*abir*)를 '수말'(stallion)로 번역하긴 하지만 아마 황소를 뜻했을 것이다. "발정 난 채 풀을 뜯는 암송아지"에 짝이 되는 둘째 구절을 번역할 때에는 "울부짖는 수말"보다 "울부짖는 수소"로 번역하는 것이 평행법이 더 잘 유지된다.

사 34:7은 흥미롭다. NEB와 REB가 '압비르'('*abir*)를 '들소'(bison)라고 번역한 것은 받아들이기 힘들다. 이렇게 번역할 경우 이 절의 심판 예언이 원정 사냥에 관한 예언으로 변질되는 점 때문이다. 그럴 가능성은 매우 낮다. 그러나 더 심각한 문제는 '비젠트'(wisent, *Bison bonasus*)로 알려진 유럽 들소(European bison)가 에돔처럼 먼 남쪽 지방에서 발견되었다는 증거가 전혀 없다는 점이다.

사 34:7의 시는 '압비르'('*abir*)가 황소뿐 아니라 사람을 언급할 수 있다는 사실을 이용하고 있다. 이 시는 여호와께서 준비하신 희생 제물에 관해서 말하고 있다. 그 다음에 희생 제물로 쓸 동물을 일컫는 애매한 표현을 중의적으로 사용하고 있는데, 동물이 아니라 인간이 죽임을 당할 수 있을 것이라는 추론을 할 수 있다. 이것은 JB와 TEV 성경에 잘 반영되어 있다. 이 시구는 아래와 같은 의미를 갖고 있다.

> 야생 소들처럼 그들은 쓰러져 죽을 것이다.
> 희생 제물 황소(*parim*)처럼, 그 강한 자들이.

'알루프, 엘레프'(*'aluf, 'elef*): 이 단어들은 '가르치다' 또는 '훈련시키다'를 뜻하는 어근 *'-l-f*와 연관이 있는 듯하다. 따라서 '알루프/엘레프'(*'aluf/'elef*)는 길들인 또는 가축화된 동물을 가리킨다. '소'에 대한 일반적인 호칭을 추천한다.

'브헤마'(*behemah*)는 일반적으로 '동물'이나 '길들인 동물' 또는 '가축'을 뜻한다. 이 단어가 나오는 위의 구절들에서는 '소'(cattle)라고 번역해야 할 것이다. 역시 제1장 '동물 일반'을 보라.

'바카르'(*baqar*)는 소에 대한 가장 일반적인 명칭이다. 이 단어가 가장 넓은 의미로 쓰일 때는 기본적으로 '가축 떼'(herd)를 뜻하며 양과 염소를 포함할 수 있지만, 그렇더라도 언제나 소를 포함한다. 이 단어는 소만 가리킬 때가 자주 있고, 이 경우 양과 염소와 대조적으로 사용되고 있다. '바카르'(*baqar*)가 새끼를 낳았다고 언급하는 몇몇 구절들은 암소만을 가리키는 것이 확실하다.

'바카르'(*baqar*)에 대하여 번역자들은 전후 문맥이 가축 일반을 언급하는지 아니면 소만 특정하여 언급하는지를 먼저 고려한 후 문맥에 맞게 번역해야 한다. 일반적으로 영어 번역이 어떤 동물인지 명시하지 않고 단순히 '가축 떼'(herds)라고 말한다면, '바카르'(*baqar*)는 '가축' 또는 '길들여서 기르는 동물' 일반을 뜻한다. 만약 소를 가리킨다면, 일반적인 단어를 사용하라. 소를 부를 때 암수, 나이, 색깔, 품종과 그 외의 다른 기준에 따라 다양한 이름을 사용하는 언어권에서는 소를 일컫는 가장 포괄적인 단어를 사용해야 한다. 다만 특정 문맥이 다른 것을 가리킬 때 예외인 경우가 있는데, 예를 들어 **레 22:19**에서 '바카르'(*baqar*)는 수소를 의미하는 것이 분명하다.

'므리'(*meri'*)는 축사에서 기른 짐승을 가리키는데, 일반적으로 희생 제물로 바치기로 한 송아지를 일컫는다. 이 단어는 '축사에서 기른 송아지'(stall-fed calf), '살찌운 송아지'(fattened calf), '최상품 송아지'(choice calf)라고 번역하는 것이 가장 좋다. NEB와 REB에서 '므리'(*meri'*)를 '물소'(buffalo)라고 번역한 것은 다른 셈족 언어들에서 '물소'를 뜻할 수 있는 유사 단어 비교에서 가져온 것이다. 그러나 이 번역은 주석가들에게서 폭넓은 지지를 받지 못하고 있는데, 동족 언어의 유사 단어들 사이에도 그 의미가 달라지는 경우가 종종 있기 때문이다. 예컨대 영어 'deer'와 독일어 'Tier'는 동족 어휘이지만 그 뜻은 각각 '사슴'과 '동물'로서 서로 다르다. 마소라 본문 **사 11:6**에는 "그리고 살찌운 송아지"라는 구절이 들어 있지만 칠십인역과 불가타는 이와는 다른 본문을 따른다. 따라서 대부분의 현대 번역본들은 이 구절을 번역하지 않고 있다.

'에겔'('*egel*)과 '에글라'('*eglah*)는 각각 수송아지와 암송아지를 가리킨다. 이 단어들은 가나안 사람들이 예배한 송아지 상을 가리킬 때도 쓰인다. NEB, NIV와 REB는 호세아서에서 이 단어들을 "송아지 신"(calf-gods) 또는 "송아지 우상"(calf-idols)이라고 번역함으로써 이것을 분명하게 말해주고 있다. 이 문맥들은 이 사실을 대부분 명백하게 보여주고 있으나, 송아지 우상을 가리키고 있는 **호 10:5**의 경우 다수의 번역본은 이 사실을 제대로 파악하지 못하고 있다. 어떻든 "송아지 모양을 한 우상"(the calf-shaped idol)이라고 번역한 신세기역(New Century Version)을 보라. CEV는 "우상들"(idols)이라고 번역한 후 다음과 같은 각주를 덧붙이고 있다. "히브리어 본문에는 '송아지들'이라고 되어 있는데, 송아지 모양으로 만들어진 우상을 나타낸다."

'파르'(*par*)는 특히 희생 제물로 바치기로 한 어린 수소를 가리킨다. 어떤 주석가들은 '파르'(*par*)가 맏배 수소라고 추론하고, 다른 학자들은 이 수소가 특별히 살찌워진 소라고 생각한다. 이 두 번째 견해는 JB의 **삿 6:25** 번역에 반영되어 있다. '파르'(*par*)에 대한 두 견해가 모두 옳을 수 있다. 제물로 바치는 수소의 나이가 한 살에서 세 살 그리고 그 이상에 이르기까지 다양했기 때문에 '파르'(*par*)를 '송아지'(calf)라고 번역한 것은 약간 오해를 일으킬 수 있다. '파르'(*par*)가 문맥 처음에 나올 때는 '희생 제물로 바치는 수소'(sacrificial bull)를 뜻하는 어구로 번역하고, 그 다음부터는 그냥 '수소'라고 번역하는 것이 가장 좋다.

'파라'(*parah*)는 '파르'(*par*)의 여성형이고, 특별히 살찌워 희생 제물로 바치기로 한 어린 암소를 가리킨다. '파라'(*parah*)를 "암송아지"(heifer)라고 번역한 것은 그 근거가 약한데, 많은 문맥에서 '파라'(*parah*)가 새끼 있는 암소를 가리키기 때문이다. 그렇다면 '파라'(*parah*)는 그냥 '암소'(cow)라고 번역하는 것이 가장 좋을 듯하다. 그러나 **암 4:1**에서 '살찐 암소들'이라고 번역한 것은 적절하다. **호 4:16**에서 '파라'(*parah*)는 고집 센 것에 대한 직유로 사용되고 있다. 평생 축사에서 사육된 암소는 그곳에서 멀리 떠나지 않으려 하는데, 호세아 본문이 이 사실을 언급하는 것일 가능성이 있다. 따라서 때가 되어 암소를 희생 제물로 바치려고 예루살렘을 향하여 길을 나설 때에 이 암소를 움직이게 하는 일은 어려웠을 것이다. TEV는 이 본문을 "노새"로 번역하고 있는데, 영어 문화권에서는 노새가 고집 센 것으로 유명하기 때문이다. 번역자가 속한 문화권에서 암소가 고집 센 동물이라고 생각되지 않는 경우 비슷한 방식으로 동물을 대체할 수 있겠지만, 단 그 동물은 성서 시대 사람들에게 알려졌음직한 동물이어야 한다. 때문에 '파라'(*parah*)를 '물소'(water buffalo) 같은 동물로 대체하는 것은 권장할 만하지 않다. 이 단어를 쓰게 되면 이스라엘을 큰 비가 내리는 지역으로 유추하게끔 하기 때문이다.

'쇼르'(*shor*)는 개개의 소를 일컫는 일반적인 단어이다. 이 단어는 수컷 또는 암컷 또는 둘 모두를 지목할 수 있는데(때때로 NIV는 이 단어를 'ox'[거세한 수소]라고 번역하고 각주에 이 사실을 설명하고 있다.), '쇼르'(*shor*)가 의도하는 것이 암컷인지 수컷인지는 문맥을 통해서만 알 수 있다. '쇼르'(*shor*)에 대하여 영어 번역자들은 어려움을 겪게 되는데 그 이유는 이 단어에 상응하는 가산 명사가 영어에 없기 때문이다. 영어 번역자들은 암수를 나타내는 형태를 사용해야 한다. '쇼르'(*shor*)를 영어로 번역할 때에 가장 흔히 쓰는 단어는 '옥스'(*ox*)이지만, 이 단어는 옛 영어 용법의 '소 한 마리'(head of cattle)처럼 '소'를 나타내는 뜻으로만 쓰였을 뿐 그 소가 암컷인지 수컷인지 혹은 거세되었는지의 여부는 알려 주지 않는다. 몇몇 현대 번역 성경에서는 'cow'를 이처럼 암수를 구별하지 않고 쓰고 있다. 암수에 대한 언급 없이도 개개의 암소나 수소 혹은 황소를 일컫는 단어가 있는 언어권에서는 그 고유한 단어로 '쇼르'(*shor*)를 번역해야 한다. 만약 영어처럼 암수가 명시되어야 한다면, 대체로 문맥을 통해 암수를 구별할 수 있다. 문맥을 통해서도 암수가 확인되지 않을 경우에는 일반적으로 소에 대한 복수형 명사를 사용할 수 있다.

'토르'(*tor*)는 소를 일컫는 일반적인 아람어 단어이다. 영어는 단복수를 분명히 하는 만큼 에스라 본문에서는 복수형 "어린 수소(들)"(young bulls)로, 다니엘 본문에서는 "거세한 수소"(ox)처럼 단수로 사용되고 있다. 에스라기에서 '토르'(*tor*)는 희생 제물로 바칠 소를 의미하고, 다니엘서에서는 일반 소를 가리키고 있다.

'부스'(*bous*)는 암수 구별 없이 소를 보통 일컫는 그리스어이다. 이 단어를 번역할 때에는 수소나 암소를 가리킬 수 있는 일반적인 단어가 가장 좋다. 요한복음에서 성전에서 쫓겨난 짐승들은 '거세한 황소들'이라는 전문적인 의미가 있는 '옥슨'(*oxen*)은 분명 아니었다.

마 22:4: '시티스토스'(*sitistos*)라는 단어는 도살을 위해 축사에서 살을 찌우며 키운 소를 가리킨다.

히 9:13: '다말리스'(*damalis*)의 번역어로는 암송아지(female calf[heifer])를 가리키는 단어나 어구가 가장 좋다.

'모스코스'(*moschos*)는 수송아지(male calf)를 가리키는 단어이다. **행 7:41**에는 '모스코스'(*moschos*)에서 파생되어 '수송아지를 만들다'라는 뜻을 갖게 된 동사가 사용되고 있다.

'타우로스'(*tauros*)는 '수소'를 가리키는 일반적인 단어이다. 영어 역본들은 'ox'(거세한 수소) 또는 'bull'(수소, 황소)로 번역하고 있지만, 이 단어는 신약성서의 다양한 문맥에서 보면 사실 뜻 차이가 없다. 번역자들은 '황소'(bull)를 뜻하는 단어를 일관되게 쓰는 것이 낫다. 수소는 잔치와 제사를 위해 사용되었다(**마 22:4; 히 9:13; 10:4**). 그리스 사람들은 (거세한 수소인 'ox'가 아니라) 황소들을 신들과 연결하였다(**행 14:13**).

야생 소(wild ox)에 관해서는 2.34를 보라.

2.11 사슴(deer)

관련 구절

아얄('*ayal*) 신 12:15, 22; 14:5; 15:22; 왕상 4:23(5:3); 시 42:1(2); 아 2:9, 17; 8:14; 사 35:6; 애 1:6

아얄라('*ayalah*), 아옐레트('*ayeleth*): 창 49:21; 삼하 22:34; 욥 39:1; 시 18:33(34); 29:9; 잠 5:19; 아 2:7; 3:5; 렘 14:5; 합 3:19

'야흐무르'(*yachmur*)에 관해서는 2.7 '부발하테비스트'를 보라.

이름에 대한 논의 일찍이 가나안에는 세 가지 과(科)의 사슴(*Cervidae* family), 곧 '다마사슴'(fallow deer, *Dama dama*), '붉은사슴'(red deer, *Cervus elaphus*), '노루'(roe deer, *Capreolus capreolus*)가 있었다. 이 중 붉은사슴은 아주 오래전인 출애굽 시대 이전에 사라졌고, 노루는 깊은 계곡의 우거진 숲에서만 서식했으므로 보기가 힘들었을 것이다. 따라서 다마사슴이 가장 흔했을 것이다. 다마사슴은 야생에서도 돌아다녔고, 솔로몬 왕 시대에는 아마 사슴 공원에서도 사육되었을 것이다.

붉은사슴

히브리어 '아얄'('*ayal*)은 아마도 사슴, 특히 수사슴을 통칭하는 일반적인 이름이었을 것이다. '아얄라'('*ayalah*)와 '아옐레트'('*ayeleth*)는 '아얄'('*ayal*)의 여성형이다.

KJV가 출간되었을 때 사슴 사냥은 아주 인기 있는 놀이였고, 사슴의 다양한 성장 단계마다 사슴을 부르는 전문 용어들이 대거 사용되었다. 어린 수사슴은 성장 단계에 따라 '노버'(knobber), '브로킷'(brocket, 두 살 수사슴), '스페이애드'(spayad, 세 살 수사슴), '스태거드'(staggard, 네 살 수사슴), '하트'(hart) 그리고 '스태그'(stag)라고 불렀다. 따라서 영어 단어 '하트'(hart)는 실제로 만 네 돌이 지나 다섯째 해에 들어선 수컷 붉은사슴, 곧 뿔에서 '왕' 가지('royal' prong)가 형성되는 시기의 사슴을 가리킨다. '스태그'(stag)라는 단어는 여섯 째 해가 지난 사슴, 곧 뿔 꼭대기에서 세 갈래로 이루어진 '왕관'(crown)이 형성되는 수컷 붉은사슴(대체로 사슴 떼 중에서 우두머리 수컷)을 말한다. '하인드'(hind)는 세 살이 넘은 암컷 붉은사슴을 가리킨다. '벅'(buck)은 수컷 다마사슴(fallow deer)이나 수컷 노루(roe deer)를, '도'(doe)는 같은 종류의 암컷을 가리킨다. 이런 구분이 KJV, RSV, NEB 역본에 반영되어 있다.

사슴 사냥꾼들이 아니라면, 현대 영어를 쓰는 사람들은 대부분의 사슴류를 암컷이든 수컷이든 '디어'(deer)라고 통칭한다. 그러나 성별을 구별하는 경우, 대부분의 영어권에서 수컷은 보통 '스태그'(stag), 암컷은 '도'(doe)라고 부른다. 그러나 미국에서는 수컷을 '벅'(buck)으로 부른다. 어린 사슴은 종종 '폰'(fawn)으로 불린다.

모양 사슴은 영양과 다른데, 수사슴은 매년 뿔갈이를 하는 반면 영양은 그렇지 않다. 대부분의 사슴은 분기하는 뿔, 즉 뿔 끝마다 한 개 이상의 가지가 있는 뿔을 가지고 있다. 사슴은 수컷에게만 뿔이 있는데, 다수의 영양 종(種)들은 암수 모두 뿔을 내고 있다.

다마사슴

다마사슴은 꽤 커서 어깨까지의 키가 약 1미터쯤 된다. 여름에는 불그스름한 털 바탕에 흰 얼룩점이 있고, 겨울에는 털색이 진해지고 얼룩이 사라진다. 수사슴(buck)은 둘째 해에 뿔이 자라기 시작한다. 처음에는 가지 없는 짧은 뿔이 나온다. 뿔은 해마다 초봄에 떨어진다. 셋째 해에 가지 뿔들이 나타나는데, 작은 가지 뿔 두 개가 앞쪽을 향하고 주 가지는 위쪽을 향한다. 그 이듬해부터는 주 가지 뿔은 크고 평평해지고, 그 뿔 날을 따라 여러 개의 뾰족한 끝이 자란다. 마침내 다섯 돌이 지나면, 군데군데 뿔의 너비가 사람 손의 두 배에 이르고 그 길이가 약 70센티미터가 된다.

짝짓기는 가을에 하는데, 이때 수사슴이 거칠고 낮은 울음소리를 크게 내뱉는다. 암사슴은 뿔이 없다. 사슴은 아주 우아한 동물이다.

특별한 의미 또는 상징 성경에서 수사슴은 빠름, 민첩성, 그리고 힘과 연결된다. 그러나 아가서에서는 성적인 매력과도 연결되어 있다(영어에서 '스태그'[*stag*]가 그렇듯이). 암사슴은 실족하지 않는 굳건함과 많은 후손을 생산하는 능력과도 연결된다(암사슴은 태어난 후 둘째 해부터 매년 적어도 새끼 한 마리씩을 낳는다).

번역 사슴이 알려진 곳에서는 사슴류를 통칭하는 일반적인 이름을 택하는 것이 가장 좋다. 통칭하는 이름이 없지만 다마사슴이 알려진 경우에는 이 종류의 사슴을 부르는 이름을 선택해야 한다. 사슴을 볼 수 있는 다른 지역에서 통칭하는 일반적인 단어가 아닌 특수한 단어를 써야 한다면, 사슴류 중 대표 유형을 부르는 단어를 써야 한다. (인도, 버마, 태국, 중국 서부의) 물사슴(또는 삼바사슴, sambar deer)이나 북아메리카의 엘크사슴(elk) 등이 적절하다.

세계의 몇몇 지역에서는 실족하지 않는 굳건한 이미지가 사슴과 연결되지 않는다. 그렇기 때문에 **삼하 22:34; 시 18:33; 합 3:19**에서 언급되고 있는 '암사슴'에 대하여 '사슴처럼 발을 단단히 딛은'과 같이 설명하는 어구를 써야 한다. 아니면 실족하지 않는 굳건한 동물로 알려진 그 지역의 다른 동물로 대체해서 번역할 수 있다(아래의 논의를 보라).

아프리카에는 수풀에 사는 아주 작은 사슴들만 있기 때문에 성경에서 사슴이 문자적으로 언급되는 경우, '사슴' 대신 떼를 지어 사는 영양(antelope)을 가리키는 이름, 예컨대 '임팔라'(impala) 등을 사용하는 것이 더 낫다. 그러나 사슴이 비유적으로 쓰인 본문에서는 조금 더 자유롭게 다른 동물로 대체할 수 있다. 예를 들어 **시 42:1**에서 사슴이 언급되고 있는데, 이때 정기적으로 물을 마셔야 한다고 알려진 그 지역의 큰 영양(예컨대, 누[wildebeest]나 임팔라)을 사용해도 무방할 것이다. 마찬가지로 '높은 곳에서도 발을 단단히 딛고 선 굳건함'이 주제인 위의 본문들에서도 그 지역의 절벽에 사는 영양, 예컨대 '바위타기영양'(klipspringer, *Oreotragus oreotragus*)이나 '샤무아영양'(알프스산양, chamois, *Rupicapra rupicapra*)을 가리키는 단어로 대체할 수 있을 것이다. 이 경우에 모두 각주를 통해 히브리어는 사슴을 언급하고 있다고 일러 줄 수 있을 것이다. 물론 부차적인 설명이 꼭 필요한 것은 아니다. **시 42:1**에서 남성형 '아얄'(*'ayal*)이 쓰였는데 이에 상응하는 동사는 여성형인 점에 주목해야 한다. 문법적으로 성을 구별하는 언어에서는 암컷을 가리키는 단어를 쓸 것을 추천한다.

창 49:21의 히브리어 본문에 몇 가지 문제가 있다. 명사 '아얄라'(*'ayalah*)와 함께 쓰인 단어들의 조합이 좀 이상한데, 이 절을 마소라 본문의 모음과 함께 문자적으로 읽으면, "납달리는 보내진/풀려난 암사슴, 그 사슴은 아름다운 말을 내는구나"로 번역된다. '보내진'(sent)으로 번역된 동사는 대체로 소식을 전하는 사자(使者)를 보낼 때 사용되는데, '아름다운 말'이라는 표현이 이 가능성을 높여 준다. 아마도 이 문장은 "납달리는 아름다운 소식을 전하기 위하여 소식꾼으로 보내진 사슴과 같다"라는 뜻으로 이해할 수 있을 것이다. 납달리와 사슴이 비교된 이유는 사슴의 민첩성 때문일 것이다. 즉 납달리를 빠른 소식꾼으로 묘사하고 있는 것인데, 이 점이 상당히 이해하기 어렵다. 주요 번역 성경들 가운데 이런 해석을 받아들인 번역본은 없다.

많은 번역 성경들이 "납달리는 풀어 놓은 사슴, 어여쁜 새끼들을 낳는다"라는 해석을 받아들이고 있다(RSV, NIV, TEV, NAB와 비교하라). 그러나 이런 해석을 얻기 위해서는 '말' 또는 '발언'을 뜻하는 히브리어 단어를 수정해야 하는데, 이것에 관해서는 논란이 많다. 이런 비교의 핵심은, 한편으로는 자유의 향유일 것이고, 다른 한편으로는 번식력일 것이다. 히브리어의 마소라 본문에 어느 순간에 오류가 생겼을 가능성이 있으며, 오히려 칠십인역의 그리스어가 본문의 초기 형태를 보이고 있을 가능성이 높다. 즉 칠십인역은 "납달리는 넓게 펴진 피스타치오나무, 아름다운 덮개를 만들어 준다"(NEB, REB 및 다른 대부분의 번역 성경의 각주와 비교하라)고 번역하고 있다. 이렇게 번역한 것은 '아얄라'(*'ayalah*) 대신 '엘라'(*'elah*)로 읽은 것에 근거한다. 두 은유에서 나타난 비교의 핵심은 번영과 번식력이다. 비슷한 문제가 **시 29:9**에도 있는데, '아얄라'(*'ayalah*)보다는 '엘라'(*'elah*), 곧 피스타치오나무(terebinth tree)라고 읽어야 할 것이다.

사슴과 영양을 둘 다 볼 수 없는 지역에서는 차용한 이름을 사용해야 할 것이고, 이것을 용어 해설에서 설명해 주어야 할 것이다.

2.12 개(dog)

관련 구절

켈레브(*kelev*) 출 11:7; 22:31(30); 신 23:18(19); 삿 7:5 (총 32회)

쿠온(*kuōn*) 마 7:6; 눅 16:21; 빌 3:2; 벧후 2:22; 계 22:15; [토빗 5:16(17); 11:4; 유딧 11:19; 집회 13:18]

쿠나리온(*kunarion*) 마 15:26, 27; 막 7:27, 28

이름에 대한 논의와 모양 개는 매우 이른 시기에 길들여졌고, 고대 세계에서 사냥개나 경비견(watchdog)으로 사용되었다. 이집트에서는 일찍이 기원전 4000년경에 사람들이 토기에 그림을 그렸는데, 그것을 보면 그들이 현대의 그레이하운드를 닮은 날렵하고 빠른 사냥개를 키웠다는 것을 알 수 있다. 바빌로니아의 조각품들을 보면 기원전 2500년경 메소포타미아 문명권 사람들이 오늘날의 불마스티프(bull-mastiff)를 닮은 큰 사냥개를 키웠다는 것을 알 수 있다.

그러나 유대인의 경우 개를 주로 경비견으로 키웠지만, 개를 경멸하였고 쓰레기나 오물을 뒤져 먹이를 찾아 먹도록 방치했다. 이같이 오물을 찾아다니는 습성, 또 개들이 어쩌면 몇몇 이집트 신들과 연결되었다는 사실 때문에 유대인은 개를 아주 부정한 짐승으로 여겼다. 성서 시대에 유대인의 거주지에서 발견된 개는 '파리아 들개'(pariah dog, *Canis familiaris putiatini*)일 것이다. 이 개는 밝은 갈색의 작은 '알자스셰퍼드'(앨세이션, Alsatian) 또는 '저먼셰퍼드'(German shepherd)를 닮았다. 이런 유형의 개는 야생 형태든 길들인 형태든 중동 모든 지역과 남아시아와 동남아시아의 대륙 해안(이곳에서는 게를 잡아먹는 '게잡이개'로 알려져 있다)에서 볼 수 있다. 호주의 '딩고'(Australian dingo)[11]와도 매우 닮았다.

작은 애완견(pet dog)은 그리스와 로마 문명권에서 유대인이 아닌 이방 사람

개

11) [역자주] '호주 들개'라고도 부른다.

들이 집에서 키웠다. 이 개는 **마 15:26**과 **막 7:27**에 나오는 그리스어 '쿠나리온'(*kunarion*)이 가리키는 유형일 것이다.

특별한 의미 또는 상징 위에서 언급했듯이, 개는 부정한 동물로 취급되었고 경멸의 대상이었다. 따라서 개라고 불리는 것은 큰 모욕이었고, 누군가를 '죽은 개'라고 부르는 것은 더욱 그러했다. 이스라엘 사람들은 개를 돼지에 버금가는 부정한 동물이라고 생각했다. 개는 마을을 돌아다니는 사체 청소 동물로, 집에서 나오는 쓰레기로부터 동물 사체, 인간 배설물에 이르기까지 무엇이든 먹었다. 심지어 전쟁 후에 매장되지 못한 사람들의 시체를 먹기도 했다. 더 나아가 개는 어쩌면 이집트 신 아누비스(Anubis)의 상징 중 하나였을 것이다. (그러나 많은 현대 학자들은 자칼이 그 신의 상징이라고 생각하고 있다.)

개

이 모든 점을 고려해 볼 때, 죽은 후 부정한 개들에게 먹히는 일을, 사람이 맞을 수 있는 최후 가운데 최악의 것으로 여겼다는 점이 이해가 된다.

기원후 1세기 유대인은 이방 사람들을 부정하게 여겼고, 그들을 경멸적으로 '개들'이라고 일컬었다. 따라서 **빌 3:2**의 표현에는 강력한 아이러니가 있는데, 유대주의적인 기독교인들이 '개들'로 언급되었기 때문이다.

성경에서 개와 연결되는 또 다른 함의는 성적 타락과 방종이다. 개가 이런 함의를 갖게 된 것은 성적으로 흥분한 수캐들이 짝짓기를 하려 할 때 상대의 성별을 미처 구별하지 못할 때가 있다는 것과 암컷이든 수컷이든 개들이 짝짓기 할 때에 짝을 바꿔가면서 반복적으로 짝짓기를 한다는 사실 때문일 것이다.

번역 **출 11:7**에서 "개 한 마리도 그 혀를 움직이지 않았다"는 문자적인 표현은 개 한 마리조차 짖거나 으르렁대지 않았다는 뜻이다. 이 문장은 이런 뜻으로 번역해야 한다.

신 23:18에서 가나안 신전들과 연결된 남창들이 '개들'로 불린다. **계 22:15**에서 '개들'이라는 표현은 성도착자와 문란한 자들을 의미하는 것 같다. 두 절 모두 문자적인 번역은 핵심을 놓칠 수 있으므로, 첫 번째 경우에는 '신전 남창들' 같은 표현으로, 두 번째 경우에는 '무절제한 성적 행위를 하는 자들'과 같은 표현으로 번역하는 것이 나을 것이다.

삼하 3:8에서 "유다의 개 머리"라는 표현에 대하여 몇몇 주석가들은 이집트 아누비스 신의 제사장이 쓰던 성스러운 개 가면을 언급한 것으로 본다. 그렇다면 이 표현은 '가면을 쓴 유다 사람', 즉 '유다에서 온 스파이'라는 뜻이 된다는 것이다. 다른 주석가들은 이 표현이 개와 연결되는 성적 방종을 언급한다고 생각하여 '유다에서 온 문란한 사람'을 뜻한다고 본다. 문맥을 보면 이러한 두 해석이 모두 가능하다. 즉 이러한 함의를 모두 포함해서 '유다의 개 머리'란 '유다에서 온 문란한 스파이'를 뜻할 가능성이 크다.

욥 30:1: "내 양 무리의 개들"이라는 표현은 양들을 지키는 일을 돕는 경비견을 가리킨다.

사 66:3: "어린 양으로 제사드리는 것은 개의 목을 꺾음과 다름이 없다"는 구절은 다음과 같은 뜻으로 이해해야 한다. 즉 4절에서 언급하는 백성의 불순종 때문에, 이들이 양과 같이 하나님께서 받아들이실 만한 희생 제물을 바친다 할지라도, 이것은 가장 용납할 수 없는 부정한 제물을 바치는 것과 같다는 것이다. '개의 목을 꺾는 것'은 두 가지 이유에서 받아들일 수 없는 제물이 된다. 우선 개는 부정한 동물이다. 둘째, 목을 부러뜨리는 것은 제물을 죽이는 바른 방법이 아니다. 그렇게 되면 피가 사체에 그대로 남아 있게 되고, 유대인들의 법에 따라 제물이 부정하게 되기 때문이다.

빌 3:2에서 제의적 정결과 할례에 지나치게 관심을 두는 기독교인들을 '개들'로 표현한 것의 아이러니를 완전히 담아내는 것은 거의 불가능하다. 수용 문화에서 개가 특별히 부정하다고 여기지 않는다면, '더러운 개들' 같은 표현을 써야 할 것이다.

2.13 듀공(dugong)

관련 구절

타하쉬(*tachash*) 출 25:5; 26:14; 35:7, 23; 36:19; 39:34; 민 4장(7회); 겔 16:10(14회)

이름에 대한 논의 성서에서 이 동물은 껍질을 가공한 가죽과 관련해서만 언급된다. 듀공의 껍질로 아주 품질 좋은 가죽을 만들 수 있었음이 분명하다. KJV의 "오소리", RSV의 "염소"는 오역임이 거의 확실하다. NEB의 "쇠돌고래"(porpoise)는 좀 더 많은 지지를 받는데, 히브리어 '타하쉬'(*tachash*)와 매우 유사한 아랍어 단어가 쇠돌고래(porpoise)나 돌고래(dolphin)를 가리키기 때문이다. 그러나 성막 덮개를 제작할 수 있을 만큼 충분한 수의 돌고래를 잡는 일은 이스라엘 사람들에겐 힘든 일이었을 것이다. 돌고래들은 바다에서만 살고, 이스라엘 사람들은 해양 민족이 아니었기 때문이다.

그러나 바다 근처에 사는 일부 베두인 부족들은 수 세기 동안 '듀공'(dugong)이라 불리는 동물의 가죽으로 샌들과 다른 물품들을 제작해 왔고, 현대의 많은 학자들은 '타하쉬'(*tachash*)가 이 동물을 가리킨다고 이해한다. NIV와 NEB는 (난외주에) "바다소"(sea cow)라고 적는다. 듀공은 천천히 헤엄치면서 연안 근처의 수중 해초를 먹고 살기 때문에 그물로 쉽게 잡을 수 있다.

모양 듀공(dugong, *Dugong dugon*)은 길이가 3미터쯤 되는 큰 동물이다. 바다에 살며 보통 12-15마리 정도의 작은 떼를 이룬다. 듀공은 느리게 헤엄쳐 다니고, 강 하구 부근의 비교적 얕은 물에서 수중 해초를 먹으며 살아간다. 때로 강 상류까지 짧은 거리를 이동하기도 한다. 숨을 쉬기 위해 몇 분마다 수면 위로 올라와야 하고, 때로는 물 밖으로 나와서 바위나 모래톱에 눕기도 한다.

매너티

듀공은 다리 대신 지느러미 발이 있고, 큰 물고기의 꼬리지느러미처럼 생긴 꼬리가 있지만, 포유동물이다. 부드러운 털이 있고, 알이 아니라 새끼를 낳아 젖을 먹인다. 듀공은 오늘날에도 아카바만과 홍해에서 꽤 많이 발견되고, 동아프리카와 남아시아, 마다가스카르, 말레이시아, 인도네시아, 파푸아뉴기니, 호주, 솔로몬 제도의 열대 해안을 따라서도 발견된다. 대만에서 발견되었다는 보고도 있다.

듀공은 멀게는 바다표범(seal)과 관계가 있다. 옅은 회색을 띠고, 수컷은 위턱에 작은 엄니가 있다. 공격적이지 않고 경계심이 없어서 쉽게 잡힌다. 듀공 가죽은 꽤 두껍고 부드럽고 질겨서, 고품질의 가죽 제품을 만들 수 있다. 가죽의 털은 보통 남겨 둔다.

듀공과 아주 유사한 동물이 셋 있는데, 서아프리카에서 발견되는 세네갈매너티(Senegal manatee, *Trichechus senegalensis*), 카리브해 군도와 플로리다의 연안과 석호(또는 초호)에서 발견되는 카리브매너티(또는 서인도제도매너티, Caribbean manatee, *Trichechus manatus*), 아마존강과 오리노코강에서 발견되는 남아메리카매너

바다표범

티(South American manatee, *Trichechus inunguis*)가 그것이다.

번역 듀공과 매너티를 아는 지역에서는 앞 단락에서 언급한 세 동물 중 하나를 가리키는 명칭이 가장 좋을 것이다. 반면 이 동물들을 모르는 지역에서는 바다표범을 가리키는 말을 쓸 수 있을 것이다. 바다표범도 알지 못하는 지역에서는 동물의 이름을 굳이 말하려 하기보다 그냥 '질 좋고 부드러운 가죽'이나 '털가죽' 같은 보다 일반적인 표현을 쓰는 것이 낫다. 어느 경우든 초점은 동물이 아니라 가죽에 있기 때문이다.

2.14 코끼리(elephant)

관련 구절

엘레파스(*elefas*) 1마카 1:17; 3:34; 6:30, 34, 35, 46; 8:6; 2마카 11:4; 13:2, 15; 3마카 5장(17회)

엘레판타르케스(*elefantarchēs*) 2마카 14:12; 3마카 5:4, 45

쎄리온(*thērion*) 1마카 11:56; 2마카 15:20, 21

이름에 대한 논의 코끼리가 성경에서 처음으로 분명하게 언급된 것은 그리스어 외경(제2경전)에 속하는 마카베오 1서에서지만, 상아(문자적으로, '이'[齒])는 솔로몬 시대에 처음 언급된다. 이때에 이미 수단에서 나일강까지, 또한 바다로는 홍해의 아프리카 쪽 해안의 오늘날 지부티(Djibouti) 공화국이 있는 곳에서 아카바만의 오늘날 에일라트(Eilat)가 있는 곳까지 상아 무역로가 있었다. 상아 중 일부는 하마(hippopotamus)의 이에서 나왔을 수 있지만, **왕상 10:22**와 **대하 9:21** 두 곳에서는 코끼리의 상아(문자적으로, '코끼리의 이')를 분명히 밝혀 언급한다. 상아는 이보다도 훨씬 전부터 알려져 있었을 것이다. 기원전 2300년경의 상아 장식품이 팔레스타인에서 발견되었기 때문이다.

인도코끼리(Indian elephant, *Elephas maximus*)는 아주 일찍이 기원전 2천년 훨씬 이전부터 전쟁에 사용할 목적으로 길들이고 훈련시켰다. 기원전 4세기 알렉

인도코끼리

산더 대왕이 제국을 인도에까지 확장했을 때 전투 코끼리를 획득하여 군대에 편입시켰다. 그 이후 코끼리를 전쟁에 쓴다는 생각이 중동 지역에 퍼지게 되었다. 이 코끼리의 작은 종류가 시리아와 메소포타미아에 있었다. 길들여진 인도코끼리는 기원전 3세기가 끝나기 전에 이집트에도 소개되었다. 프톨레마이오스 2세는 96마리의 코끼리가 있어서 네 마리가 전투마차 한 대를 끌었다고 전해지고, 같은 세기 후반에 프톨레마이오스 4세가 시리아의 셀레우코스 왕국의 왕 안티오코스 3세에 승리했을 때에는 시리아 사람들의 코끼리들을 잡아왔다고 전해진다. 그러나 셀레우코스 왕조의 왕들은 전투 코끼리를 계속 사용했고, 그 뒤를 이은 에피파네스도 코끼리를 써서 이집트를 공격했다. 그 후 에피파네스와 그의 아들은 유대인들에 대한 군사 작전에서도 코끼리를 사용했다. 마카베오 1서에 따르면 각 코끼리는 인도인 조련사와 더불어 군인 32명을 태웠고, 전장에 나아갈 때 천 명의 시리아 군인과 오백 명의 기마병을 이끌었다. 마카베오의 형제 중 한 사람이 가장 큰 코끼리 밑으로 들어가서 찔러 죽일 수 있었는데, 자신도 코끼리가 쓰러질 때 깔려 죽고 말았다. 나중에는 아프리카코끼리(African elephant, *Loxodonta africana*)를 길들여서 전쟁에 사용했는데, 아마도 인도코끼리를 구하기가 어렵기 때문이었을 것이다. 당시에 사용된 동전을 통해서 로마 황제 하드리아누스가 알프스 산맥을 넘을 때에 사용한 코끼리들이 아프리카코끼리였음을 알 수 있는데, 아마도 북아프리카에서 들여왔을 것이다. 또

아프리카코끼리

한 7.1 '베헤못'을 보라.

외경(제2경전) 책들에서 가장 흔하게 사용되는 명칭은 '엘레파스'(*elefas*)지만, '코끼리 부대의 지휘관'을 뜻하는 '엘레판타르케스'(*elefantarchēs*)가 **2마카 14:12**와 **3마카 5:4, 45**에서 사용되고 '괴물'을 뜻하는 '쎄리온'(*thērion*)이 **2마카 15:20, 21**에서 사용된다.

모양 코끼리는 지상 동물 중 가장 크다. 인도 종의 수컷은 키가 약 3미터이고, 무게가 4톤에 육박한다. 아프리카 종은 그보다 약 50센티미터 정도 더 크고, 무게도 6톤까지 나간다. 코끼리의 길쭉한 코는 기본적으로 코임에도 불구하고 근육이 있어서 아주 유용하다. 코는 냄새를 맡을 뿐 아니라 먹을 때에 나뭇가지를 잡아 내리거나 덤불의 열매를 따거나 물을 머금어서 입 안이나 몸 위에 뿌릴 때에 쓰이고, 무기로도 사용된다. 수컷은 코 양쪽에 긴 엄니가 자라는데 길이가 2미터가 넘는 경우도 자주 있다. 엄니는 뿌리를 캐내거나 나무껍질을 벗겨 내거나 통나무를 들어 올릴 때 사용한다. 엄니를 구성하는 물질은 상아질이다. 큰 귀로는 자기 몸을 부채질할 수 있다.

색깔은 어두운 회색이다. 몸을 보면 털이 거의 없는 것처럼 보인다. 그러나 실제로 다른 많은 포유류와 같은 부드러운 털은 아니지만, 잘 보면 빳빳한 털이 온몸을 덮고 있다. 코끼리는 초식 동물이어서 잎, 뿌리, 새순, 나무껍질, 과일 등을 먹고 산다.

특별한 의미 또는 상징 코끼리는 가장 크고 가장 힘센 동물이다.

번역 대부분의 아프리카와 중동, 아시아 언어에 코끼리를 가리키는 현지 명칭이 있고, 국제적인 언어의 다수가 그리스어 이름 '엘레파스'(*elefas*)에서 나온 단어를 사용한다. 몇몇 지역은 코끼리는 없더라도 코끼리의 옛 친족뻘인 매머드(mammoth)의 화석 뼈가 알려져 있어서, 그것을 일컫는 현지 이름을 오늘날의 코끼리에도 사용한다. 대부분의 다른 지역에서는 코끼리를 가리키는 말로 그 지역의 주요 통용어에서 차용한 말을 사용한다. 주요 언어가 영어나 스페인어, 불어, 포르투갈어, 독일어, 네덜란드어일 경우, 그 명칭은 '엘리펀트'(*elephant*), '엘레판트'(*Elefant*), '엘레판토스'(*elefantos*), '올리판트'(*olifant*) 중 하나와 비슷하다.

2.15 가젤(gazelle)

관련 구절

츠비(*tsevi*) 신 12:15, 22; 14:5; 15:22; 삼하 2:18; 왕상 4:23(5:3); 대상 12:8(9); 잠 6:5; 아 2:9, 17; 8:14; 사 13:14 (11회)

츠비야(*tseviyah*) 아 2:7; 3:5; 4:5; 7:3(4)

도르카스(*dorkas*) 집회 27:20

이름에 대한 논의 위의 히브리어 이름과 그리스어 이름은 모두 가젤(gazelle)을 부르는 일반적인 말일 것이다. 적어도 두 유형의 가젤, 즉 도르카스가젤(dorcas gazelle, *Gazella dorcas*)과 팔레스타인가젤/아라비아가젤(Palestine/Arabian gazelle, *Gazella arabica*)을 중동에서 볼 수 있었다. 외딴 지역에서는 지금도 볼 수 있다. 아슈르바니팔(Ashurbanipal)의 사냥 벽화에 그려진 가젤은 임팔라(impala, *Aepyceros melampus*)가 틀림없는데, 이는 뿔의 모양과 암컷에 뿔이 없는 사실을 통해 알 수 있다. 이로써 기원전 650년경에 임팔라가 동쪽으로는 니느웨에서도 발견되었음을 알 수 있다.

가젤

모양 가젤은 작은 크기에서 중간 크기의, 평지에 사는 영양(antelope)이다. 사바나 평원이나 반사막 지역에 서식한다. 암수 모두 뿔이 있으나, 임팔라의 암컷은 예외여서 뿔이 없다. 위에서 언급한 가젤 종들의 뿔은 '리라'(고대 현악기)처럼 생겼고, 길이가 25-50센티미터 정도 된다. 가젤의 몸은 붉은 빛이 나는 갈색인데, 배 부분은 거의 흰색이다. 다리가 길고 우아하게 생겼으며 도약을 무척 잘한다. 작은 무리를 이루어 살아가는데 많을 때는 30마리쯤 된다. 암컷은 한 돌이 지나면 성적으로 왕성해지고 매년 새끼를 낳는다. 이 높은 출산율이 생존을 보장해 준다. 풀과 아카시아[12] 잎과 다른 덤불을 먹고 산다.

번식을 하는 한 떼는 짝짓기를 담당하는 우두머리 수컷 한 마리와 여러 암컷들로 구성된다. 다른 수컷들은 성적으로 왕성해지면 떼에서 쫓겨나고, 그렇게 되면 수컷들만의 떼를 만든다. 이 수컷의 떼가 사냥꾼이나 포식자들의 주요 표적이 된다. 번식 주기에 전혀 해를 입히지 않으면서도 편리한 고기 공급원이 되기 때문이다. 성서 시대에 가젤은 그물이나 덫을 놓거나 활로 화살을 쏘아서 잡았다.

특별한 의미 또는 상징 가젤은 사냥용 동물 중 '가장 정결한 것'으로 여겨졌는데, 갈라진 발굽과 되새김질에 관한 율법의 모든 조건을 충족했기 때문이다. 가젤은 빠름과 우아함과 아름다움(히브리어 어근이 '아름다움'을 뜻한다)을 상징했고, 여성의 성적 능력과 다산을 상징했다.

번역 수컷과 암컷을 가리키는 말이 따로 있는 언어의 경우, '츠비'(*tsevi*)는 남성형으로, '츠비야'(*tseviyah*)는 여성형으로 번역해야 한다.

임팔라

가젤이 잘 알려진 동아프리카에서는 가젤을 통칭하는 일반적인 이름이나 작은 가젤 종류 중 하나—예를 들면, 톰슨가젤(Thomson's gazelle, *Gazella thomsonii*)—를 부르는 특수한 명칭을 쓰는 것이 좋다. 임팔라가 알려진 아프리카의 다른 지역에서는 이 영양을 가리키는 단어를 쓸 수 있다.

12) [역자주] 우리 주변에서 흔히 볼 수 있는 아까시나무와는 아주 다른 식물이다. 아카시아는 아프리카의 열대나 아열대 기후에서 자생하는 키 큰 나무이고, 아까시나무는 북아메리카에서 들여와 우리나라에 자리 잡은 귀화 식물이다. 로버트 쿱스, 『성서 속의 식물들』(서울: 대한성서공회, 2015), 9-10 참고.

다른 지역에서는, 가젤을 문자적으로 언급하는 본문이라면 떼를 지어 사는 작은 영양이나 사슴을 가리키는 명칭을 쓸 수 있고, 빠름이나 우아함이나 아름다움이 상징화되는 문맥이라면 날쌔고 우아한 영양이나 사슴을 가리키는 명칭을 쓸 수 있다. 늘 그렇듯이 가젤이나 영양이나 사슴이 알려져 있지 않은 곳에서는 국제적인 주요 통용어의 명칭이나 히브리어 원어 단어를 음역해서 쓸 수 있다. 이런 경우 용어 해설에 설명이 따라야 할 것이다.

2.16 염소(goat)

관련 구절

에즈(*'ez*) 창 15:9; 27:9, 16; 30:32, 33, 35 (총 67회)

아투드(*'atud*) 창 31:10, 12; 민 7장(13회); 신 32:14; 시 50:9, 13; 66:15; 잠 27:26; 사 1:11; 34:6; 렘 50:8; 51:40; 겔 27:21; 34:17; 39:18; 슥 10:3

차피르(*tsafir*) 대하 29:21; 스 6:17; 8:35; 단 8:5, 8, 21

사이르(*sa'ir*) 창 37:31; 레 4:23, 24; 9:3, 15; 10:16 (총 51회)

스이라(*se'irah*) 레 4:28; 5:6

타이쉬(*tayish*) 창 30:35; 32:14(15); 대하 17:11; 잠 30:31

아이게이오스(*aigeios*) 히 11:37

아익스(*aix*) 유딧 2:17

트라고스(*tragos*) 히 9:12, 13, 19; 10:4; [1에스 8:66(63)]

키마로스(*chimaros*) [1에스 7:8]

이름에 대한 논의 '에즈'(*'ez*)와 '트라고스'(*tragos*)는 '염소'를 가리킬 때 흔히 쓰는 단어인데, 일반적으로 비(非)제의적인 표현에서 쓰인다. '에즈'(*'ez*)는 보통 여성형이며, 다 자란 숫염소는 사람들이 자주 안 먹었으므로, 이 단어는 고기나 젖을 얻기 위해 기른 염소를 함의하는 경우가 종종 있었다.

'아투드'(*'atud*)는 무리의 우두머리 숫염소를 가리킨다. 이 뜻이 확장되어 인간 지도자를 가리킬 때도 사용되었다.

'차피르'(*tsafir*)는 아람어 또는 후기 히브리어인데, 가장 늦게 구약 정경에 추가된 책들인 역대하, 에스라, 다니엘에 나온다. 이 단어는 숫염소를 가리키는데, 아마 거세된 수컷을 가리킬 것이다.

'사이르'(*sa'ir*)는 주로 레위기에서 사용되고, 희생 제물로 쓰이는 염소를 가리킨다. 이 말은 문자적으로는 '털이 많은 것'이고, 어쩌면 털을 얻기 위해 기른 염소의 유형을 가리킬 수 있다(다음 '모양'에 관한 설명을 보라). '사이르'(*sa'ir*)는 숫염소를 가리키고, '스이라'(*se'irah*)는 여성형이다.

'타이쉬'(*tayish*)는 '들이받는 것'을 뜻하는 단어이고, 숫염소를 가리킬 때 사용된다.

'아이게이오스'(*aigeios*)는 긴 털을 얻기 위해 기른 염소의 유형을 가리키는 그리스어이다. '아익스'(*aix*)도 아마 같은 뜻이었을 것이다.

모양 염소는 발굽을 가진 비교적 작은 동물이다. 중동 지역에서 매우 일찍 가축화되었다. 긴 털을 가진 품종과 짧은 털을 가진 품종이 모두 알려져 있었는데, 긴 털 염소는 털을 얻기 위해 길렀고, 짧은 털 염소는 젖, 고기, 가죽을 얻기 위해 길렀다. 짧은 털 염소는 누비아염소(Nubian goat, *Capra hircus mambrica*)였을 것이다. 이 염소는 늘어진 귀를 가진 품종인데, 검은색과 흰색의 얼룩을 띠거나 갈색과 흰색의 얼룩을 띤다. 긴 털 염소도 늘어진 귀를 가졌는데, 앙고라염소(Angora goat, *Capra hircus angorensis*) 유형에 속한다. 보통 검은색이고 털이 길며 비단같이 부드럽다.

염소

성경의 세 곳에서 이 털을 사람의 머리털과 비기는 듯하다(**아 4:1; 6:5; 삼상 19:13**).

염소는 옛 이스라엘 사람들에게 매우 중요했다. 양과 마찬가지로 염소는 고기, 젖, 가죽, 털, 뿔의 공급원이었다. 염소는 풀을 뜯기보다는 잎과 순을 먹는 것을 더 좋아하므로, 풀을 두고 양과 경쟁하지 않는다. 사실 염소는 풀이 없는 곳일지라도 광야의 관목을 먹으면서 살아갈 수 있다. 염소는 가뭄이나 사막 조건을 견디는 데 탁월하다.

염소는 양들과 함께 쳤다(그 때에는 염소보다 양이 더 많았다). 사실 염소는 목자들에게 꽤 도움이 되었다. 양은 서로에게 매우 의존적이고 독립심도 없어서 한 데로 모이려는 경향이 있는 데 반해, 염소는 성기게 떼를 지어 우두머리 수컷의 대략적인 인도를 따라 독자적으로 돌아다닌다. 양과 염소를 함께 치게 되면 염소는 계곡의 경사면이나 계곡가에서 관목을 먹는 반면 양은 좀 더 평평한 곳의 풀밭에 머무른다. 염소들은 흩어지고, 양들은 염소들의 뒤를 따른다. 그리하여 양들은 염소들과 함께 있을 때에 좀 더 흩어져서 풀을 뜯게 되고, 이렇게 널리 퍼져서 풀을 뜯음으로써 모두가 득을 본다.

또 염소는 방향 감각이 좋은 편인데다가 양들은 염소들의 뒤를 따라다니기에 길을 잃을 가능성이 낮아진다. 해질녘이 되면 염소는 자동적으로 자기들의 우두머리를 따라 집으로 출발하고 양들은 염소들의 뒤를 따르므로, 목자들은 일이 좀 더 쉬워진다.

다 자란 숫염소의 고기는 맛과 향이 강해서 보통 피하게 된다. 그렇다고 암염소를 잡는 것도 좋은 방책은 아니다. 새끼를 낳아 주기 때문이다. 그리하여 성서 시대에도 어린 염소는 보통 수컷을 잡아서 고기로 먹었다. 또한 거세한 숫염소를 도축용으로 키웠을 가능성도 있다.

염소 털은 천막이나 따뜻한 겉옷을 만들 때나 베갯속과 말안장 속을 채우는 데 쓰였다.

늘어진 귀를 가진 중동의 염소는 다른 유형의 염소와는 달리 양과 구별하기가

염소 떼

쉽지 않다. 따라서 양과 염소를 구별할 때에는 주의를 기울여야 했다.

또한 2.31 '양, 어린 양'을 보라.

특별한 의미 또는 상징 염소가 식량과 옷감의 훌륭한 공급원이긴 했지만, 고대 중동의 민간 종교에서는 귀신과도 연결되었다. 특히 세 본문에서 이런 연관성이 두드러진다. 그중 두 본문은 아래에서 논의된다. 세 번째 본문은 **레 16:5-28**인데, 이 본문에서 "아사셀을 위하여" 제비 뽑힌 염소는 사막으로 보내졌다. 아사셀은 광야의 염소귀신의 이름이었다. 이 본문에서 아사셀은 숭배의 대상이 아니다. 이스라엘의 뭇 죄가 아사셀에게 보내지는 것이다.

염소 떼의 우두머리 수컷을 가리키는 히브리어 '아투드'(*'atud*)는 인간 지도자에게도 사용되었다. '목자'와 비슷한 용법이다.

번역 염소가 알려지지 않은 언어권에서는 차용어나 음역된 형태가 보통 사용된다. 그 외의 지역에서는 염소를 가리키는 일반적인 단어를 써야 한다. '에즈'(*'ez*)가 염소를 뜻하는 다른 단어와 한 문맥에서 나타날 때는, '에즈'(*'ez*)를 '암염소'로 번역해야 한다. 마찬가지로, '사이르'(*sa'ir*)가 염소를 뜻하는 다른 단어와 한 문맥에서 나타날 때는, '사이르'(*sa'ir*)를 '숫염소'로 번역해야 한다.

아래에 언급된 예레미야와 스가랴 본문을 제외하면, '아투드'(*'atud*)는 '큰 숫염소'나 '우두머리 염소'나 '씨염소'로 번역해야 한다.

레 17:7: 이 절은 '염소'를 언급한다기보다는 염소귀신에게 동물을 바치는 이교의 희생 제사를 언급한다. 몇몇 영어 역본에서 '사티로스'(satyr)[13]를 쓴 것은 적절하지 못하다. 이 말은 역사적으로 훨씬 뒤에 나타난 그리스 신앙을 반영하기 때문이다. '염소귀신'이라는 말이 더 낫다.

대하 11:15: 이 절을 문자적으로 번역하면 "산당들을 위하여, 염소들을 위하여, 자기가 만든 송아지들을 위하여 자기 제사장들을 세웠기 때문이다"이다. 이 "염소들"은 산당들이나 송아지들과 마찬가지로 사람이 만든 것이었음이 분명하다. 다른 말로 하면, 이 절은 "언덕 성소들과 자기가 만든 숫염소 우상들과 송아지 우상들을 섬기기 위하여 자기 제사장들을 세웠기 때문이다"라는 뜻이다.

사 13:21; 34:14: 두 본문에 언급된 다른 동물들은 황폐하고 파괴된 성읍들을 떠올리게 하는 들짐승들이다. 이러한 성읍들에 염소들이 살아남아서 목자 없이 들짐승처럼 지냈을 수 있다. 이 본문들에서 문자적으로 '염소들'을 뜻하는 말은 '야생으로 돌아간 염소들'(feral goats)이나 '야생 염소들'(wild goats)로 번역되어야 할 것이다. 몇몇 언어에 이런 동물을 가리키는 표현으로 '쓰레기 염소'(rubbish goat), '들짐승으로 변한 염소'(goat turned wild), '덤불 염소'(bush goat), '숲 염

13) [역자주] 그리스 신화에 나오는 몸 위쪽은 사람이고 아래쪽은 염소의 모습을 한 존재이다.

소'(forest goat) 등이 있다.

렘 51:40; 슥 10:3: 이 절들에 나타나는 '아투드'('*atud*)는 '무리의 우두머리' 또는 이와 비슷한 뜻으로 번역해야 한다.

그 외 다른 모든 본문에서는 염소를 가리키는 일반적인 단어를 사용할 수 있다.

2.16.1 새끼 염소(young goat, kid)

관련 구절

그디(*gedi*), 그디야(*gediyah*) 창 27:9, 16; 38:17, 20, 23; 출 23:19; 34:26; 신 14:21; 삿 6:19; 13:15, 19; 14:6; 15:1; 삼상 10:3; 16:20; 아 1:8; 사 11:6 (총 17회)

에리포스(*erifos*), 에리피온(*erifion*) 마 25:32, 33; 눅 15:29; [토빗 2:12, 13; 집회 47:3; 1에스 1:7] (총 7회)

이름에 대한 논의 살진 송아지가 보통 특별한 축제를 위해 도살된 반면, 살진 새끼 염소는 가정의 일반적인 식사를 위한 고기를 제공하기 위해 정기적으로 도살되었다. 새끼 염소의 암수 모두 이 목적을 위해 쓰였는데, 숫염소가 성적으로 왕성해진 다음에는 숫염소 고기 특유의 강한 향을 띠었기 때문이다.

번역 히브리어에서 '그디'(*gedi*)라는 말은 염소를 가리키는 다른 말들과 함께 쓰이는 경우가 많다. 예컨대 '에즈'('*ez*)와 함께 쓰인 표현인 '그디 잇짐'(*gedi 'izim*)

암염소와 새끼 염소

은 문자적으로 '염소들 중 새끼 염소'라는 뜻이다. 이 긴 어구는 한 단어로 된 '그디'(*gedi*)와 뜻이 정확히 일치한다. 모든 경우에서 어린 염소나 갓 태어난 염소를 가리키는 특정 단어나 어구를 쓸 수 있다. 앞의 사진을 보라.

2.17 멧토끼(hare)

관련 구절

아르네벳(*'arneveth*) 레 11:6; 신 14:7

이름에 대한 논의 멧토끼[14](hare)와 굴토끼(rabbit)[15]는 둘 다 같은 토끼과(*Leporidae*)에 속한다. 이스라엘과 이집트 땅에는 몇몇 종의 멧토끼가 있는데, 가장 흔한 것은 유럽갈색멧토끼(또는 숲멧토끼, European brown hare, *Lepus europaeus*)의 아종(亞種), 아라비아멧토끼(Arabian hare, *Lepus arabicus*), 아프리카멧토끼(또는 케이프멧토끼, African hare, *Lepus capensis*)이다. 멧토끼와 굴토끼는 1950년대까지 생쥐와 들쥐, 다람쥐와 함께 설치류(rodent)로 분류되었지만, 지금은 '토끼류'(lagomorph)로 분류된다. 진짜 설치류는 에나멜질이 긴 앞니의 앞면에만 있는 데 반해, 멧토끼와 굴토끼는 에나멜질이 양면에 있기 때문이다.

굴토끼(European rabbit, *Oryctolagus cuniculus*)가 도입된 오스트랄라시아를 제외하면[16], 멧토끼는 세계의 거의 모든 지역에서 자생한다. 멧토끼와 굴토끼 사이의 가장 분명한 차이는 첫째, 굴토끼는 스스로 굴을 만들어 거주하는 반면, 멧토끼는 그렇지 않다는 점이다. 다만 멧토끼가 다른 동물이 만든 굴에 잠시 거주하는 경우가 있을 수는 있다. 둘째, 굴토끼는 가족 단위로 사는 반면, 멧토끼는 주로 홀로 지낸다.

모세의 율법에서 멧토끼는 먹는 것이 금지되었는데, 그것은 "새김질은 하되 굽이 갈라지지 아니하였기" 때문이다. 그러나 사실 멧토끼는 되새김질을 하지 않는다. 물론 되새김질하는 것처럼 보이는 때가 가끔 있긴 하다. 멧토끼 중 몇몇 종에게서는 자기 배설물을 먹는 습성[17]을 볼 수 있는데, 이 과정에서 같은 음식을 두 번 씹기 때문에 되새김질을 하는 것과 비슷한 결과를 가져온다. 이런 멧토끼들이 배출하는 배설물은 서로 다른 두 가지 유형이 있다. 그중 한 유형은 부분적으로만

---

14) [역자주] 표준국어대사전이 '산토끼'를 표준으로 올리고 있지만, 생물 분류 사전들이 '멧토끼'를 쓰고 있다. 전문 용어이므로 전문 용어를 다룬 사전을 따른다.

15) [역자주] 야생 상태의 '굴토끼'가 가축화 된 것이 '집토끼'이다.

16) [역자주] 오스트랄라시아에 들여온 굴토끼 중에는 야생 상태로 살고 있는 것들이 있다.

17) [역자주] 토끼는 딱딱한 똥과 묽은 똥의 두 가지 똥을 누는데, 그 중 묽은 똥에는 단백질과 당분이 들어 있기 때문에 다시 주워 먹어서 위에서 6시간 넘게 다시 소화시킨다. 이를 '리펙션'(refection, 자기분식[自己糞食])이라 한다.

소화된 음식물로 구성되어 있는데, 멧토끼는 이것을 다시 먹는다. 어떤 저자들은 성서가 말한 '새김질'이 이것을 가리킨다고 주장했다. 그러나 이 현상이 중동의 멧토끼들에게서 발견된 바는 없다.

멧토끼를 먹지 말라는 명령은 철저하게 종교적 혹은 제의적 금령이다. 많은 나라에서 멧토끼가 중요한 식량 공급원이기 때문이다. 멧토끼와 관련하여 특별히 '부정한' 점은 없다. 이들의 습관은 염소 못지않게 깨끗하다.

멧토끼

모양 멧토끼는 길이가 50센티미터 정도로 작은 편이다. 밝은 갈색을 띠며, 귀가 길다. 꼬리는 짧고 솜털로 덮여 있다. 뒷다리가 길어서 도약을 잘한다. 낮에는 숨어 있다가 밤에 풀을 뜯으려고 나온다.

번역 멧토끼와 굴토끼는 세계 전역에서 볼 수 있으므로, 적절한 현지 명칭을 찾는 일은 대개 어렵지 않다. 멧토끼와 굴토끼를 모두 볼 수 있는 미국과 캐나다에서 일반적인 명칭이 아닌 특수한 명칭을 선택해야 한다면, '솜꼬리토끼'(cottontail rabbit)보다는 '잭토끼'(jack rabbit)나 '눈덧신토끼'(snowshoe rabbit)가 더 나은 선택이 될 것이다. '잭토끼'와 '눈덧신토끼'가 실제로 멧토끼이기 때문이다.

2.18 말(horse)

관련 구절

압비르(*'abir*) 삿 5:22; 렘 8:16; 47:3; 50:11

수스(*sus*), 수사(*susah*) 창 47:17; 49:17; 출 9:3; 14:9, 23; 15:1, 19, 21 (총 127회)

파라쉬(*parash*) 왕상 4:26(5:6); 대하 9:25

레케쉬(*rekesh*) 왕상 4:28(5:8); 에 8:10, 14; 미 1:13

힙포스(*hippos*) 약 3:3; 계 6:2, 4, 5, 8; 9:7, 9, 17, 19; 14:20; 18:13; 19장(5회); [유딧 1:13; 2:5; 6:3; 7:6; 9:7; 16:4(3); 지혜 19:9; 집회 30:8; 33:6; 48:9; 1마카 3:39; 4:1, 7, 28, 31; 6:35, 38; 8:6; 10:73-83(7회); 12:49; 13:22; 15:13; 16:7; 2마카

3:25; 10:24, 29; 11:2; 15:20; 1에스 2:7(4), 9(6), 30(25); 5:43(42)]

에쿠스(*equus*) 2에스 15:35

이름에 대한 논의 말은 나귀(donkey)와 얼룩말(zebra)이 속한 과에 속한다. 말이 처음 길들여진 것은 기원전 2000년 이전의 어느 때였는데, 동방야생마(eastern wild horse)의 고향인 중앙아시아와 몽골 초원에서였다. (유럽야생마[European wild horse]는 이보다 훨씬 나중에 길들여졌다.) 기원전 1700년 이전에 말이 가나안과 이집트로 수입되었다. 수입품이라는 사실 때문에 말은 매우 비쌌고, 수 세기 동안 왕들과 지방 호족들의 전유물이었다. 전투에서의 말의 잠재력은 금세 알려졌고, 전투마차와 기마병을 갖춘 군대는 그렇지 않은 군대와 비교할 때 막대한 이점을 가지게 되었다. 말은 이전에는 불가능했던 기동력을 제공해 주었고, 군사 전략을 완전히 바꾸어 놓았다.

좀더 최근에 들어와서 유럽의 식민지 개척자들이 말을 해외로 가져가면서 지상의 거의 모든 나라에 말이 들어가게 되었다. 스페인, 프랑스, 남북 아메리카, 호주에서 볼 수 있는 소위 '야생마'는 사실 가축화되었던 말이 야생 상태로 돌아간 것이다.

창 47:17(성경에서 처음으로 말을 언급하는 본문)에서 요셉은 광범위한 기근과 이집트의 곡식 비축량을 기회로 삼아 바로(파라오)에게 말을 얻어 주었다. 그리하여 요셉은 이웃 부족들을 약화시키면서 바로 군대의 군사력을 강화해 주었다. 나중에 모세가 인도하는 이스라엘 백성이 공격받을 때 이 말들이 사용된 것은 아이러니하다.

가나안 사람들에게도 말과 전투마차(철 병거)가 있었다. 그러나 **신 17:16**은 이스라엘 백성이 말을 취득하는 것을 금지하였는데, 이것이 하나님을 덜 의지하게 만든다고 이해됐기 때문이다. 그렇기에 군사적으로 볼 때 이스라엘 백성은 가나안 부족들과의 전쟁에서 대단히 불리한 위치에 있었다. 이 불리함에 대응하고자 그들은 전투마차가 쓸모없는 구릉 지대 혹은 가끔은 습지에서 싸우고자 노력했다(**삿 4:7; 5:19-21**). 그들은 말을 사로잡으면 뒷다리 관절의 힘줄을 끊어서 가나안 사람들도 자신들도 쓸 수 없게 만들었다(**수 11:9**). 그럼에도 불구하고 **삿 1:19**는 "[유다]가 산지 주민을 쫓아내었으나 골짜기의 주민들은 철 병거가 있으므로 그들을 쫓아내지 못하였으며"(『개역개정』)라고 말한다(NIV가 그러하다. TEV 및 REB를 또한 비교하라).

여호수아와 사울, 다윗은 말을 취득하지 말라는 경고에 주의를 기울인 듯하다. 그러나 다윗은 결국 유혹에 굴복했고, **삼하 8:4**를 보면 사로잡은 말들 대부분의 뒷다리 힘줄을 끊긴 했지만 그중 100마리는 자기 것으로 남겨둔 것을 알 수 있

프셰발스키말

다. 다윗이 얻은 이득은 나중에 그에게 손해로 바뀌었는데, 두 아들 곧 압살롬(**삼하 15:1**)과 아도니야(**왕상 1:5**)가 아버지에게 맞서 반란을 준비할 때에 다윗의 마구간에 있던 말들로 무장했던 것이다.

그러나 말과 전투마차를 이스라엘 군대의 주요한 구성 요소로 만든 이는 솔로몬이었다. 솔로몬은 이집트와 길리기아(Cilicia)에서 마리당 150세겔에 말을 수입했고, 작은 국가들에게서 연간 세금의 일부로 말을 받았다. 그는 마침내 12,000마리의 말을 모았고, 그것들을 여러 도시의 마구간에 두었다(**왕상 10:26-29**).

모양 성서 시대 말들의 대부분은 오늘날 승마용 말이나 노역용 말과는 많이 달랐을 것이다. 이 말들은 몸집이 더 작고 머리 길이도 더 짧으며 목이 더 두꺼웠다. 겨울에는 털이 꽤 두꺼웠을 것이다. 오늘날 동물원에서 볼 수 있는 프셰발스키말(또는 프르제발스키말, 또는 몽골야생말, Przewalski's horse, *Equus caballus przewalskii*)과 모습이 비슷했을 것이다.

특별한 의미 또는 상징 성경에서 말은 군사력의 상징이고, 그 발굽의 단단함과 내구성이 특별하게 언급된다. 말은 또한 태양과 연결됨으로써 종교적 의의를 띠게 되었는데, 태양이 전투마차를 타고 하늘을 가로지른다고 생각됐기 때문이다. 유다의 몇몇 우상 숭배자 왕들은 말 형상들을 만들어서 태양에게 바치고 성전 안에 둔 것으로 보이는데, 요시야 왕이 그것들을 성전에서 제거하였다(**왕하 23:11**).

번역 말은 세계의 거의 모든 나라에 수출되었으므로 번역할 이름을 찾는 일은—그 지역의 주요 통용어에서 차용해야 할 경우가 있을 순 있지만—쉬운 편이다.

아 1:9(암컷)와 **렘 50:11**(수컷)에서는 암말과 수말을 구별해 주는 것이 가장 좋은데, **렘 50:11**은 소수 의견에 속하는 '수말'(stallion)이라는 해석을 따를 경우에만 그러하다. 수말은 누가 더 센지 정하려고 울부짖으면서 서로 싸우는데, 암말이 있을 때 특히 그러하다. 예레미야 본문이 언급하는 것이 이러한 상황일 수 있다.

'압비르'('*abir*)란 단어는 문자적으로 '강력한 자들'이란 뜻인데, 어쩌면 예외적으로 크고 힘센 전쟁용 수말, 곧 옛 영어에서 '차져'(charger, '군마')나 '스티드'(steed, '승마용 말')로 불리는 종류를 가리킬 수 있다. 많은 언어에서 이 단어는 '사나운 말' 정도를 뜻하는 어구나 '군마' 혹은 '우두머리 말' 같은 보다 비유적인 어구로 번역하는 것이 가장 좋을 것이다. **렘 50:11**에서는 이 말이 수컷이란 사실이 중요하다. 이 절이 특히 암말이나 다른 수말 앞에서 보이는 수말의 제어할 수 없는 본성을 말하기 때문이다.

'수스'(*sus*)와 '힙포스'(*hippos*)는 각각 구약과 신약에서 '말'을 가리키는 일반적인 말이다. 구약에서 여성형 '수사'(*susah*)는 **아 1:9**에서 한 번 사용된다. '수스'(*sus*)의 또 다른 의미에 관해서는 3.23 '제비, 칼새'를 보라.

50회 이상 사용되는 '파라쉬'(*parash*)는 보통 단일 군사 단위로서의 군마와 기마병 일체, 곧 말 탄 기마병을 가리킨다. 복수형은 대개 기병대나 기마 부대를 의미한다. (비슷한 용법을 제2경전 몇 곳에서 '힙포스'[*hippos*]를 언급할 때에 볼 수 있는데, 이 단어는 칠십인역에서 '파라쉬'[*parash*]를 번역할 때에 쓰는 말이기도 하다.) NAB와 NIV(각주)는 이 단어를 "전차병"(charioteer)으로 번역한다. 이 단어는 대부분의 본문에서 '말 탄 병사'로 번역하는 것이 가장 좋은데, 다만 **왕상 4:26**과 **대하 9:25**는 예외이다. 이 두 곳에서는 기마병을 뺀 기병대용 말만 언급하는 듯하다. 두 본문에서 숫자에 차이가 난다. 히브리어 본문에서 **왕상 4:26**은 마구간 사만 개를 말하고, **대하 9:25**는 사천 개를 말한다. 칠십인역에서는 두 본문 모두 사천 개라고 말한다. 이에 대해서는 가능한 해석이 여럿 있다.

왕상 4:26: NAB의 번역(JB도 비슷하다)은 "솔로몬은 전투마차 말(chariot horses)만 이천 마리를 위한 마구간 사천 개를 두었다"인데, 이 번역은 '파라쉬'(*parash*)를 일관되지 않게 번역한 것이다. 평행 본문인 **대하 9:25**에서 이 단어는 '전투마차 말'로 번역되지 않았고 그리될 수도 없다. 그리고 이 특이한 번역은 결국 숫자 사천을 선호한 결과인 것으로 보인다. 만일 히브리어 본문의 사만을 받아들인다면 전투마차용 말을 위한 마구간은 사만 개인데, 말은 만 이천 마리만 있게 된다.

NIV는 이 함정을 피하고자 "솔로몬은 전투마차용 말을 위한 마구간 사천 개와 말 만 이천 마리를 두었다"라고 번역한다. 그러나 사실 이것은 '파라쉬'(*parash*)를 '전투마차 말'로 본 것인데, 대하 9:25에서는 그러지도 않고 그럴 수도 없다.

RSV는 "솔로몬은 또한 그의 전투마차들을 끄는 말들을 위해 마구간 사만과 기마병 만 이천을 두었다"라고 번역한다. '파라쉬'(*parash*)를 이렇게 번역하는 것은 일관성은 있지만 문맥이 다르다는 점을 무시하는 것이다. 이렇게 되면 서술자가 한 어구 안에서 마구간 수와 기마병의 수를 세는 것인데, 그럴 가능성은 매우 낮아 보인다.

대부분의 주석서와 '히브리어 구약 본문 프로젝트'(Hebrew Old Testament Text Project)는 히브리어 본문('사만')을 이 절의 더 나은 본문으로 받아들인다. TEV 번역이 이를 반영한다. "솔로몬은 그의 전투마차 말들을 위해 마구간 사만 개와 기병대용 말 만 이천을 두었다." (NEB, REB를 비교하라.)

'파라쉬'(*parash*)는 여러 다른 문맥에서 1) 군마와 그 기수, 혹은 2) 기수만, 혹은 3) 군마만 가리키므로, '기병대용 말'로 번역한 이 번역은 일관성이 있다. 가능한 선택은 '군마'나 '전쟁용 말'이 될 것이다. 표면적으로 히브리어 본문은 마구간의 수가 사만이었다고 말하는 것으로 보이지만, 저자가 마구간 속에 있는 말들의 숫자를 나타내고자 했을 가능성도 있다.

NIV 각주의 번역, 곧 '파라쉬'(*parash*)를 '전차병'(charioteer)으로 번역하는 것은 거의 지지받지 못한다.

대하 9:25: 이 절에 대해 일반적으로 받아들여지는 주석은 "솔로몬은 그의 전투마차들과 말들을 위해 부속 건물 사천 채를 두었고 기병대용 말 만 이천을 두었다"이다(TEV, NEB, REB를 비교하라). 이 번역은 **왕상 4:26**과 **대하 9:25** 사이의 불일치를 그대로 인정한다.

논리성을 인정받으면서도 이 불일치를 피할 수 있는 한 가지 해결책은 **왕상 4:26**을 NEB와 REB에 따라 번역하고('전투마차 말 사만을 위한 마구간들'), **대하 9:25**를 TEV를 따라 번역하는 것이다('마구간 사천'). 말 사만 마리를 마구간 사천 개에 두는 것은 가능하기 때문이다. 그러나 이 방법은 매우 유사한 두 히브리어 어구를 서로 다른 방식으로 번역한다는 문제가 있다.

'레케쉬'(*rekesh*)는 '준마'(fast horse) 또는 '최상품 말'(best horse)로 번역하는 것이 가장 좋다. **에 8:10, 14**를 보면 이 단어가 가리키는 것이 선별하여 사육되고 분명 특출하게 날쌔서 전령들이 타고 이동하기에 특히 적합한 말이었음을 알 수 있다. 몇몇 학자들은 오늘날의 아라비아 품종 말의 기원이 고대의 '레케쉬'(*rekesh*)에 있다고 본다.

미 1:13: 이 절의 맥락은 다급함과 관계된다. 저자는 라기스 사람들에게 그들의 전투마차에다 가장 빠른 말들—아마도 보통 때는 귀족들을 위해 남겨 놓는 말들—을 묶으라고 촉구한다.

2.19 하이에나(hyena)

관련 구절

차부아(*tsavu'a*) 삼상 13:18; 렘 12:9

치임(*tsiyim*) 시 72:9; 74:14; 사 13:21; 23:13; 34:14; 렘 50:39 (복수 형태로만 나온다)

후아이나(*huaina*) 집회 13:18

이름에 대한 논의 '차부아'(*tsavu'a*)는 성경에서 두 번만 나타나는데, 그 중 하나는 '아이트 차부아'('*ayit tsavu'a*, **렘 12:9**)라는 구절에 들어 있다. '아이트'('*ayit*)는 보통 '날카로운 소리를 지르는 자/것'(screamer)을 의미하고, **창 15:11**에서는 분명 새이기에 '맹금'(bird of prey)이라는 해석이 나온다(3.8 '(독)수리, 수리류'를 보라). '차부아'(*tsavu'a*)는 '반점이 있는, 얼룩덜룩한'이란 뜻으로 이해된다. 그리하여 '얼룩덜룩하고 날카로운 소리를 지르는 것'을 몇몇 학자는 '얼룩덜룩한 맹금'(RSV, NIV)으로, 또 몇몇 학자는 '하이에나'(hyena, REB, NEB)로 이해한다. 그러나 또 다른 학자들은 '아이트'('*ayit*)를 '탐욕스럽게 공격하다'를 뜻하는 다른 히브리어 어근과 연결하고, '아이트'('*ayit*)가 '먹이' 또는 더 나아가 '썩은 고기'를 뜻한다고 이해한다. 이 마지막 그룹의 학자들은 '아이트 차부아'('*ayit tsavu'a*)가 '하이에나들의 먹이' 또는 '하이에나들이 찾는 썩은 고기'를 뜻한다고 해석한다(NAB, NRSV를 비교하라). 이 주석을 따를 것을 추천한다. 이 어구는 또 다르게는 '썩은 고기를 찾아다니는 하이에나들의 장소'로 번역할 수도 있다.

히브리어 '치임'(*tsiyim*)의 의미는 매우 불확실하고, 다양한 번역들은 이 단어를 마못(marmot),[18] 들짐승, 살쾡이(wild cat), 사막 동물, 심지어 상어나 고래로 이해한다. 이 단어가 (어쩌면 사막에 사는) 위험한 들짐승의 특정 종류를 가리키는 것은 분명한데, 파괴를 자주 연상시키고 자칼(jackal)과도 자주 연결된다. 영어 역본 중에서 그렇게 말한 것은 하나도 없지만, 이 단어가 하이에나를 가리킨다고 이해하는 학자들—그들 중에는 동물학자들도 있다—이 많이 있다.

'치임'(*tsiyim*)의 의미가 모호한 것은 이 단어가 어떤 히브리어 단어와 관계있는지 아는 이가 없다는 사실과 관계된다. 어떤 이들은 이 단어를 '사막'과 연결하여 '사막 동물'로 이해한다. 이 해석은 하이에나를 배제하지 않는데, 실제로 이 말이 사막의 짐승을 통칭하기보다는 특정 동물을 가리키는 듯하므로, '하이에나'는 모든 문맥에서 잘 어울리게 된다. 오늘날 학자들 중에는 이 단어를 '울부짖다 또는 짖어 대다'(to wail or yelp)를 뜻하는, 히브리어에서 일찍이 사라진 단어와 연

18) [역자주] 쥐목 다람쥐과 마못속에 속하는 설치류를 총칭한다. 다람쥐과 동물 중 가장 크다.

결하는 경향이 있다. 여기서 나오는 비교적 분명한 결론은 이 단어가 '울부짖는 것'(wailer), 곧 '하이에나'를 뜻한다는 것일 수 있다.

'상어', '돌고래', '마못'으로 번역하는 것은 매우 의심스러우므로 배제할 수 있다. 특히 '마못'이 그러한데, 이 동물은 높은 산지에 서식할 뿐 아니라 이스라엘 땅에서 살았던 적이 없기 때문이다.

줄무늬하이에나(striped hyena, *Hyaena hyaena*)는 중동 지역에서 아득한 옛날부터 매우 잘 알려진 흔한 동물이다. 이에 대한 언급이 성경 속에 있으리라고 기대할 수 있을 것이다.

모양 하이에나는 통나무 밑의 구멍이나 우묵한 곳에 있다가 밤에 나타난다. 이들은 썩은 고기를 찾아다니는 사체 청소 동물(scavenger)로 가장 잘 알려져 있다. 모든 종류의 사체와 뼈를 먹고 도시나 마을, 촌락 근처의 쓰레기장을 뒤진다. 그러나 하이에나는 사냥도 하고 때로는 기회를 타 새끼 염소나 양, 새끼 가젤을 죽이기도 한다. 버려진 집이나 무덤을 차지하고 사는 경우도 자주 있다.

이들이 밤에 내는 이상한 소리는 다양하다. 영역을 표시하거나 가족들과 접촉할 때 내는 큰 울음소리도 있고, 경쟁 상대인 사체 청소 동물을 쫓아낼 때 내는 그르렁 소리도 있고, 인간이나 다른 포식자들에게 놀라서 도망갈 때 내는 짖어 대고 울부짖는 소리도 있다.

줄무늬하이에나도 동북 아프리카와 아라비아반도와 인도에서 볼 수 있다. 다른 모든 하이에나 종과 마찬가지로 머리가 크고 덩치가 큰 개를 닮았다. 앞다리가 뒷다리보다 길고, 귀 사이에서 시작하여 등을 따라 꼬리까지 이어지는 빳빳하게 선 갈기가 있다. 갈색 빛이 도는 회색 바탕에 흐릿한 줄무늬가 있는데, 이 무늬는 목에서는 점이나 얼룩이 된다.

줄무늬하이에나

특별한 의미 또는 상징 '치임'(*tsiyim*)이 하이에나를 가리킨다고 백 퍼센트 확신할 수 없기 때문에 이 단어가 함축하는 의미를 정확하게 말하기는 어렵다. 그러나 하이에나에 관해 알려진 바와 하이에나가 다른 셈족 사람들에게 지녔던 의의에 근거해서 몇 가지 결론을 내릴 수 있다. 하이에나는 사체 청소 동물이기에 기근이나 전쟁 때에 그 수가 많아진다. 그리하여 이 두 재난 형태 모두와 연결이 된다. 밤에 내는 이상한 소리는 자주 악마와 연결되고, 하이에나의 모습으로 돌아온다는 귀신 이야기는 흔하다. 그리고 아마도 제대로 매장되지 못한 사람의 시신을 먹는 동물로 알려져 있기에 대부분의 사람들은 하이에나를 역겨워할 것이다. 중동의 어느 곳이든 어떤 이를 하이에나로 부른다면 이는 지독한 모욕이 된다.

번역 이와 다르긴 하지만 매우 유사한 종인 점박이하이에나(spotted hyena, *Crocuta crocuta*)는 아프리카의 동부, 중부, 남부에서 볼 수 있다. 또 다른 종인 갈색하이에나(brown hyena, *Hyaena brunnea*)는 서남부 아프리카에서 볼 수 있다. 따라서 이들 지역에서는 하이에나를 가리키는 단어를 쉽게 찾을 수 있을 것이다. 이들 지역 반투어(Bantu)[19]의 대부분에서 하이에나를 가리키는 단어는 '피시'(*fisi*, '피치'[*fitsi*]나 '피시'[*pisi*] 및 그 밖의 형태)와 관련되거나 '베레'(*bere*, '음베레'[*mbere*]나 '음베레'[*mvere*] 및 그 외의 형태)와 관련된다.

쓰레기를 뒤지는 들개나 늑대 같은 것이 알려진 지역에서는 이를 가리키는 이름을 쓸 수 있다. 다른 곳에서는 '들개' 같은 말을 쓰거나 음역을 사용하고서 용어 해설이나 단어 목록에서 더 자세하게 설명해 줄 수 있다.

삼상 13:18에서 '스보임(*tsevo'im*) 골짜기'라 불리는 장소는 '하이에나들의 골짜기'를 뜻한다. 이 이름은 그렇게 번역하여 쓰거나, 아니면 히브리어를 그냥 음역할 수 있을 것이다.

시 72:9: 이 어려운 절에서 '치임'(*tsiyim*)은 '원수들'을 뜻하는 단어와 평행을 이룬다. 그러므로 만약 이 단어의 의미가 '하이에나들'이라면, '원수들'을 암시하는 은유로 사용된 것이다. 그렇다면 이 절은 "그의 적들[저 하이에나들]은 그의 앞에 절하며 그의 원수들은 티끌을 핥으리라" 정도를 뜻할 것이다. 그러나 몇몇은 '치임'(*tsiyim*)을 '사막 동물들'로 이해하여서 이것이 사막의 부족들을 은유적으로 언급한다고 생각한다. 이들은 이 절을 "사막의 부족들은 그의 앞에서 절하며 그의 원수들은 티끌을 핥으리라" 정도로 해석한다. 언어유희가 의도되었을 가능성이 충분하며, "사막의 부족들(저 하이에나들)은 그의 앞에서 절하며…"와 같이 두 의미가 모두 포함되었을 수 있다.

시 74:14: 히브리어 본문을 문자적으로 옮기면 다음과 같다.

> 당신은 리워야단의 머리들을 부수셨고,
> 그것을 백성에게, '치임'(*tsiyim*)에게 양식으로 주셨습니다.

19) [역자주] 반투어는 아프리카 대륙 남반부의 광대한 지역에 걸쳐 쓰이고 있는 언어이다.

대부분의 영어 번역 성경은 이것을 다음과 같이 번역한다.

당신은 리워야단의 머리들을 부수셨고,
그 시체를 사막 동물들에게 먹으라고 주셨습니다.

그러나 이 구절을 기초로 하고 있는 아주 오래된 유대교 전승은 하나님이 어떻게 괴물 리워야단을 죽이시고 난 다음에 그분의 백성을 위한 잔치—아브라함이 잔치의 주인이 된다—를 여실 것인지를 말해 준다. 이렇게 거대한 동물에서 나온 고기의 양이 엄청나서 모든 백성이 다 먹고 난 후에도 굉장히 많은 양을 버려야 할 것이고, 그것을 하이에나들이 먹게 될 것이다. 이것이 일러 주는 바는 고대로부터 이 히브리어 전치사구가 반복된 말(위의 문자적 번역을 보라)을 "[그분의] 백성에게 또한 하이에나들에게"로 해석한 이들이 있었다는 점이다.

사 13:21-22: 이 절들에는 버려진 건물을 차지하고 사는, 우는 들짐승을 가리키는 단어가 넷 있다. '치임'(*tsiyim*), '오힘'('*ochim*), '이임'('*iyim*), '탄님'(*tanim*)이 그것이다. '치임'(*tsiyim*)을 제외한 다른 세 단어는 '자칼'(jackal)을 뜻할 것이지만, 히브리 운문의 평행법을 유지하기 위해서는 '치임'(*tsiyim*)과 '이임'('*iyim*)을 모두 '하이에나들'로 번역하는 것이 낫다.

울부짖는 하이에나들이 거기에 자리 잡고
부르짖는 자칼들이 그들의 집에 가득할 것이다.
……
하이에나들이 그들의 요새에서 울부짖을 것이고
자칼들이 화려하던 궁전에서 부르짖을 것이다.

사 34:14: 이 절은 아마 "하이에나들이 자칼들을 만날 것이다…"로 번역돼야 할 것이다.

렘 50:39: 이것은 아마 "하이에나들과 자칼들이 거기에 살 것이다…"로 번역돼야 할 것이다.

2.20 바위너구리(hyrax, rock badger)

관련 구절

사판(*shafan*) 레 11:5; 신 14:7; 시 104:18; 잠 30:26

이름에 대한 논의 **'코니'**(coney): 17세기의 영어 단어인 '코니'(*coney*)는 당시에 토끼(rabbit)를 부르는 일반적인 단어였다. '래빗'(*rabbit*)이라는 단어는 아기 토끼에게만 쓰였고, 후대에야 다 자란 토끼에게도 사용하게 되었다. 그러다가 '코니'가 (모피 상인들을 제외하면) 더 이상 사용되지 않게 되었다. 그러나 히브리어 '샤판'(*shafan*)이 '토끼'를 뜻하지 않는 것은 분명하므로, KJV가 '코니'로 번역한 것은 오역이었다. 19세기에 성경 독자들은 — 아마도 '코니'가 무엇인지 정확히 모른 채로 — '코니'가 시리아바위너구리(Syrian hyrax)라고 생각하게 되었는데, 아마 이 동물에 대해 설교자들이 설명하는 내용을 들은 결과였을 것이다. 그리하여 이 독자들에게 '코니'는 전에 없던 새 뜻을 갖게 되었다. 따라서 NIV가 '코니'를 사용한 것은 옛 영어이기도 하고 오역이기도 하다.

오소리(badger): 이스라엘 땅에 서식하는 오소리는 두 가지 유형이 있다. 보다 흔한 것은 오소리(*Meles meles*)이고, 두 번째는 꿀먹이오소리(ratel 또는 honey badger, *Mellivora capensis*)이다. 꿀먹이오소리는 작은 포유동물을 비롯하여 도마뱀, 곤충, 달팽이, 과일, 꿀 및 죽은 짐승이나 새에 이르기까지 무엇이든 먹는다. 그러나 **레 11:5**와 **신 14:7**에 언급된 동물은 초식 동물이고, **시 104:18**과 **잠 30:26**에서 이 동물은 자연적 서식지가 바위와 관련된다. 따라서 '샤판'(*shafan*)은 오소리나 꿀먹이오소리일 수 없다. 그러므로 번역본들이 '오소리'(badger)로 번역한 것도 마찬가지로 옳지 않다.

록배저(rock badger): '록배저'라는 이름은 신비에 싸여 있다. 1906년에 나온 게제니우스(Gesenius)의 히브리어 사전을 번역한 BDB 사전[20]이 출간되기 이전에는 일반적으로 '록배저'라고 부르는 동물은 알려지지 않았다. 이 사전에서, 우리가 알기론 처음으로, '록배저'(rock badger)가 히브리어 '샤판'(*shafan*)의 번역어로 나타난다. 저자들이 왜 보다 널리 사용되던 '록래빗'(rock rabbit, '바위 토끼')을 쓰지 않고 이 새 단어를 만들어 냈는지 그 이유는 분명하지 않지만, 아마 '작은 록배저'(little rock badger)라는 뜻의 남아공 네덜란드어 '클립 다씨'(*klip dassie*)를 너무 문자적으로 번역한 결과일 것이다. 그러나 그 이후로 '록배저'는 대부분의 영어 번역자들이 사용해 오고 있다. 하지만 '코니'와 '록배저'는 기본적으로 대부분의 독자에게 의미가 없을 뿐 아니라 바른 번역도 아니다.

히브리어 '샤판'(*shafan*)이 언급하는 동물은 의심할 것 없이 시리아바위너구리(Syrian rock hyrax, *Procavia capensis syriaca*)를 가리킨다. 이 사실은 1867년 캐넌 트

---

20) [역자주] BDB는 브라운, 드라이버, 브릭스(Francis Brown, S. R. Driver, Charles A. Briggs)가 공동으로 작업한 히브리어-아람어 사전의 약자이다. Francis Brown, S. R. Driver, and Charles A. Briggs, *A Hebrew and English Lexicon of the Old Testament* (Oxford: Clarendon, 1906).

리스트럼(Canon Tristram)[21]이 처음 주장했고, 그 이후로 여러 번 확인되었다. 이 동물은 중동과 아프리카에서 매우 흔하며, 채소만 먹고 바위틈에 산다.

아프리카 남부와 동부에서 바위너구리(hyrax, *Procavia capensis*)의 다른 아종들과 노란반점바위너구리(또는 노랑반점록하이랙스, yellow-spotted hyrax, *Heterohyrax brucei*)가 때로 '바위 토끼'(rock rabbit)로 불리지만, 보다 널리는 남아프리카공화국 공용 네덜란드어(Afrikaans)[22] 이름인 '다씨'(*dassie*)라 불린다.

모양 바위너구리(hyrax)는 중동과 아프리카에서만 볼 수 있다. 크기는 작은 토끼와 비슷한데, 그것 말고는 공통점이 없다. 바위너구리는 여러 가지 점에서 독특하다. 귀는 작고 둥글고, 꼬리는 겉으로 보이지 않으며, 다리는 짧다. 거대한 기니피그(guinea pig)나 사탕수수쥐(cane rat)처럼 생겼으나, 실제로는 설치류가 아니다. 주로 나뭇잎과 풀(herb)을 먹고 산다. 턱과 이와 발의 구조 그리고 선사 시대 조상들의 크기를 보면 코뿔소나 코끼리와 연결되는 것을 볼 수 있다.

바위너구리

위쪽 앞니 중 둘은 작은 엄니로 발달해서, 때로 입의 양옆으로 삐져나오기도 한다. 앞 발가락은 넷이고, 뒷 발가락은 셋이다. 발톱은 갈고리발톱이 아니라, 작은 발굽같이 생긴 발톱이 발가락마다 하나씩 달려 있다. 발바닥은 특별한 분비샘에서 나오는 분비액으로 항상 끈끈하다. 이를 이용해서 거의 수직으로 솟은 바위 표면이나 나무를 쉽게 뛰어오를 수 있다. 등 중앙에 큰 분비샘이 또 하나 있는데, 타원 모양의 다른 빛깔 털로 덮여 있다. 이 털은 경보 신호를 보낼 때 곤두선다.

바위너구리는 꽤 작은 동물임에도 임신 기간이 7개월이나 된다. 비교적 큰 가

---

21) [역자주] '캐넌 트리스트럼'(Canon Tristram)은 영국의 대성당 참사회원(Canon)이며 탐험가이며 조류학자인 헨리 베이커 트리스트럼(H. B. Tristram) 또는 그의 책을 말한다. H. B. Tristram, *The Natural History of the Bible* (London: Society for Promoting Christian Knowledge, 1867).

22) [역자주] 남아프리카공화국의 공용어로 네덜란드어가 남아공에서 독자적으로 발달한 것이다.

족 집단으로 생활한다. 땀 배출을 통해서 체온을 조절하지 못하기에, 날씨가 추울 때는 바위 아래에 있는 굴속에서 서로 몸을 밀착하고, 날씨가 더울 때는 바위나 나무 그늘같이 선선한 곳에서 몸을 늘어뜨려 눕는다. 그리하여 바위너구리는 온도가 너무 높거나 낮지 않을 때만 활동하는 것을 볼 수 있다.

바위너구리는 꽤 시끄러운 동물이어서 다양한 소리로 의사소통을 한다. 휘파람과 같은 경고음을 내기도 하고, 영역을 표시하려고 짖기도 한다.

시리아바위너구리는 옅은 황갈색이 도는 회색빛을 띠고 등에는 노르스름한 얼루기가 하나 있다. 오늘날 유대 광야에 있는 와디[23]나 갈릴리의 여러 곳에서 쉽게 볼 수 있다. 또 시나이, 아라비아반도, 시리아, 레바논에서도 볼 수 있다.

레 11:5와 **신 14:7**에서 바위너구리는 '새김질'을 한다고 말한다. 이것은 사실과 다르지만, 바위너구리는 한없이 씹는 것처럼 보일 때가 자주 있다. 바위너구리가 '부정'하다고 선언된 이유는 철저하게 종교적이다. 초식 동물로서 바위너구리는 우리 건강에 염소나 양보다 더 위험할 이유가 전혀 없다. 실제로 바위너구리는 자기 몸을 씻으면서 많은 시간을 보낸다.

특별한 의미 또는 상징 '부정한' 동물이라고 여겨지는 것 외에도 바위너구리와 관련된 중요한 의미가 하나 더 있다. 매나 표범, 인간의 공격에 사실상 무력하며 쉽게 잡아먹히는 바위너구리는 **잠 30:26**에서 힘없는 무력함과 지혜를 아울러 상징한다. 바위너구리는 무력하지만 동시에 바위의 보호를 찾을 수 있을 만큼 지혜로운데, 바위는 또한 하나님의 영원하고 굳건한 보호를 상징한다.

번역 바위너구리는 아프리카의 동부와 서부, 중부, 남부의 넓은 지역에 분포하여 서식한다. 따라서 이 지역에서 바위너구리의 이름을 찾는 일은 대개 어렵지 않다. 다수의 동부 및 동남부 반투어에서 바위너구리를 부르는 말은 '음비라'(*mbira*)나 '음빌라'(*mbila*)나 '음필라'(*mpila*), 또는 이와 비슷한 파생어이다. 바위너구리는 이런 언어들에서 보통 들쥐(rat)의 한 유형으로 분류된다.

그러나 중동과 아프리카 이외의 지역에서 정확하면서도 잘 알려진 이름을 찾기는 쉽지 않다. '절벽 토끼'(cliff rabbit)나 '바위 토끼'(rock rabbit)와 같은 이름을 때로 사용할 만하겠지만, 가장 좋은 해결책은 히브리어 '샤판'(*shafan*)이나 '바위너구리'를 통칭하는 학명을 음역하고서 각주나 용어 해설에서 더 자세하게 설명해 주는 것일 것이다.

레위기와 신명기 본문의 경우 번역자는 바위너구리가 되새김질을 하는 동물이라는 저자의 견해를—비록 사실과 다르더라도—그대로 번역해야 할 것이다.

---

23) [역자주] 건조 기후 지대의 간헐천을 말한다. 보통 때는 마른 골짜기여서 길로 이용되지만 비가 내리면 큰물이 난다.

2.21 아이벡스, 야생 염소, 산염소(ibex, wild goat, mountain goat)

관련 구절

악코(*'aqo*) 신 14:5

야엘(*ya'el*), 야알라(*ya'alah*) 삼상 24:2(3); 욥 39:1; 시 104:18; 잠 5:19

이름에 대한 논의 이스라엘 땅에서 볼 수 있는 야생 염소는 누비아아이벡스(Nubian ibex, *Capra ibex nubiana*)이다. 이 염소는 이 지역의 산지에 태곳적부터 존재했고, 비교적 최근까지도 매우 흔했다. 과거에 이스라엘과 시나이반도, 아라비아, 이집트의 산지에서 볼 수 있었고, 또 어느 정도는 지금도 여전히 볼 수 있다. 매우 가까운 종인 왈리아아이벡스(*Capra walie*)는 에티오피아와 에리트레아(Eritrea)[24]에서 볼 수 있다.

그러나 아이벡스(ibex)는 오늘날 이스라엘에서 볼 수 있는 유일한 야생 염소 종이다. 또 다른 유형이 한때 그곳에서 서식했으나, 아브라함 시대보다 훨씬 이전인 석기 시대에 사라졌다. '야엘'(*ya'el*)과 '악코'(*'aqo*) 모두 이 동물을 가리키는 히브리어 이름이다. 따라서 RSV, NIV, NEB, REB 같은 역본에서 **신 14:5**의 정결한 동물 목록에 두 유형의 야생 염소를 포함한 것은 아마 정확하지 않은 번역일 것이다.

더 자세한 논의는 2.1 '정결한 동물'을 보라.

모양 누비아아이벡스는 몸집이 꽤 큰 야생 염소인데, 다 자라면 어깨까지 높이가 90센티미터 정도 된다. 연중 대부분은 회색빛이 도는 색을 띠지만 겨울에는 좀 더 갈색으로 변한다. 수컷은 굵고 긴 뿔이 있는데 길이가 130센티미터가 넘고 뒤쪽으로 반원을 그리며 휘어진다. 암컷의 뿔은 훨씬 더 가늘고 짧아서 길이가 약 40센티미터에 불과하다. 뿔은 끝의 몇 센티미터만 매끈하고 나머지 부분은 테가 감싸고 있다. 이 아이벡스는 산지에서 작은 떼를 지어 살고 벼랑과 험한 바위를 선호하는데, 그런 곳의 돌출된 바위에서 자라는 덤불을 먹고 산다. 아이벡스 고기는 가젤이나 사슴 고기보다 더 촉촉

아이벡스

24) [역자주] 아프리카 북동부 홍해에 닿아 있는 나라이다.

하고 부드럽다. 그래서 아이벡스는 오랜 기간 아주 인기 있는 사냥감이었다.

삼상 24:2에 언급된 '들염소 바위'(Wild Goat Rocks)는 아마 엔게디(En Gedi) 근처, 나할 아루곳(Nahal Arugot)의 웅덩이들과 시내들 주변의 바위가 많은 지역을 말할 것이다. 이곳은 자연 보호 구역으로 지정되었고, 아이벡스와 다른 고유 동물들이 보호를 받고 있다. 엔게디는 그 이름이 '새끼 염소의 오아시스' 또는 '새끼 염소의 샘'이란 뜻인데 아마 어린 아이벡스를 가리킬 것이다.

특별한 의미 또는 상징 아이벡스는 멀리 떨어져 있는 높은 산들과 관련이 있으며, 히브리 문화와 아랍 문화 모두에서 모든 동물들 중에서 가장 멀리 떨어져 있는 동물로 여겨져 왔다(**욥 39:1**을 참고하라). 아마도 이것이 그토록 많은 영어 역본들이 '야엘'(*ya'el*)을 '산염소'(mountain goat)로 번역한 이유일 것이다. 성경에 그런 말이 없긴 하지만, 아이벡스는 바위가 많은 벼랑에서도 결코 실족하지 않는 굳건함으로도 알려져 있다.

그러나 위에서 언급한 두 문화 모두에서 암컷 아이벡스는 우아함과 아름다움의 상징이었다. 우아함은 가파른 경사면에서 서고 걷고 뛸 때의 완벽한 균형과 연결되었고, 아름다움은 사람 눈을 닮은 큰 눈과 아마 연결되었을 것이다. 영어 문화권과 다른 많은 문화권에서 이 점은 **잠 5:19**와 관련하여 문제가 된다. 이들 문화권에서 염소는 아름다움에 대한 긍정적인 상징이 아니기 때문이다. 몇몇 티베트-버마어(Tibeto-Burman)[25] 문화권에서 야생 시로염소(wild serow goat)는 모든 동물 중 가장 못생긴 것으로 여겨진다. 이들 언어권에서 여성을 '야생 염소'로 비유하는 것은 모욕일 것이다. 이런 이유로 영어 역본들은 '야생 염소'라는 번역 대신 '암사슴'(doe)이라는 번역을 사용한다.

번역 토종 야생 염소들은 세계의 다음 지역들에서 볼 수 있다.

동남부 유럽, 소아시아, 파키스탄	참 야생 염소(true wild goat)	*Capra hircus*
서남부 유럽	피레네아이벡스(Pyrenees ibex)	*Capra pyrenaica*
유럽 알프스 지역	알파인아이벡스(또는 알프스아이벡스, Alpine ibex)	*Capra ibex*
이집트, 중동	누비아아이벡스(Nubian ibex)	*Capra ibex nubiana*
에티오피아, 에리트레아	아비시니아아이벡스(또는 왈리아아이벡스, Abyssinian ibex)	*Capra walie*

25) [역자주] 티베트어와 버마어를 포함하는 지나티베트 어족의 한 어군(語群)이다.

중앙아시아, 시베리아	히말라야아이벡스(또는 시베리아아이벡스, Himalayan ibex)	*Capra sibirica*
아프가니스탄, 카슈미르	마코르염소(markhor)	*Capra falconeri*
네팔, 북부 인도	히말라야산양(또는 히말라야타르, Himalayan tahr)	*Hemitragus jemlahicus*
남부 인도	닐기리염소(또는 닐기리타르, 닐기리아이벡스, Nilgiri tahr)	*Nilgiritragus hylocrius* 또는 *Hemitragus hylocrius*
히말라야, 중국, 한국	산양(goral)	*Nemorhaedus*
히말라야, 중국 서부	타킨(takin)	*Budorcas taxicolor*
동북 인도, 버마, 태국, 말레이시아, 라오스, 중국, 대만, 일본	시로염소(serow goat)	*Capricornis indica*
북아메리카	흰바위산양(또는 로키산염소, Rocky Mountain goat)	*Oreamnos americanus*

사하라 사막 이남 아프리카에는 참 야생 염소가 없다. 가장 가깝다고 할 만한 동물은 절벽에 서식하는 작은 영양(antelope)인 바위타기영양(klipspringer, *Oreotragus oreotragus*)이다. 많은 아프리카 번역본들이 이 흔하고 잘 알려진 동물을 부르는 현지 이름을 써서 '야엘'(*ya'el*)과 '악코'(*'aqo*)를 번역해 왔다.

토종 야생 염소를 볼 수 없는 나머지 나라들이나 그것을 부르는 특정 단어가 없는 지역에서는 '야생 염소'(wild goat)나 '야생 산염소'(wild mountain goat)에 상응하는 어구가 보통 사용된다. 둘 중에서는 '야생 산염소'가 더 나으리라 생각되는데, 서아프리카에서 특히 '수풀염소'(bush goat)는 산과 무관한 작은 영양인 다이커영양(duiker)을 가리키는 말이기 때문이다.

잠 5:19: 이 절은 결혼 생활에서의 성적 절제와 정절의 가치를 다루는 금언들이 모음 속에 들어 있다. 저자/편집자는 독자에게 아내와의 관계 속에서만 성적 만족을 찾으라고 훈계한다. 그다음에 아내는 "사랑스러운[또는 매력적인] 암사슴(deer), 아름다운 아이벡스"로 불린다.

앞의 '이름에 대한 논의'에서 언급했듯이, 여성을 '야생 염소'라고 부르는 것은 칭찬이 아니라 모욕이 되는 문화권이 많다. 그러한 경우라면, 우아함을 표현해 주고 '암사슴'과 평행을 이룰 수 있는 더 적절한 동물 은유를 찾아야 할 것이다.

신 14:4, 5: 이곳의 정결한 동물들의 목록에서 야생 염소를 가리키는 두 가지 단어를 사용하지 않도록 해야 한다. 그러나 '악코'('*aqo*, 목록의 일곱 번째 이름)는 '아이벡스'나 '야생 염소'로 번역하는 것이 좋다.

2.22 자칼, 여우(jackal, fox)

관련 구절

오힘('*ochim*) 사 13:21

이('*iy*) 사 13:22; 34:14; 렘 50:39

슈알(*shu'al*) 삿 15:4; 느 4:3(3:35); 시 63:10(11); 아 2:15; 애 5:18; 겔 13:4

탄(*tan*) 느 2:13; 욥 30:29; 시 44:19(20); 사 13:22; 34:13; 35:7; 43:20; 렘 9:11; 10:22; 14:6; 49:33; 51:34, 37; 애 4:3; 미 1:8; 말 1:3

알로펙스(*alōpēx*) 마 8:20; 눅 9:58; 13:32

이름에 대한 논의 성서 시대에, 그리고 오늘날에도, 이스라엘에는 세 종의 여우(fox)와 한 유형의 자칼(jackal)이 발견된다. 이 외에 여우의 또 다른 유형이 과거 이집트에 있었다. 성경에서 히브리어 '슈알'(*shu'al*)과 이에 상응하는 그리스어 '알로펙스'(*alōpēx*)는 이들 모두를 가리킬 수 있는 이름이다. 넷은 모두 같은 과에 속하는데, 이 과에는 늑대와 개도 포함된다. '자칼'(jackal)이란 이름은 아랍어 '자칼'(*jakal*)에서 차용한 것인데, 이 아랍어 단어는 히브리어 '슈알'(*shu'al*)과 같은 셈어 어근에서 나왔다. KJV가 번역될 당시에는 '자칼'(jackal)이라는 단어가 아직 영어에 들어오지 않았기 때문에, '슈알'(*shu'al*)은 KJV에서 모두 "여우"(fox)로 번역되었다.

현대의 학자들은 '이임'('*yim*, '이'['*iy*]의 복수형)이 '길게 짖다'(to howl)를 뜻하는 어근에서 파생되었으며, 구체적으로는 길게 짖는 자칼을 가리킨다는 점에 거의 의견의 일치를 보인다. 이 단어는 보통 ('울부짖다'[to wail]를 뜻하는 어근에서 나온) '치임'(*tsiyim*, '하이에나')과 함께 쓰인다. 한 어구처럼 쓰인 두 단어는 '울부짖는 들짐승들과 길게 짖는 들짐승들'로 번역하는 것이 가능하다. 이것은 보통 하이에나와 자칼을 가리킨다고 이해된다.

대체로 전후 문맥을 통해 어떤 동물을 언급하는지 짐작할 수 있다. 여우는 작은 '슈알'(*shu'al*)로, 자칼은 큰 '슈알'(*shu'al*)로 알려졌을 가능성이 있다.

초기 히브리어에서 '탄'(*tan*)의 복수형 '탄닌'(*tanin*)은 뱀의 한 유형을 뜻했다. 이 용법을 **출 7:9, 10, 12; 신 32:33; 시 91:13**에서 볼 수 있다. 이 단어는 신화적 괴물 혹은 바다뱀(또는 바다용, sea serpent)의 이름이기도 했다. 이 용법은 **창 1:21; 욥 7:12; 시 74:13; 148:7; 사 27:1; 51:9; 렘 51:34; 겔 29:3; 32:2**에 나타난다. 그

러나 오늘날 널리 받아들여지는 이해는, 후기 히브리어에서 '탄'(*tan*)은 자칼을 가리키는 시적인 표현이었다는 것이다. 이 단어는 '낭송하다' 또는 '통곡하다'를 뜻하는 어근에서 파생되었다. 뱀이나 괴물 '탄닌'(*tanin*)이 언급되는 본문의 경우는 문맥을 보면 이것이 자칼을 가리킬 수 없음을 쉽게 알 수 있다. 이 본문들은 4.9 '뱀', 7.2 '용, 바다 괴물'에서 더 자세히 다루어진다.

모양 **여우**(fox): 모든 여우는 털이 긴 작은 개를 닮았고, 뾰족한 코를 가지고 있다. 오늘날 붉은여우(red fox, *Vulpes vulpes*, 또한 *Vulpes flavescens*)는 유럽, 북아프리카, 중동, 중앙아시아, 중국, 일본, 북아메리카, 오스트랄라시아 전역에서 매우 흔하다. 북아메리카와 오스트랄라시아 대륙의 경우는 말을 타고 개 떼와 함께 사냥하기 위한 사냥감으로 들여왔다. 붉은여우는 몸집이 작은 편이어서, 코에서 꼬리 끝까지 1미터 정도 된다. 대개 붉은 빛을 띠며 배 부분은 하얗고 꼬리에는 털이 많다. 붉은여우는 주로 생쥐와 들쥐를 먹고 살지만, 닭과 사냥용 새와 떨어진 열매도 먹는다. 때로는 썩은 고기(죽은 동물)를 먹기도 하지만, 일반적인 의미에서의 사체 청소 동물은 아니다.

흰꼬리모래여우(또는 사막여우, desert fox, *Vulpes rueppellii*)와 이집트여우(Egyptian fox, *Vulpes nilotica*)는 몸집이 좀 더 작고 노란빛이 도는 갈색인 것 외에는 붉은여우와 매우 흡사하다. 페넥여우(또는 아프리카여우, fennec, *Vulpes zerda*)는 몸집이 아주 작고 귀가 큰 여우이다. 이 여우는 오늘날 중동과 이집트에서 볼 수 있고, 아마도 과거에는 이스라엘에서도 볼 수 있었을 것이다. 이들은 벌레와 생쥐를 먹고 산다.

여우는 한 쌍으로 살기도 하고 혼자 살기도 하고 새끼들이 있을 때에는 작은

▲여우
▶ 페넥여우

가족 단위로 살기도 한다. 낮에는 보통 다른 동물들이 파 놓은 땅 속 구멍 안에 있다가 밤이 되면 먹잇감을 찾아 나온다. 개들에게 추격당할 때에는 아주 영리하게 따돌린다. 왔던 길을 되돌아간 다음 옆으로 점프하여 다른 방향으로 감으로써 냄새 흔적을 뒤섞기도 한다. 물줄기를 거슬러 올라가서 냄새 흔적을 남기는 것을 아예 피하기도 한다.

자칼(jackal): 이스라엘에서 발견되는 자칼은 황금자칼(golden jackal, *Canis aureus*), 다른 말로 오리엔탈자칼(oriental jackal)이다. 이 자칼은 때로 인도자칼(Indian jackal)로도 불린다. 이 동물은 여우보다 몸집이 크다. 노란빛이 도는 갈색이며, 등에 난 긴 털은 끝이 검다.

자칼

자칼은 못 먹는 것이 거의 없으며, 필요한 경우 빠르게 움직이면서 명석한 전략을 사용하는, 뛰어난 기회주의자라고 부를 만한 동물이다. 가정집에서 빵을 훔치거나 위험천만한 야생 돼지(wild pig)에게서조차 새끼를 도둑질한다고 알려져 있다. 이들은 사체 청소 동물이다. 썩은 고기 특히 사자가 잡아먹고 남긴 사체를 먹을 뿐 아니라 가정집의 쓰레기도 먹고, 또한 딱정벌레나 새알도 먹는다. 그리고 작은 포유류나 (들오리, 꿩 따위의) 사냥감 새나 집에서 키우는 닭이나 오리를 잡아먹기도 한다.

몇몇 문헌에서는 자칼이 무리 지어 산다고 말하기도 한다. 이것은 꼭 맞는 말은 아니다. 자칼은 한 쌍이 함께 살거나 작은 가족 단위로 사는데, 다만 많은 쌍이 함께 같은 굴이나 썩은 고기나 쓰레기장이나 먹잇감에 끌릴 때에는 일시적으로 큰 그룹과 어울릴 수 있다. 이 임시적인 큰 그룹에서 자칼들은 한 무리처럼 협동하고 함께 행동하기도 한다.

자칼은 다른 동물이 파놓은 굴 또는 사람들이 버리고 간 가옥이나 거주지에서 살고, 밤에는 먹이를 찾아 밖으로 나온다. 자칼은 굴 입구에서 사납게 짖고, 울부짖고, 아주 긴 울음소리를 내는데, 한 쌍이 울기 시작하면 주변의 다른 쌍들이 응답하는 식으로 한다. 특히 달빛이 비치는 밤에 잘 운다.

특별한 의미 또는 상징 여우와 자칼은 둘 다 매우 똑똑한 동물이고, 이들의 약삭빠르고 교활한 기회주의는 중동과 아프리카와 유럽에서 전설적이다. 북아프리카의 철학자이자 이야기꾼인 이솝의 우화들에는 교활한 여우가 등장하는 것이 특징인데, 이 우화들의 연대는 다니엘의 시대쯤 된다. 여우는 그리스와 로마의 우화들에도 등장한다. 기회주의적인 자칼에 관한 비슷한 우화들이 아프리카와 중동에 수 세기 동안 널리 퍼져 있었다.

고대 아랍 문학 그리고 탈무드와 미드라쉬에서 '사자'라는 단어는 참으로 위대하고 강력한 사람을 상징한다. 이와 대조적으로 '자칼'은 실제론 하찮으나 스스로 대단한 척하는 인물을 가리킬 때 사용된다. '사자'(또는 '암사자')를 이렇게 비유적으로 사용하는 일은 성경에서도 흔하므로, 성경에서 어떤 사람을 은유적으로 가리키는 '자칼'이나 '여우'라는 용어 역시 스스로 대단하다고 여기지만 실은 하찮은 사람이라는 함의를 가질 가능성이 매우 높다.

그러나 성경에서 자칼과 연결되는 가장 주된 상징은 폐허에 살면서 썩은 고기를 먹는 습관과 관련된다. 어떤 장소가 자칼이 사는 곳이 되리라고 말하는 것은 그곳이 전쟁의 결과로 폐허가 되고 버려질 것이라는 의미이다. 이렇게 자칼은 하찮음과 기회주의적 교활함뿐 아니라 죽음과 황폐함의 상징이었다.

번역 자칼은 알려졌지만 여우는 알려지지 않은 곳에서는 두 동물에 모두 '자칼'을 가리키는 말을 사용할 수 있을 것이다. 마찬가지로 여우는 알려졌지만 자칼은 알려지지 않은 곳에서도 한 단어면 충분할 것이다. 자칼도 여우도 볼 수 없는 지역에서는 그 친척에 해당하는 동물, 예컨대 코요테(coyote, *Canis latrans*)나 들개(wild dog)의 다양한 유형 또는 작은 늑대 등이 있을 것이다. 이런 동물조차 볼 수 없는 소수의 지역에서는 '들개'(wild dog) 같은 표현이나 음역을 사용할 수 있을 것이다.

사 13:21, 22: 이 절들에는 버려진 건물을 차지하고 사는 우는 들짐승을 가리키는 단어가 넷 있다. '치임'(*tsiyim*), '오힘'(*'ochim*), '이임'(*'iyim*), '탄님'(*tanim*)이 그것이다. '치임'(*tsiyim*)을 제외한 다른 세 단어는 '자칼'(jackal)을 뜻할 것이지만, 히브리 운문의 평행법을 유지하기 위해서는 '치임'(*tsiyim*)과 '이임'(*'iyim*)을 모두 '하이에나들'로 번역하는 것이 낫다. 그렇다면 이 절들은 다음과 같이 번역될 수 있다.

> 울부짖는 하이에나들이 거기에 자리 잡고
> 부르짖는 자칼들이 그들의 집에 가득할 것이다.
> ……
> 하이에나들이 그들의 요새에서 울부짖을 것이고

자칼들이 화려하던 궁전에서 부르짖을 것이다.

'오힘'('ochim)은 성경에서 이곳에서만 사용된다. 이 단어는 '울부짖다'(to howl)를 뜻하는 히브리어에서 파생되었다. NEB와 REB가 '호저'(또는 산미치광이, porcupine)[26]로 번역한 것은 매우 의심스럽다. '올빼미류'(owl)가 가능하긴 하나, '자칼'이 문맥에 더 잘 어울린다. 그리하여야 '자칼'과 '하이에나'의 평행법이 유지되기 때문이다.

'슈알'(*shu'al*): **삿 15:4:** 자칼은 고기 미끼에 더 잘 유인되어 덫에 쉽게 잡히기 때문에 대부분의 현대 번역은 본문의 '슈알'(*shu'al*)을 '자칼'로 번역한다.

느 4:3: 여우는 자칼보다 더 작고 가볍기 때문에, 이 절에서는 여우로 번역하는 것이 더 선호된다. 따라서 그 뜻은 "이 성벽에 작은 여우 한 마리만 올라간다 할지라도 성벽이 무너질 것이다" 정도가 된다. 여우와 자칼이 알려지지 않은 곳에서는 작은 개를 가리키는 표현을 쓸 수 있을 것이다.

시 63:10: 여기서 말하는 것은 적의 군인들이 전쟁에서 죽어서 썩은 육신이 되어 가는 것이므로(즉 그들이 매장되지 못할 것이다), '슈알'(*shu'al*)은 '자칼'로 번역해야 한다. TEV가 "늑대"(wolf)로 번역한 것은 문맥과 어울리지 않는다. 늑대는 썩은 고기를 먹는다고 알려진 바가 없기 때문이다.

아 2:15: 이 절은 해석하기가 매우 어렵다. 여우가 때로 땅에 떨어진 포도나 덩굴에 낮게 매달려 있는 포도를 먹긴 하지만, '포도원을 망치는 자'로 묘사하는 것은 정확하지 않다. 그보다 여기서의 초점은 자칼이 이스라엘 사람들에게 황폐함을 상징한다는 사실인 듯하다(위의 '특별한 의미 또는 상징'에 관한 논의를 보라). 그렇다면 이 절은 다음과 같은 뜻일 것이다. "우리를 위하여 자칼들을 잡아라—우리 포도원에 황폐함을 상징하는 저 작은 자칼들을. 우리의 포도원에 꽃이 피고 있으니."

애 5:18; 겔 13:4: 이 절들의 맥락은 폐허와 황폐이므로, '자칼'이 더 나은 번역이다.

'탄'(*tan*): **욥 30:29:** 이 절은 "자칼들이 나의 형제요"라고 번역해야 한다. 곧 자칼들과 나 둘 다 폐허 속에서 산다는 뜻이다.

시 44:19: 이 절의 첫 구절은 다음 세 가지 가능성 중 하나로 번역할 수 있다.

1) '탄님'(*tanim*)을 '바다 괴물'로 해석하여, NEB와 REB처럼 "주께서 우리를 바다뱀(또는 바다 괴물)을 부수실 때와 같이 부수셨습니다"라고 번

26) [역자주] 열대 지방에 살고 몸에 가시가 덮인 설치류이다.

역하는 것이다.

2) NAB처럼 '울부짖음' 또는 '애통함'으로 해석하여, "주께서 우리를 고통의 장소에서(문자적으로, '애통의 장소에서') 부수셨습니다"라고 번역하는 것이다.

3) TEV와 NIV처럼 '탄님'(*tanim*)을 '자칼들'로 해석하여, "주께서 우리를 부수셨고[실망하게 하셨고] 우리는 자칼이 사는 곳이 되었습니다." 또는 "주께서 우리를 자칼 가운데 무력하게 내버리셨습니다." 또는 "주께서 우리를 부수시고 자칼이 사는 폐허와 같이 내버리셨습니다."라고 번역하는 것이다.

위의 해석 중 3)은 이 단어의 후대의 용법을 반영한 것이다.

'탄'(*tan*)이 사용되는 다른 모든 예에서는 '자칼'이 문맥에 가장 잘 어울린다.

렘 51:34: 많은 영어 역본이 이 절의 '탄'(*tan*)을 '용'(dragon)이나 '서펀트'(serpent, 뱀)로 번역하지만, '자칼'이 더 나은 것으로 보인다. 자칼은 음식을 제대로 씹지 않고 허겁지겁 삼킨 후 나중에 은신처에 있을 때 토하고서 다시 천천히 먹는 경우가 자주 있기 때문이다.

눅 13:32: '알로펙스'(*alōpēx*)가 비유적으로 사용된 이 절에서는 동물을 정확하게 표현하는 것보다 단어와 관련되는 내포적 의미를 담아내는 것이 더 중요하다. 이 단어는 약간 모욕적인데, 주석과 관련하여 중요하게 선택해야 할 점은 예수가 이 단어를 쓸 때에 그리스어의 내포적 의미인 '교활한 기회주의자'를 생각했는가 아니면 셈어의 내포적 의미인 '하찮으나 스스로 대단하다고 여기는 자'를 생각했는가 하는 것이다. 어느 쪽이든 문맥에 잘 들어맞는다. 만일 그리스어의 내포적 의미가 핵심이라면 예수가 암시하는 바는 헤롯 안티파스가 교활한 기회주의자라 할지라도 그의 음모가 이미 알려져 있다는 것이다. 두 번째 뜻이 의도되었다면—이 가능성이 더 커 보이는데—예수가 암시하는 바는 헤롯에게 예수가 해야 할 일을 막을 힘이 없다는 것이다. 어떤 주석가들은 그리스적 은유와 히브리적 은유가 다 알려져 있었을 것이므로 두 내포적 의미가 모두 의도되었다고 주장한다.

그리스어의 추론을 선택하게 된다면, '알로펙스'(*alōpēx*)는 '교활한 여우'나 '교활한 자칼'로 번역할 수 있다. 셈어의 추론이 선택된다면, '하찮은 자칼'로 번역할 수 있다. 어느 쪽을 택하든 교활한 기회주의를 상징하거나(예컨대, 개코원숭이[baboon]) 스스로 대단하다고 여기지만 실제로는 하찮은 이를 상징하는(예컨대, 토끼) 현지의 동물을 가리키는 이름을 본문에서 사용하고서, 각주에 원 단어는 여우나 자칼을 뜻한다고 설명할 수 있을 것이다.

2.23 표범, 치타(leopard, cheetah)

관련 구절

나메르(*namer*) 아 4:8; 사 11:6; 렘 5:6; 13:23; 호 13:7; 합 1:8

느마르(*nemar*) 단 7:6

파르달리스(*pardalis*) 계 13:2; [집회 28:23]

이름에 대한 논의 표범(leopard, *Panthera pardus*)과 치타(cheetah, *Acinonyx jubatus*)는 이스라엘에서 20세기까지 꽤 흔했다. 표범은 산지에서도 살았고 많은 와디와 요르단 골짜기를 따라서 볼 수 있는 무성한 덤불에서도 살았다. 아주 적은 수는 지금도 네게브와 사해를 따라서 형성된 와디에서 살고 있다. 치타는 이집트의 반사막 평지와 이스라엘 땅, 아라비아, 시리아에서 살았는데, 중동과 이집트에서 기원전 수백 년 전부터 사냥을 위해 훈련받고 사용되었다. 지금은 이들 지역에서 사냥으로 다 사라져 버리고 말았다.

구약에서 히브리어 '나메르'(*namer*)와 아람어 '느마르'(*nemar*)는 두 동물에 모두 사용됐을 가능성이 크다. 그리스어 '파르달리스'(*pardalis*)는 '표범'을 뜻한다.

모양 표범은 대형 고양잇과 동물 중 가장 많은 지역에 퍼져 있다. 아시아와 아프리카 대륙 본토의 열대 지역에서 두루 발견된다. 몸길이가 약 2미터이고, 노란빛이 도는 갈색에 몸 전체와 꼬리에 장미 모양을 닮은 검은 반점이 있다. 이 반점 때문에 덤불과 나무 아래에 그늘과 햇빛이 섞이는 곳에서 쉽게 몸을 숨길 수 있다. 엄청나게 민첩하고, 이 민첩성과 타고난 위장 무늬가 사냥할 때에 온전히 활용된다. 가젤이나 영양, 사슴에게 (그리고 때로는 염소나 양에게도) 10미터나 15미터 이내까지 몰래 접근한 후에, 숨어 있던 곳에서 나와 먹잇감에게 달려든다. 원숭이나 개코원숭이(baboon)를 사냥할 때는 조금 다른 전략

표범

을 사용한다. 원숭이나 개코원숭이를 따라 나무에 올라가서는 가지 끝까지 몬다. 그러다가 원숭이나 개코원숭이가 결국 나무에서 떨어지면, 뒤따라 뛰어내려서 땅에서 붙잡는다.

표범이 사냥감을 죽이면 그 사체를 나무나 높은 바위 위로 가지고 가서 먹는데, 아마 하이에나들이 못 따라오게 하기 위해서일 것이다. 배를 다 채우고 났는데 사체에 아직 고기가 붙어 있다면, 사체를 나뭇가지가 갈라진 곳에 걸어 두었다가 나중에 돌아와서 다시 먹는다. 예외인 경우가 있는데, 암컷이 새끼들과 함께 있을 때이다. 어미는 죽인 동물을 새끼들이 있는 바위 밑 혹은 통나무 밑 굴로 가져가는데, 이때도 남는 고기는 나무로 가져가 가지 사이에 저장한다. 사자나 치타와는 달리 먹잇감을 잡으려고 장거리 추격은 하지 않는다.

표범은 짝짓는 시기를 제외하면 혼자 지내고 혼자 사냥한다. 새끼들은 혼자 사냥할 수 있을 때까지만 어미와 함께 지내는데, 보통 한 살이 되면 충분히 독립할 수 있다. 새끼를 데리고 있는 암컷은 보호 본능이 아주 커서 극도로 위험하다.

때로 몸 전체가 검은 표범이 태어나기도 하는데, 일명 흑표범(black panther)이다. 검은표범은 흑색소 과다증(melanism)이라 불리는 약간의 유전적 이상이 있을 뿐 그냥 보통 표범이다.

치타는 때로 '사냥하는 표범'(hunting leopard)으로 불리기도 하는데, 마찬가지로 몸에 반점이 있다. 표범보다 몸집은 조금 작고 다리는 더 길다. 치타는 또한 양쪽 눈에서 세로로 떨어지는 줄무늬가 있다. 대부분의 다른 고양잇과 동물과는 달리 발톱을 감출 수 없다. 치타는 사하라 사막 이남 아프리카 전역에서 볼 수 있

치타

지만, 지금은 개체 수가 대폭 줄었다. 소수가 남아시아에도 남아 있는데, 전에는 그 수가 무척 많았다.

치타는 작은 가족 단위로 살고 함께 사냥한다. 이들은 극도로 빠르며 이 속도에 의지해서 사냥을 한다. 치타는 탁 트인 초원에서 살기에 풀이나 키 작은 나무 말고는 몰래 다가갈 때에 도움이 될 만한 은폐물이 마땅히 없는 경우가 많다. 그래서 사냥감에게 약 50미터 이내까지 몰래 접근한 후에 숨어 있던 곳에서 나와 엄청난 가속력으로 쫓아가 목을 물기 위해 덮친다.

특별한 의미 또는 상징 성경 본문에서 표범은 사자와 자주 짝을 이루며, 그리하여 폭력적인 위험을 상징한다. 그러나 **합 1:8**에서 '나메르'(*namer*)는 빠름의 상징이다. 이는 표범보다는 치타와 더 잘 어울린다. 이런 이유로, '사냥하는 표범'(hunting-leopards)이라고 '사냥하는'을 추가하여 번역한 NEB는 온당하다.

번역 표범과 치타가 모두 알려진 곳에서는, **합 1:8**을 번역할 때에 치타를 가리키는 말을 쓰는 것이 아마 가장 좋을 것이다. 표범이 알려지지 않은 곳에서는 재규어(jaguar), 스라소니(bobcat), 퓨마(puma), 쿠거(mountain lion),[27] 호랑이(tiger) 등을 가리키는 단어를 쓸 수 있다. 그 외 지역에서는 히브리어나 그 지역의 주요 언어에 근거한 차용어나 음역이 사용되어야 할 것이다.

2.24 사자(lion)

관련 구절

아리(*'ari*), 아르예(*'aryeh*) 창 49:9; 민 23:24; 24:9; 신 33:22 (총 82회)[28]

브네 샤하츠(*beney shachats*) 욥 28:8

크피르(*kefir*) 삿 14:5; 욥 4:10; 38:39; 시 17:12; 34:10(11) (총 31회)

라비(*laviy'*), 르비야(*leviya'*) 창 49:9; 민 23:24; 24:9; 신 33:20; 욥 4:11; 38:39; 시 57:4(5); 사 5:29; 30:6; 겔 19:2; 호 13:8; 욜 1:6; 나 2:11(12), 12(13)

라이쉬(*layish*) 욥 4:11; 잠 30:30; 사 30:6

샤할(*shachal*) 욥 4:10; 10:16; 28:8; 시 91:13; 잠 26:13; 호 5:14; 13:7

레온(*leōn*) 딤후 4:17; 히 11:33; 벧전 5:8; 계 4:7; 5:5; 9:8, 17; 10:3; 13:2; [에(외) 4:17[24] (14:13); 지혜 11:17; 집회 4:30; 13:19; 21:2; 25:16; 27:10, 28; 28:23; 47:3; 단(외) 14:31, 32, 34; 1마카 2:60; 3:4; 3마카 6:7; 1에스 4:24]

레온테돈(*leontēdon*) 2마카 11:11

스큼노스(*skumnos*) 1마카 3:4

---

27) [역자주] 퓨마의 일종이다. '쿠거'의 영어 표기는 'cougar'이다.

28) [역자주] 크티브와 크레를 모두 세면 90회.

레오(*leo*) 2에스 11:37; 12:1, 31; 16:6

삼하 23:20과 **대상 11:22**에 나오는 히브리어 '아리엘'(*'ari'el*)은 문자적으로는 '하나님의 사자'나 '강력한 사자'를 뜻하지만, 동물 사자가 아닌 인간 영웅이나 강력한 전사를 의미하는 관용구이다.

몇몇 문헌에는 히브리어 '구르'(*gur*)도 새끼 사자(cub)를 가리키는 이름으로 수록되어 있다. 그러나 오늘날 대부분의 학자들은 이 단어가 육식 동물의 새끼라면 무엇이든 가리킬 수 있다고 생각한다. 이 단어를 '새끼 사자'로 번역해야 할 경우는 사자를 가리키는 다른 단어가 함께 나타날 때나, 아니면 문맥에서 새끼 사자가 의도된 것임이 분명할 때—예를 들면 평행법의 경우—뿐이다.

이름에 대한 논의 영어 역본들 중에는 다양한 히브리어 단어들을 번역할 때에 많은 혼란과 불일치가 있는 것으로 보인다. 이러한 상황에 이르게 된 주된 이유는 영어 번역자들과 그들에게 지침을 주었던 주석가들이 사자와 사자의 습성에 대해서 잘못 이해한 점이 많았기 때문이다. **암 3:4**의 예를 들어 보면, 스몰리(William A. Smalley)와 드 와드(Jan de Waard)는 이 절을 주석하면서 이렇게 주장한다(이들의 말은 다른 많은 이들의 말을 반향해 준다). "상반절의 상황에서 사자의 부르짖음은 잡아먹으려는 동물을 공격할 때에 내는 사나운 포효다. 이 포효를 듣는 사람은 사자가 먹이를 찾은 것을 알게 된다. 그러나 하반절의 상황에서 사자의 소리는 먹이를 자기 굴(den)로 끌고 갈 때 내는 만족스러운 으르렁 소리(growl)이다."

그러나 사자는 먹잇감을 공격할 때에 포효하지 않고(사실을 말하자면, 일반적으로 아주 조용하게 죽인다), 보통 굴 속에 살지도 않는다. 더욱이 먹을 때에는 만족스럽게 으르렁대지도 않는다. 다만 무리의 다른 사자가 먹이를 같이 먹고자 할 때에는 으르렁대고 크르릉 소리를 낸다.

독자들 중에는 과연 학식이 없는 고대 사람들이 이런 자세한 사항까지 알 수 있었을까 의문을 품는 이들이 있을지 모르겠다. 그러나 사자들이 사는 지역에 사는, 아프리카 전역의 순박한 보통 사람들이 사자의 습성에 대해 매우 잘 알고 있다는 사실을 지적해야 할 것이다. 그리고 유대인 저자들 역시 그랬을 가능성이 크다. 문제는 유대인 학자들이 아닌 서양 성서학자들의 잘못된 추측에 있는 듯하다. 이 논의의 아래에서 성서 저자들이 사자의 습성에 대해 매우 잘 알고 있었다는 증거가 제시될 것이다.

비슷한 맥락에서, 사자를 가리키는 많은 히브리어 단어들은 저마다 조금씩 다른 의미를 지닌다. 사자와 사자의 습성을 더 자세히 연구해 보면 이 단어들의 의미를 규정하는 데 도움이 될 수 있다.

성서 시대에 사자는 중동 전역, 메소포타미아, 이집트, 구스라 불리는 수단과 에티오피아 지역에 살았다.

그리스어 '레온'(*leōn*)과 라틴어 '레오'(*leo*)는 사자를 가리키는 일반적인 단어이고, 그리스어 '레온테돈'(*leontēdon*)은 '사나운 사자' 정도를 뜻하는 단어이다.

모양 성서학자들 사이에 널리 퍼져 있는 많은 오해를 없애기 위해서 사자에 대한 설명은 이 책의 다른 동물들에 대한 설명보다 더 상세하고 광범위할 것이다.

암사자와 수사자

사자(lion, *Panthera leo*)는 대형 고양잇과 동물 가운데서도 가장 커서, 코에서 꼬리 끝까지 약 2.8미터에 이르고, 어깨까지 키가 1미터에 이른다. 그러나 사자와 벵골호랑이(또는 인도호랑이, Bengal tiger, *Panthera tigris*)는 크기가 거의 차이 나지 않는다. 다 자란 사자는 표범(leopard, *Panthera pardus*)보다 몸길이가 적어도 50센티미터 정도 더 길고, 몸무게는 두 배가 나가서 250킬로그램에 육박하는 경우도 많다. 또한 재규어(jaguar, *Panthera onca*)나 쿠거(mountain lion, 또는 퓨마[Puma, *Puma concolor*])보다 몸길이가 30센티미터 정도 더 길고, 몸무게는 100킬로그램 정도 더 무겁다. 몸 색깔은 옅은 황갈색인데, 태어날 때에는 얼룩점이 있다가 자라면서 점차 사라진다. 다 자란 수컷의 목과 어깨 둘레에는 갈기가 있는데 다른 부분의 털보다 색이 좀 더 어둡다. 갈기 색이 아예 검은 사자도 있다. 암컷과 어린 수컷은 갈기가 없고 생김새도 아주 비슷하다.

사회적 습성: 사자는 가족 단위로 살아간다. 영어로 '프라이드'(pride)라 불리는 이 무리는 우두머리 수사자(dominant male lion 또는 pride male)와 다 자란 암컷들,

거의 다 자란 암컷들, 어린 수컷들로 구성된다. 수컷들은 무리를 떠날 수 있고, 수컷이 떠날 때 때로 암컷 한두 마리가 함께 나서긴 하지만, 대부분의 암컷은 계속 무리와 함께 지내고 평생 매우 끈끈한 유대 관계를 발전시킨다. 우두머리 수컷은 어린 수컷에게 의례적 공격을 자주 하는데, 그러면 어린 수컷은 싸우기보다는 항복의 표시로 나뒹군다.

그러나 암컷의 발정기가 되면 무리 안이나 밖의 어른 수컷들이 우두머리 수컷에게 도전장을 내기도 하고 자기들끼리 싸우면서 그 암컷과 짝짓기를 하려고 한다. 이런 싸움은 심각한 싸움으로 확대된다. 만약 우두머리 수컷이 내부 도전자에게 패하면, 우두머리 수컷은 무리를 떠나서 홀로 떠돌지만 무리의 나머지 사자들에게는 아무 일도 일어나지 않는다. 만약 외부에서 온 도전자가 우두머리 수컷의 자리를 차지하게 되면, 새 우두머리는 대개 다른 수컷들을 쫓아 버리는데, 그러면 수컷들은 홀로 또는 서너 마리의 작은 그룹으로 떠돌게 된다. 이렇게 떠돌아다니는 수컷들은 다른 무리를 접수하려 하거나 그곳의 암컷들을 빼앗아 오고자 한다. 쫓겨난 우두머리 수컷은 혼자서 돌아다녀야 하고 사냥할 때 도움을 받을 곳이 없기 때문에, 굶주리거나 야위거나 영양 상태가 나쁘거나 위험에 빠지는 경우가 자주 있다.

임신한 암컷은 새끼를 낳기 이삼일 전에 바위 밑이나 넘어진 통나무 밑에 임시로 굴을 파고 다른 암컷 한두 마리와 그곳에 머문다. 암컷이 굴속에서 새끼를 낳은 후에는 다른 암컷 중 한 마리가 사냥한 동물의 고기를 가져다준다. 이렇게 함으로써 어미는 처음 한두 주 동안 갓 태어난 새끼 옆에 계속 있을 수 있다. 어미 사자는 사나흘마다 새끼들을 새 굴로 옮겨 준다. 새끼들이 태어난 지 2주쯤 되면 어미는 새끼들을 무리의 다른 구성원들이 있는 곳으로 데려가고 사자들은 새끼들을 핥음으로써 관계를 맺는다. 그러면 새끼들은 무리의 구성원이 되고, 수유가 가능한 어미 사자라면 누구든 근처에 있기만 하면 젖을 빨게 된다.

암사자와 새끼 사자

새끼 사자들은 사냥할 수 있을 만큼 자라기까지는 덤불 속에 숨어서 지내고, 사냥은 무리의 사냥꾼 사자들이 한다. 좀 더 자란 후에는 사냥꾼 사자들을 따라

가기는 하지만, 사냥하는 모습을 현장에서 떨어져서 지켜보기만 한다. 마지막에는 어미가 새끼들이 작은 동물을 사냥할 수 있도록 돕고, 그리하여 마침내 효율적으로 사냥을 할 수 있게 된다. 그러고 나서 이들은 무리의 사냥에 동참한다.

무리는 한 영역에서 함께 산다. 영역을 표시하기 위해 항문 바로 옆 분비샘에서 나오는 액을 덤불과 나무줄기에다 뿌린다. 그리고 이렇게 표시한 영역을 다른 사자들이 침입하지 못하도록 방어한다. 무리의 사자들은 먹을 때 한자리에 모여들고, 먹고 나면 함께 머물러 있지만, 사냥에 앞서 영역의 여러 곳으로 흩어진다.

울음 습성: 사자는 다양한 소리를 내므로, 사자가 내는 소리를 언급하는 성서 본문을 번역할 때에는 이를 꼭 기억해야 한다. 대개 히브리어 단어는 아주 구체적이지는 않지만, 문맥을 살피면 본문에 의도된 소리의 유형을 알 수 있다.

포효(roaring)는 사자가 내는 가장 큰 소리인데, 보통 수사자가 낸다. 이 소리는 영역 표시의 습성이자 무리의 결속을 다지기 위한 수단이라고 생각된다. 포효 소리는 보통 사냥이 시작되기 전에 낸다. 이 소리는 또한 흩어져 있는 사자들의 위치를 무리가 파악할 수 있도록 돕는 기능도 한다. 이 소리는 사냥을 위해서도 중요하다. 포효는 길고 매우 큰 울음소리와 그 뒤를 잇는 보다 짧은 헐떡거리는 울음소리로 이어지는데, 두 번째 소리는 점점 부드러워지면서 20회 가량 반복된다. 사자들의 포효는 완전히 똑같은 경우가 없으므로, 포효를 통해 누구인지를 알 수 있다. 또 포효는 떠돌이 수사자가 자기도 짝짓기 후보로 가능성이 있음을 알려 주기 위한 수단으로도 쓰인다. 배고픈 사자는 영양 상태가 좋은 사자보다 더 자주 포효하는데, 포효를 통해 사자가 배가 얼마나 고픈지를 알 수 있다.

으르렁 소리(growling)는 경고의 소리이다. 이 소리는 숨을 쉴 때마다 반복되는 매우 깊게 으르렁거리는 소리(rumbling)이다. 그 목적은 외부에서 온 사자나 다른 잠재적인 적, 예컨대 표범이나 하이에나, 사람 등을 쫓아내기 위한 것이다. 수사자나 암사자가 으르렁 소리를 낼 때에는 보통 적에게 다가가는 경우이다. 으르렁 소리가 바라던 효과를 내지 못할 때에는 크르릉 소리(snarling)로 바뀌는데, 이 소리는 으르렁 소리와 유사하지만 더 강렬하다. 이빨을 드러내며 몸을 낮게 웅크리고 귀를 뒤로 납작 붙인 채 낸다. 이런 행동은 대개 공격의 전조이다. 실제로 적을 공격할 때는 깊게 떨리는 신음 같은 울음소리를 내고, 뒤이어 일어나는 싸움에서는 크르릉 소리와 으르렁 소리가 크게 여러 차례 들린다.

사자들이 사체 하나를 함께 먹을 때에는 으르렁 소리와 크르릉 소리를 많이 들을 수 있고, 먹는 무리들 사이에서 달려들어 무는(snapping) 모습도 많이 볼 수 있다.

그 밖에 사자들이 내는 소리에는 다음과 같은 유형이 있다.

- 같은 무리의 사자와 헤어져 있다가 2-3일 만에 만날 때 내는 컹컹 소리(whoofing). 이 소리는 은신처에 있는 새끼들을 부를 때도 사용된다.
- 발정기의 암사자나 짝짓기 중인 암수 사자가 내는 길게 하품하는 듯한, 신음 같은 울음소리(drawn out yawning moan).
- 먹잇감을 쫓을 때 매복해 있는 다른 사자들을 향해 내는 끙끙 소리(grunting).
- 고양이가 내듯이 내는, 만족스럽고 큰 가르랑거리는 소리(contented loud purring).

사냥 습성 및 식습관: 사자는 충분히 먹고 나면 이틀이나 사흘 동안 함께 쉬면서 긴장을 푼다. 이 기간이 끝날 즈음 무리의 구성원 중 몇몇이 다른 사자들을 떠나서 먹잇감 동물이 풀을 뜯고 있을 만한 장소 쪽으로 움직이기 시작한다. 그 다음, 사냥을 시작하기 전에, 사자들은 한두 시간 동안 단속적으로 포효하면서 자신들의 위치를 알린다. 그런 후 잠자코 조용히 있다가 본격적으로 사냥을 시작한다. 사냥은 보통 두 가지 방식 중 하나로 진행된다. 먹잇감 주변에 좋은 은폐물이 있다면, 암사자 두세 마리와 어린 수사자들이 그 은폐물을 사용하여 먹잇감에 몰래 다가간다. 거리가 충분히 가까워지면, 한두 마리가 숨어 있던 곳에서 뛰쳐나와 먹잇감을 향해 돌진하고, 다른 사자들은 탈주로를 끊는 작전을 편다.

지형이 좀 더 트인 경우, 암사자들과 어린 수컷들은 먹잇감 동물을 바람이 불어오는 쪽에다 두고 매복 위치를 잡는다. 그러면 어른 수컷들이 바람이 불어오는 위쪽으로 비교적 드러내 놓고 이동한다. 그 다음 수컷들은 숨 쉴 때마다 큰소리로 크르릉거리며 그 먹잇감을 향해 달려간다. 두 사냥 방식 중 어느 쪽을 택하든, 사자는 첫 돌진에서 사냥감의 다리를 잡거나 척추를 물어서 사냥감이 움직이지 못하게 만들려 한다. 일단 먹잇감의 속도가 늦추어지면, 사자 한 마리가 목을 물어서 질식시킨다. 그리하여 죽기까지 대개 꽤 길고 오랜 시간이 걸린다. 만약 동물이 크다면, 죽이는 데에 상당한 에너지가 소모된다. 그래서 먹이를 먹기 전에 보통은 서서 휴식한다.

홀로 다니는 떠돌이 수사자들은 사냥을 할 때 매우 불리하고 굶주리는 일도 종종 있다. 그래서 무리에 속한 사자들보다 더 자주 포효하게 된다. 이러한 수사자들이 흔히 집에서 기르는 동물이나 때로는 사람을 죽이기 시작한다.

사냥에 성공한 현장에 있는 사자들 사이에는 나이가 중요하게 작용하는 일종의 위아래 서열이 있다. 현장에 있는 수사자나 암사자 중 나이가 제일 많은 사자가 먼저 먹고, 이것을 신호로 다른 사자들이 같이 먹기 시작한다. 사냥한 동물

수사자

이 크면 비교적 조용히 먹지만, 먹이가 작다면 크르릉 소리와 으르렁 소리가 많이 들리고, 달려들어 무는 경우도 많다. 그러나 무리의 우두머리 수컷이 도착하면 먹고 있던 사자들은 뒤로 물러나 우두머리가 혼자 먹을 수 있게 한다. 우두머리 수사자는 때로 어린 새끼들이 함께 먹도록 허락하지만 어른 사자들은 그럴 수 없다. 무리의 구성원들은 우두머리 수사자가 배불리 먹은 후에야 다시 먹기 시작한다. 우두머리 수사자는 사냥감을 쫓는 일이나 죽이는 일에 거의 참여하지 않는다. 기껏해야 매복해 있는 암사자들과 어린 수컷들 쪽으로 먹잇감을 몰아가기 위해 돌진할 뿐이다.

특별한 의미 또는 상징 성경에서 사자는 위험과 파괴의 상징이고, 곰과 짝지어 나오는 경우가 많다. 사자는 큰 정치적 권력과 왕의 위엄을 상징하기도 한다.

번역 특정 본문을 상세히 논의하기 전에 사자류를 가리킨다고 생각되는 다양한 히브리어 단어들을 규정하고자 시도하는 일이 유용할 것이다. 이 히브리어 명사들과 함께 나타나는 동사와 형용사를 살펴보면 다음 사실을 발견하게 된다.

'아리'('*ari*): 이 단어는 사자를 가리킬 때 가장 자주 사용되는데, 성경 속에서 매우 다양한 동사와 함께 나타난다. 이를테면 '웅크려 매복하다', '도약하다', '으르렁대다', '포효하다', '죽이다', '파괴하다', '먹잇감을 조각조각 찢다', '뼈를 부수다', '공격하다', '숨어 있다가 뛰쳐나오다', '양을 흩어지게 만들다', '짓밟다', '먹잇감을 밟고 서다' 등이다. 명사 '아리'('*ari*)와 함께 사용되는 형용사는 '강한', '파괴적인', '용감한', '배고픈' 등이다.

이러한 증거로 알 수 있는 사실은 '아리'('*ari*)와 그 여성형 '아르예'('*aryeh*)가 수사자나 암사자를 가리키는 일반적인 단어라는 점이다.

'아르예'('aryeh): 이 단어는 여성형이긴 하지만 영어 역본에서 일관되게 '사자'(lion)로 번역되는데, 그 이유는 '아르예'('aryeh)가 보통 '구르 아르예'(gur 'aryeh)라는 히브리어 어구에서 사용되기 때문이다. 이 표현은 문자적으로 '암사자의 새끼'이지만 영어로는 '사자의 새끼'(lion cub)로 번역하는 것이 더 자연스럽다.

'브네 샤하츠'(beney shachats): 문자적으로 '자랑의 아들들'(sons of pride)을 뜻하는 이 표현은 성경에 단 한 번 나오는데, 시구에서 '사자'('샤할'[shachal])와 평행을 이루어 사용된다(**욥 28:8**). 두 표현은 소리가 비슷한 것 외에도 아마 둘 다 사자를 가리킬 것이다. KJV만 이를 번역에 반영한다.

'크피르'(kefir): 이 명사와 연결되는 동사는 '죽이다', '먹잇감을 찾아 어슬렁거리다', '사냥하다', '크르릉 소리를 내다', '공격하다', '숨어 있다가 뛰쳐나오다', '먹잇감을 조각조각 찢다', '포효하다', '으르렁대다' 등이다. 이 단어와 연결되는 형용사는 하나뿐인데 '화가 난'이다. 번역자들은 이 단어를 "어린/젊은 사자"(young lion)로 자주 번역한다. **겔 19:1-9**는 '크피르'(kefir)가 젊은 수사자를 가리킨다는 이해를 지지하는 듯하다. (이 본문에서는 사냥을 잘하는 젊은 수사자로 나온다.)

'라비'(laviy'): 이 명사와 연결되는 동사는 '으르렁대다', '게걸스럽게 먹다', '엎드리다', '웅크리다', '새끼를 기르다'이다. 함께 사용되는 유일한 서술구는 '큰 이빨'이다. JB는 여느 역본들처럼 이 단어를 "암사자"로 번역하였는데, 충분히 근거 있는 번역으로 보인다.

'라이쉬'(layish): 이 명사는 성경에서 단 3회만 나타난다. 함께 사용되는 동사구는 '먹이가 없어 죽어 가다'이다. 함께 사용되는 형용사는 '위풍 있게 걸어 다니는'과 '강한'이다. 이 증거들을 볼 때 '한창때의 사자'나 '강력한 사자' 같은 번역과 잘 어울린다. 이 단어는 우두머리 수사자(dominant male lion 또는 'pride male')를 가리키는 것 같다. 이 단어를 몇몇 문맥에서 "늙은 사자"(old lion)로 번역한 역본들(RSV, JB, NAB)은 약간의 오해를 일으키게 할 수 있는 듯하다.

'샤할'(shachal): 함께 나타나는 동사는 '포효하다', '사냥하다', '먹잇감을 조각조각 찢다'이다. 몇몇 학자들은 아시리아어와 고전 아랍어의 증거를 참고하여 이 히브리어 단어가 '포효하다' 또는 '소리를 내다'를 뜻하는 옛 셈어 어근에서 파생되었다고 믿는다. 확인 가능한 모든 증거를 종합해 보건대 '샤할'(shachal)을 '수사자'로 번역하는 것이 괜찮아 보인다. 어쩌면 이 단어는 무리에 속한 수사자가 아닌 홀로 다니는 떠돌이 수사자를 가리킬 수 있다.

몇몇 영어 역본에서 1마카 3:4를 번역하면서 그리스어 '스굼노스'(skumnos)를 "새끼 사자"(cub 또는 whelp)라고 잘못 번역했다. 본문은 이 동물이 포효한다고 말하지만, 새끼 사자는 포효하지 않는다. 이 단어는 정력 넘치는 젊은 어른 수사자를 가리키는 것 같다. 따라서 '한창때의 사자'로 번역하는 것이 더 낫다(TEV의 "사나운 사자처럼"[like a ferocious lion]과 비교하라.).

사자가 전혀 알려지지 않은 지역에서는 현지의 상응하는 동물을 찾기보다는 주요 언어 혹은 히브리어나 그리스어에서 차용하는 것이 더 낫다. 그 이유는 사자의 습성에 대해 말하는 성경의 언급들이 꽤 구체적이어서, 만약 현지의 동물 이름이 사용된다면 본문에서 언급하는 습성과 잘 들어맞지 않을 것이기 때문이다. 무엇보다 사자가 (치타를 제외하면) 대형 고양이류 중 유일하게 큰 가족 단위로 생활하고 사냥하는 동물이기에 더욱 그러하다.

사자를 가리키는 다양한 히브리어 단어들을 번역할 때에, 문맥에서 필요할 경우 뉘앙스의 차이를 보존하려는 노력이 좀 있어야 할 것이다. 이것은 짧고 자연스럽게 들리는 설명구를 사용함으로써 가능한 경우가 많다. 그러나 사자를 가리키는 히브리어 단어가 한 단어만 사용된 문맥에서는 그런 차이를 보존할 필요 없이 그냥 수사자나 암사자를 가리키는 단어로 충분할 때가 많다.

사자들이 내는 소리를 가리킬 때에 사용되는 가장 흔한 히브리어 어구는 '샤아그'(*sha'ag*), '(나탄) 콜'([*natan*] *qol*), '나함'(*naham*)이다. '샤아그'(*sha'ag*)가 사람 목소리에 사용될 때에는 고통이나 괴로움의 외침을 나타낸다. 그러나 동물의 소리를 묘사할 때에는 고통이나 괴로움뿐 아니라 공격적인 소리를 표현할 수도 있다. 그래서 '우렁찬 소리로 울다, 포효하다, 낮고 긴 신음 같은 그르렁 소리를 내다, 크르릉 소리를 내다, 으르렁대다'로 번역할 수 있고, 때로는 '짖는 소리'로 번역할 수도 있다. 비슷한 아랍어 단어는 대개 소가 '음메' 하고 우는 소리나 염소가 '매애' 하고 우는 소리를 가리킨다. 영어 번역자들은 사자와 관련해서는 일관되게 '포효하다'라는 단어를 선택해 왔는데, 이것은 그들이 사자의 포효('어흥')를 공격적인 소리로 오해해 왔기 때문이다. 대부분의 문맥에서 '으르렁대다'나 '크르릉 소리를 내다'로 번역하는 것이 가장 좋다.

한편, '(나탄) 콜'([*natan*] *qol*)은 보다 일반적인 표현이고, 부르는 소리에서 신음 소리 및 노랫소리에 이르기까지 온갖 소리를 뜻할 수 있다. 영어 번역자들은 **암 3:4**를 번역할 때에 "으르렁대다"(growl, TEV, REB, NIV)와 "크게 부르짖다"(cry out, RSV)를 선택했다. 아모스 본문에서 이 표현은 '샤아그'(*sha'ag*)와 평행을 이루므로 이러한 번역의 근거는 명백하다. 그러나 중립적인 번역, 예컨대 '소리를 내다'도 마찬가지로 타당할 것이다. 사자 소리를 표현하는 모든 히브리어 표현 중 이것이야말로 '포효'를 뜻할 가능성이 가장 크다. 특히 사자를 가리키는 단어로 명사 '샤할'(*shachal*)이 사용되는 문맥(예컨대, 욥 4:10)에서는 더욱 그러하다.

'나함'(*naham*)이 사람에게 사용될 때에는 슬픔이나 고통 속에서 내는 신음 소리를 뜻하고 동물에게 사용될 때에는 보통 '으르렁대다'로 번역된다.

사자의 서식지와 사자가 나오는 문맥에서의 '마온'(*ma'on*): 일반적으로 히브리어 '마온'(*ma'on*)은 거주지, 은신처, 피난처를 뜻한다. 한두 곳에서는 군사적 피난처 혹은 요새를 가리킨다. 동물과 관련하여 사용되었을 때는 (자칼의 경우와 같은) '굴', '은신처', '영역', 아니면 단순히 '동물을 볼 수 있는 장소'를 뜻할 수 있다. 모든 영어 역본은 이 단어를 번역할 때에 '굴'(lair)이나 '소굴'(den)을 선택했다. 다시 말하지만 이 선택은 사자의 습성에 대한 오해에서 비롯된 듯하다. 사자는 보통 굴에 살지 않는다. '마온'(*ma'on*)은 '영역'이나 '사자가 사는 장소'로 번역하는 것이 더 낫다.

2.25 장님쥐(mole rat)

관련 구절

하파르파라(*chafarparah*) 사 2:20

이름에 대한 논의 이 단어는 히브리어 성경에 딱 한 번 나오는 만큼 무엇을 가리키는지 알기가 어렵다. 마소라 본문에서는 '라하흐포르 페로트'(*lachpor perot*)라는 두 개의 단어로 표기되어 있는데, 이 뜻은 아마도 '구멍을 파다'인 것 같다. 하지만 고대의 역본들은 마소라 본문의 이 두 단어를 '라하파르파로트'(*lachafarparot*)라는 한 개의 명사형 단어로 붙였는데, 이 명사구는 문자적으로 '구멍을 파는 자들에게'나 '찾는 자들에게'를 뜻하고, 결국 여기에서 '두더지에게'라는 의미가 나오게 되었다. 동사형 '하파르'(*chafar*)는 성경에서는 빈번하게 등장하고 있는데, '파다', '찾다' 또는 '염탐하다'(**수 2:2-3**)라는 뜻으로 사용되고 있다. 명사형처럼 보이는 형태는 **사 2:20**에서 단 한 번 나오는데, '박쥐들'을 뜻하는 단어와 평행구를 이루고 있다. '두더지'(mole)와 '박쥐'의 조합은 다소 어색해 보인다. 특히 이스라엘 사람들은 박쥐를 조류로 분류하고 있기 때문에 더 그렇다.

장님쥐

'두더지'라는 해석 외에 주석가들이 한 다른 해석은, 이 단어를 '사체 청소 동물'(이 말은 찾는다는 뜻과 쓰레기 더미를 파헤친다는 두 가지 뜻 모두를 담고 있다), '목재해충'(작은 딱정벌레류, woodborer) 그리고 '딱따구리'(woodpecker)로 이해하는 것이다.

엄격하게 말하면 벌레를 잡아먹고 사는 두더지는 이스라엘에 서식하지 않는다. 이와 가장 유사한 것은 '시리아 장님쥐'(Syrian mole rat, *Spalax leucodon ehrenbergi*)인데, 이 동물은 두더지처럼 땅굴을 파지만 설치류에 속하고 나무뿌리나 구근류를 먹고 산다.

일부 학자들이나 일부 번역본들은 '홀레드'(*choled*)라는 히브리 단어를 '장님쥐'나 '두더지'(mole)라고 번역하고 있다. 그러나 2.26 '몽구스, 족제비'를 보라. KJV는 다른 히브리어 '틴쉬메트'(*tinshemeth*)를 "두더지"라고 번역하고 있다. 하지만 4.3 '카멜레온'을 보라.

모양 시리아 장님쥐는 회색의 설치류 동물로서 길이가 약 20센티미터까지 자라며, 아주 큰 이빨이 주둥이 앞쪽으로 삐죽 튀어나와 있다. 이 동물은 거의 완전히 땅속에서 살며 커다란 앞니와 평편한 앞발로 지표면 바로 아래에 터널을 만든다. 때때로 이 동물은 여분의 흙을 땅 위로 내버리는데, 이때 작은 흙더미가 만들어지는 까닭에 이 동물의 위치를 파악할 수 있다. 이 동물은 앞을 보지 못하며 나무뿌리를 먹고 살아간다.

번역 히브리어 '하파르파라'(*chafarparah*)의 번역은 추측에 의존할 수밖에 없다. 번역자는 잘 알려진 영어 역본 – 이런 역본들도 추측해서 번역한 것이지만 – 중 한 개를 선택하는 일이 가장 안전할 것이다. 문맥에 더 잘 어울리는 의미가 되려면 위에서 제안한 대안 중 하나를 따라야 하지만, 각주에서 이 동물을 가리키는 히브리어 단어의 뜻이 명확하지 않다는 점을 알려주어야 한다.

'장님쥐'라는 해석을 수용한다면 아프리카의 사막 지역에 이와 비슷한 동물들(학명 *Bathyergomorpha*라고 알려진 동물과(科)에 속하는)이 서식하고 있기에 그 지역의 여러 변종 가운데서 한 개의 이름을 대신 사용할 수 있다. 서아프리카에 '그라스-커터'(grass-cutter)라고 알려진 '사탕수수쥐'(cane rat, *Thryonomys swinderianus*)도 대신 사용할 수 있는 이름이다. 북아메리카에서는 '땅다람쥐'(pocket gopher, *Geomys bursarius*)나 '검은꼬리프레리도그'(prairie dog, *Cynomys ludovicianus*)

검은꼬리프레리도그

가 아마도 그 지역의 독자들을 위해 가장 좋은 선택일 것이다. 하지만 인도나 동남아시아 지역에서는 '대나무쥐'(bamboo rat, *Rhizomys*)가 그 지역 독자들을 위한 번역어로 사용될 수 있다. 남아메리카에서는 이 동물을 '투코투코'류(tuco-tuco, *Ctenomys*)[29], '후티아'(또는 아프리카대나무쥐, hutia, *Geocapromys*), '비스카차'(viscacha, *Lagostomus maximus*) 또는 '기니피그'(guinea pig, *Cavia porcellus*)로 번역할 수 있다. 다른 지역에서 이 단어는 두더지와 비슷하거나 쥐처럼 생긴 땅을 파는 동물을 가리키는 단어로 번역할 수 있다.

2.26 몽구스, 족제비(mongoose, weasel)

관련 구절

홀레드(*choled*) 레 11:29

이름에 대한 논의 히브리어 '홀레드'(*choled*)의 의미에 대해서는 상당한 의견 차이가 있다. 이 단어의 어원은 아마도 '파다'는 뜻을 가진 동사와 관련이 있는 형태일 것이다. 이 의견을 수용하는 사람들은 '홀레드'(*choled*)를 '두더지'(이 동물은 이스라엘에 자생하지 않는다)나 '장님쥐' 또는 '쥐'로 번역하고 있다. 그러나 이 단어는 '기어다닌다' 또는 '꿈틀거린다'는 뜻을 가진 또 다른 셈족어 어원에서 파생되었을 가능성이 더 높다. 이 어원을 받아들이는 사람들은 '홀레드'(*choled*)를 "족제비"라고 번역하고 있다.

몽구스

참 족제비(weasel, *Mustela nivalis*)는 19세기 후반까지 이스라엘과 요르단 지역에서 발견되었다. 그러나 이보다 더 흔한 동물은 족제비처럼 생긴 '이집트몽구스'(Egyptian mongoose, *Herpestes ichneumon*)이다. 고대 이집트 사람들은 이 동물을 달의 여신과 연결해서 매우 신성한 동물로 여겼다. 이스라엘에서 발견되는 또 다른 족제비처럼 생긴 동물은 '마블드긴털족제비'(marbled polecat, *Vormela peregusna*)이다. 위에서 언급한 세 동물은 모두 성경의 '홀레드'(*choled*)일 수 있다. 대부분의 동물학자는 '홀레드'(*choled*)를 몽구스로 보려고 한다. 더구나 이 동물이 이집트

29) [감수자주] 투코투코속(*Ctenomys*)에 딸린 설치류 동물의 총칭.

지역과 연관이 있기 때문에 더욱 설득력이 있어 보인다.

모양 **족제비**(weasel)는 몸은 길고 다리는 짧으며, 큰 쥐보다 약간 더 큰, 작은 육식 동물이다. 이들은 생쥐나 작은 새, 개구리와 새알을 먹고 산다. 이들의 몸은 전반적으로 붉은 갈색이며 아랫부분은 흰색으로 되어 있다. 이들은 매우 빠르게 계속 움직인다. 이들의 이동 모습을 보면 마치 땅 위를 미끄러져 다니는 것 같다. 이들은 아주 작아서 커다란 쥐구멍에도 들어갈 수 있다. 이들은 밤낮없이 활동적이다.

이집트몽구스(Egyptian mongoose)는 족제비보다 커서 코끝에서 꼬리 끝까지 대략 80센티미터쯤 된다. 이집트몽구스도 몸통은 길고 다리는 짧다. 이 동물은 전체적으로 회색이며, 꼬리 끝은 검은색 털로 되어 있다. 이들은 갈대밭이나 무성한 덤불 속에서 살며, 생쥐나 쥐, 도마뱀, 뱀, 닭, 새, 벌레와 알 등을 밤낮을 가리지 않고 사냥해서 먹는다.

긴털족제비

마블드긴털족제비(marbled polecat)는 오늘날에도 이스라엘에서 꽤 흔히 볼 수 있는 동물이다. 이들은 이집트몽구스보다 작지만 족제비보다는 크다. 머리의 아래 반쪽 부분과 몸은 전체적으로 검은색이고, 가슴 쪽은 부분적으로 흰색으로 되어 있다. 등 쪽은 노란 계통의 갈색 바탕에 갈색 무늬가 있다. 이들은 이집트몽구스와 비슷한 식성을 갖고 있지만 밤에만 사냥한다. 공격을 받으면 이들은 항문 근처 분비샘에서 매우 역겨운 액체를 적에게 분사한다. 이 액체는 고약한 냄새가 나며 잘 없어지지 않는다.

특별한 의미 또는 상징 이 동물은 레위기에서 부정한 짐승으로 분류되어 있다.

번역 아시아에서 '아시아몽구스'(Asiatic mongooses)나 '사향고양이'(civet)가 이와 비슷한 동물이다. 북아메리카나 중앙아메리카에서 현지의 족제비나 스컹크(skunk)가, 아프리카에서는 더 큰 몽구스나 '긴털족제비'(polecat)가 이런 종류의 동물로 선택될 수 있다. 오스트랄라시아에서는 '유대고양이'(native cat, *Dasyurus quoll* 또는 *Dasyurops maculatus*)나 '태즈메이니아데빌'(Tasmanian devil,

Sarcophilus harrisii)을 선택하면 적절할 것이다. 그 외의 지역에서는 '쥐 사냥꾼'(rat-eater)과 같은 이름을 쓰거나 히브리어를 음역할 수 있다.

2.27 생쥐, 쥐(mouse, rat)

관련 구절

아크바르('*akbar*) 레 11:29; 삼상 6:4, 5, 11, 18; 사 66:17

이름에 대한 논의 히브리어 '아크바르'('*akbar*)는 모든 종류의 작은 설치류를 포함하고 있는 매우 일반적인 단어이다. 따라서 이 단어는 '집쥐'(house mouse), '밭쥐'(field mouse), '들쥐류'(vole), '겨울잠쥐'(dormouse), '날쥐'(jerboa), '지르드'(jird, 사막쥐의 일종), '게르빌루스쥐'(또는 사막쥐, gerbil), '곰쥐'(black rat, *Rattus rattus*), '갈색쥐'(brown rat)와 '햄스터'(hamster) 등을 두루 가리킨다. 가나안 사람들은 날쥐나 게르빌루스쥐(비록 '사막쥐'라는 별명이 붙었지만 쥐가 아니다)와 같은 비교적 큰 설치류를 사냥해서 먹었다. 오늘날에도 중동 지역의 여러 사막 부족민들이 이 동물을 사냥해서 잡아먹고 있다.

모양 '아크바르'('*akbar*)라는 단어에 해당하는 다양한 종류의 설치류를 모두 여기에서 설명하는 것은 불가능하다. 따라서 쥐(rat), 들쥐(vole), 날쥐 그리고 게르빌루스쥐에 한해서 모양을 설명할 것이다. 집쥐와 밭쥐는 전 세계에 널리 알려져 있기 때문에 굳이 그 모양을 설명하지 않아도 될 것이다.

생쥐

쥐

쥐(rat)는 생쥐(mouse)보다 크지만(꼬리까지 길이가 보통 25-30센티미터 정도), 그 외에는 서로 무척 비슷한 모양을 갖고 있다. '곰쥐'(black rat, *Rattus rattus*)[30]

---

30) [감수자주] 쥐목 쥐과 시궁쥐속에 속하는 긴꼬리쥐 설치류의 일종이다. '이집트쥐'(ship rat; black rat, *Rattus rattus rufescens*)와 구별하여 '곰쥐'로 번역한다. 원 서식지는 아열대 삼림 환경이지만 지금은 주로 인간의 주거 지역에 살고 있다. 주간에도 활동하지만 주로 야간에 종자나 과실 등을 먹고 산다.

와 '갈색쥐'(brown rat, *Rattus norvegicus*)는 모두 그 털 색깔이 검은색부터 회갈색에 이르기까지 다양하지만, 갈색쥐는 약간 짧은 주둥이를 가지고 있다. 곰쥐는 치명적인 선(腺)페스트(bubonic plague) 균을 매개하는 특정 종류의 벼룩이 기생한다. 1960년대의 동물학자들은 곰쥐(*Rattus rattus*)가 아시아에서 유래했을 것이라고 믿고 있지만, 선사시대의 것으로 추정되는 이 쥐의 흔적이 이스라엘에서 발견되었다. '갈색노르웨이쥐'(brown Norwegian rat)는 1930년대에서야 비로소 이스라엘에 들어왔다.

들쥐(levant vole, *Microtus socialis guentheri*): 들쥐는 작은 생쥐와 비교했을 때 어금니의 모양만 다를 뿐 서로 비슷해서 대부분의 사람들은 들쥐를 단지 작은 생쥐로 여긴다. 이들은 작고 털이 회갈색이며, 배 부분은 엷은 색을 띠고 있다. 식물 줄기와 밀이나 보리 등과 같은 곡식의 줄기를 먹고 산다. 이들은 밤낮 활발하게 움직이는데, 보통 한 번에 두세 시간 동안 그렇게 한다. 이들은 매일 자기 몸무게 이상을 먹는다. 보통 일 년에 16회까지 새끼를 가지며, 한 번에 12마리까지 새끼를 낳는다. 따라서 먹을 것이 풍부하고 천적으로부터 피할 수 있는 여건이 마련되는 좋은 때를 만나면 이들은 폭발적으로 증가한다. 이렇게 개체 수가 기하급수적으로 늘어날 때는 곡식에 매우 심각한 피해를 준다. 모든 종류의 쥐 가운데 들쥐가 작물에 가장 큰 피해를 끼친다.

날쥐(lesser jerboa, Jaculus jaculus): 날쥐의 학명의 뜻은 '뛰는 것'이라는 의미이다.

들쥐

날쥐

이 쥐는 대부분의 다른 쥐보다 약간 더 크며, 아주 긴 뒷다리와 매우 짧은 앞다리를 가지고 있다. 이들은 캥거루처럼 뛰어다녀서 '캥거루 쥐'(kangaroo rat)라고도 알려져 있다. (하지만 이것은 잘못 알려진 것이다.) 이들은 몸 끝에 털 술이 달린 긴 꼬리를 가지고 있으며, 이것으로 균형을 잡으며 뛴다. 이들은 사막이나 반사막 지역에 서식하며 몸 색깔이 모래 빛이다. 밤에만 활동하며, 이 때문에 눈과 귀가 크다. 또 이들은 씨앗을 먹고 살며 오랫동안 물 없이도 살 수 있다.

게르빌루스쥐

팔레스타인게르빌루스쥐(Palestinian gerbil, *Gerbillus andersoni allenbyi*): 게르빌루스쥐는 날쥐와 비슷하게 생겼으나 몸의 크기가 조금 작다. 이들은 위험을 감지하면 한 번에 3미터 정도까지 뛸 정도로 매우 빠르다. 비록 '모래쥐'(sand rat) 또는 '사막쥐'(desert rat)라고 불리긴 하지만, 이 이름의 엄밀한 의미를 볼 때 이들은 실제로 쥐가 아니다.

특별한 의미 또는 상징 **레 11:29**에서 '아크바르'('*akbar*)는 부정한 동물 중 하나로 열거되어 있다. 모든 '쥐'가 금지 목록에 해당하는지 아니면 일부 종들만 그런지는 명확하지 않으며 랍비 학자들 사이에서도 논란이 되어왔다. 날쥐, 게르빌루스쥐와 햄스터는 중동 사막 지대의 부족들 사이에서 흔한 먹거리였고, 오늘날에도 '쥐'로 분류되지 않는다.

번역 **레 11:29:** 번역자들은 모든 종류의 작은 설치류를 금지 목록에 넣을 것인지, 아니면 단지 몇 개만 포함시킬 것인지 주석적인 작업을 통해 선택해야 한다. 주석가들은 이 문제에 대해서는 의견이 나뉘고 있다. NEB, JB, NIV와 REB는 모두 몇몇 특정한 종류의 쥐들에 한해 금지 목록을 만들어야 한다는 입장이다. 예를 들면 JB와 NIV는 쥐를, NEB와 REB는 날쥐를 금지 목록에 포함시키고 있다. '쥐'를 그렇게 분류하는 것은 이해할 만하다. 왜냐하면 쥐, 특히 곰쥐는 질병을 옮기는 동물이기 때문이다. TEV는 모든 종의 쥐를 이 금지 목록에 포함시키는 입장을 취하고 있어서 "쥐, 생쥐"(rats, mice)로 번역하고 있다. KJV, RSV와 NAB는 "생쥐"(mouse)라고 번역하고 있는데, 아마도 어떤 제한된 의미보다는 포괄적인 의미를 나타내려고 했을 것이다.

삼상 5:6: 이 구절은 본문에 문제가 있다. 마소라 본문은 소위 '독종'이라고 하는 한 가지 역병만 언급하고 있다. KJV, RSV, JB, NIV와 TEV도 역시 이러한 번역을 따르고 있다. 하지만 칠십인역과 불가타는 '독종'과 '쥐들/생쥐들'이라고 두 가지 역병을 언급하고 있다. 일부 학자들은 이 번역을 선호하고 있다. 왜냐하면 이러한 차이는 히브리어 본문의 필사가들이 필사를 하면서 한 줄을 빼먹은 것으로 설명될 수 있기 때문이다. (이것은 흔히 발생하는 실수이다.) NEB, REB와 NAB는 이러한 성경 읽기를 따르고 있다. 이 구절을 이렇게 읽을 때 바로 다음 장(삼상 6장)에서 왜 두 종류의 역병이 언급되었는지 설명할 수 있다.

본문에 단지 한 가지의 역병만 언급되었다 할지라도 대부분의 주석가들은 이것을 곰쥐와 긴밀한 관계가 있는 선페스트로 해석하고 있다.

칠십인역의 읽기를 따른다면 두 가지 해석이 가능하다. 만일 두 종류의 역병이 서로 밀접하게 연관된 것이라면, 즉 독종이 쥐와 연관되고 역병이 선페스트였다면, '쥐'라는 번역이 **삼상 5:6**과 **삼상 6장**에서 더 적절한 번역이 될 것이다. (TEV는 삼상 6장의 역병을 각주에 선페스트라고 명시하고 있다. 하지만 '아크바림'['*akbarim*]은 놀랍게도 "생쥐들"이라고 번역되어 있다!) 그러나 만약에 '생쥐'가 독종과 관련이 없다면, 두 번째 역병은 초토화시키는 들쥐의 개체 수가 갑자기 증가한 것을 가리킨다고 볼 수 있다.

사 66:17: 레 11:29에서와 마찬가지로 똑같은 번역어가 이 절에서도 사용되어야 한다.

2.28 노새(mule)

관련 구절

페레드(*pered*) 삼하 13:29; 18:9; 왕상 10:25; 18:5; 왕하 5:17; 대상 12:40(41); 대하 9:24; 스 2:66; 시 32:9; 사 66:20; 겔 27:14; 슥 14:15

피르다(*pirdah*) 왕상 1:33, 38, 44

헤미오노스(*hēmionos*) 유딧 2:17; 15:11; 1에스 5:43

이름에 대한 논의 히브리어 '피르다'(*pirdah*)는 암노새를, '페레드'(*pered*)는 암수 구분 없이 모든 노새를 가리킬 수 있다. 성서 시대에 노새는 타고 다니거나 짐을 나르기 위해 사용한 반면, 말은 주로 전투마차를 끄는 데 사용되었다. 노새는 말보다 훨씬 나중에 가나안에 유입된 것으로 보인다. 노새는 다윗 시대 이전에는 성경에서 언급되지 않는다. 반면에 말은 요셉 이야기에서도 언급되고 있으며, 왕이 말을 소유하지 못하도록 금하고 있는 **신 17:16**에서도 언급된다. 엄밀히 말하면 노새의 소유는 금지되지 않았지만, 노새를 얻기 위한 교배는 **레 19:19**에서 금지하는 법, 즉 이종 교배 금지 조항에 해당하는 것이었다. 따라서 이스라엘 사람들은 이웃 나라에서 노새를 수입했던 것으로 보인다.

모양 노새는 어디서나 쉽게 볼 수 있는 동물은 아니다. 이 동물은 수나귀와 암말을 교배하여 얻은 동물이다. 수말과 암나귀를 교배시키는 것도 가능하지만, 이때 태어나는 동물은 엄밀하게 말하면 '노새'가 아니라 '버새'(hinny, 수말과 암나귀의 잡종)로서 노새보다 훨씬 작다. 노새는 나귀보다 몸집도 크고 힘도 더 세다. 또한 말이나 나귀보다 질병에 대한 면역력이 훨씬 강하다. 이들은 보통 짙은 갈색이고 부모인 말보다 더 큰 귀를 갖고 있다.

올리브 으깨는 기구를 돌리는 노새

비록 노새는 암수가 구별되어 있지만 생식력이 없어서 번식은 할 수 없다. 덕분에 힘이 센 노새를 다루는 일이 수말을 다루는 일보다 쉽다.

특별한 의미 또는 상징 비록 영어권에서 노새는 고집 센 것과 관련이 깊지만, 다른 문화권에서도 그런 것은 아니다. 왜냐하면 노새는 적절하게 조절하면 더 쉽게 다룰 수 있기 때문이다. **시 32:9**에서 노새는 말과 연결되어 있는데, 그것은 이 두 동물 모두 지혜가 부족하여 바른 방향으로 인도되어야 할 동물로 그려지고 있기 때문이다.

번역 노새를 알고 있는 언어권에서조차도 노새는 종종 '말-나귀'나 '나귀-말'로 불리고 있다. 이 번역은 노새라는 단어가 없는 언어권에서도 좋은 번역이 될 수 있을 것이다.

2.29 오릭스(oryx)[31]

관련 구절

트오(*te'o*) 신 14:5; 사 51:20

이름에 대한 논의 대부분의 현대 학자들은 '트오'(*te'o*)라는 히브리어 단어가 '오릭스'(oryx)를 가리킨다고 생각하고 있다. 오릭스의 뼈가 이스라엘과 가나안 사람들의 주거지와 희생제사 터 근처에서 발견되었으며, 그것들의 시대적 범위도 상당히 넓다. 이것을 볼 때 오릭스는 아주 흔한 동물이었고 먹기에 적합

31) [감수자주] 아라비아오릭스나 흰 오릭스는 오릭스종 가운데 가장 작다. 이들은 아라비아 반도의 사막이나 스텝 지역의 토종 동물이다.

겜스복

아라비아오릭스

한 동물로 여겨졌다는 것을 알 수 있다. 더구나 19세기 중반까지 많은 수의 오릭스가 팔레스타인의 네게브 지역을 돌아다녔던 것으로 알려져 있다.

모양 '아라비아오릭스 또는 사막오릭스'(Arabian oryx 또는 desert oryx, *Oryx leucoryx*)는 대략 나귀만 한 몸집을 가진 중간 크기의 영양(antelope)이다. 이 종은 칼라하리(Kalahari)나 나미브(Namib) 반사막 지대에 사는 '겜스복'(또는 오릭스가젤, gemsbok, *Oryx gazella*), (동)아프리카 오릭스(또는 베이사오릭스, *Oryx beisa*) 그리고 수단과 이집트에 서식하는 '긴칼뿔오릭스'(scimitar-horned oryx, *Oryx algazel*) 등의 아프리카 오릭스 종류와 가깝다. 여러 면에서 오릭스는 남아프리카공화국, 짐바브웨, 잠비아와 앙골라에서 발견되는 '검은영양'(sable antelope, *Hippotragus niger*)이나 '론영양'(roan antelope, *Hippotragus equinus*)과도 비슷하지만 몸집이 더 작다.

아라비아오릭스는 한때 이스라엘 땅에 아주 많이 서식했으나 지금은 거의 멸종 상태이며, 남아 있는 일부가 보호 차원에서 작은 번식 떼를 통해서 종족 보존을 해 오고 있다. 수용된 상태에서 근친 교배를 한 결과 유전적 퇴화가 일어나서 오늘날의 이 동물은 조상 때보다 더 작고 약하며, 뿔도 흉하게 변형되었다. 따라서 위의 아라비아오릭스 사진은 원래의 모습이 대략 어떻게 생겼는지를 보여줄 뿐이고, 현대의 오릭스는 이런 결함을 가지고 있다는 것을 감안하고 사진을 보아야 한다.

아라비아오릭스의 암컷과 수컷은 모두 길고 가느다란 뿔을 가지고 있으며, 그 길이는 보통 1미터가 넘는다. 이들의 뿔은 대부분 쭉 뻗어 있고, 머리로부터 수직으로 약 30도 정도 뒤쪽으로 기울어져 있다. 다 자란 오릭스는 엷은 황갈색을 띠고 있으며, 얼굴과 앞·뒷다리의 아랫부분에는 짙은 갈색 점들이 있다. 배는 흰색이다.

야생 상태에서 오릭스는 긴 뿔을 가지고 자신을 잘 방어할 수 있다. 그리고 아프리카의 오릭스 종들은 종종 사자나 기타 포식자들을 쫓아낼 수 있으며, 심지어 자신을 공격하는 동물을 죽이기도 한다. 만일 포식자들에 의해 상처를 입게 되면 이들은 극도로 위험해진다. 이들은 아주 잘 달리고, 반사막 환경에서도 강인하게 견뎌 내면서 살아간다.

특별한 의미 또는 상징 오릭스는 힘이 세고 용감한 것으로 알려져 있다(힘이라는 것이 긴 뿔과 연관되어 있기 때문에 아마도 좀 과장된 것처럼 보인다). 오릭스의 뿔이 중동과 북아프리카 지역에서는 가장 길다고 알려져 있다. 뿔이라는 것이 권력과 힘을 상징하기 때문에 아마도 오릭스를 권력과 연결 짓는 것 같다. 일부 유대 학자들에 의하면 오릭스의 뿔은 훗날에 유월절에만 부는 특별한 '쇼파르'(*shofar*) 나팔을 만드는 데 사용되었다고 한다. 오릭스는 정결한 동물 목록에 속한다.

번역 오릭스류나 검은영양 또는 론영양이 잘 알려진 아프리카나 다른 지역에서는 이 동물들 가운데 하나를 가리키는 단어를 일관되게 사용할 수 있을 것이다. 그 외의 지역에서는 '트오'(*te'o*)에 대하여 '긴 뿔 영양'(long-horned antelopes)과 같은 표현을 사용해도 되고, 또는 히브리어 단어를 그대로 음역한 후에 각주나 용어해설에서 이 동물의 모양을 설명해줄 수 있다.

2.30 돼지(pig)

관련 구절

하지르(*chazir*) 레 11:7; 신 14:8; 잠 11:22; 사 65:4; 66:3, 17

코이로스(*choiros*) 마 7:6; 8:30, 31, 32; 막 5장(5회); 눅 8:32, 33; 15:15, 16

후에이오스(*hueios*) 1마카 1:47; 2마카 6:18; 7:1

후스(*hus*) 벧후 2:22

이름에 대한 논의 히브리어 '하지르'(*chazir*)는 집돼지와 야생 돼지 모두를 가리킨다. 기원전 약 2500년 이전에 이집트에서는 집돼지를 키웠으며, 그와 비슷한 시기에 가나안에서도 돼지를 가축으로 사육했을 것이다. 야생 돼지를 가축으로 길들이는 일은 전 세계 어디서든지 농업의 발달과 함께 일어났다. 야생 돼지는 아마도 커다란 울타리 안에 가둔 채 남은 음식물을 먹여서 키웠을 것이고, 이런 식으로 농경지로부터 분리해 놓았을 것이다. 나중에 돼지가 완전히 가축이 되었을 때에는 울타리에 가두기보다는 풀어서 키우는 것이 더 일상적인 모습이 되었다. 무엇이든지 잘 먹기 때문에 풀어서 키울 경우 별도의 먹이를 주지 않아도 되었다. 주둥이로 땅을 파는 습성이 있어서 나무뿌리나 덤불을 없앨 수 있었고, 이로써 방목을 위해 풀들이 자랄 수 있도록 도움을 준다는 사실을 사람들은 알게 되었다. 그래서 초기의 돼지치기들은, 작물을 심은 곳에서 떨어져 있는, 미래에 방목지로 삼으려는 지역으로 돼지 떼를 몰고 갔다. 유대인들은 부정한 동물인 돼지를 식용을 목적으로는 키우지 않았고, 대신 목초지 개간이나 이웃 부족들에게 판매할 목적으로 돼지를 사육했다.

야생 돼지는 '유럽멧돼지'(European boar, *Sus scrofus*)인데, 한때는 이스라엘 특히 요르단 골짜기에 많이 서식했었다. 유대인이나 이슬람교도 모두 야생 돼지를 먹지 않기 때문에 이것들을 사냥하지도 않는다. 따라서 이 돼지들은 오늘날에도 요르단 골짜기를 비롯하여 물이 있고 빽빽한 덤불이 우거진 많은 지역에 두루 서식하고 있다.

'코이로스'(*choiros*)와 '후에이오스'(*hueios*)라는 그리스어는 '돼지'나 '돼지고기'를 뜻한다. '후스'(*hus*)라는 단어는 암돼지(female pig 또는 sow)를 가리킨다.

모양 성서 시대에 가축으로 기르던 돼지는 현대의 돼지 품종보다는 훨씬 더 야생 돼지에 가깝게 생겼다. 이 돼지는 갈색이나 회색빛을 띠었고 털이 많았을 것이다. 어린 새끼들은 아마도 가로로 줄무늬가 있었을 것이다.

돼지

특별한 의미 또는 상징 돼지는 모든 동물 가운데 가장 부정한 동물로 여겨졌다.

번역 가축으로 키우는 돼지와 야생 돼지를 구분하는 언어권이라면 **시 80:13**에서는 야생 돼지를 가리키는 말로 번역해야 한다. **벧후 2:22**에서 사용된 그리스어는 암돼지를 가리키는 말이지만, 사실상 돼지가 암컷인지 수컷인지는 이 본문에서 그다지 중요하지 않다. 많은 번역 성경들은 단순히 '돼지'로만 번역하고 있다.

시 68:30에서 "갈밭의 들짐승"이라고 표현된 히브리어 표현은 아마도 야생 돼지를 가리키는 말일 것이며, 따라서 "갈대밭의 야생 돼지"라고 번역할 수 있다.

2.31 양, 어린 양(sheep, lamb)

관련 구절

아일(*'ayil*) 창 15:9; 22:13; 31:38; 32:14(15) (총 171회)

이마르(*'imar*) 스 6:9, 17; 7:17

드카르(*dekar*) 스 6:9, 17; 7:17

탈레(*taleh*) 삼상 7:9; 사 40:11; 65:25

케베스(*keves*), 카브사(*kavsah*), 키브사(*kivsah*) 출 12:5; 29:38, 39, 40, 41; 레 4:32 (총 113회)

케세브(*kesev*), 키스바(*kisvah*) 창 30:32, 33, 35, 40; 레 1:10; 3:7; 4:35; 5:6; 7:23; 17:3; 22:19, 27; 민 18:17; 신 14:4

카르(*kar*) 신 32:14; 삼상 15:9; 왕하 3:4; 시 37:20; 사 16:1; 34:6; 렘 51:40; 겔 27:21; 39:18; 암 6:4

라헬(*rachel*) 창 31:38; 32:14(15); 아 6:6; 사 53:7

암노스(*amnos*) 요 1:29, 36; 행 8:32; 벧전 1:19; [지혜 19:9; 집회 13:17]

아렌(*arēn*) 눅 10:3

아르니온(*arnion*) 요 21:15; 계 5장(4회); 6:1, 16; 7장(4회); 12:11; 13:8, 11; 14:1, 4, 10; 15:3; 17:14; 19:7, 9; 21장(4회); 22:1, 3; [집회 46:16; 47:3; 단(외) 3:39-40; 1에스 8:14, 66(63)]

크리오스(*krios*) 토빗 7:9(8); 단(외) 3:39-40; 1에스 6:29(28); 7:7; 8:14, 65(63); 9:20

만드라(*mandra*) 유딧 2:26; 3:3

파스카(*pascha*) 막 14:12; 눅 22:7; 고전 5:7

프로바톤(*probaton*) 마 7:15; 9:36; 10:6, 16; 12:11, 12 (총 41회); [토빗 7:9(8); 유딧 2:17; 8:26; 11:19; 집회 47:3; 단(외) 14:3, 32; 1에스 1:8, 9]

프로토토코스(*prototokos*) 토빗 5:14(13)

그렉스(*grex*) 2에스 5:18; 15:10

오비스(*ovis*) 2에스 5:26; 16:32(33)

이름에 대한 논의 아브라함 시대 이전에 메소포타미아에서는 이미 적어도 다섯 종류의 양이 살고 있었다. 이집트에서 발견된 미라가 된 흔적(즉, 보존된 사체)과 고대 그림들을 미루어볼 때, 기원전 2천 년 경에는 이집트에도 이미 두 종류 이상의 양이 있었던 것으로 알려져 있다. 따라서 성경에서 언급된 양은 적어도 한 종류 이상은 될 것이다.

히브리어 '카르'(*kar*)는 외국에서 수입한 양을 가리키는 단어로 보이고 특정한 품종을 지칭하는 것일 수 있다. 하지만 일부 학자들은 이 단어가 희생 제물의 맥락에서는 전혀 사용되고 있지 않기 때문에 '카르'(*kar*)가 거세한 숫양(wether)을 가리키는 것으로 생각하고 있다. 이 단어는 또한 성벽을 부수는 큰 공성 망치(충차, battering ram)로, 전쟁을 할 때 밧줄에 매달아서 성벽을 허무는 데 사용하는 무거운 기둥을 가리키기도 한다. '아일'(*'ayil*)은 거세된 숫양(ram)이나 다 자란 숫양을, '라헬'(*rachel*)은 번식용 암양(ewe)이나 암양(female sheep)을, 그리고 '탈레'(*taleh*)는 아주 어린 양(아마도 젖도 떼지 않은 양)을 가리킨다. 그 외의 나머지 히브리 단어들은 양에 대한 일반적인 단어들이다.

그리스어 '프로바톤'(*probaton*)은 양 또는 염소까지 포함하는 양 떼를 가리키는 일반 단어이다. 그리스어 '크리오스'(*krios*)는 거세된 숫양이나 숫양을 나타내는 단어이다. '파스카'(*pascha*)는 유월절 양(Passover lamb)을 지칭할 때만 사용하는 전문 용어이다. 나머지 단어들은 그저 '양'을 가리키는 일상적인 말이다. '오비스'(*ovis*)는 양을 가리키는 라틴어 단어이다.

고대 히브리인들은 유목하는 양치기들이었고, 이들에게 양은 가장 중요한 가축이었다. 염소는 거의 모든 종류의 풀을 가리지 않고 먹지만, 양은 아무 풀이나 뜯어 먹지 않는다. 양 떼를 먹일 초장을 찾는 것은 언제나 쉬운 일이 아니었고, 그래서 목자들은 끊임없이 양 떼를 몰고 이리저리 다녀야만 했다. 이로 인해서 집이 아닌 이동식 천막을 가족의 일반적인 주거지로 삼는 유목민의 생활방식이 생겨난 것이다. 하지만 출애굽 이후 가나안 땅에 정착하면서 이스라엘 사람들의 삶의 모습은 바뀌었고, 이 무렵부터 이들은 정착하여 마을에 거주하는 농부나 과수원 농부가 되었다.

하지만 이때에도 대부분의 가정집에서는 양을 기르고 있었고, 가족 중에 일부는 목자로서 오랜 기간 집을 떠나서 살곤 했다.

성경에서 양은 고기나 양젖, 양털, 가죽과 뿔 등을 얻을 수 있는 주요 공급원이었다. 따라서 이러한 물품을 더 얻기 위해서 다양한 품종을 선별적으로 교배했을 가능성이 높다. 양털은 성경에서 일찍이 모세의 법에 언급되는데, 그 내용은 양털과 식물성 섬유를 섞어서 천을 짜지 말라는 것이다. 양털 깎기는 모세 법보다 훨씬 더 일찍이 **창 31:19**에서도 언급되고 있다. 양털은 이스라엘 사람들에게 가장 흔하고 손쉽게 얻을 수 있는 섬유였다.

성서 시대에는 이집트에서 중국에 이르기까지 양털 무역이 매우 광범위하게 이루어졌다. 중동 지역에서 양털은 목화나 리넨과 같은 대표적인 식물성 섬유보다 훨씬 저렴한 물품이었다. (비단은 솔로몬 시대에는 이미 알려져 있었지만, 중국에서 생산되어서 서쪽으로 이동하는 동안 수많은 중개 상인을 거쳐야 했기 때문에 매우 비싼 섬유였다.) 양털이 모두 흰색일 것으로 생각하는 것은 오해이다. **창 30장**에서 어두운 색깔의 양과 얼룩무늬 양이 존재한다는 것을 명백히 말해 주고 있는데, 얼룩무늬 양은 검은색, 흰색과 갈색이 다양한 조합으로 섞였을 것이다.

이스라엘 사람들에게 알려진 한 종류의 양은 확실히 '지방꼬리양(fat-tailed sheep, *Ovis laticaudata*)인데, 이 양의 꼬리에는 지방이 많고 **출 29:22와 레 3:9; 8:25; 9:19**에 언급되어 있다.

거세된 숫양의 뿔은 그 쓰임새가 다양하다. 숫양의 통뿔은 물을 마시기 위한 통이나 물병 그리고 나팔 용도로 사용되었다. 뿔 조각들은 칼 손잡이나 다른 가재도구, 팔찌나 구슬과 같은 장신구로 사용되었다. 후기 청동기 시대부터 철기 시대에는 바늘이나 화살촉을 만드는 데 뼛조각뿐만 아니라 양 뿔도 사용되었다.

양은 이스라엘 종교에서 매우 중요했다. 이 동물은 희생제의 체계나 특히 유월절 축제와 같은 전통적인 종교 절기에서 아주 중요한 부분을 차지했다.

모양 양과 염소는 동물 분류에서 같은 과에 속한다. 양은 자기 몸의 일반적인 털 가운데 특별히 부드러운 털로 양모를 생산한다는 점에서 염소와 다르다. 숫양의 뿔은 염소 뿔과는 다르다. 숫양의 뿔은 얼굴 옆쪽으로 바짝 둥글게 말아 내리는 모양으로 나지만, 염소의 뿔은 어깨 쪽으로 살짝 뒤로 구부러진 모양으로 자라난다. 성서 시대의 양은 양모를 생산하는 오늘날의 보통 양 품종보다 훨씬 짧은 털을 생산했다.

지방꼬리양 또는 '넓은꼬리양'(broad-tailed sheep)은 작은 종자인데 보통 매우

양과 어린 양

넓찍한 꼬리에 갈색이나 흰색의 털을 갖고 있다. 중동 지역에 사는 대부분의 다른 종류의 양들처럼 이 양은 늘어진 큰 귀를 갖고 있다.

양은 일반적으로 아주 겁이 많은 동물이며, 염소처럼 독립심이 있거나 적응력이 있는 동물이 아니다. 염소는 먹을 것을 찾아서 뿔뿔이 흩어졌다가도 큰 어려움 없이 다시 잘 뭉치는 데 반해, 양은 서로 떨어지면 매우 불안해하기 때문에 함께 뭉쳐 다니는 습성이 있다. 이런 까닭에 목자는 할 일이 많다. 중동 지역에서 양을 치는 일에는 우두머리 양을 훈련시켜서 목자를 따르게 하는 일도 있다. 이렇게 하면 나머지 양들은 목재 딱따기나 종을 달고 다니는 이 우두머리 양을 따라다니게 된다. 양들은 풀을 뜯을 때 우두머리 양에게 달려 있는 이 딱따기나 종소리가 들리는 범위 안에서만 풀을 뜯는다. 이러한 양치기 방법은 오랜 세월 동안 사용되던 방식인 듯하다. (양과 염소가 비교되는 점에 대해서 더 자세히 알려면 2.16 '염소'를 보라).

오늘날 대부분의 양 품종은 수컷만이 뿔을 갖고 있다. 하지만 고대의 양 품종들은 대부분 암양도 짧은 뿔을 갖고 있었다. 그래서 예전에는 오늘날과 달리 양과 염소가 한 무리에 섞여 있을 때 이들을 서로 분간해 내는 것이 어려웠다. 2.31.1 '가축 떼'에 있는 그림을 보라.

특별한 의미 또는 상징 이스라엘 민족에게 양은 모든 동물 가운데 가장 중요한 동물이었다. 양은 종교적, 사회적 그리고 경제적으로 매우 중요한 동물이었다.

성경에서 양은 이스라엘 백성들에 대한 보통의 비유이며, 아마도 일반적인 사람들에 대한 비유로도 사용되었을 것이다. 사람들은 양처럼 쉽게 다른 길로 벗어나고(**시 119:176; 사 53:6; 렘 50:6; 벧전 2:25**) 자기를 방어할 능력이 부족하

양을 치는 목자

며(**사 53:7**), 또한 일찍 죽음을 맞이할 운명에 쉽게 놓이기 때문에(**시 44:22; 렘 12:3; 롬 8:36**) 인도와 보호가 필요하다(**왕상 22:17; 대하 18:16; 마 9:36; 막 6:34**).

어린 양 은유는 신약성서에서 그리스도를 가리키는 데 사용되는데, 특히 세상의 죄를 위해 희생당하는 것을 강조하는 의미로 쓰인다. 이 모습은 특히 요한복음과 요한계시록에서 찾아볼 수 있다. 후대의 문헌에서 이 은유는 매우 인상적인 방식으로 사용된다. **계 5:5**의 저자는 두루마리를 열 수 있는 자가 한 사람도 없다는 사실 때문에 슬퍼하고 있는데, 장로들 가운데 한 사람이 "유다 지파의 사자(lion)"가 승리하였기 때문에 그 두루마리를 열 수 있다고 말하자 위로를 받는다. 그래서 저자는 사자를 보려고 눈을 들었는데, 사자가 아니라 희생당해서 죽은 것처럼 보이는 어린 양을 대신 보게 된다. 이후에 펼쳐지는 이야기는 이 어린 양이 악한 세력들을 물리치고 승리하게 되는 것에 관심을 기울인다.

어린 양

복음서에서 예수는 자신의 제자들을 '양'이나 '어린 양'으로 부르고 있다(마 10:16; 요 10; 21:15, 16, 17).

목자 은유는 궁극적으로 "이스라엘의 목자"(**시 23:1; 80:1**)이신 하나님으로까지 확대된다. 또한 왕이나 예언자 또는 제사장도 이스라엘 백성들을 양육하고 인도하고 다스리고 보호하는 책임을 맡은 이로서 목자에 비유되고 있다(**사 56:11; 렘 23:4; 49:19; 겔 34:2; 슥 10:2**).

메시아 또한 목자라고 불리고 있으며(**사 40:11**), 예수도 자신을 가리켜서 "선한 목자"(**요 10:11**)로 지칭하고 있다. **히 13:20**에서 예수는 "양들의 큰 목자"로, **벧전 2:25**에서는 "너희 영혼의 목자와 감독"으로 불리고 있다.

번역 양이라는 단어가 있는 언어권에서는, 위의 '이름에 대한 논의' 항목에서 다루어졌던 것처럼, 의미에 따라 번역하면 된다. 가능하다면 여성형으로 된 단어는 '암양'이나 '어린 암양'이라고 번역해야 한다. 양이라는 동물을 모르는 지역에서는 성경이 번역되기 시작할 때부터 적용되거나 차용되었던 단어를 사용해야 한다. 이럴 경우 양 대신 그 지역에서 잘 알려진 다른 동물로 대체 번역하는 것은 피해야 한다. 왜냐하면 그렇게 할 경우 성서 문화권에서 양이라는 존재가 가지는 제의적이고 상징적인 중요한 의미들이 훼손될 수 있기 때문이다.

시 23:1을 번역할 때 "나의 목자"라고 하는 구절이 시편 저자가 의도하고 있는 하나님과의 관계를 제대로 잘 담아내어 여호와께서 은혜를 베푸시고 보호해 주시며 인도해 주시는 분이라는 시편의 주제를 반영할 수 있도록 주의해야 한다. 이 시편의 도입 구절은 사실 두 가지 은유를 담고 있는데, 돌보시는 목자(하나님)와 목자에게 의존하는 양(시편 기자, 이러한 점은 분명하게 암시되어 있다)이다. 여러 언어권에서 "나의 목자"라는 문자적인 문구는 '내 양을 돌보는 사람' 또는 '내 양을 지키라고 고용된 일꾼'과 같은 엉뚱한 관계를 의미할 수 있다. 아프리카의 많은 언어권에서는 부주의한 번역가들이 이 구절을 '추장은 그저 내 양치기'를 의미하는 것으로 번역해 왔다. '주님은 나의 목자, 나는 양'과 같이 구절 전체를 다시 구성하여 번역할 필요가 종종 있다.

2.31.1 가축 떼(flock, herd)[32)]

관련 구절

마르이트(*mar'it*) 렘 10:21

에데르(*'eder*) 창 29:2, 3, 8; 30:40; 32:16, 19; 삿 5:16; 삼상 17:34 (총 38회)

촌(*ts'on*) 창 4:2, 4; 12:16; 13:5; 20:14; 21:27, 28; 24:35 (총 273회)

세(*seh*) 창 22:7, 8; 30:32; 출 12:3, 4, 5 (총 47회)

포임네(*poimnē*) 마 26:31; 눅 2:8; 요 10:16; 고전 9:7

포임니온(*poimnion*) 눅 12:32; 행 20:28, 29; 벧전 5:2, 3; [유딧 2:27; 3:3; 집회 18:13; 바룩 4:26]

이름에 대한 논의 성서 시대의 사람들에게 양은 기본적으로 길들여 기르던 동물들이었다. 소나 염소를 소유하지 못한 가난한 사람도 적어도 양을 소유하는 것은 일반적이었다. **삼하 12:3-6**에 나오는 나단 선지자의 비유에서는, 양 한 마리만을 소유했다는 사실로써 한 사람의 가난이 강조되고 있다.

반면 부유한 사람은 다양한 종류의 많은 동물들을 소유하고 있어서 그 가축 떼(herd)를 나누어서 그보다 작은 무리(flock)를 돌보는 목자들도 있었다. 각각의 가축 무리는(모두 한 사람이 소유했다) 초장이나 물을 찾아 각기 다른 지역으

32) [감수자주] 영어 '허드'(herd)와 '플록'(flock)은 모두 동물 떼를 가리키고 있지만 전자가 후자보다 범위가 더 크다. 때문에 한 '허드'는 여러 '플록'으로 나눌 수 있는 것으로 생각할 수 있다. 여기에서는 둘 다 '가축 떼'로 번역한다.

양 떼

로 흩어지곤 했다. 성서 히브리어는 여러 종류의 기르는 가축 무리들을 통틀어서 '에데르'('*eder*)라고 불렀다. '에데르'('*eder*)는 보통 양을 의미하지만, 염소나 소나 나귀나 심지어 낙타까지도 여기에 포함될 수 있다. 보통 한 사람이 소유하고 있는 '에데르'('*eder*)에는 양의 숫자가 가장 많았다. 만일 성경 저자가 좀 더 구체적으로 말하려 했다면 '에데르'('*eder*) 안에 있는 기르는 동물에 대하여 가축 무리들, 소, 나귀와 낙타 등을 가리키는 단어들을 추가로 언급했을 수 있다.

'에데르'('*eder*)보다 작은 범위에 있는 '가축 무리'는 히브리어로 '촌'(*ts'on*)이라고 불렀다. 이 단어는 항상 양 무리를 가리키지만 염소가 포함될 수도 있다. '촌'(*ts'on*) 안에는 양이 염소보다 수적으로 훨씬 더 많다.

'촌'(*ts'on*)은 '세'(*seh*)라고 부르는 개별적인 동물들로 구성되어 있다. 이 단어는 보통 양을 가리키지만 염소도 지칭할 수 있다. 영어 역본들은 문맥에 따라 이 단어를 '짐승'(animal)이라고 번역하고 있다. 예를 들면, **출 12:5**에서 히브리어 본문은 "그것은 흠이 없고 일 년 된 수컷 '짐승'(*seh*)으로 하되, 너희는 양이나 염소 중에서 고를 수 있다."로 번역하는 것이 좋다.

번역 번역할 본문을 보면 이미 그 안에 짐승의 종류를 종종 암시하고 있다. 이럴 경우 번역은 그리 어렵지 않다. 그러나 '에데르'('*eder*)가 어떤 동물을 의미하는지 암시하고 있지 않을 경우, 여러 언어권에서는 이 단어를 '가축 떼' 또는 '사람들이 기르는 동물 떼'라는 의미로 번역하는 것이 가장 좋다.

'촌'(*ts'on*)이라는 단어도 이와 비슷하다. 이 단어 역시 문맥 안에서 양인지 또는 염소인지 종종 암시되어 있다. 그러나 만약에 이것이 분명하지 않을 경우, 이 단어는 '양과 염소 무리'라고 번역하는 것이 가장 좋다.

'세'(*seh*)를 번역할 때는 그리 간단하지 않다. 어떤 문맥에서는 이 단어를 '어떤 짐승'이라고 번역하는 것이 좋지만, 다른 문맥에서는 '양이나 염소 한 마리'로, 또 다른 곳에서는 '양 한 마리'라고 번역하는 것이 좋다. 동물의 크기를 구분하는 명사 부류나 분류사가 여러 개 있는 언어에서는, '세'(*seh*)를 '짐승'이라고 번역할 때 양이나 염소의 크기에 따라 적절한 단어를 사용해야 한다.

2.32 야생나귀(wild ass)

관련 구절

아로드(*'arod*), 아라드(*'arad*) 욥 39:5; 단 5:21

페레(*pere'*) 창 16:12; 욥 6:5; 11:12; 24:5; 39:5; 시 104:11; 사 32:14; 렘 2:24; 14:6; 호 8:9

오나그로스(*onagros*) 집회 13:19

이름에 대한 논의 이스라엘 사람들에게 알려진 야생나귀는 두 종류이다. 하나는 홍해 쪽 아프리카에 서식하는 '누비아야생나귀'(Nubian wild ass, *Asinus asinus africanus*)이고, 다른 하나는 이스라엘, 시리아와 메소포타미아 지역에서 흔히 볼 수 있는 '페르시아야생나귀'(Persian wild ass) 또는 '오나거'(onager, *Equus hemionus*)이다. 히브리어 '아로드'(*'arod*)와 아람어 '아라드'(*'arad*)는 '누비아야생나귀'를, 히브리어 '페레'(*pere'*)는 '오나거'를 가리키는 것으로 보인다.

사람들은 식용 목적으로 이 두 종류의 야생나귀를 사냥했다.

누비아야생나귀

모양 누비아야생나귀는 실제로 모든 집 나귀의 조상일 것이다. 이 동물은 약간 작은 몸집에 밝은 갈색의 나귀이며, 독특한 짙은 줄무늬가 등줄기 아래쪽으로 그리고 어깨를 가로질러 나 있다. 원래는 앞다리 아래쪽에 줄무늬가 있었다. 귀가 길고 꼬리 끝에는 술이 달려 있다. 이 동물은 오늘날에도 에티오피아, 에리트레아와 소말리아에서 볼 수 있다.

오나거

오나거 또는 페르시아야생나귀는 좀 더 큰 몸집을 가졌고, 동물학적으로는 말과(科)에 해당된다. 이 동물은 마치 노새처럼 생겼다. 오나거의 '헤미오누스'(*hemionus*)라는 학명 자체가 '반(半) 나귀'라는 뜻을 가지고 있다. 이 동물은 전형적인 나귀보다 귀가 작다. 오나거는 옆은 황갈색이지만 가슴과 배 부분은 흰색 계통으로 되어 있다. 수메르의 그림에서 오나거가 전투마차를 끌고 있는 모습을 볼 수 있지만, 사실 이 동물이 완전히 길들여진 적은 없다. 오나거는 시리아나 이라크 지역에서 아주 적은 개체 수가 발견되고 있으며, 현재 이스라엘에 다시 유입되었다.

특별한 의미 또는 상징 오나거는 길들일 수 없는 야생성을 상징하며, 따라서 '야생나귀'라는 은유는 난폭하고 통제하기 어려운 행동을 하는 사람을 가리킬 때 사용되었다.

번역 아프리카에서 야생나귀와 비슷한 것이 얼룩말(zebra)인데, 이들은 크기도 서로 비슷하고 같은 동물 과(科)에 속해 있다. 오나거와 마찬가지로 얼룩말도 널리 길들여진 적이 없다. '야생나귀'가 야생으로 돌아간 집 나귀(feral donkeys)를 가리키는 것일 때에는 '야생마'(wild horse)라고 표현하는 것이 더 낫다. 왜냐하면 야생으로 돌아간 나귀는 쉽게 다시 잡혀서 길들여지는 반면에, 야생으로 돌아간 말은 다시 길들이기가 어렵기 때문이다. 말과 얼룩말을 같은 단어로 표현하는 언어권에서는 번역할 때 어려움이 뒤따른다.

히브리어 단어들과 아람어 단어 '아라드'('*arad*)에 대해서는 같은 단어나 동일한 표현을 사용해도 무방하다. 왜냐하면 성경 본문에서는 다양한 야생나귀 종들을 굳이 구분하고 있지 않기 때문이다. 다만 **욥 39:5**는 예외적이다. 이 구절에서는 히브리어 '페레'(*pere'*)와 '아로드'('*arod*)가 모두 사용되고 있다.

> 누가 야생마('페레'[*pere'*])를 놓아 자유하게 하였느냐?
> 누가 빠른 야생나귀('아로드'['*arod*])의 매인 것을 풀었느냐?

평행법의 문학적 효과를 없애지 않으려면 위의 구절의 두 번째 행(누가… 매인 것을 풀었느냐?)에서 대명사를 사용하거나 아니면 '페레'(*pere'*)는 '얼룩말' 또는 '야생마'(wild horse)로, '아로드'('*arod*)는 '야생나귀'(wild ass)로 번역해야 할 것이다.

2.33 야생멧돼지(wild boar)

관련 구절

하지르(*chazir*) 시 80:13(14)

아페르(*aper*) 2에스 15:30

일부 2에스 15:30의 사본에는 "야생멧돼지처럼"이라는 문구가 들어있지 않다.

이름에 대한 논의 라틴어 '아페르'(*aper*)의 의미에 대해서 대부분 일치된 의견이 있다. 이 동물은 '유럽야생멧돼지'(European wild boar, *Sus scrofa*)인데, 한때 유럽과 중동 그리고 대서양 해안부터 동쪽으로는 중국의 톈산 산맥에 이르는 지역까지 우거진 숲에 많이 서식했었다.

모양 '야생멧돼지'(wild boar)는 가축으로 키우는 집돼지의 조상이기는 하지만, 이 동물은 훨씬 더 활동적이고 난폭하다. 야생멧돼지는 키도 크고 어깨 높이가 거의 1미터 가량 되며 온몸에 털이 더 많이 나 있다. 그리고 몸의 아랫부분이 다른 부위보다 더 긴 털로 덮여 있다. 이들의 몸 색깔은 회색에서 검은색에 이르기까지 다양하다. 다 자란 수컷은 짧은 엄니를 가지고 있는데, 이것으로 땅을 파거나 자기 몸을 보호한다. 멧돼지는 납작한 코가 달린 주둥이를 움직일 수 있는데, 이것으로도 땅을 판다. 이들은 한배에 최대 열두 마리까지 새끼를 가질 수 있으며, 새끼들은 머리부터 꼬리까지 짙은 색깔의 줄무늬와 점들이 박혀 있다. 어미는 어린 새끼에 대한 보호 본능이 매우 강하며 겁도 전혀 없고 매우 공격적이다. 따라서 야생멧돼지는 상당히 위험한 동물이다. 이 동물은 잡식성인데, 주로 나무뿌리를 먹지만 풀이나 잎사귀, 벌레 그리고 작은 동물과 새까지 다 잡아먹는다. 이들은 물 근처에서 살아야 한다. 왜냐하면 자기 체온을 적당하게 조절하기 위해서 진흙에 뒹굴면서 몸을 식혀야 하기 때문이다. 이들은 과거에 이스라엘의 훌레(Huleh) 늪지에 살았고, 지금도 요르단 골짜기와 외진 와디 지역에서 발견되기도 한다.

야생멧돼지와 그 새끼

특별한 의미 또는 상징 가축으로 기르는 돼지와 마찬가지로, 유대인은 야생멧돼지를 부정한 동물로 취급한다. 이들은 또한 광폭함이나 공격적인 이미지와 연관이 깊다. 이집트와 아시리아, 바빌로니아와 후대의 페르시아, 그리스 그리고 로마 시대에 멧돼지의 머리는 군사력을 나타내는 흔한 상징물이었다.

번역 야생멧돼지와 비슷한 야생돼지는 아프리카와 아시아 지역에서도 발견되고 있다. 이러한 야생돼지로는 아프리카 적도 지역에 서식하는 '자이언트숲멧돼지'(giant forest hog, *Hylochoerus meinertzerhageni*), 사하라 사막 이남 아프리카 지역의 사바나 지대에서 발견되는 '덤불멧돼지'(또는 부시피그, bush pig, *Potamochaerus porcus*), 인도 아대륙과 미얀마, 태국, 라오스 그리고 중국 서남부 지역에서 발견되는 '갈기야생멧돼지'(crested wild boar, *Sus cristatus*) 등이 있다. 이 야생돼지들은 모두 야생멧돼지의 공격성을 지니고 있다.

인도네시아와 필리핀 주변의 섬들에서 야생멧돼지와 가장 가까운 동물은 '바비루사'(또는 인도멧돼지, babirusa, *Babyrousa babyrussa*)이다. 하지만 이 동물은 야생멧돼지만큼 크지도, 성격이 난폭하지도 않기 때문에 이 지역에서 야생 돼지를 번역할 때는 '크고 사나운 바비루사'를 의미하는 표현을 사용해야 할 것이다.

미국 남부, 멕시코 그리고 라틴아메리카 인근 지역과 아주 멀리는 남쪽으로 내려가서 브라질 남부와 파라과이까지의 지역에서 야생멧돼지와 가장 근접한 동물은 '목도리페커리'(collared peccary) 곧 '페커리'(또는 하벨리나, javelina) 또는 '머스크호그'(musk hog) 등으로 알려진 멕시코멧돼지(*Tayassu angulatus*)일 것이다. 이 동물은 야생멧돼지만큼 크거나 사납지 않으므로 '크고 사나운 페커리'라는 추가적인 설명을 덧붙이는 것이 이 단어를 번역하는 가장 좋은 방법일 것이다.

시 80:13에 일반적으로 '돼지'라고 번역되는 '하지르'(*chazir*)라는 단어가 나타나지만, 문맥상 이 동물은 야생 동물이며, 따라서 '야생멧돼지'라고 번역하는 것이 더 낫다.

2.34 야생 소(wild ox)

관련 구절

르엠(*re'em*) 민 23:22; 24:8; 신 33:17; 욥 39:9, 10; 시 22:21(22); 29:6; 92:10(11); 사 34:7

이름에 대한 논의 20세기 초 이후 '르엠'(*re'em*)은 영어 번역 성경에서 '야생 소'로 번역되었는데, 이것은 19세기의 캐넌 트리스트럼(Canon Tristram)의 제안을 그대로 따른 것이었다. 그러나 이런 번역은 여러 문제를 일으키고 있다. 이렇게 번역한 첫 번째 이유는 이 단어에 상응하는 '리무'(*rimu*)라는 아카드어가 '야생 소' 또는 아카디아 왕들이 종종 사냥하던 '오록스'(또는 유럽원우, aurochs, *Bos primigenius*)를 가리키고 있다는 점이다. 둘째로 야생 소 또는 오록스가 성경이 언급하고 있는 길들일 수 없는 야생 동물을 가리키는 데 적절하기 때문이다.

그러나 동물학적으로 볼 때 위의 두 가지 근거는 설득력이 없으며, 어원적으로 볼 때도 논란의 여지가 다분하다. 첫째로 아카디아 왕들이 사냥하던 오록스는 숲이 우거지고 강우량이 많은 지역에서 발견된다. 역사 시대에서 이 동물은 숲이 우거진 중앙 유럽, 동남부 유럽, 아르메니아(흑해의 남쪽 해안지대를 포함) 그리고 메소포타미아 지역에서만 발견되었다. 이스라엘 땅이나 아라비아 반도에서 오록스가 살았다는 유일한 화석 흔적은 초기 홍적세(Pleistocene age)의 것이다. 이 동물이 성서 시대에 이스라엘에서 서식했을 가능성은 매우 낮다.

둘째로 아카드어 '리무'(*rimu*)가 보통 '야생 소'로 번역된 것에 반해, 우가리트어 '룸'(*rum*)은 일부 학자들에 의해 '버펄로'(buffalo)라고 번역되어 왔다. 또한 고대 아랍어 '림'(*rim*)은 보통 '오릭스'(oryx)라고 번역된다. 이 단어들, 곧 '룸'(*rum*)과 '림'(*rim*)은 모두 히브리어 '르엠'(*re'em*)과 연관이 있다. 어떤 학자들은 '르엠'(*re'em*)이 실제로 오릭스를 가리킨다고 주장하기도 한다.

더구나 야생 오록스가 매우 크고 위험하며 힘이 센 동물이긴 하지만 '길들일 수 없다는' 것은 사실이 아니다. 이 동물은 물 근처에서 서식하기 때문에 그물로 사냥하기가 매우 쉬웠고, 따라서 아주 일찍이 가축화되었다. 야생 오록스는 짧은 뿔을 가진 모든 유럽 소의 조상이다. 이라크의 쿠윤지크(Kujunjik)[33]에서 발굴된

33) [역자주] 고대 도시 니느웨의 중앙 언덕. 티그리스에 있는 칼후 북쪽으로 40킬로미터 떨어져 있다.

석회석에 고대의 사냥 장면 그림이 새겨져 있다. 이 그림은 소가 수레를 끄는 모습을 보여주는데, 이 소는 더 이른 시기의 사냥 장면에 묘사된 오록스와 그 모습이 정확히 일치한다.

초기 이집트 왕들도 오록스와 비슷한 동물을 사냥했다. 하지만 이 동물은 람세스 3세(약 기원전 1190년) 통치 기간 무렵에 이집트에서 자취를 감추었다. 람세스 3세는 대신 아프리카 수단의 숲이 우거진 지역에서 '야생 소'(아마도 아프리카물소)를 사냥했는데, 여기에 오록스가 살았다는 증거는 없다. (이런 사냥들 가운데 하나를 기념하여 그린 벽화에는 전투마차를 타고 오록스처럼 생긴 동물을 사냥하는 모습이 선명하게 그려져 있다. 하지만 이것은 어쩌면 예술적 허용[artistic license]이거나 정형화된 전통 양식일 수도 있다. 이런 비슷한 벽화들에 나타난 사자들도 분명히 상상을 바탕으로 하는 정형화된 양식들을 반영하고 있다.)

이집트에서 발견되는 많은 동물 미라들 중에는 부발하테비스트 또는 붉은하테비스트(bubal hartebeest 또는 red hartebeest)와 아프리카물소(cape buffalo)가 상당수 있다. 이들 모두 성경에서 묘사하고 있는 '야생 소'의 모습에 적합하며, 하테비스트는 아라비아와 이스라엘 땅에 살았던 것이 분명하다. (2.7 '부발하테비스트[노루]'를 보라.)

칠십인역은 '르엠'(*re'em*)을 '모노케로스'(*monokerōs*)로 번역하고 있는데, 즉 문자적으로 '뿔 한 개가 달렸다'는 뜻이다(그래서 KJV는 이것을 "유니콘"[unicorn]이라고 번역하고 있다). 하지만 이 단어는 '코뿔소'(rhinoceros)를 가리키는 고대 그리스어이다. 이러한 번역은 초기의 번역이므로 심각하게 다루어야 한다. 코뿔소는 이집트 일부 지역에서 발견되는 동물이었기 때문에 아마도 유대인은 코뿔소에 대해서 알고 있었을 것이다. 기원후 1세기 초반에 살았던, 아마시아(Amasia, 북부 터키의 도시) 출신의 고대 자연학자 스트라본(Strabo)[34]은 이집트에서 보았던 코뿔소를 묘사했고, 또한 그 시대의 다른 자연학자도 이 동물을 보고 설명했던 사실을 언급했다. 다양한 변종의 코뿔소가 출애굽 시대에 이집트, 수단과 에티오피아에서 발견되었다. 또한 또 하나의 코뿔소 변종이 메소포타미아에서도 발견되었다.

출애굽 당시 오록스는 숲이 우거진 동남 유럽, 소아시아 최북단과 메소포타미아 지역에서 발견되곤 했다. 하지만 이 당시 이집트, 가나안, 아라비아반도, 시나이 또는 시리아에서는 발견되지 않았다. 그러나 오릭스나 부발하테비스트는 잘 알려져 있었고 많이 서식하기도 했다. 또한 아프리카물소나 코뿔소도 적어도 소문으로라도 알려져 있었을 것이다.

---

34) [역자주] 고대 그리스어 원 이름은 '스트라본'(Στϱάβων)이고, 라틴어로는 '스트라보(Strabo)이다.

오록스

아프리카물소

한편 우리가 염두에 두어야 할 다른 측면이 있다. 인류 역사 전반에 걸쳐 중요한 동물들은 그 동물을 본 적이 없는 사회에서조차 상징적인 중요성을 지니고 있었다. 이러한 연유로 사자가 중국이나 영국에서 서식했다는 증거는 없었지만, 중국과 영국에서 오랜 세월 동안 중요한 동물로 여겨진 것이다. 이러한 차원에서 볼 때 오록스(비록 이러한 설명에는 설득력이 좀 떨어지기는 하지만)가 이러한 사례에 해당하지 않는다고 완전히 배제할 수는 없다.

'르엠'(*re'em*)에 대해서 다음의 네 가지 사항을 확실하게 말할 수 있다. 이 동물은 길들일 수 없는 야생 동물로서 뿔이 있는 아주 힘이 센 동물이었고, 그래서 집에서 기르는 소라든지 사자와 비교 혹은 대조하기에 적절한 동물이었다.

모양 **오록스:** 오록스(aurochs, *Bos primigenius*)는 지금은 멸종 상태인데, 앞쪽으로 뾰족하게 뻗은 뿔을 가진 아주 거대한 동물이었다. 이 동물은 현대 스페인에서 투우용으로 쓰는 황소(bull)와 아주 유사하게 생겼지만 아마도 더 컸을 것이다. 황소는 짙은 갈색이나 검은색이었고, 등줄기 아래로 옅은 색 줄무늬가 있었다. 반면에 암소는 이보다는 밝은 갈색이었다. 독일의 베를린과 뮌헨과 프랑크푸르트에 있는 동물원에서는 오록스의 유전적 특징을 가진 가축화된 소를 선별적으로 교배함으로써 오록스 본래의 유전 특징을 재구성하는 것을 목표로 하는 유전 공학 실험이 크게 성공했다. 이 실험을 통해 나온 동물들은 원래 오록스와 매우 비슷한 모습을 띠고 있는 것으로 보인다.

아프리카물소: 아프리카물소(cape buffalo, *Syncerus caffer*)는 오록스만큼 키가 크지 않지만 더 무겁고 덩치가 아주 큰 동물이다. 이 동물은 물이 적절히 공급되는 곳이라면, 사하라 사막 이남 아프리카 전역에 걸쳐서 어디서든지 볼 수 있다. 이들은 낮에 몸을 숨길 수 있는 우거진 관목이나 강기슭의 숲을 좋아한다. 아주 두꺼운 뿔이 이마 위의 넓은 혹에서 돋아나서 양쪽으로 각각 흘러내려가며 다시 머

리 방향으로 급하게 위쪽으로 휘어져 있다. 수컷의 뿔은 암컷의 것보다 더 두껍다. 이 동물 가죽은 짧은 털로 덮여 있으며, 이 털은 검은색에서 회색 또는 갈색 등 다양하다. 이들의 피부는 보통 마른 진흙으로 덮여 있어서 그 지역의 흙과 똑같은 색깔처럼 보인다.

아프리카물소는 보통 500마리가 넘는 큰 떼를 이루면서 살아간다. 이들은 굉장히 힘이 세고 영리하며 겁도 없어서 아마도 아프리카에서 가장 위험한 동물일 것이다. 일부 보호 구역에서는 인간에 의해 길들여지기도 했지만, 이들의 행동은 예측할 수 없으며 쉽게 흥분한다. '아시아물소'(Asian water buffalo)나 '필리핀물소'(carabao)와 달리, 이들은 가축으로 길들여진 적이 없다.

코뿔소: 성서 시대에 메소포타미아 지역에서 발견된 코뿔소(rhinoceros)는 '인도코뿔소'(great Indian rhinoceros, *Rhinoceros unicornis*)의 하위 변종이었으며, 이집트와 수단에서 발견된 변종은 '검은코뿔소'(hook-lipped rhinoceros 또는 black rhinoceros, *Diceros bicornis*)였을 것이다. 검은코뿔소의 몸무게는 2톤에 육박하고 어깨 높이는 1.7미터에 이른다. 이 동물은 코 위에 앞뒤로 나란히 두 개의 뿔을 갖고 있는데, 앞 뿔은 50센티미터까지 자란다. 이들은 관목 덤불 지역에서 서식하며 나뭇잎이나 잔가지를 먹고 산다. 이들은 혼자 살며 시력이 매우 약하고 성격은 매우 공격적이다. 인도코뿔소는 몸집이 훨씬 더 크고 뿔이 하나밖에 없다.

특별한 의미 또는 상징 '르엠'(*re'em*)은 힘, 야생성과 권력을 상징한다.

검은코뿔소

번역 이 동물의 정체를 정확하게 알 수 없기 때문에 본문에는 '야생 소'(wild ox) 또는 '야생 황소'(wild bull)에 상응하는 이름으로 번역하고, 이 단어가 나올 때마다 각주에 이 단어는 '버펄로'(buffalo)를 의미할 수 있으며, 칠십인역은 '코뿔소'(rhinoceros)로 번역하고 있다는 사실을 안내해 주는 것이 가장 좋을 것이다.

이 단어를 번역할 때 여러 나라에서 겪게 되는 어려움은 '야생 소'라는 문구를 쓸 경우 사람들은 이 동물을 가축으로 자랐다가 야생으로 돌아간 황소로 이해하게 된다는 점이다. 이러한 이유로 이 동물을 번역할 때는 크고 힘이 세며 뿔이 난 그 지역의 동물 이름을 선택하는 것이 더 나을 수 있다.

아프리카에서는 명백하게 상응하는 동물이 버펄로인데, '르엠'(*re'em*)이 '버펄로'를 의미할 수도 있다는 점에서 이렇게 번역하는 것에 힘이 실린다.

인도 아대륙, 미얀마, 태국, 말레이시아 그리고 중국 서부에서는 '가우르'(gaur, *Bibos gaurus*)라고 알려진, 그러나 지금은 거의 멸종된 동물이 있다. 태국에서는 이 동물을 '응우아-카팅'(*ngua-kating*)이라고 부르고, 말레이시아에서는 '셀라당'(*seladang*)이라고 부른다. 사람들은 종종 이 동물을 '야생 물소'(wild water buffalo)라고 잘못 부르고 있다. 이 동물은 오록스와 아주 가까운 야생 소의 한 종류이다. 히말라야와 중국 서부의 산악 지대에는 야생 소와 비슷한 '타킨'(takin, *Budorcas taxicolor*)이라는 작은 동물이 있다. 히말라야나 중앙아시아에서 사용할 수 있는 다른 가능성은 '야생 야크'(wild yak)이다.

가우르

들소

북아메리카에서는 '들소'(bison) 또는 '아메리카버펄로'(American buffalo, *Bison bison*)라고 번역하는 것이 가장 가까운 표현이다. 북극 지방에서 사용할 수 있는 또 다른 가능성은 '사향소'(musk ox, *Ovibos moschatus*)이다.

그 외의 지역에서는 '르엠'(*re'em*)을 그대로 음역하든지 또는 그 지역에서 주로 사용하는 언어에서 빌려온 단어를 사용하는 것이 가능한 해결책이다.

2.35 늑대(wolf)

관련 구절

즈엡(*ze'ev*) 창 49:27; 삿 7:25; 8:3; 시 83:11(12)[35]; 사 11:6; 65:25; 렘 5:6; 겔 22:27; 합 1:8; 습 3:3

루코스(*lukos*) 마 7:15; 10:16; 눅 10:3; 요 10:12; 행 20:29; [집회 13:17]

루푸스(*lupus*) 2에스 5:18

이름에 대한 논의 늑대(wolf, *Canis lupus*)는 성서 시대에 이스라엘 모든 지역에서 아주 흔한 동물이었기 때문에 이 동물을 가리키는 히브리어 단어를 찾는 일은 어렵지 않다. 늑대는 오늘날 이스라엘에서 거의 멸종되었지만, 소수의 개체가 레바논, 시리아, 이라크와 이란 지역에서 서식하고 있다. 늑대를 가

35) [감수자주] 삿 7:25; 8:3과 시 83:11의 '즈엡'(*ze'ev*, 『개역개정』은 "스엡"으로 음역함)은 동물이 아니라 사람 이름으로 나타나고 있다.

늑대

리키는 그리스어와 라틴어는 시리아 종뿐 아니라 유럽 종까지도 아우르는 일반적인 단어이다.

모양 늑대는 '저먼셰퍼드(개)'(German shepherd dog)와 이와 유사한 모든 종(種)의 조상이다. 그러나 유럽과 북아메리카 종과 달리 '시리아늑대'(Syrian wolf)는 길고 두터운 털을 갖고 있지 않다. 시리아늑대는 밝은 갈색에 특유의 긴 얼굴을 가졌으며, 저먼셰퍼드 개와 비슷한 크기이다. 생김새는 자칼(jackal)과 비슷하지만 훨씬 크다. 시리아늑대는 혼자 살거나 암수가 함께 살기도 하고, 가끔씩 서너 마리로 구성된 가족 단위로 살기도 한다. 그러나 먹잇감이 부족할 때에는 가끔 다른 늑대들과 함께 협력하여 사냥을 하려고 임시로 연합하기도 한다. 반면에 북아메리카나 유럽의 늑대들은 봄이 될 때까지 겨울 동안 무리를 지어 함께 생활한다.

성서 시대의 시리아늑대는 토끼, 가젤 그리고 자고새(partridge)를 주로 잡아먹었지만, 양이나 염소에게도 계속 위협적인 존재였다. 먹잇감이 극히 적을 때에 한해서 인간을 공격하기도 했다. 사람에게 늑대는 결코 사자나 곰만큼 위험하지는 않았다. 반면에 시리아늑대는 인간을 두려워하지 않았으며, 양을 잡으면 잡은 먹잇감을 결사적으로 지켜냈다. 그래서 늑대를 쫓아내려면 여러 명의 장정이 달려들어야만 했다. 늑대는 매우 똑똑해서 덫을 놓아도 잘 피했다. 이들은 주로 밤에 사냥했으며, 초저녁이면 큰 소리로 울면서 다른 늑대들의 위치를 찾아냈다.

늑대는 한 지역에 계속 머무는 것이 아니라 끊임없이 옮겨 다녔다. 따라서 목자들은 근처에 늑대가 있는지 늘 신경을 써야만 했다. 이들은 뜻하지 않은 순간에 갑자기 나타나는데, 이 때문에 늑대가 마을에 내려왔을 때 개로 종종 착각하곤 했다.

특별한 의미 또는 상징 성경 저자들은 늑대를 방랑하는 존재, 기회주의자, 위험하거나 사나운 존재, 교묘한 도적 떼 등을 상징하는 것으로 여겼다. 어떤 사람을 늑대로 빗대어 말할 경우 어떤 문맥에서는 그 사람이 방랑하거나 교묘한 강도 같다는 것을 의미하고, 또 어떤 문맥에서는 교묘하거나 위험한 기회주의자라는 것을 의미했다. 기회주의자를 나타낼 때는 다른 사람을 희생시키면서 자신만의 이익을 위해 지도자의 지위를 이용하는 사람을 보통 가리켰다.

번역 아프리카에는 늑대가 없다. 대신 '점박이하이에나'(spotted hyena, *Crocuta crocuta*), '갈색하이에나'(brown hyena, *Hyaena brunnea*), '아프리카들개'(African painted hunting dog, *Lycaon pictus*) 등이 많은 번역들에서 사용된 현지의 대응어이다. 다만 이런 식으로 시리아늑대를 가리키는 말 대신 다른 동물로 번역했을 때 문제가 생길 수 있는데, 이러한 아프리카 동물들의 상징적인 의미는 성경 저자가 의도했던 상징성과 현저하게 차이가 날 수 있기 때문이다. 예를 들면, 점박이하이에나는 어떤 사회에서는 사악한 마술과 연결되어 있다. 이처럼 그 지역의 동물이 갖고 있는 의미가 많이 차이가 날 때에는 각주에서 독자들에게 그 의미를 보충해서 설명해 주어야 한다.

아르헨티나와 브라질에서는 멋지게 생긴 '갈기늑대'(maned wolf, *Chrysocyon jubatus*)가 늑대 대신 사용할 수 있는 현지의 동물로 적격이다. 또는 늑대를 가리키는 포르투갈어나 스페인어를 사용해도 좋다. '코요테'(coyote)도 대용어로 사용할 수 있다.

인도나 중앙아시아 또는 동남아시아에서는 '승냥이'(dhole, *Cuon alpinus*)로 알려진 '인도들개 또는 붉은들개'(Indian wild dog 또는 red wild dog)가 늑대 대신 사용할 수 있는 적절한 현지의 동물이다.

늑대에 상응하는 동물이 없는 지역에서는 '커다란 들개'(large wild dog)라는 표현을 사용해도 좋고, 그 지역에서 많이 쓰는 주요 통용어를 차용할 수도 있다.

창 49:27: 여기에서는 늑대의 세 가지 특징이 베냐민 지파와 연관되어 있다. 첫째로 옛 영어 단어 '레브닝'(ravening)으로 종종 번역되는 이미지이다. 이 단어는 문자적으로 볼 때 '먹잇감을 갈기갈기 찢는다'는 의미를 갖고 있다. 그래서 현대 영어에서 단지 '매우 배가 고프다'를 뜻하는 RSV의 번역어 "래버너스(ravenous)"는 의미가 매우 약하다. TEV에서는 '포악한'(vicious)으로 번역하고 있는데 이 번역이 훨씬 더 낫다. 두 번째 특징은 '먹잇감을 게걸스럽게 먹는' 이미지인데, 이것은 탐욕이라는 특성에 초점을 맞춘 것이다. 세 번째 특징은 '나눈 것을 낚아채는'(REB) 것인데, 이것은 기회주의적인 모습을 강조한 것이다. 늑대는 밤에 사냥을 하기 때문에 '게걸스럽게 먹어치우기' 전에 '낚아채는' 행동이 앞선다. 하지만 이 히브리 시(詩)에서는 그 순서가 뒤바뀌어 있다. 번역을 할 때는 순서에 맞게 바꾸는 것이 더 낫다. 따라서 번역을 할 때는 아래와 같은 의미를 담아내야 한다.

> 베냐민은 먹잇감을 포악하게 찢는 늑대이다.
> 저녁에는 자기 몫을 낚아채가고,
> 아침에는 더욱 게걸스럽게 먹어 대고 있다.

삿 7:25; 8:3; 시 83:11에서 '즈엡'(*ze'ev*)이라는 단어는 고유명사인데, 아마도 사막 도적 떼의 두목일 것이다.

렘 5:6; 합 1:8; 습 3:3: KJV의 "저녁 늑대들"은 '사막에서 온 늑대들'이나 '들에서 온 늑대들'로 읽는 것이 더 낫다. 많은 학자들은 이 히브리 단어가 '아라바에서 온 늑대들'을 의미한다고 생각한다. 아라바는 사해에서 거의 아카바만까지 남쪽으로 이어지는 광활한 지구대(단층 계곡)의 이름인데, 이 단어는 또한 사막 평원을 의미할 수도 있다.

마 7:15: 유명한 영어 표현인 '양의 옷을 입은 늑대'는 많은 번역자들에게 골칫거리였다. 왜냐하면 양은 옷을 입지 않기 때문이다.[36] 이 표현은 당연히 '양으로 가장한 늑대', '양처럼 보이려고 하는 늑대' 또는 '양인 척하는 늑대'를 의미한다.

행 20:29: 이 구절에서 바울은 은유적으로 말하고 있다. '사나운 늑대'는 교회 안에서 교회의 안위를 생각하지 않고 사적인 이익을 위해서 자신이 가진 지도자의 지위를 이용하려는 악랄하고 기회주의자와 같은 사람을 가리킨다.

---

36) [역자주] 영어 표현은 '양의 옷(clothing)을 입은 늑대'라고 하지만, 우리는 '양의 탈을 쓴 늑대'라고 표현한다. 양은 당연히 탈을 쓰지 않기 때문에 한국어 표현에서는 이러한 관용구가 문학적인 표현임이 쉽게 드러난다. 하지만 영어에서는 탈이 아니라 옷을 입는다는 표현을 사용하기 때문에 추운 계절에 가축에게 입혀주는 천 조각을 떠올릴 수 있으며, 이로 인해서 양의 옷을 입는다는 표현이 문학적인 표현이 아니라 실제로 가축에게 입히는 옷을 가리키는 것으로 혼란을 줄 수 있다.

3. 조류

3.1 새, 일반(bird, generic)

관련 구절

바알 카나프(*ba'al kanaf*) 잠 1:17

오프(*'of*) 창 1장(6회); 2:19, 20; 6:7, 20 (총 72회)

아이트(*'ayit*) 창 15:11; 욥 28:7; 사 18:6; 렘 12:9

칩포르, 칩파르(*tsipor*, *tsipar*) 창 7:14; 15:10; 레 14장(13회) (총 40회)

첼파르(*tsefar*) 단 4:12(9), 14(11), 21(18), 33(30)

오르네온(*orneon*) 계 18:2; 19:17, 21; [지혜 5:11; 17:17; 19:11; 바룩 3:17; 6:21, 70; 2마카 15:33]

페테이논(*peteinon*) 마 6:26; 8:20; 13:4, 32; 막 4:4, 32; 눅 8:5; 9:58; 12:24; 13:19; 행 10:12; 11:6; 롬 1:23; 약 3:7; [유딧 11:7; 에(외) 8:12[24]; 집회 11:3; 17:4; 22:20; 27:9, 19; 43:14, 18; 단(외) 3:80]

프테논(*ptēnon*) 고전 15:39

오이오노브로토스(*oiōnobrōtos*) [2마카 9:15; 3마카 6:34]

볼라틸리스(*volatilis*) 2에스 5:6, 26; 6:47

이름에 대한 논의 히브리어 '칩포르'(*tsipor*)는 일반적으로 참새 크기 정도의 작은 새들을 가리키고, '아이트'(*'ayit*)는 길짐승이 아니라 새(조류)를 나타낼 때에는 큰 맹금류(birds of prey)를 가리킨다. 신약성서에서 그리스어 '오르네온'(*orneon*)은 맹금류를 말하지만, 구약 외경(제2경전)의 책들에서는 이 단어가 일반적인 새를 가리키고 있다. 마카베오서에서 맹금류를 가리키는 말은 '오이오노브로토스'(*oiōnobrōtos*)이다. 그 외의 나머지 히브리어와 그리스어 단어들은 모두 일반적인 새를 가리킬 때 사용되는 낱말들이다. 만일 새의 크기나 종류가 중요할 때에는 각각의 문맥에 따라 그 종류를 특정해서 언급한다. 라틴어 '볼라틸리스'(*volatilis*) 역시 모든 종류의 새를 가리킬 때 쓰는 일반적인 단어이다.

특별한 의미 또는 상징 성경에서 새 특히 맹금류는 종종 (항상 그런 것은 아니지만) 부정함이나 재앙을 상징하는 것으로 나온다. 이것은 전쟁이 나면 (독)수리(eagle), 수리류(vulture), 까마귀(crow) 등이 전쟁으로 죽어서 방치된 시신에 내려앉아 그것을 뜯어먹는 것과 아마도 연관이 있을 것이다.

번역 어떤 언어권에서는 맹금류를 가리키는 단어가 자고새(partridge)라든지 꿩(pheasant), 닭(chicken), 야생닭(또는 멧닭, jungle fowl), 오리(duck)와 기러기(goose) 등과 같은 식용 새들을 가리키는 단어와 완전히 다를 수 있다. 또한 식용으로 쓰이는 새들을 가리키는 단어와 그렇지 않은 작은 새들을 지목하는 단어가 다를 수 있다. 이런 언어권에서는 문맥에 따라 가장 적절한 단어가 사용될 수 있도록 세심한 주의가 필요하다.

3.2 정결한 새, 부정한 새(birds, clean and unclean)

포유동물과 새를 정결하거나 부정한 것으로 분류하는 기본 원리는 그들이 먹는 음식에 따라 분류하는 것이다. 즉 부정한 음식을 먹으면 부정한 동물로 간주하는 것이다. 만일 그들이 먹는 먹이가 불확실한 경우에는 그냥 부정한 동물로 취급한다. 따라서 만약에 어떤 새가 피를 먹거나 피가 남아 있는 고기를 먹거나 또는 살 붙은 뼈다귀나 부정한 수중 생물이나 부정한 곤충을 먹는다면 그 새는 부정하게 여겼다. 덧붙여 이집트 신들이나 가나안 신들과 관련이 있다거나, 어떻든 '부자연스러운' 어떤 것들은 역시 부정한 것으로 여겼다.

따라서 부정한 새의 목록에는 (독)수리(eagle), 수리류(vulture)는 물론, 말똥가리(buzzard), 매류(falcon), 매(hawk)와 같은 맹금류와 사체 청소 동물인 까마귀(crow), 솔개류(kite), 바다갈매기(seagull)와 올빼미류(owl), 황새류(stork), 해오라기(heron), 물총새(kingfisher), 특별히 개구리(frog)와 도마뱀(lizard)과 뱀(snake)을 먹는 새들이 모두 다 포함되었다. 따오기(ibis)는 이집트 여신들과 연관이 있고 벌레나 올챙이를 먹기 때문에 부정한 짐승으로 분류된다. 올빼미류는 이집트 신과도 연관이 있기 때문에 이중으로 부정하다. 더욱이 박쥐(bat)의 경우 비록 새로 분류되고 있지만 고대 이스라엘 사람들은 박쥐를 새와 쥐의 후손으로 생각했고, 이러한 출생은 부자연스러운 것으로 여겼기 때문에 부정한 동물로 분류했다.

반면에 씨앗이나 식물을 먹고 사는 새의 경우, 이방 신들과 연관되지만 않는다면 부정한 새로 분류되지는 않았다.

아쉽게도 성경에 나오는 목록에는 그 뜻과 관련하여 논란의 여지가 다분한 히브리어 단어가 매우 많다. 그 가운데 일부를 제외하고는 확실한 의미보다는 아마도 그럴 것이라고 추정되는 의미만을 다루게 될 것이다. 다음의 목록표는 TEV를 제외한 다양한 번역 성경들에 나오는 목록을 비교한 것인데, 20개 히브리어 단어를 15개의 영어 단어로 요약한 것이다. 각각의 표에서 첫 번째 줄은 현대 히브리어로 그 단어의 뜻이 무엇인지 밝힌 것이다. 맨 마지막 줄(ERH)은 영어 역본들의 비교, 조류학 점검표, 주석들, 그리고 그 새의 이름의 어원에 대한 언어학적인 논의 자료를 근거로 해서 필자가 제안한 것이다. 이러한 제안의 장점은 필자가 제안한 목록에 있는 각각의 새들을 다루는 항목에서 보다 구체적으로 논의될 것이다.

이 새들의 정체를 결정할 때 지표가 되었던 중요한 요소는 그 목록의 구성이다. 분명히 이 목록은 암기하도록 만들어진 것이고, 암기에 도움이 되는 방식으로 배열되었을 것이다. 드라이버(G. R. Driver)는 이 목록을 연구하면서 비슷한 방법을 사용하였고, 새의 몸집이 큰 순서대로 목록이 나열되었다고 믿고 자신의 연구를 진행했다. 이에 따라 새들의 일반적 과(科) 안에서 큰 것은 앞에, 작은 것은 뒤에 배열하였다. 그는 레 11:13-19에 나오는 새의 목록을 열다섯 종의 육지 새, 세 가지 종의 물새 그리고 두 종의 기타 새 등 모두 세 부분으로 분류하였다. 이렇게 한 다음 그는 어떤 선택을 해야 할 때 그 목록의 각 부분에 나열되어 있는 새들 중에서 앞에 배치된 것보다는 작은 새를 선택했다. 그러나 그가 사용했던 방법의 결과물은 때때로 논란의 여지가 많았다. 왜냐하면 특히 이런 방식은 서로 다른 종류의 올빼미들 사이에 보이는 상당히 작은 차이를 누구나 알고 있었을 것이라고 전제하기 때문이다.

레 11:13-19에 나타나는 새들을 정리한 아래의 목록표는 지역 조류학의 관점에서도 똑같이 신빙성이 있다. 그리고 이 목록은 자동적으로 히브리 문학에서 자주 발견되는 '수미쌍관' 형식을 띤, 잘 짜인 목록이 된다.

이 목록표 다음에 목록의 구조를 보여주는 도표를 제시하고 설명을 이어갈 것이다.

〈레 11:13-19〉

히브리어	네쉐르 (*nesher*)	페레스 (*peres*)	오즈니야 (*'ozniyah*)	다아 (*da'ah*)	아야 (*'ayah*)
현대 히브리어	그리폰독수리 griffon	수염수리 lammergeir[1]	수리류 vulture	솔개류 kite	말똥가리 buzzard
드라이버	그리폰독수리 griffon	수염수리 bearded vulture[1]	뱀독수리 short toed eagle	솔개류 kite	매류 falcon
KJV	(독)수리 eagle	수염수리 ossifrage[1]	물수리 osprey	수리류 vulture	솔개류 kite

RSV	(독)수리 eagle	수리류 vulture	물수리 osprey	솔개류 kite	매류 falcon
NEB	그리폰독수리 griffon vulture	검은대머리 수리 black vulture	수염수리 bearded vulture	솔개류 kite	매류 falcon
JB	흰목수리 tawny vulture	그리폰독수리 griffon	물수리 osprey	솔개류 kite	말똥가리 buzzard
NIV	(독)수리 eagle	수리류 vulture	검은대머리 수리 black vulture	붉은솔개 red kite	솔개 black kite[2)]
REB	그리폰독수리 griffon vulture	검은대머리 수리 black vulture	수염수리 bearded vulture	솔개류 kite	매류 falcon
NAB	(독)수리 eagle	수리류 vulture	물수리 osprey	솔개류 kite	매류 falcon
ERH	큰 수리류, 큰 (독)수리 large vulture, large eagle	(독)수리, 수염수리 eagle, bearded vulture	검은대머리 수리 black vulture	솔개류 kite	매류, 매 falcon, hawk

1) [감수자주] 영어 역본에서 lammergeir, bearded vulture와 ossifrage는 모두 같은 종류의 '수염수리'를 가리키지만 서로 다르게 사용되는 이름이다.

2) [감수자주] 한국에서는 black kite를 '솔개'라고 부른다.

히브리어	오레브 (*'orev*)	바트 야아나 (*bath ya'anah*)	타흐마스 (*tachmas*)	샤하프 (*shachaf*)	네츠 (*nets*)
현대 히브리어	큰까마귀, 까마귀 raven, crow	—	쏙독새 nightjar	갈매기 gull	참매 goshawk
드라이버	큰까마귀 raven	수리부엉이 eagle owl	쇠부엉이 short-eared owl	칡부엉이 long eared owl	새매 sparrow hawk
KJV	큰까마귀 raven	올빼미류 owl	나이트호크 nighthawk	뻐꾸기 cuckoo	매 hawk
RSV	큰까마귀 raven	타조 ostrich	나이트호크 nighthawk	바다갈매기 sea gull	매 hawk
NEB	까마귀 crow	사막 올빼미 desert-owl	쇠부엉이 short-eared owl	칡부엉이 long-eared owl	매 hawk
JB	큰까마귀 raven	타조 ostrich	비명올빼미 screech owl	바다갈매기 sea gull	매 hawk
NIV	큰까마귀 raven	뿔 올빼미 horned owl	비명올빼미 screech owl	갈매기 gull	매 hawk
REB	까마귀 crow	사막 올빼미 desert-owl	쇠부엉이 short-eared owl	칡부엉이 long-eared owl	매 hawk
NAB	까마귀 crow	타조 ostrich	쏙독새 nightjar	갈매기 gull	매 hawk
ERH	큰까마귀, 까마귀 raven, crow	수리부엉이 eagle owl	부엉이 eared owl	바다갈매기 seagull	새매 sparrow hawk

히브리어	코스 (*kos*)	샬라크 (*shalak*)	얀슈프 (*yanshuf*)	틴쉐메트 (*tinshemeth*)	카아트 (*qa'ath*)
현대 히브리어	금눈쇠올빼미 little owl	물수리 osprey	부엉이 eared owl	가면올빼미 barn owl	갈까마귀 jackdaw
드라이버	(황갈색)올빼미 tawny owl	물고기잡이 부엉이 fisher owl	비명올빼미 screech owl	금눈쇠올빼미 little owl	소쩍새 scops owl
KJV	금눈쇠올빼미 little owl	가마우지 cormorant	큰 올빼미 great owl	고니 swan	펠리컨/사다새 pelican
RSV	올빼미류 owl	가마우지 cormorant	따오기 ibis	물닭 water hen	펠리컨/사다새 pelican
NEB	(황갈색)올빼미 tawny owl	물고기잡이 부엉이 fisher-owl	비명올빼미 screech-owl	금눈쇠올빼미 little owl	뿔 올빼미 horned owl
JB	뿔 올빼미 horned owl	올빼미 night owl	가마우지 cormorant	가면올빼미 barn owl	따오기, 펠리컨/사다새 ibis, pelican
NIV	금눈쇠올빼미 little owl	가마우지 cormorant	큰 올빼미 great owl	흰 올빼미 white owl	사막 올빼미 desert owl
REB	(황갈색)올빼미 tawny owl	물고기잡이 부엉이 fisher-owl	비명올빼미 screech-owl	금눈쇠올빼미 little owl	뿔 올빼미 horned owl
NAB	올빼미류 owl	가마우지 cormorant	비명올빼미 screech owl	가면올빼미 barn owl	사막 올빼미 desert owl
ERH	**금눈쇠올빼미** little owl	**물수리** osprey	**(황갈색) 올빼미** tawny owl	**가면올빼미** barn owl	**갈까마귀, 올빼미류** jackdaw, owl

히브리어	라함 (*racham*)	하시다 (*chasidah*)	아나파 (*'anafah*)	두키파트 (*dukifath*)	아탈레프 (*'atalef*)
현대 히브리어	이집트대머리수리 Egyptian vulture	황새류 stork	해오라기 heron	후투티 hoopoe	박쥐, 백로 bat, egret
드라이버	물수리 osprey	황새류 stork	가마우지 cormorant	후투티 hoopoe	박쥐 bat
KJV	기어 독수리 gier-eagle	황새류 stork	해오라기 heron	댕기물떼새 lapwing	박쥐 bat
RSV	사체 독수리 carrion vulture	황새류 stork	해오라기 heron	후투티 hoopoe	박쥐 bat
NEB	물수리 osprey	황새류 stork	가마우지 cormorant	후투티 hoopoe	박쥐 bat
JB	흰 수리[3] white vulture	황새류 stork	해오라기 heron	후투티 hoopoe	박쥐 bat
NIV	물수리 osprey	황새류 stork	해오라기 heron	후투티 hoopoe	박쥐 bat
REB	물수리 osprey	황새류 stork	가마우지 cormorant	후투티 hoopoe	박쥐 bat
NAB	말똥가리 buzzard	황새류 stork	해오라기 heron	후투티 hoopoe	박쥐 bat
ERH	이집트대머리수리 Egyptian vulture	황새류 stork	해오라기 heron	후투티 hoopoe	박쥐 bat

위에서 언급했듯이, 우리가 제안하는 이 목록은 히브리어 본문에서 아마도 암기를 돕기 위해 흔히 사용되었을 것으로 보이는 '수미쌍관' 형식으로 배열되어 있다. 히브리 문학의 '수미쌍관' 형식에서 각 개념들은 가운데 지점을 향해서 순차적으로 나가는 방식으로 되어 있으며, 그 다음에 비슷한 개념이 다시 반대 순서로 되어 있다. 각 요소마다 가운데 지점을 중심으로 양쪽에서 마주보는 짝끼리 서로 간에 어느 정도 유사점이 있다. 다음의 도표는 레 11:13-19와 신 14:11-18의 구조를 보여준다:

3) [감수자주] 이집트대머리수리(Egyptian vulture)의 다른 이름이다.

레 11:13-19

네쉐르(*nesher*)	큰 수리류 large vulture
페레스(*peres*)	(독)수리 eagle
오즈니야(*'ozniyah*)	검은대머리수리 black vulture
다아(*da'ah*)	모든 종류의 솔개 all kinds of kite
아야(*'ayah*)	모든 종류의 매류/매 all kinds of falcon/hawk
오레브(*'orev*)	모든 종류의 큰까마귀/까마귀 all kinds of raven/crow
바트 야아나 (*bath ya'anah*)	수리부엉이 eagle owl
타흐마스(*tachmas*)	부엉이 eared owl
샤하프(*shachaf*)	바다갈매기 seagull
네츠(*nets*)	모든 종류의 새매 all kinds of sparrow hawk
코스(*kos*)	금눈쇠올빼미 little owl
샬라크(*shalak*)	물수리 osprey
얀슈프(*yanshuf*)	(황갈색)올빼미 tawny owl
틴쉐메트(*tinshemeth*)	가면올빼미 barn owl
카아트(*qa'ath*)	갈까마귀 jackdaw
라함(*racham*)	이집트대머리수리 Egyptian vulture
하시다(*chasidah*)	황새류 stork
아나파(*'anafah*)	모든 종류의 해오라기 all kinds of heron
두키파트(*dukifath*)	후투티 hoopoe
아탈레프(*'atalef*)	박쥐 bat

이 목록에 있는 각 이름들은 아마도 유사한 종류의 새 떼를 대표하는 특정 새를 가리킬 것이다. 이 목록은 두 종류의 가장 큰 맹금류인 수리류(vulture)와 (독)수리(eagle)로 시작한다. 그 다음에는 세 종류의 맹금류인 작은 검은대머리수리, 모든 종류의 솔개와 모든 종류의 매가 뒤를 잇고 있는데, 이들은 앞서 목록에 나온 새들보다는 조금 작다. 이어서 모든 종류의 큰까마귀(raven)나 까마귀(crow)가 독립적인 한 그룹으로 나오는데, 이것들은 맹금류에서 올빼미류로 넘어가는 전환 단계에 해당한다.

다음에는 두 종류의 올빼미류(owls)가 나오는데, 가장 큰 수리부엉이(eagle owl)를 먼저 두고, 그 뒤에 조금 작은 중형 부엉이(eared owl)[4]를 배치했다. 이어서 바다갈매기(seagull)가 독립적인 한 그룹으로 나오는데, 이것은 중간 지점으로 넘어가는 전환 단계에 해당한다.

중간 지점에는 두 그룹 즉 모든 종류의 새매(sparrow hawk)와 금눈쇠올빼미(little owl)가 차지하고 있다. 이들은 각각 가장 작은 맹금류와 가장 작은 올빼미류이다.

그 다음에는 물수리(osprey)가 단독으로 나오는데, 이것은 위 목록의 수미쌍관 형식에서 바다갈매기(seagull)와 짝을 이루고 있으며, (황갈색)올빼미(tawny owl)와 가면올빼미(barn owl) 등 두 종류의 올빼미류 그룹으로 넘어가는 전환 단계에 해당한다. 이 두 종류의 올빼미류 그룹은 앞서 나왔던 두 종류의 올빼미류 그룹과 짝을 이루고 있다. 하지만 중간 지점을 기준으로 맞은편은, 역순으로 나열될 것이라고 예상되는 대로, 이번에는 더 작은 몸집의 새가 먼저 언급된다.

이어서 갈까마귀(jackdaw, 또는 펠리컨이나 다른 종류의 올빼미[owl])가 단독으로 나와서 앞에서 독자적인 그룹을 형성했던 까마귀(crow)와 짝을 이룬다. 현대 히브리어 '카아크'(*qa'ak*, 갈까마귀)가 성경에서 말하는 '카아트'(*qa'ath*)와 동일하다는 것을 받아들인다면('카아크'[*qa'ak*]는 이 새가 내는 소리를 흉내 낸 것이기 때문에 이런 가설은 설득력이 있다), '펠리컨'이나 '올빼미'보다는 '까마귀'와 짝을 이루는 것이 더 적절하다. 이렇게 짝을 짓는 것은 **사 34:11**과 **습 2:14**에서도 찾아볼 수 있다. 앞의 구조에서 보듯이 까마귀가 다음 단계로 넘어가는 전환 단계 역할을 하는 것처럼 '갈까마귀'는 물 가까이 서식하는 새들로 넘어가는 전환 단계에 해당한다.

물 가까이 서식하는 새들은 세 종류로 구분하고 있는데, 앞에서 언급한 세 종류의 맹금류와 짝을 이룬다. 여기에서도 마찬가지로 작은 몸집의 새가 먼저 나온

4) [감수자주] '부엉이'(eared owl)에는 칡부엉이(long-eared owl, *Asio otus*)와 쇠부엉이(short-eared owl, *Asio flammeus*)가 있다.

다. 이집트대머리수리(Egyptian vulture)는 맹금류이기는 하지만, 이 새는 물 가까이 서식하는 여러 새들이 물가에 낳은 알들을 먹어치우기 때문에 물가에서 발견할 수 있는 새이다. 이 새의 부리는 알바트로스(albatross), 슴새(shearwater), 도둑갈매기(skua)와 얼가니새(booby, 또는 부비) 등과 같이 큰 몸집을 가진 다양한 바닷새들의 부리와 닮아 있다. 이 새가 서 있을 때의 모습은 갈매기가 서 있는 모습과 유사하며 멀리서 보면 마치 커다란 갈매기로 착각하게 만든다. 어쩌면 이 새는 검은 색과 흰색으로 된 물 가까이 서식하는 모든 종류의 새들을 대표하는 새를 가리킬 수도 있다. 왜냐하면 '라함'(*racham*)이라는 말이 '검고 희다'는 의미를 가진 말에서 파생된 것으로 보이기 때문이다.

모든 종류의 해오라기(heron)도 따오기(ibis)와 가마우지(cormorant)와 같이 커다란 부리를 가진 모든 종류의 큰 물새들을 대표하는 것일 수 있다. 왜냐하면 '아나파'(*'anafah*)라는 단어는 '코'라는 의미를 가진 말에서 파생된 것으로 보이기 때문이다.

마지막 그룹에 속한 두 종류는 후투티(hoopoe)와 박쥐(bat, 박쥐는 이 목록에서는 조류로 분류)로 구성된 작은 그룹이다.

어떤 번역본들에서 이 목록에 타조가 포함될 가능성은 매우 낮다. 왜냐하면 타조는 채식을 하며 또 정결한 동물로 분류되기 때문이다. 팔레스타인에서 타조가 사라지게 된 직접적인 원인은 사람들이 잡아먹으려고 덫을 놓아서 사냥했기 때문이다.

신 14:11-18: 히브리어 구약성경에 나오는 이 목록은 레위기에 나열된 것과 기본적으로는 동일하다. 하지만 '라아'(*ra'ah*)라고 부르는 새가 첨가되었다는 것과 두 단어의 철자가 좀 다르다는 점에서 차이를 보인다('다아'[*da'ah*]는 '다야'[*dayah*]로, '라함'[*racham*]은 '라하마'[*rachamah*]로 바뀌어 있다.). NEB, JB, NAB, REB에서는 이 새의 첨가를 필사 오류로 간주하고 있다. 왜냐하면 히브리어 '라아'(*ra'ah*)와 '다아'(*da'ah*)는 글자 모양이 서로 비슷해서 쉽게 혼동하여 읽을 수 있기 때문이다. KJV는 '라아'(*ra'ah*)를 "맹금류"(glede)로, REV는 "말똥가리"

말똥가리

(buzzard)로, NIV는 "붉은솔개"(red kite)로 번역하고 있다.

히브리어 본문에서 신명기의 목록은 레위기에 나오는 목록의 나열 방식과 다르다. 그 이유는 아마도 첨가된 새 때문인 것으로 보인다. 여기에 첨가된 이 새는 중간 크기의 맹금류 첫 번째 그룹에 자리 잡고 있으며, 따라서 이 그룹에 속한 새의 숫자도 셋에서 넷으로 증가하게 된다. 이러한 네 종류의 새 그룹은 물 가까이 서식하는 네 종류의 새 그룹과 짝을 이루고 있다. 물수리(osprey)를 가리키는 단어인 '샬라크'(*shalak*)가 여기에서는 물 가까이 서식하는 새들의 그룹에 위치해 있다. 그러나 신명기의 목록에서는 바다갈매기를 가리키는 단어와 짝을 이루어 균형을 잡아 줄 단어가 나와 있지 않기 때문에 이 목록의 패턴은 레위기에서 나열하는 방식만큼 대칭 형태를 이루고 있지는 않다. 마지막으로 다음 표에서 보듯이 신명기에서는 솔개(kite)와 매류(falcon)의 순서가 뒤바뀌어 있다.

신 14:11-18

네쉐르(*nesher*) 큰 수리류 large vulture
페레스(*peres*) (독)수리 eagle

오즈니야(*'ozniyah*) 검은대머리수리 black vulture
라아(*ra'ah*) 말똥가리 buzzard
아야(*'ayah*) 모든 종류의 매류 all kinds of falcon
다야(*dayah*) 모든 종류의 솔개 all kinds of kite

오레브(*'orev*) 모든 종류의 큰까마귀/까마귀 all kinds of raven/crow

바트 야아나 (*bath ya'anah*) 수리부엉이 eagle owl
타흐마스(*tachmas*) 부엉이 eared owl

샤하프(*shachaf*) 바다갈매기 seagull

네츠(*nets*) 모든 종류의 새매 all kinds of sparrow hawk
코스(*kos*) 금눈쇠올빼미 little owl

얀슈프(*yanshuf*) (황갈색)올빼미 tawny owl
틴쉐메트(*tinshemeth*) 가면올빼미 barn owl

카아트(*qa'ath*) 갈까마귀 jackdaw

라하마(*rachamah*) 이집트대머리수리 Egyptian vulture
샬라크(*shalak*) 물수리 osprey
하시다(*chasidah*) 황새류 stork
아나파(*'anafah*) 모든 종류의 해오라기 all kinds of heron

두키파트(*dukifath*) 후투티 hoopoe
아탈레프(*'atalef*) 박쥐 bat

만일 '라아'(*ra'ah*)가 필사 오류라는 다수의 의견을 받아들여서 이것을 목록에서 빼버린다면, 이 목록을 레위기에서 배열하고 있는 원래의 구조로 되돌려놓는 것이 가장 좋아 보인다. 사실 몇몇의 중요한 번역 성경들은 이렇게 하고 있다. 하지만 만일 '라아'(*ra'ah*)를 그대로 둔다면 이 단어가 배치된 그 위치를 바탕으로 이 단어의 의미를 추리할 수밖에 없기에 '말똥가리'(buzzard)로 생각하는 것이 합리적인 듯하다.

번역 아프리카의 많은 지역이 그러하듯이, 이 목록의 새들에 해당하는 현지 이름들이 있는 지역의 경우 번역자는 각각의 새들에 해당하는 그 지역의 단어들을 모두 찾아내는 것이 좋다. 그렇지 못한 지역에서는 이 목록의 새들을 모두 포함할 수 있는, 보다 일반적인 표현들을 찾아내는 것이 좋을 것이다. TEV가 바로 이런 식으로 번역하고 있다. 각 목록에 해당하는 현지 단어들이 충분하지 않을 경우에는 아래에 제시한 번역의 사례와 같이 일반적인 목록으로 나열하면 충분하다:

"온갖 종류의 크고 작은 수리류, (독)수리, 매, 솔개, 까마귀; 온갖 종류의 크고 작은 올빼미류; 온갖 종류의 크고 작은 해오라기; 부정한 것을 먹는 다른 종류의 모든 새들; 모든 박쥐들."

3.3 닭, 수탉, 암탉(chicken, rooster, hen)

관련 구절

자르지르(*zarzir*) 잠 30:31

세크위(*sekwi*) 욥 38:36

알렉트루온(*alektruōn*) [3마카 5:23]

알렉토르(*alektōr*) 마 26:34, 74, 75; 막 14:30, 68, 72; 눅 22:34, 60, 61; 요 13:38; 18:27

노씨온(*nossion*), 노씨아(*nossia*) 마 23:37; 눅 13:34

오르니스(*ornis*) 마 23:37; 눅 13:34

갈리나(*gallina*) 2에스 1:30

이름에 대한 논의 히브리어 '세크위'(*sekwi*)의 의미는 상당히 의심스럽다. 그러나 불가타 성경과 어떤 타르굼 사본과 대다수의 주석서들은 이 단어를 "수탉"(cock 또는 rooster)으로 번역하고 있다. **욥 38:36**의 문맥은 어떻게 따오기(ibis)가 나일강의 범람을, 수탉이 날이 밝아오는 것을 알려줄 수 있는지에 대해 말하는 것으로 보인다(JB와 TEV를 비교하라). 이집트 문학에서는 이 두 가지 능력이 매우 자주 언급된다.

'자르지르'(*zarzir*)는 '가느다란 허리'라는 뜻을 가진 단어와 연관이 있어 보이지만 대부분의 주석과 번역은 수탉을 가리키는 것으로 해석하고 있다.

그리스어 '오르니스'(*ornis*)와 라틴어 '갈리나'(*gallina*)는 '암탉'(hen)을, 그리스어 '노씨온'(*nossion*)과 '노씨아'(*nossia*)는 '병아리'(chick)를 의미하고 있다.

현대의 모든 집닭(가금류)들은 인도, 동남아시아, 중국의 야생닭(또는 멧닭, jungle fowl)에서 왔다. 이 닭들은 이 지역의 아주 초창기 역사에서 쌀과 다른 곡식을 재배하기 시작하던 시기와 거의 동시에 가축으로 사육되었다. 탈무드에 따르면 예루살렘에서 날짐승을 집에서 가축으로 기르는 일은 금지되었으나 히브리어로 된 고대에 사용된 도장 자국들을 보면 일찍이 기원전 600년경 닭들이 그 지역에 있었다는 증거가 있다. 예수께서 십자가에 못 박혀 죽으시기 전날 밤, 수탉이 울었다는 구절은 예루살렘은 아니더라도 인근 지역에서 닭을 기르고 있었음을 말해 준다.

모양 고대의 집닭은 야생닭(또는 멧닭, jungle fowl, *Gallus gallus*)과 아주 유사한 모습이었을 것이다. 야생수탉(Jungle fowl roosters)은 짙은 적갈색이며, 목털은 오렌지 빛이 감도는 붉은 색이다. 머리 위에 작고 붉은 볏이 나 있고 부리 아래 양쪽으로 붉은 볼 살이 늘어져 있다. 꼬리는 길고 윤이 나는 검푸른 색이며 궁둥이 부근에 하얀 점을 갖고 있다. 암탉은 약간 밝은 적갈색이고 하얀 점이 없으며 꼬리도 길지 않고 머리의 볏도 더 작다.

3.9 '기러기'를 보라.

특별한 의미 또는 상징 집닭은 이집트 사람과 페르시아 사람들에게 풍요의 의미를 지녔다. 훗날 유대교가 이를 받아들인 것으로 보이는데, 이는 결혼식에서 신랑과 신부 앞에서 암수 한 쌍의 닭을 들고 행진하는 것이 관습이 되었다는 사실을 통해 알 수 있다. 하지만 성경에서는 수탉이 매일 아침 일찍 울어 사람보다 먼저 새벽이 다가옴을 알린다는 사실을 중요하게 생각한 것으로 보인다.

번역 집닭은 얼음이 덮인 툰드라 지역의 일부를 제외하고 지금은 전 세계에 퍼져 있으며 잘 알려져 있다. '세크위'(*sekwi*), '자르지르'(*zarzir*), '알렉트루온'(*alektruōn*), '알렉토르'(*alektōr*)는 '수탉'으로, '오르니스'(*ornis*, 위에서 제시한 구절에서, 하지만 다른 곳에서는 그렇지 않다)는 '암탉'으로, '노씨온'(*nossion*)과 '노씨아'(*nossia*)는 '닭'으로 번역하는 것이 좋

수탉

다. 수탉과 암탉을 보통 구분하지 않는 언어권에서는 복음서의 구절들처럼 반드시 구분할 필요는 없다. '울다'라는 동사가 본문의 문맥에서 그 의미를 충분히 드러내기 때문이다. 하지만 욥기와 잠언의 구절들은 반드시 '수탉'과 같은 의미로 번역할 필요가 있다.

3.4 가마우지(cormorant)

관련 구절

샬라크(*shalak*) 레 11:17; 신 14:17

이름에 대한 논의 히브리어 '샬라크'(*shalak*)를 '가마우지'(cormorant)로 번역한 것은 17세기부터 내려오는 전통이다. 하지만 이 번역이 적절한지에 대해서는 늘 의구심이 제기되어왔다. 이를테면 '샬라크'(*shalak*)의 어근은 '던지다' 또는 '내던지다'인데, 그렇다면 이 이름의 새는 몸을 '던져 덮쳐서' 먹이를 얻는 새라는 생각을 하게 된다. 그런데 가마우지는 그렇게 행동하지 않는다. 가마우지는 물에서 낮은 자세로 헤엄치다가 먹이를 찾으러 물속으로 잠수한다. 이 때문에 작고한 드라이버(G. R. Driver)는 이 단어를 '물고기잡이 부엉이'(fisher owl)로 번역할 것을 제안했고, NEB와 REB가 이것을 따르고 있다. 하지만 이런 제안 역시 문제가 있다. 물고기잡이 부엉이 또는 더 정확히 말해서 갈색물수리올빼미(brown fish owl, *Scotopelia ceylonensis*)는 잘 알려진 새가 아닐 가능성이 높다. 이 새가 고기를 잡아먹는 광경은 달빛이 있는 밤에 어부들이나 볼 수 정도이며 이것도 아주 드문 일이다. 출애굽 시대의 이스라엘 사람들은 그때까지도 물고기잡이를 하는 사람들이 아니었다.

현대 히브리어에서 '샬라크'(*shalak*)는 물수리(osprey, *Pandion haliaetus*)를 가리킨다. 이 새는 공중에서 물속으로 들어가 물고기를 발톱으로 낚아채는 물고기 잡이(독)수리의 일종이다. 어떤 이스라엘 학자들은 이것이 흰목호반새(smyrna kingfisher, *Halcyon smyrnensis*) 또는 부비새(또는 가다랭이잡이새, gannet, *Sula bassana*)의 고대 이름이었을 것이라고 추정한다. 둘 모두 먹잇감을 향해 공중에서 하강하여 부리로 수면 아래의 물고기를 낚아챈다.

그러나 이 새의 정체를 규명하는 데 의문점이 많기 때문에 '물수리'로 번역하는 것이 '가마우지'로 번역하는 것보다 더 적절해 보인다.

3.15 '물수리'를 보라.

모양 흰목가마우지(white-necked cormorant, *Phalacrocorax carbo*)는 중동지역에서 가장 흔한 가마우지로서 길고 가는 몸매와 끝이 갈고리 모양으로 된 긴 부리를 갖고 있는 큰 새이다. 다 자란 가마우지는 전체가 검정색이고 목과 부리가 만나는 곳에 작은 노랑 주머니가 달려 있으며 얼굴에도 노란 부분이 있다. 이런 종류의 가마우지는 해안이나 호숫가, 큰 강과 습지에서 볼 수 있다. 이 새는 오리처럼 물갈퀴가 있으며 몸을 물속에 거의 다 담근 채 헤엄쳐 다닌다. 또 잠수도 하는데 아주 오랜 시간 물속을 헤엄쳐 다니면서 물고기를 잡는다.

가마우지

모든 가마우지처럼 흰목가마우지의 깃털도 방수가 되지 않는다. 이 때문에 물속에서 쉽게 헤엄쳐 다닐 수 있지만, 물 위나 물속을 한참 헤엄치고 다닌 후에는 물 밖으로 나와 날개를 말려야 한다. 그래서 가마우지가 통나무나 바위 위에 앉아서 날개를 쭉 펴고 깃털을 말리는 장면을 종종 목격할 수 있다.

가마우지는 낮에 네다섯 마리 정도가 무리를 지어 다니지만 밤에는 많은 수의 숫자가 한데 모여 나무에서 쉬기 때문에 시끄럽다. 수많은 작은 물고기 떼가 수면 가까이에서 헤엄을 치는 계절이면 많은 수의 검은 가마우지들이 길게 한 줄로 늘어서서 물 위로 낮고 빠르게 날면서 물고기 떼를 찾는 모습을 쉽게 볼 수 있다. 물고기 떼를 발견하면 모두 물 위에서 신나게 잡아먹는다.

특별한 의미 또는 상징 '샬라크'(*shalak*)가 정결하지 않은 새 목록에 포함되어 있다는 사실 말고는 성경에서 이 단어에 대한 특별한 의미는 없다.

번역 만일 번역자가 '샬라크'(*shalak*)를 '가마우지'로 번역한다면 이 새는 물이 많은 곳이라면 세계 어디서든지 발견되기 때문에 지역 특색을 지닌 가마우지를 어렵지 않게 찾을 수 있다. 흰목가마우지는 실제로 이스라엘뿐 아니라 유럽, 아시아, 오스트랄라시아, 아프리카, 북아메리카 동부에 있는 해안이나 호숫가, 큰 강, 습지 근처에서도 발견된다. 남아프리카공화국에서는 흰목가마우지와 약간 다른 가마우지가 발견되는데, 이는 가슴가마우지(white-breasted cormorant)로 불리고 있다. 이 새는 가슴과 목이 하얗고 좀 더 작은 목주머니를 갖고 있다. 학명은 흰목가마우지와 같다. 이 밖의 지역에서도 지역 특유의 가마우지가 있는데, 이들은 앉아서 날개를 넓게 펴고 말리는 습관으로 확인할 수 있다.

3.5 두루미(crane)

관련 구절

아구르('*agur*) 사 38:14; 렘 8:7

이름에 대한 논의 **사 38:14**에 이 단어가 등장하는 것은 문제가 있다. 왜냐하면 이 단어가 등장하는 '수스 아구르'(*sus 'agur*)라는 문구는 앞의 명사를 뒤의 다른 명사가 수식하는 형태이므로 두 종류의 새가 아니라 한 마리의 새(칼새[swift]의 한 종류)를 가리키고 있기 때문이다. 그래서 NEB, JB, REB, NAB는 "제비"(swallow)로 번역하였지만, KJV, RSV, NIV는 두 종류의 새로 번역하고 있다(KJV 번역자들은 새 두 마리의 순서를 바꾸어 "두루미" 또는 "제비"로 번역하고 있다). 하지만 **렘 8:7**의 경우 '아구르'('*agur*)는 번역본마다 다르게 번역하기는 하지만 모든 번역본들이 한 개의 보통명사로 취급하고 있다.

예레미야서의 '아구르'('*agur*)를 '두루미'(crane)로 번역한 것은 상당한 근거가 있다. 첫째로 두루미는 이스라엘의 철새 가운데 가장 잘 알려진 새들 중 하나이다. 해마다 수많은 철새가 여름을 보내려고 유럽과 아시아에서 아프리카로 이동할 때와 이듬해 삼월에 다시 돌아갈 때에, 요란한 소리를 내면서 날아가는 것을 볼 수 있다. 철새들은 겨우 며칠만 이스라엘에 머물고 이동한다. 둘째로 '두루미'라는 번역은 예레미야서에 표현된 히브리 시의 구조와 모습과 잘 어울린다. 여기서 말한 구조는 교차대구법을 말한다. 이 구절의 교차대구 구조 안에는 네 종류의 새가 언급되어 있다. 첫 번째 황새(stork)와 네 번째 두루미(crane)가 한 짝을, 가운데의 들비둘기(dove)와 칼새(swift)가 다른 한 짝을 이루고 있다. 히브리 시문에서는 이런 구조가 흔하다. 여기서 '황새'와 '두루미'는 둘 다 지나가는 철새이며 목과 다리가 길고 크기가 비슷해서 단어 짝을 맞출 이유가 분명하다. 셋째로 그렇게 중요한 사항은 아니지만 '아구르'('*agur*)가 현대 히브리어에서 두루미를 말한다는 점이다. 어떤 히브리 학자들은 두루미가 시끄럽게 우는 모습에서 알 수 있듯이 이 단어가 '울다'라는 뜻을 지닌 동사 '가아르'(*ga'ar*)와 연관이 있다고 생각한다.

"지빠귀"(thrush, NIV, TEV)나 "개미잡이"(wryneck, NEB, REB)와 같은 번역은 이 구절의 시적인 구조를 잘 파악하지 못해서 생긴 결과이다. 더구나 이렇게 작은 몸집의 새들은 철새이긴 하지만 한둘씩 날아다닐 뿐 떼를 지어 다니지 않기 때문에 이스라엘에 날아온 것을 알아차리기가 아주 어려울 것이다. 개미잡이는 짧은 시간만 이스라엘에 머무르고 지나가는 철새이다. 어떤 이들은 노래지빠귀(또는 '가수지빠귀', song thrush)의 소리로 그들이 온 것을 알 수 있다고 주장하지만 이 새는 대체로 봄에 울고 가을이 끝날 무렵에 이스라엘에 도착한다는 사실을 유념해야 한다.

모양 두루미는 목과 다리가 길며 춤추는 모습으로 잘 알려져 있다. 다른 때도 그렇지만 특히 새끼를 낳을 때 작은 떼의 두루미들은 다 함께 위아래로 고개를 까닥이면서 공중으로 점프하다가 몸을 돌리는 '춤추기'를 시작한다. **렘 8:7**에 나타나는 두루미는 유라시아두루미 또는 검은목두루미(Eurasian or common crane, *Grus grus*)를 가리킬 것이다. 이 새는 몸집이 크고 회색빛을 띠며 머리 정수리 부분에 붉은 빛이 돌고 볼은 희끄무레하다. 날개를 펴면 2미터나 되고 긴 목과 긴 다리를 갖고 있다. 이 새는 황새처럼 대부분의 시간을 개구리(frog), 도마뱀(lizard), 메뚜기(grasshopper)와 다른 곤충을 잡아먹기 위해 땅 위를 걸어 다닌다.

두루미

노래지빠귀(song thrush, *Turdus philomelos*)는 가슴에 작은 반점들이 있는 밝은 갈색의 새이다. 다른 지빠귀들처럼 이 새는 먹이인 곤충과 개미를 찾느라 대부분의 시간을 땅 위에서 보낸다. 이 새는 무리를 짓지 않고 홀로 다니거나 짝을 지어 살며, 나무가 우거진 지역에서 살고 있다. 이 새는 휘파람 같은 가늘고 높은 소리로 뽐내거나 짹짹거리는 소리를 섞어서 아름답고 멋진 소리를 낸다.

개미잡이(wryneck, *Jinx torquilla*)는 작은 딱따구리(woodpecker)와 비슷한 모양을 가진 새다. 이 새는 가슴이 불그스레하고 전체 색깔은 얼룩덜룩하다. 개미를 먹고 대부분의 시간을 개미를 찾아 땅을 걸어 다니거나 나무 가지나 둥지에서 지낸다. 나무들과 과수원이 있는 곳에서 산다.

특별한 의미 또는 상징 성경에서는 이주하는 습관을 지닌 새로 알려져 있다.

번역 **사 38:14**의 히브리어 '수스 아구르'(*sus 'agur*)는 한 종류의 새, 즉 칼새로 번역하는 것이 더 좋다. 3.23 '제비, 칼새'를 보라.

두루미는 남아메리카, 뉴질랜드, 소규모의 섬 지역을 제외하고는 전 세계에서 볼 수 있다. 그러므로 세계 모든 지역에서 두루미 이름을 찾기는 어렵지 않다. 하지만 대다수 지역의 두루미는 철새가 아니고 한 곳에 머무는 새다. 이런 경우 이스라엘의 두루미는 큰 무리를 지어 유럽과 아시아에서 아프리카로 날아가고 돌아가면서 봄과 가을에 이스라엘을 지나가는 철새라는 설명을 각주로 붙이는 것이 좋을 것이다. 이와 달리, 아프리카의 중부, 동부, 남부의 여러 곳처럼 두 종류의 이주하는 황새를 알고 있는 지역에서는 한 가지 종류의 명칭을 **렘 8:7**의 '아구르'('*agur*)를 번역하는 데 사용할 수 있다.

아프리카에는 청두루미(blue crane, *Anthropoides paradisea*), 볼망태두루미(또는 볼장식두루미, wattled crane, *Grus carunculata*)와 회색관두루미(crested crane or crowned crane, *Balearica regulorum*)가 있고, 호주에는 브롤가두루미(brolga, *Grus rubicunda*)와 큰두루미(sarus crane, *Grus antigone*)가 있다.

아시아 두루미로는 붉은머리시베리아두루미(red-headed Siberian crane)가 있는데, 시베리아에 둥지를 틀고 살다가 이란, 파키스탄, 인도와 중국 등으로 이주한다.

이집트, 수단, 에티오피아, 동남부 유럽에서는 검은목두루미에 해당하는 현지의 이름을 찾아볼 수 있다.

다른 지역에서 가장 좋은 해법은 영어, 스페인어 또는 포르투갈어나 학명 '그루스'(*Grus*)의 음역에서 따온 두루미 명칭을 사용하는 것이다.

지빠귀 역시 뉴질랜드와 오세아니아 지역을 제외한 전 세계에서 볼 수 있다. '지빠귀'라는 해석을 따른다면 이에 해당하는 현지의 이름도 찾기가 어렵지 않다. 다른 곳에서는 외래어나 음역을 사용할 수도 있다.

'개미잡이'란 번역은 문제가 더 있다. 두 종류의 개미잡이가 있는데 하나는 동남부 유럽에 살다가 이집트로 이주하는 종이고, 다른 하나는 아프리카 서부, 동부, 남부 지역에 사는 종이다. 이 새는 흔하지 않다. 주석적 관점은 물론 번역을 위해서도 '두루미'란 번역이 좋다.

3.6 까마귀, 큰까마귀(crow, raven)

관련 구절

오레브('*orev*) 창 8:7; 레 11:15; 신 14:14; 왕상 17:4, 6; 욥 38:41; 시 147:9; 잠 30:17; 아 5:11; 사 34:11

코락스(*korax*) 눅 12:24

코로네(*korōnē*) [바룩 6:54]

이름에 대한 논의 이 단어들의 의미에 대해서는 이견이 없다. 히브리어 '오레브'('*orev*)와 두 개의 그리스어(*korax*, *korōnē*)는 모든 종류의 까마귀를 부르는 일반 명칭이다. 이 새는 이스라엘에서 발견되는 세 종류의 큰까마귀(raven)와 두 종류의 까마귀(crow) 그리고 떼까마귀(rook)가 있다. 이 가운데 갈색목큰까마귀(brown-necked raven, *Corvus ruficollis*), 부채꼬리큰까마귀(fan-tailed raven, *Corvus rhipidurus*), 후디까마귀(hooded crow, *Corvus corone cornix*)는 모두 텃새들이다. (캔스데일[G. S. Cansdale]은 부채꼬리큰까마귀를 '이 중에서 가장 희귀한 종'이라고 설명한다. 그러나 이는 다수의 조류 관찰자의 경험이나 이스라엘 조류 목록에서 공식적으로 인정하는 정보와는 다르다.) 일반 큰까마귀(common raven, *Corvus corax*)는 텃새이지만 고대와 달리 현대 이스라엘에서 흔한 새가 아니다. 이스라엘에서 볼 수 있는 나머지 종류의 까마귀는 철에 따라 찾아오는 오래 머물지 않는 새이다.

모양 까마귀와 큰까마귀는 두껍고 강한 부리와 짧은 다리를 가진 몸집이 큰 검은 새이다. 이 새들은 지능이 높으며, 날아다니기를 좋아하는 것처럼 보인다. 종종 상승온난기류가 생길 때면 원을 그리면서 솟아오르고 소리를 지른다. 일부 종류는 이 상승온난기류를 타고 큰 무리를 지어 빙빙 돌면서 난다. 바람이 부는 맑은 날에는 날개를 펴 바람을 타고, 다른 곳으로 날아가지는 않는다. 나뭇가지 끝에 한 발로 서 있기도 한다. 이 새들은 곡식, 과일, 곤충, 도마뱀, 개구리, 알, 새끼 새와 짐승 사체 등등 무엇이든 먹는다. 까마귀와 큰까마귀가 짐승의 사체 또는 죽어가는 짐승의 눈을 파먹는 것은 일반적으로 알려져 있기 때문에 **잠 30:17**에서 NEB가 '오레브'(*'orev*)를 "까치"(magpie)로 번역한 것은 이해하기 어렵다. 노아가 날려 보낸 까마귀가 방주로 돌아오지 않은 것은, 홍수로 잠겼던 육지 일부가 모습을 드러냈고 아마도 까마귀가 홍수에 빠져 죽은 사람의 시신이나 짐승의 사체를 먹잇감으로 찾았다는 신호였을 것이다.

후디까마귀

까마귀는 씨앗을 파종한 밭에서 종종 볼 수 있고, 일부 지역에서는 농부들이 사람 모양이나 (독)수리와 매 모습을 한 '허수아비'를 만들어 세워 두기도 한다. 허수아비는 까마귀를 쫓아내기 위해 낡은 자루에 짚을 채워서 만든다.

까마귀와 큰까마귀는 나무 줄기에서 가지가 갈라진 부분이나 절벽 가장자리에 잔가지와 풀로 둥지를 튼다. 그 둥지는 크고 엉성하다. 큰까마귀는 바위가 많은 산지에서 흔히 볼 수 있으며, 갈릴리, 유대 광야, 사해 해안, 네게브, 아라바 광야에 인접한 급경사지에서 발견되고 있다.

특별한 의미 또는 상징 큰까마귀는 부정한 새로서 성경 문화권에서는 죽음과 연관이 있다. 그래서 이 새는 전쟁 때문에 폐허가 되는 상황을 상징한다. 또 하나님께서 먹이를 마련해 주는 새로 언급되기도 한다(욥 38:41). 이 새는 부정하고 조금 무서운 습관이 있지만 하나님은 이 새들을 잊지 않으신다. 그러므로 이 새는 하나님의 친절하심을 상징하기도 한다. 마지막으로, 이스라엘의 주민들이 볼 때 큰까마귀보다 더 검은 색의 새는 없었으며(아 5:11). 실제로 이 새는 검을 뿐 아니라 윤기도 흐른다.

번역 까마귀와 큰까마귀는 전 세계에 널리 퍼져 있다. 어떤 종류는 모두 검지 않고, 흑색과 백색, 흑색과 회색 또는 흑색과 갈색이 섞여 있는 것도 있다. 전 세계에는 백여 종이 넘는 까마귀가 있다. 보통 산간 지대나 마을 부근에 서식하고 열대 우림에는 거의 없다. 사하라 사막 이남 아프리카에서는 아프리카까마귀(pied crow, *Corvus albus*)가 가장 흔하고, 아프리카 동부와 남부 산간 지역에서는 이보다 몸집이 더 큰 흰목까마귀(white-necked raven, *Corvus albicollis*)도 발견된다. 중동의 후디까마귀와 친족인 호주큰까마귀(Australian raven, *Corvus coronoides*)는 호주 대부분의 지역에서 서식하고 있다. 집까마귀(house crow, *Corvus splendens*)는 원래 인도가 고향이지만 지금은 멀리 호주와 남아프리카공화국에까지 퍼져 있다.

그러므로 마을이 없는 열대우림 지역을 제외하고는 전 세계 어디서나 까마귀나 큰까마귀를 볼 수 있다.

왕상 17:4: 일부 주석가들은 히브리어 '오르빔'('*orvim*)을 사막에 사는 한 종족을 말하는 것으로 생각한다. 이 단어가 '아랍 족속'과 같은 자음으로 되어 있기 때문이다. 하지만 거의 모든 번역본들은 전통적으로 '큰까마귀'로 번역하고 있다.

습 2:14: 대부분의 현대 역본들은 이 구절의 히브리어보다는 고대의 역본을 따르면서, '호레브'(*chorev*) 즉 '황폐'보다는 '오레브'('*orev*) 즉 '큰까마귀'로 읽고 있다.

3.7 들비둘기, 집비둘기(dove, pigeon)

관련 구절

요나(*yonah*) 창 8장(5회); 레 1:14; 5:7, 11; 12:6, 8; 14:22, 30; 15:14, 29; 민 6:10; 시 55:6(7); 68:13(14); 아 1:15; 2:14; 4:1; 5:2, 12; 6:9; 사 38:14; 59:11; 60:8; 렘 48:28; 겔 7:16; 호 7:11; 11:11; 나 2:7(8)

토르(*tor*) 창 15:9; 레 1:14; 5:7, 11; 12:6, 8; 14:22, 30; 15:14, 29; 민 6:10; 시 74:19; 아 2:12; 렘 8:7

페리스테라(*peristera*) 마 3:16; 10:16; 21:12; 막 1:10; 11:15; 눅 2:24; 3:22; 요 1:32; 2:14, 16

트루곤(*trugōn*) 눅 2:24

콜룸바(*columba*) 2에스 2:15; 5:26

이름에 대한 논의 15세기에는 영어 '집비둘기'(pigeon)는 어린 비둘기를, '들비둘기'(dove)는 다 자란 비둘기를 의미했다. 현대 영어는 이 단어들을 구별하지 않고 동일하게 사용하고 있다. 일반적으로 '집비둘기'는 사육하는 새를 가리키며 이 새의 야생종은 아주 다양하다. '들비둘기'는 주로 야생종을 가리킨다. 하지만 이 원칙에 예외적인 경우도 많다. 이를테면 기르는 집비둘기용 새장은 '들비둘기장'이라고 부르고 야생 비둘기가 싼 똥 더미는 '집비둘기 똥'이라고 부른다.

집비둘기와 들비둘기는 둘 다 비둘기과(*Columbidae*)로 알려진 조류에 포함되며 200여 종이 넘는다. 이스라엘과 중동에는 참 비둘기과(true *Columbidae*)의 새가 서식하고 있으며, 멧비둘기(turtle dove)로 알려진 토종 멧비둘기속(*streptopelia*)의 새와 쉽게 구분된다.

중동의 참 비둘기과 가운데 가장 흔한 새는 아시아양비둘기(Asiatic rock dove, *Columba livia*)가 가장 확실하다. 이 새는 기원전 4,500년경에 메소포타미아에서 처음으로 사육되었다. 기원전 2,500년경에는 이집트 가정에서 기르는 새였고, 기원전 1,200년에는 집으로 돌아오는 능력이 있음을 사람들이 잘 알고 있었다는 증거가 있다. 이 새가 바로 집에서 기르는 전서구(homing pigeon)의 조상이다. 물론 일부는 집에서 벗어나 자연으로 돌아간 비둘기도 있지만 지금은 전 세계 도시의 길거리에 이 새가 서식하고 있다. 현대 건물의 귀퉁이는 이 새들이 원래 둥지로 삼던 암벽의 돌출부를 대신하기 좋은 장소이다. 가나안 사람과 이스라엘 사람도 이 새를 음식으로나 희생 제물로 쓰려고 길렀다. 히브리어 구약성경의 '요나'(*yonah*)와 그리스어 신약성경의 '페리스테라'(*peristera*)가 바로 이 비둘기이다.

들비둘기와 그 새끼

이스라엘 땅에서는 세 유형의 멧비둘기가 서식하며 그 중 두 유형이 텃새이다. 셋째 유형은 봄에 이스라엘로 날아와 여름을 지내고 돌아가는 철새이다. 그 철새에 해당하는 멧비둘기(turtle dove, *Streptopelia turtur*)와 지금은 텃새가 된 종자 가운데 하나인 염주비둘기(collared dove, *Streptopelia decaocto*)가 성경 저자들이 히브리어로 '토르'(*tor*), 그리스어로 '트루곤'(*trugōn*)이라고 부르는 새이다(히브리어 명칭과 그리스어 명칭은 둘 다 멧비둘기가 내는 소리를 따라서 지은 것이다).

성서 히브리어 '고잘'(*gozal*)은 일반적으로 조류의 새끼를 말한다. **창 15:9**에서 이 단어는 분명 집비둘기 새끼를 특정하여 말한다. 양비둘기(rock pigeon)의 둥지는 암벽의 돌출부에 모여 있었다. 집비둘기와 들비둘기는 새장이나 비둘기장에서 길렀으며, 야생 비둘기는 그물망을 치고 그 안에서 길렀다. 이렇게 해서 유대인들은 제사를 드리려 할 때 간편하게 이 새를 구할 수 있었다.

모양 양비둘기는 푸른빛이 감도는 회색으로 목 부분에 윤기 있는 분홍빛 깃털이 있으며, 꼬리 끝은 검은 색이다. 이 새는 슬퍼하며 신음하듯이 '움'(*oom*, 히브리어 이름 '요나'[*yonah*]는 '신음하다'라는 의미를 지닌 동사와 관련이 있다.) 소리를 반복해서 내거나 급하게 두세 번 구구구 소리를 낸다. 이것은 부리를 닫고 가슴으로 내는 소리이다. 짝을 얻으려는 수비둘기의 몸짓은 날개를 들썩이며 몸을 치는 날갯짓으로 시작한다. 그리고 나서 암비둘기 옆으로 날아내려 가슴을 부풀리고 꼬리를 펼치고 머리를 숙이며 제자리를 맴돌기 시작한다.

집비둘기

이런 종류의 집비둘기는 큰 무리를 지어 살며, 떼를 지어 날 때는 한 덩이처럼 이동하다가 종종 날개를 '브이'(V) 자 형태로 만들면서 짧은 거리를 활공한다.

멧비둘기는 푸른빛을 띤 회색으로 분홍빛 가슴에 몸집은 비교적 작은 새다. 이스라엘에서는 4월에 이 새가 도착하며 햇살 좋은 날에는 2-3분 동안 구구구르르 소리를 리듬감 있게 내는데 어디서든 이 소리를 들을 수 있다.

들비둘기는 식물의 종자를 쪼아 먹는 새이다. 이 사실은 홍수 이야기에서 중요할 수 있다. 사체를 먹는 큰까마귀(raven)는 먹이를 찾았기 때문에 방주로 돌아오지 않는다. 들비둘기의 경우 처음에는 돌아오지만 결국 날아가 버린다. 그것은 모종의 씨앗을 먹을 수 있을 정도로 땅이 다시 말랐다는 것을 나타낸다.

특별한 의미 또는 상징 식물의 종자를 먹는 새인 들비둘기와 집비둘기는 유대인에게 제의적으로 정결한 새이다.

이 새는 빨리 날기 때문에 성경의 어떤 맥락 특히 시편에서는 빠름의 상징이 되고 있다.

비둘기는 연중 반복해서 구애하고 짝짓기를 하며 둥지를 틀고 살기 때문에 고대 이집트, 가나안, 히브리 문화권에서 이 새는 애정, 성, 번식력을 상징하였다. 아가서는 이 상징을 중요하게 여기고 있다.

들비둘기는 담즙이 없어서 화를 내지 않는다는 고대인의 믿음은 이 새를 평화와 온유함의 상징으로 만들었다. (사실 들비둘기와 집비둘기는 특히 먹거리를 놓고 종종 다른 새를 공격하는 호전성이 있다.)

집비둘기와 들비둘기를 가리키는 '요나'(*yonah*)라는 이름은 아픔과 슬픔으로 신음소리를 내는 것과 연관이 있다. 이러한 상징은 예언서의 운문에 자주 나타나고 있다.

번역 집비둘기와 들비둘기는 일부 사계절 눈이 쌓여 있는 지역과 외딴 섬을 제외하고는 세계 어느 곳에서든 서식한다. 이 새가 서식하는 곳에는 한 종(種) 이상의 비둘기가 살고 있으며, 거의 모든 지역에 집비둘기가 꼭 있다. 일반적으로 몸집이 좀 더 작은 야생 비둘기(wild dove)를 표시하는 단어를 가능한 한 사용해야 한다. 하지만 제사와 관련하여 집비둘기와 들비둘기를 함께 언급하는 맥락에서는 야생 비둘기에 해당하는 단어뿐 아니라 집비둘기에 해당하는 단어를 함께 사용할 수 있다.

왕하 6:25에는 문자 그대로 "들비둘기 똥"이란 히브리어 표현이 나온다. 이것은 아주 위급한 때에만 먹는 일종의 음식을 가리키는 것으로 보인다. 이 표현에 대하여 '병아리콩'(chickpea, 들비둘기 똥처럼 생겼다)부터 "구주콩"(locust-bean, NEB, REB)과 "부추"(wild onion, JB, TEV 각주, NAB) 그리고 야생초 뿌리까지 그 의미가 다양하게 제안되고 있다. 하지만 어떤 것도 확실하지 않기 때문에 문자 그대로 '들비둘기 똥'으로 번역하고, '아마도 재난이 닥쳤을 때 먹는 야생 그대로의 음식인 것 같다'는 설명을 각주로 덧붙이는 것이 가장 좋을 것이다.

3.8 (독)수리, 수리류(eagle, vulture)

관련 구절

네쉐르(*nesher*) 출 19:4; 레 11:13; 신 14:12; 28:49; 32:11; 삼하 1:23; 욥 9:26; 39:27; 시 103:5; 잠 23:5; 30:17, 19; 사 40:31; 렘 4:13; 48:40; 49:16, 22; 애 4:19; 겔 1:10; 10:14; 17:3, 7; 단 4:33(30); 7:4; 호 8:1; 옵 1:4; 미 1:16; 합 1:8

오즈니야(*'ozniyah*) 레 11:13; 신 14:12

아이트(*'ayit*) 창 15:11; 욥 28:7; 사 18:6; 46:11; 렘 12:9; 겔 39:4

페레스(*peres*) 레 11:13; 신 14:12

라함, 라하마(*racham*, *rachamah*) 레 11:18; 신 14:17

아에토스(*aetos*) 마 24:28; 눅 17:37; 계 4:7; 8:13; 12:14

아퀼라(*aquila*) 2에스 11장(6회); 12장(5회); 14:18 (가장 오래된 라틴어 본문은 이 구절에서 단어 '아퀼라'(*aquila*)를 생략하고 있지만, 후대의 라틴어 본문에는 들어 있다. 고대의 역본들은 '(독)수리'(eagle)에 해당하는 다른 단어들을 포함하고 있다.)

이름에 대한 논의 수리류(vulture)와 (독)수리(eagle)는 오늘날보다 고대 세계에서 훨씬 흔하게 볼 수 있던 새이다. 1945년 제2차 세계 대전이 끝난 이후로 세계의 (독)수리와 수리류의 숫자는 60퍼센트 이상 감소하였다. 이것은 주로 1) 살충제 DDT가 고도로 농축된 고기를 섭취한 결과 칼슘 부족 현상이 생겨서, 2) 오염된 쥐를 먹어서, 3) 현대 사냥용 총 때문에 야생 동물이 사라진 것과 현대의 쓰레기 처리 방식으로 인해 썩은 고기의 양이 감소했기 때문으로 보고 있다.

'네쉐르'(*nesher*): 히브리어로 된 많은 새의 이름처럼 '네쉐르'(*nesher*)는 특정한 새를 가리키기도 하고 일반적인 조류 전체를 말하기도 한다. '네쉐르'(*nesher*)는 특별히 그리폰독수리(griffon vulture, *Gyps fulvus*)처럼 몸집이 가장 큰 맹금류를 가리키는 것으로 보인다. 그러나 이 단어는 이런 종류의 새 전체 또는 특정 종류를 가리키는 일반적인 명칭일 수도 있다. 그러므로 이 부류에 속한 큰 새는 주름민목독수리(lappet-faced vulture, *Torgos tracheliotus negevensis*, 현재는 아주 드물지만 과거에는 그 개체수가 아주 많았다.), 검독수리(golden eagle, *Aquila chrysaetos*), 흰죽지수리(imperial eagle, *Aquila heliaca*), 초원수리(steppe eagle, *Aquila nipalensis*), 검은수리(black eagle)로도 불리는 흰허리독수리(verreaux's eagle, *Aquila verreauxii*)가 있다. 마지막에 언급한 흰허리독수리는 지난 35년간 현대 이스라엘 땅에서 번식하고 있다. 일부 조류학자는 고대에도 이스라엘에 서식했을 것이라고 믿고 있는데, 이는 흰허리독수리가 가장 좋아하는 먹이인 바위너구리가 살고 있기 때문이다. 이 사실을 캐넌 트리스트럼(Canon Tristram)은 언급하지 않고 있다.

'오즈니야'('*ozniyah*): 이 단어의 의미는 상당히 의심스럽다. 그 의미는 기본적으로 부정한 새들을 분류한 목록에 기록된 위치에서 나온 것이다. 그래서 이 단어는 물수리(osprey)보다는 수리류로 이해하게 만든다. 검은대머리수리(black vulture, *Aegypius monachus*)는 주름민목독수리와 수염수리(beared vulture)보다 몸집이 약간 작기 때문에 가장 적합한 새로 보인다. 아마도 위에서 언급한 수리들과 크기가 같은 (독)수리나 말똥가리(buzzard)를 가리키는 것 같다. 현대 히브리어의 '오즈니야'('*ozniyah*)는 주름민목독수리와 검은대머리수리를 가리키는 명칭이다.

'아이트'('*ayit*): 성경에 나오는 단어 '아이트'('*ayit*)가 (독)수리 또는 수리류를 가리킨다는 데 대체로 동의하고 있다. 그러나 매나 새매(sparrow hawk)나 이보다 조금 작은 매류(falcon)처럼 몸집이 작은 맹금류는 포함되지 않는 것 같다. 이 단어가 나타나는 문맥을 보면 모든 맹금류가 아니라 썩은 고기를 먹는 맹금류를 의미하는 것이 분명하다. 그러므로 '맹금류'는 너무 범위가 넓고 JB와 NIV처럼 '썩은 고기를 먹는 새'라는 표현이 더 정확할 것이다.

'아이트'('*ayit*)는 보통 '날카로운 비명을 지르다'라는 뜻을 지닌 히브리어 어근에서 유래되었기에 '날카로운 소리를 지르는 새'로 보고 있다. **창 15:11**과 다른 몇 구절들은 바로 이 새를 언급하고 있다. 그러나 이와 달리 '아이트'('*ayit*)를 '탐욕스럽게 공격하다'라는 뜻을 지닌 히브리어 어근에서 파생한 것으로 보는 학자들도 있다.

17세기에 '가금류'(fowls)는 몸집이 크거나 다 자란 새를, '새'(birds)는 몸집이 작거나 어린 새를 가리켰다. '노략질하다'라는 동사는 사체의 고기를 뜯어먹는다는 의미를 지녔다. 그래서 KJV가 사 46:11과 겔 39:4에서 '아이트'('*ayit*)를 "탐욕스런 새"라고 옮긴 것은 '굶주린 새'란 뜻이 아니라 '사체를 뜯어먹는 새'를 의미한다.

'페레스'(*peres*): 이 단어는 '뜯어먹다' 또는 '찢다'라는 뜻을 지닌 히브리어 어근에서 파생한 것으로서 (독)수리처럼 생긴 '수염수리'(bearded vulture 또는 lammergeir, *Gypaetus barbatus*)를 가리키는 것 같다. 위에서 '네쉐르'(*nesher*)라고 부르는 새에 비해 몸집이 약간 작은 (독)수리와 수리류 떼를 가리킬 것이다. 여기에 뱀독수리(short-toed eagle) 또는 검은가슴개구리매(black-chested harrier eagle)라고도 불리는 검은가슴뱀수리(black-breasted snake eagle, *Circaetus gallicus*[다르게는 *Circaetus pectoralis*])와 흰점어깨수리(booted eagle, *Hieraeetus pennatus*)가 포함된다.

'라함'(*racham*): 이 단어는 희고 검은 것을 뜻한다. 부정한 새들의 목록에 나타난 자리를 보면 '라함'(*racham*)은 물가에 사는 새를 뜻한다. 그래서 이 단어는 이집트대머리수리(Egyptian vulture, *Neophron percnopterus*)와 물수리(osprey, *Pandion haliaetus*) 중 하나일 것이다. 현대 히브리어에서 '라함'(*racham*)은 이집트대머리수리를 가리키며, JB의 번역 '흰 수리'(white vulture)가 이

이집트대머리수리

것을 나타내려고 의도하고 있는 것으로 보인다. KJV가 번역한 '기어 독수리'(gier eagle)라는 표현은 수리류(vulture)에 대한 옛 단어이다.

이집트대머리수리는 위에서 언급한 다른 수리류보다 몸집이 작다. 목과 머리에는 밝은 오렌지색과 갈색을 띤 깃털이 길게 흐트러져 나 있다. 털이 없는 노랑 얼굴과 노랑 부리를 가지고 있는데, 부리의 경우 대부분의 수리류보다 길고 끝이 덜 구부러져 있다. 나머지 몸통과 날개는 흰색이고 날개 끝은 검다. 날아다닐 때는 몸과 날개 앞면의 절반은 흰색이고 날개 끝과 날개 뒷면의 절반은 검은 색이다.

이 수리는 죽은 짐승의 썩은 고기를 먹는데, 보통 몸집이 더 큰 수리류가 먹다 남긴 것을 먹는다. 가죽을 벗기고 고기를 뜯어먹을 정도로 부리가 강하지 못하기 때문이다. 보통 해변이나 쓰레기 더미에서 먹다 남은 것을 찾아다니며 물떼새(plover), 도요새(sandpiper), 마도요(curlew)처럼 땅에 둥지를 짓고 물가에 사는 새들의 알을 큰 돌로 내리쳐서 먹는다.

'아에토스'(*aetos*): 모든 종류의 (독)수리를 가리키는 그리스어이다.

'아퀼라'(*aquila*): 모든 종류의 (독)수리를 가리키는 라틴어이다.

모양 참 (독)수리는 다리 아래에 깃털이 있으나 수리류, 뱀수리, 매 등은 보통 그런 깃털이 없다. 수리류는 (독)수리보다 부리가 약간 길고 목이 더 길다. 머리와 목은 보통 아예 털이 없거나 깃털이라기보다는 약간의 솜털이 나 있다.

그리폰독수리(*griffon vulture*): 이 새는 집스속(*Gyps*) 수리류 가운데 가장 크다. 날개 너비가 2.5미터 가량이고 몸무게도 10킬로그램이나 된다. 뭉툭하게 굽은 검은색 부리를 갖고 있다. 머리와 목은 고운 솜털로 덮여 있고 언제나 매서운 모습으로 쳐다본다. 양 어깨 사이의 등에는 깃털이 한 뭉치 나 있다. 머리와 목과 가슴은 회색과 황갈색으로 되어 있다. 이 새의 등은 짙은 갈색이고 날개 끝은 더 진한 갈색이다. 날아오를 때 몸통과 편 날개 끝은 연한 갈색이며, 길게 편 날개는 두껍고 진한 갈색 띠무늬가 보인다. 모든 참 수리류처럼 다리에 털이 없다.

그리폰독수리

그리폰독수리는 아주 큰 무리를 지어 살며, 높은 절벽의 돌출부에 함께 둥지를 틀고 알을 낳는다. 대부분의 몸집이 큰 수리류처럼 비상하기 전에 지열이 상승하는 아침나절까지 기다린다. 그리고 나선형으로 솟아오르며 점점 높이 난다.

이 새들은 먼 거리까지 볼 수 있는 아주 특별한 눈을 갖고 있다. 그래서 탈무드에는 "바빌론에 있는 수리류는 이스라엘에 있는 짐승의 사체를 본다."는 속담이 있다. 이 새들은 죽은 짐승이나 죽어가는 짐승을 찾아내려고 응시하면서 동시에 주변을 날아다니는 다른 수리류가 움직이는 궤적을 관찰한다. 아주 천천히 날아오르면서 날개를 퍼덕이지 않는다. 나선형 비행을 멈추는 순간 먹잇감을 향해 방향을 돌리고는 빠르게 하강하는데, 여전히 날개를 움직이지 않으면서 높은 속도에 도달한다. 히브리어 이름 '네쉐르'(*nesher*)는 이런 속도로 날 때 휙 하는 소리를 반영한 것으로 보인다. 다른 수리류는 이런 움직임을 눈치 채고 덩달아 같이 날기 시작한다.

그리폰독수리와 주름민목독수리가 사는 아프리카의 여러 나라에서 그리폰독수리는 보통 아주 큰 떼로, 주름민목독수리는 짝을 지어서 짐승의 사체가 있는 곳으로 모인다. 흔히 죽은 소에 20마리 이상의 그리폰독수리와 네 마리 정도의 주름민목독수리가 모여든다. 이런 비율로 모이는 것은 고대 이스라엘에서도 마찬가지였을 것이다.

그리폰독수리는 짐승의 사체의 위장과 연한 부위를 쪼아 댄다. 그리고 사체 깊숙이 머리를 처박고 연한 부위를 먹기 전에 간과 다른 부드러운 내장을 먹는다. 먹는 부위는 '안에서 바깥으로' 움직인다. 아주 빠르게 먹으며 불과 2분도 안 되어 고기 1킬로그램을 먹어치운다. 게걸스럽게 먹은 다음에는 날지 못하고 땅에서 뛰어다닌다. 특별한 위험이 없으면 다 먹은 후에 땅에 머무르거나 통나무나 주변의 나무에 앉아 있기를 좋아한다.

주름민목독수리

주름민목독수리(*lappet-faced vulture*): 이 수리류의 키나 날개 너비는 그리폰독수리만큼 큰 반면, 몸집은 좀 더 작다. 이 새들은 네게브 지역에 혼자 또는 짝을 지어 살며 아카시아 나무처럼 평평한 나무 꼭대기에 둥지를 틀거나 앉아 있다. 이 수리류는 부리가 노르스름하고 그리폰독수리보다 두껍고 단단해서 껍질이나 힘줄이나 질긴 고기를 먹을 수 있다. 머리와 얼굴과 목은 털이 없어 붉은 피부가 드러나 있다. 나머지 몸통은 검거나 진갈색이고 넓적다리와 어깨는 하얗다. 날아오를 때 편 날개 앞 가장자리에 가느다란 하얀 줄무늬와 흰 넓적다리(조류관찰자들은 보통 '하얀 바지'라고 부른다)가 선명하게 보이는 것을 제외하고는 온통 검게 보인다.

짐승의 사체를 먹을 때 이 새는 '밖에서 안으로' 먹는데 우선 껍질을 벗겨 내고 이것을 먹은 다음에 고기를 먹는다. 이 수리류는 매우 공격적이어서 짐승의 사체를 먹을 때 그리폰독수리를 제압한다. 썩은 고기가 주식이지만 때로는 먹잇감을 죽이기도 한다. 이때 표적은 주로 어린 가젤이나 멧토끼(hare) 같은 작은 포유류이다.

검은대머리수리(*black vulture*): 이 새는 깃털 없이 푸른빛이 감도는 회색 머리와 목을 제외하면 그 이름처럼 온 몸이 검다. 아래에서 올려다보면 온통 검게 보인다.

큰 수리(*large eagle*): 위에서 언급한 검독수리, 흰죽지수리, 흰허리독수리는 몸집이 아주 크고 날개 길이는 최소한 2미터나 된다. 이 새들은 사체 청소 동물은 아니지만 종종 수리류와 함께 짐승의 사체를 먹을 수도 있다. 이 새들의 일반적인 먹이는 새끼 가젤, 양, 바위너구리(hyrax), 멧토끼, 어린 아이벡스(ibex)와 같은 작은 포유류이다. 때로는 자고새(partridge)와 들비둘기 같은 새들도 사냥한다.

수염수리(*bearded vulture*): 'lammergeir'라는 다른 이름으로도 알려져 있는 이 새는 수리류 중에서 독특하게 (독)수리처럼 다리에 털이 나 있다. 위에서 언급한 수리류들보다 몸집이 작다. 머리와 목과 몸통은 오렌지 빛깔의 갈색이고, 머리 뒤부터 눈과 부리까지 검은 줄무늬가 이어지며, 부리 양쪽에 짧고 억센 검은 수염이 나 있다. 등과 날개는 진갈색이다. 이 새가 날 때 그 색깔과 거대한 다이아몬드 형 꼬리로 쉽게 알아볼 수 있다. 이 새는 다른 수리류가 이미 먹은 것을 먹으며 뼈를 공중으로 높이 들고 올라갔다가 큰 바위에 떨어뜨려 골수와 뼛조각을 먹는 독특한 습관이 있다. 이런 목적으로 똑같은 바위를 수년간 사용한다. 이 습관 때문에 KJV 번역자들은 '뼈를 쪼개는 자'라는 뜻을 지닌 라틴어에서 유래한 '아서프리지'(*ossifrage*)[5] 라는 단어를 만들어 수염수리를 표현하였다.

수염수리

5) [감수자주] 다른 이름들(lammergeir, bearded vulture, ossifrage)이지만 모두 '수염수리'(Gypaetus barbatus)를 가리킨다.

3.2 '정결한 새, 부정한 새'와 3.15 '물수리'를 보라.

특별한 의미 또는 상징 (독)수리와 수리류는 둘 다 몸집이 크고 힘이 센 것과 연관이 있다. 특히 중요한 것은 날개를 퍼덕이지 않고 빠른 속도로 먼 거리를 날 수 있는 능력이다. 이집트와 아시리아의 여신들은 (독)수리나 수리류를 상징으로 사용하였다. 이와 더불어 고기를 먹는 이 새들의 습성 때문에 유대인들은 이 새들을 '부정한' 짐승으로 간주했다. 젊은 이집트 왕 투탕카멘(Tutankhamen)의 유명한 미라는 황금으로 만든 큰 목걸이와 형형색색의 유리로 목과 어깨를 장식하였고, 네크베트(Nekhbet) 여신을 나타내는 날고 있는 수리의 모습으로 발견되었다. 성경에서 (독)수리는 보호를 상징하며, 신명기에서는 (독)수리가 하나님에 대한 은유로 사용되고 있다.

썩은 고기를 먹는 맹금류인 (독)수리와 수리류는 시신을 묻지 못하는 전쟁터의 죽음을 상징했다. 이 새들은 부정한 새의 목록에 들어 있다.

(독)수리나 수리류는 건강과 장생의 상징이기도 했다. 실제로 이 새들은 아주 오래 산다. 오스트리아의 상당히 믿을 만한 보고에 따르면 포획한 (독)수리가 104년을 살았다고 한다. 일부 학자들은 히브리인이 오래 사는 것과 (독)수리를 연관시키는 것은 일종의 (독)수리로 묘사된 불사조에 관한 고대 아라비아 신화와 관계가 있다고 본다. 불사조는 오백 년마다 태양을 향해 날아가 태양의 뜨거운 불에 타 죽고, 그 잿더미에서 다시 살아난다고 한다.

신약 시대에 (독)수리는 위에서 언급한 상징 외에도 로마 제국의 권력을 상징하기도 하였다.

번역 저자가 말하려는 것이 (독)수리인지 수리류인지는 문맥을 통해서 판단해야 한다. 빠르게 날다가 먹이를 향해 급강하하는 표현이면 (독)수리를 의미한다. 하지만 죽은 동물을 먹는 표현이 나오면 수리류를 의미한다. 본문이 하늘 높이 날거나 높은 절벽에 안전하게 둥지를 친 모습을 말할 때는 (독)수리든 수리류든 모두 괜찮다.

세 종류의 언어 상황을 고려할 수 있다: 1) (독)수리와 수리류를 같은 단어로 사용하는 언어들(이를테면, 리수어[Lisu][6], 라후어[Lahu][7] 그리고 다른 티베트-버마어들)이다. 이 언어들은 두 히브리어가 함께 쓰이는 경우를 제외하면 이 두 동물들을 구분하지 않아도 된다. 2) (독)수리나 수리류를 표현하는 일반적인 말이

6) [역자주] 리수어는 중국의 운난성, 미얀마 북부, 태국, 인도 일부 지역에서 사용하는 티베트-버마어이다.

7) [역자주] 라후어는 중국, 태국, 미얀마, 라오스에 사는 라후 부족이 사용하는 티베트-버마어이다.

없고 개별적인 아종(亞種)을 표현하는 단어만 있는 언어들(다수의 동남부 반투어[Bantu])이다. 이 경우 '네쉐르'(*nesher*)는 체구가 가장 큰 (독)수리나 수리류를, '페레스'(*peres*)는 약간 작은 것들을 가리키는 단어를 선택하는 것이 가장 좋다. 3) (영어처럼) (독)수리와 수리류를 가리키는 일반 명칭이 따로 존재하는 언어들이다. 이 경우에는 문맥에 따라 단어를 선택해야 할 것이다.

둥지가 높은 절벽에 있는 상황에서는 주의를 기울여야 한다. 어떤 종류는 나무에 둥지를 틀기 때문이다. 이런 경우 작은 맹금류라도 절벽에 둥지를 트는 (독)수리나 수리류를 찾아야 한다.

번역자들은 때로 지역의 문화적 여건을 염두에 둘 필요가 있다. 어떤 문화권에서는 (독)수리와 수리류가 토착민에게 전혀 다른 연관성을 지닐 수 있다. 예를 들면 수리류는 비열하고 더럽고 부정적인 한편 (독)수리는 권능과 고귀함을 상징한다. 후자의 상징을 성경에서 찾아볼 수 있지만, 이 경우는 통상적으로 (독)수리보다는 수리류를 가리키는 '네쉐르'(*nesher*)와 연관되어 있다. 그래서 출 19:4의 경우 '내가 너희를 수리류 날개로 업었다'(아래의 논의를 보라)로 번역할 수 있다. 하지만 이 번역은 대부분 서구의 독자들에게 잘못된 반응을 일으키므로 그런 상징이 존재하고 문맥이 허락한다면 '(독)수리'로 옮기는 것이 좋을 것이다.

'네쉐르'(*nesher*): 아프리카에서는 그리폰독수리와 밀접하게 관련된 수리류가 많은데, 아프리카 대륙 대부분의 지역에는 주름민목독수리가 일반적이다. 아프리카그리폰독수리에는 나무에 둥지를 트는 흰독수리(white-backed vulture, *Gyps africanus* 또는 *Gyps bengalensis*), 케이프독수리(cape vulture, *Gyps coprotheres*), 루펠(그리폰)독수리(ruppell's vulture, *Gyps rueppelli*) 등이 포함되어 있다. 이런 부류에 해당하는 현지의 이름을 사용하는 것이 수리류를 가리키는 본문의 문맥에 적절할 것이다.

그리폰독수리(griffon)는 중앙 유럽과 동부 유럽, 인도 아대륙에서도 발견되고 있다. 라틴아메리카와 캘리포니아에 서식하는 콘도르(condor)와 호주에 서식하는 쐐기꼬리수리(wedge-tailed eagle, *Aquila audax*)는 각각 현지의 대응어가 될 수 있을 것이다.

검독수리와 흰죽지수리는 서부 유럽 대부분의 지역뿐 아니라 이스라엘에서도 발견되고 있다.

검독수리와 흰죽지수리에 대응하는 아프리카 종은 검은수리로도 불리는 흰허리독수리와 잔점배무늬독수리(martial eagle, *Polemaetus bellicosus*) 등이다.

초원수리(steppe eagle, *Aquila nipalensis*)는 이스라엘을 건너 멀리 남쪽의 남아프리카공화국 북부 지역까지 이동한다. 이 새는 동부 유럽, 카자흐스탄, 중앙아시아, 남아시아에서도 발견되고 있다.

북아메리카의 흰머리수리(bald eagle, *Haliaeetus leucocephalus*)는 히브리어 '네쉐르'(*nesher*)가 나타나는 문맥과 어울린다.

출 19:4: "내가 너희를 (독)수리 날개로 업었다."(NIV)는 표현은 일종의 비유이지만 여러 언어권의 독자들은 이 문장을 문자적으로 받아들이고 있다. 하지만 이 본문은 (독)수리가 이스라엘 백성을 시나이 광야로 업어서 날랐다는 의미가 아니다. 이 은유는 오히려 하나님의 보호와 속도와 권능을 말한다. '내가 너희를 여기로 데려왔다. 마치 하늘을 나는 (독)수리가 너희를 업어 옮긴 것처럼 내가 옮겼다.'는 뜻이다. 일부 주석가들은, 이스라엘 백성이 수리가 자기 날개 위에 새끼를 업고 난다고 믿었다는, 자주 반복되지만 사실은 검증되지 않은 내용을 인용해 왔다. 또 다른 주석가들은 동물학자들이 (독)수리가 이렇게 하는 모습을 실제로 목격했다는 주장까지 하고 있다. 이런 믿음을 증언하는 확실한 증거는 없다. 이 구절은 성경에 두 번 나오는 표현 중 하나일 뿐이다. (독)수리를 관찰한 전문적인 동물학자 누구도 이런 습성을 보고한 적이 없다. 이 주석들은 사실 '날개로'라는 히브리어 관용어를 잘못 해석한 것이다. '날개로'라는 표현은 '날개 위에'가 아니라 '날아서'라는 뜻이다.

신 28:49: 이 구절이 등장하는 문맥에서 '네쉐르'(*nesher*)는 죽은 나라를 삼키는 것이 아니라 불순종한 이스라엘을 공격하는 모습을 가리킨다. 그러므로 이 단어는 수리류(NEB, REB: vulture)보다는 큰 (독)수리(RSV, JB, NIV, TEV, NAB: large eagle)로 번역되어야 한다.

신 32:10-12: 11절은 문제가 많다. 히브리 시문의 10절과 11절은 밀접하게 연결되어 있어서 10절의 주요 사상은 11절로 이어진다. 10절의 마지막 세 동사는 '보호하다(에워싸다), 돌보다, 지키다'이다. 이 문맥에서 11절을 "보금자리를 어지럽히다"(RSV, NIV)로 번역하는 것은 어울리지 않는다. "보금자리를 지켜보다"(NEB, JB, REB)라는 번역이 더 나은 설명이지만 이 동사는 다른 곳에서 종종 '격려하다'로 번역되므로 '새끼들을 달래다'라는 정도가 가능하다(NAB를 보라).

모든 영어 역본들은 (독)수리가 새끼에게 나는 법을 어떻게 가르치는지를 잘못 표현하고 있다. 아마 위에서 언급한 가상의 신화, 즉 (독)수리가 자기 날개 위에 새끼를 업고 난다는 설명을 받아들였기 때문인 것 같다.

실제로 새끼 (독)수리들은 어미와 아비 (독)수리가 바람이 불면 어떻게 날개를 펴서 나는지를 관찰한다. 새끼 (독)수리들은 이것을 다 배운 다음에 바람을 타고 보금자리를 떠나 날아다닌다. 이 단계에서 어미와 아비 (독)수리는 보통 머리 위 가까운 곳에서 선회하고 있다.

신화적 가설을 버리면 실제로 (독)수리가 행동하는 모습에 따라 히브리어 본문을 아주 다르게 해석할 수 있다. 일부 학자들은 이 해석을 지지하지만 주석서와 번역에는 아직 반영되고 있지 않다. 이것은 11절의 마지막 동사를 '업히다'가 아니라 '날아오르다'로 해석하는 것을 의미한다. 다음의 번역이 이렇게 해석한 것이다:

10 그는 그를 사막에서,
짐승이 울부짖는 불모지에서 만나시고
그는 그를 에워싸고, 돌보시고,
눈동자처럼 그를 지키셨다.
11 마치 (독)수리가 새끼들을 달래
새끼들 위에서 선회하면서
날개를 펴고, 새끼들을 가르쳐
강한 날개로 날아오르게 하는 것처럼
12 여호와께서 홀로 이스라엘을 인도하셨다.
그의 옆에 다른 신은 없었다.

11절에는 '날개'에 해당하는 단어가 두 개 있다. 두 번째 단어는 '강한'을 뜻하는 히브리어 어근에서 파생한 시적인 단어이다.

단 4:33: 여기서 느부갓네살의 머리털이 "(독)수리 깃털처럼 자랐다."는 말은 이상해 보일 수 있다. 이스라엘 땅의 토종 (독)수리는 머리가 깔끔하게 보이며, 큰 수리류의 경우라면 짧고 억센 머리털이 나거나 아예 머리털이 나지 않기 때문이다. 오히려 머리와 목에 엉성하고 긴 깃털이 자라는 작은 몸집의 이집트대머리수리나 아프리카 동부와 남부 지역 전체와 북쪽의 에티오피아와 수단 지역에서 흔히 볼 수 있는 긴관머리수리(long-crested eagle, *Lophaetus occipitalis*)와 비교해 볼 수 있다.

이집트대머리수리나 긴관머리수리가 알려진 아프리카 지역에서는 둘 중 어떤 이름이든 이 문맥과 잘 맞는다. 다른 지역에서는 "머리털이 (독)수리 깃털처럼 자랐다."는 표현이 가장 좋은 번역일 것이다.

미 1:16: 이 구절의 '네쉐르'(*nesher*)는 아마도 머리털이 없는 '주름민목독수리'를 가리키는 것 같다.

'오즈니야'('*ozniyah*): '검은대머리수리나 중간 크기의 (독)수리 종류를 가리키는 말인 것 같다. '작은 수리류'를 가리키는 표현이 가장 잘 어울린다.

부정한 새의 목록에 있는 '오즈니야'('*ozniyah*)는 검은대머리수리와 비슷한 크기의 수리나 수리류를 가리키거나 '페레스'(*peres*)와 함께 아주 큰 수리류 전체나 (독)수리를 포함하는 일반적인 표현으로도 쓸 수 있다.

'아이트'('*ayit*): (독)수리와 수리류를 모두 포함하는 '아이트'('*ayit*)에 해당하는 단일한 단어는 없지만, 이 두 종류의 조류가 모두 있는 아프리카와 중동 지역과 같은 언어권에서는 '(독)수리와 수리류' 모두를 의미하는 간단한 표현을 사용하는 것이 좋다. '죽은 동물을 먹어치우는 맹금류'나 간단하게 '수리류'와 같은 용어를 사용할 수 있다.

참 수리류는 아메리카나 오스트랄라시아에서는 발견되지 않지만 '말똥가리'와 같은 명칭이나 미국의 '콘도르' 같은 명칭을 이런 종류의 '수리류' 대신 사용할 수 있다. 기타 지역에서는 '죽은 동물을 먹는 (독)수리'나 그런 의미를 지닌 차용어를 사용할 수 있다.

렘 12:9: 이 구절의 '아이트 차부아'('*ayit tsavu'a*)를 어떤 학자들은 '점박이 맹금류'를 뜻하는 것으로 생각하고 있다. 다른 이들은 '차부아'(*tsavu'a*)를 '하이에나'라고 생각하고 ('아이트'['*ayit*]는 '게걸스럽게 공격하다'라는 뜻을 지닌 어원에서 파생한 것으로 봄) '아이트 차부아'('*ayit tsavu'a*)를 '탐욕스런/청소하는 하이에나', '하이에나 먹이' 또는 '하이에나를 위한 썩은 고기'로 해석하고 있다. 문맥상 후자의 해석이 '점박이 맹금류'보다 더 잘 어울린다. 2.19 '하이에나'를 보라.

'페레스'(*peres*): 수염수리는 남부 유럽의 산악 지역, 중앙아시아와 남아시아, 아프리카 동부와 남부에서 볼 수 있다. 중간 크기의 뱀독수리는 동부 유럽, 중동, 아프리카에서 볼 수 있다. 흰점어깨수리는 유럽, 아시아, 아프리카 모든 지역에서 발견된다. 그 외의 지역에서는 중간 크기의 수리류나 독수리에 해당하는 이름으로 '페레스'(*peres*)를 번역할 수 있다.

'라함'(*racham*): 이집트대머리수리가 알려져 있는 동아프리카, 북아프리카, 중동, 동남부 유럽에서는 이 새를 가리키는 특정한 이름을 사용할 수 있다. 다른 곳에서는 '흰 수리'나 '검은날개흰수리'(black and white vulture)와 같은 이름이 가장 적절하다.

3.9 기러기(goose)

관련 구절

바르부르(*barbur*) 왕상 4:23(5:3)

이름에 대한 논의 주요 영어 역본들은 히브리어 '바르부르'(*barbur*)를 '가금'(fowl) 즉 '집닭'을 의미하는 말로 해석하는 한편, 다수의 주석들은 '기러기'(goose)

라고 주장하고 있다. 유럽, 중동, 이집트에서는 인도로부터 집닭이 소개되기 수 세기 이전에 먼저 회색기러기(graylag goose, *Anser anser*)를 길렀다. 그래서 주석가들은 솔로몬의 식탁에 차려진 새가 기러기였다고 주장하게 되었다.

기원전 2,500년경 이집트 벽화를 보면, 사람들이 기러기에게 강제로 곡식을 먹이고 있는 것을 볼 수 있다. 기러기를 빨리 살찌게 하여 크기를 키운 간을 별미 요리로 개발한 것이다. 솔로몬 시대에도 기러기를 이런 방식으로 살찌우게 했을 것이다.

그러나 아랍어 '비르비르'(*birbir*)가 집닭을 지칭하는 이름이었다는 사실을 근거로 일부 주석가들은 히브리어 '바르부르'(*barbur*)가 가금(domestic fowl)이라고 주장하기도 한다. 이런 주장은 '바르부르'(*barbur*)가 '새하얀'을 뜻하는 어근에서 유래한 사실과 어긋난다. 하얀 계통의 가금류는 최근에야 비로소 개발된 것이다. 고대의 닭은 전부 홍갈색이었다.

JB에서 "뻐꾸기"(cuckoo)라고 번역한 것은 무시해도 무방하다. 뻐꾸기 요리가 솔로몬 시대 이후 고대 로마의 별미로 간주된 사실에서 유래한 번역이기 때문이다. 솔로몬의 요리 목록에 등장하는 또 다른 음식들은 희귀한 특별 요리라기보다는 일상적인 음식들이었다. 그러므로 '바르부림'(*barburim*)을 특별히 다른 것으로 생각할 이유가 없다.

'바르부르'(*barbur*)가 현대 히브리어처럼 고니(swan)[8]를 가리킨다는 주석이 한둘 있다. 그러나 고니는 이스라엘에서 거의 찾아 볼 수 없는 조류이기 때문에 사육했다거나 성서 시대에 잘 알려졌다고 주장할 만한 증거가 없다.

모양 기러기는 오리(duck)와 고니와 같은 조류과에 속한다. 발에 물갈퀴가 달려 있어서 헤엄을 칠 수 있다. 기러기는 오리보다 크고 고니보다는 작으며 물 밖에서 더 많은 시간을 보낸다. 오리와 고니는 주로 수생 식물을 먹지만 기러기는 물가의 풀을 뜯어먹는다.

회색기러기는 몸집이 큰 회색의 기러기로, 배에 부드럽고 흰 깃털이 나 있다. 이 깃털은 고대부터 모아서 베개와 깔개 속에 넣었다. 부리는 오리처럼 길거나 납작하지 않다. 이 새는 주변을 열심히 살피며 위험이 감지되거나 낯선 물체가 다가오면 먼저 부리를 하늘로 치켜든다. 그리고 위험이 분명해지면 큰 소리를 내기 시작한다. 그래서 기러기는 밤에 도둑이 드는 것을 가족에게 경고하는 '파수꾼'으로 인기가 있었다. 기러기는 기원전 390년 어느 날 밤에 로마 시민에게 그들의 적인 갈리아(Gaul) 사람이 접근하고 있는 것을 경고하여 위기를 막아준 적이 있다.

---

8) [감수자주] 백조는 일반인들이 흔히 쓰는 용어이지만 생물학에서는 한국이름 '고니'로 통용되고 있다.

▲이집트기러기
◀회색기러기

회색기러기 외에 이스라엘 사람은 이집트기러기(Egyptian goose, *Alopochen aegyptiacus*)와도 아주 친숙했을 것이다. 이 새는 밝은 갈색이다. 등과 날개는 진갈색이고 가슴에는 갈색 점이 나 있으며 양쪽 눈가는 동그란 갈색이다. 이스라엘 사람들은 또한 회색기러기와 비슷하게 생긴 쇠기러기(white-fronted goose, *Anser albifrons*)와도 친숙했을 것이다. 하지만 이집트기러기와 쇠기러기는 식용으로 적합하지 않다.

번역 기러기나 큰 오리가 알려진 지역에서는 그것에 해당하는 단어로 번역하는 것이 적절하다. 사하라 사막 이남 아프리카에서는 몸집이 큰 박차날개기러기(spur-winged goose, *Plectropterus gambensis*)를 가리키는 명칭이 가장 근사하다. 북아메리카에서는 캐나다기러기(Canada goose)가, 뉴기니와 호주에서는 까치기러기(pied goose, *Anseranas semipalmata*)가 현지의 대응어가 될 수 있을 것이다. 그 외에는 '살찐 큰 새'란 일반적인 표현을 사용할 수 있다. 일부 언어권에서는 문자적으로 '식용 새'를 뜻하는 표현도 가능하다.

이 말의 정확한 의미에 대해서는 의문이 남아 있기 때문에 '집에서 기르는 날짐승'(poultry 또는 fowl) 또는 '닭'처럼 일반적인 포괄적 명칭을 사용해도 괜찮다.

3.10 매(hawk), 매류(falcon)[9)]

관련 구절

아야(*'ayah*) 레 11:14; 신 14:13; 욥 28:7

네츠(*nets*) 레 11:16; 신 14:15; 욥 39:26

이름에 대한 논의 레 11장에 나오는 "모든 종류의 '아야'(*'ayah*)"라는 표현은 명칭이 비슷한 종류의 새 전체를 가리킨다는 사실을 보여준다. 이 경우 이 새들은 몸집이 큰 매목 매과의 매류(falcon)와 매목 수리과의 매(hawk)를 가리키며, 이들보다 더 큰 개구리매(harrier), 황조롱이(kestrel), 참매(goshawk) 등도 포함된다. 이스라엘에서는 이 새의 종류가 10여 가지나 되며, 개구리매(marsh harrier, *Circus aeruginosus*), 매(peregrine falcon, *Falco peregrinus*), 래너매(lanner falcon, *Falco biarmicus*)와 새호리기(hobby hawk, *Falco subbuteo*) 등이 있다. 하지만 더 크고 천천히 나는 솔개류(kite)는 아마도 여기에 포함되지 않을 것이다.

▲▲ 매
▲ 황조롱이

부정한 새 목록에 히브리어 '네츠'(*nets*)가 등장하는 위치를 볼 때 이 새는 크기가 가장 작은 부류의 매인 것 같다. 여기에는 레반트새매(Levant sparrow hawk, *Accipiter brevipes*) 같은 새매(sparrow hawk)와 청회색매(sooty falcon, *Falco concolor*)나 황조롱이(lesser kestrel, *Falco tinnunculus*) 같은 작은 크기의 매류가 포함될 것이다. **욥 39:26**에서 이 새가 남쪽으로 이동한다는 표현은 이런 종류의 새라는 것을 확실히 보여주고 있다. 위에서 언급한 작은 매들은 전부 철새이기 때문이다.

모양 히브리어 '아야'(*'ayah*)로 표현된 매들은 (독)수리(eagle)나 솔개(kite)보다 크기가 작다. 이 새들은 전형적으로 빨리 날며 맴돌기도 한다. 상당히 낮게

---

9) [감수자주] 매(hawk, 매목 수리과의 조류), 매류(falcon, 매목 매과의 조류).

날면서 먹이를 찾는데, 먹이를 발견하면 방향을 돌려 위로 올라갔다가 날개를 반쯤 접고 매우 빠르게 '덮친다.' 일반적인 먹이는 쥐(rat)와 생쥐(mouse)와 다른 새들이다. 황조롱이는 전형적으로 먹이 바로 위에서 맴돌다가 직각으로 하강한다. 매류는 날면서 다른 새들을 쫓다가 따라잡으면 발톱으로 강타한다.

히브리어 '네츠'(*nets*)로 표현된 작은 매 종류는 날개가 좁고 길며 아주 빠르게 난다. 먹이는 주로 작은 새와 생쥐이며, 날아다니는 곤충도 잡아먹는다.

붉은꼬리매

특별한 의미 또는 상징 이 새들은 부정한 새로 분류되어 있다. 매류는 이집트 신 호루스(Horus)의 상징이었다. 욥 28:7은 이 새의 예리한 시선을 말하고 있다.

번역 매, 크고 작은 매류와 새매는 전 세계에 널리 퍼져 있기에 현지 이름을 찾기가 어렵지 않다. 더 큰 매나 매류에 해당하는 용어는 '아야'('*ayah*)의 번역으로 사용할 수 있고, 이보다 좀 작은 크기의 매류와 새매에 해당하는 말은 '네츠'(*nets*)에 대해 사용할 수 있다. '아야'('*ayah*)는 '큰 매류'나 '큰 매'로, '네츠'(*nets*)는 '작은 매류'나 '작은 매'로 번역할 수도 있다.

3.11 해오라기(heron)

관련 구절

아나파('*anafah*) 레 11:19; 신 14:18

이름에 대한 논의 히브리어 '아나파'('*anafah*)는 의심의 여지없이 이스라엘 땅에서 발견되는 왜가리(gray heron, *Ardea cinerea*), 붉은왜가리(purple heron, *Ardea purpurea*), 스콰코해오라기(squacco heron, *Ardeola ralloides*), 붉은해오라기(night heron, *Nycticorax nycticorax*)와 같은 해오라기(heron) 종류들을 말한다. 하지만 이 명칭이 '코'를 뜻하는 히브리어 어근에서 나왔기 때문에 많은 학자들은 이 말이 원래 부리가 툭 튀어나온 물가에 서식하는 새를 가리키는 말이었을 것이라고 생각한다. 이럴 경우 해오라기뿐 아니라 따오기(ibis), 백로(egret), 덤불

▲왜가리
▶ 백로

해오라기(bittern)와 노랑부리저어새(spoonbill)도 여기에 해당된다.

모양 해오라기는 긴 목, 긴 부리 그리고 긴 다리를 가진 상당히 큰 새이다. 이 새들은 강이나 둑이나 연못 또는 호수의 얕은 물가에 서 있거나 천천히 걸어 다니면서 물속의 작은 물고기를 찾다가 순간적으로 머리를 물속에 집어넣어 물고기를 잡아먹는다. 이 새들은 날개를 느리게 움직이면서 난다.

특별한 의미 또는 상징 이 새는 부정한 새로 분류되어 있다.

번역 해오라기와 백로는 세계에 널리 퍼져 있어서 현지 이름을 찾기가 어렵지 않다. 위에서 언급한 모든 해오라기는 사하라 사막 이남 아프리카에서 모두 찾을 수 있다.

3.12 후투티(hoopoe)

관련 구절

두키파트(*dukifath*) 레 11:19; 신 14:18

이름에 대한 논의 오늘날 히브리어 '두키파트'(*dukifath*)의 의미에 대해서는 모두 일치된 의견을 보인다. KJV는 이 새를 "댕기물떼새"(lapwing)라고 번역하고 있는데, 이것은 번역자들이 이 새를 몰랐기 때문이다.

모양 후투티(Hoopoe, *Upupa epops*)는 '후프후프, 푸프푸프'(또는 '훕훕, 풉풉')와 비슷한 소리를 내기 때문에 그렇게 불린다. 이 이름은 일부 아프리카 언어와도 비슷한데, 쇼나어(Shona)로 '무푸푸'(*mupupu*)이고, 츠와나어(Tswana)는

후투티

'푸푸푸'(*pupupu*)라고 부른다. 이 새는 몸집이 큰 비둘기 정도의 크기이고, 머리와 몸통은 연한 적갈색이며, 날개와 꼬리는 검은 줄과 흰 줄이 섞여 있다. 부리는 길고 가늘며 약간 휘어져 있고 머리에 난 긴 볏은 부채꼴로 펼쳐진다.

후투티는 날개의 힘이 약해서 오르락내리락하면서 난다. 그리고 땅에 앉자마자 부채꼴 볏을 잠시 편다. 이 새는 대부분의 시간을 땅에서 걷고 먹이를 찾으면서 보낸다. 나무나 땅에 나 있는 구멍에 둥지를 틀며, 한 계절에 두세 번 알을 품는다. 다른 새들과 달리 새끼의 똥을 둥지에서 제거하지 않아서 둥지 냄새가 고약하다. 후투티는 곤충과 그 애벌레, 흰개미(termite), 벌레, 작은 개구리, 딱정벌레(beetle) 등을 먹는다.

특별한 의미 또는 상징 이 새는 부정한 새로 분류되어 있다.

번역 후투티는 아프리카, 마다가스카르, 중동 지역, 우림 지역을 제외한 열대 아시아의 사바나 지역, 일본, 남부 유럽에서 발견된다. 이들 지역에서는 이 새에 해당하는 이름을 찾기가 어렵지 않다. 다른 지역에서는 보통 '후푸새', '푸푸새' 또는 이 새가 내는 소리와 비슷한 이름을 사용할 수 있다.

3.13 갈까마귀(jackdaw)

관련 구절

카아트(*qa'ath*) 레 11:18; 신 14:17; 시 102:6(7); 사 34:11; 습 2:14

이름에 대한 논의 히브리어 '카아트'(*qa'ath*)가 가리키는 새에 대하여 학자들의 의견은 일치하지 않는다. 이 단어는 성경에서 모두 다섯 번 등장하는데 그 문맥을 볼 때 확실한 것은 다음 세 가지이다:

1) 부정한 새이다(즉 곡물 낟알을 쪼아 먹는 새가 아니다.)
2) 유대 광야와 관련이 있다.
3) 폐허와 연관된다.

대체로 간과해온 또 다른 특징은 이 새가 언급되는 다섯 구절 중 네 곳에 나타난 이야기 구조를 보면 성경 저자는 마음속으로 큰까마귀(raven)와 짝을 이루는 새로 생각하고 표현하고 있다는 것이다. 따라서 이 새는 썩은 고기를 먹는 검은

색의 새일 가능성이 있다.

이런 상황은 이 새가 펠리컨(또는 사다새, pelican)이란 해석을 배제하게 한다. **시 102:6**은 펠리컨이 광야에서 겪는 극심한 고충을 언급하는 것으로 해석할 수 있다. 하지만 이 주장은 다음 사실 때문에 근거가 약하다. **사 34:11**에서는, 에돔이 '펠리컨의 거주지'가 될 것이라고 말함으로써 그곳이 뜨거운 온천과 폐허가 있는 곳이 되리라는 것을 나타내는, 전혀 앞뒤가 맞지 않는 표현이 되기 때문이다. 큰사다새(white pelican *Pelecanus onocrotalus*)[10]는 이스라엘 땅에서 자주 볼 수 있는 새이며, 큰 강, 호수, 석호, 해양에 살고 있다. 이 새는 이스라엘을 지나가는 철새로서 가을에 몇 주 동안만 이스라엘에 머문다. 이 새는 흑해, 다뉴브강가의 삼각주와 카스피해에서 출발하여 아프리카로 이동하는 중에 훌레(Huleh)[11]와 에일라트(Eilat)[12] 지역에 잠시 머무는 것이다. 중동 모든 지역에서 어느 곳도 '펠리컨의 거주지'라고 부를 만한 곳은 없다. 그런 곳이 있다면 그곳이 습지이거나 물고기가 많아서 서식에 적합한 호수임을 보여주어야 한다.

이 새는 몇몇 올빼미류(owl)와 많이 비슷하다. 대다수 영어 번역 성경들은 이 점에서 드라이버(G. R. Driver)의 제안을 따르고 있다. NEB와 REB는 이 새를 '뿔 올빼미'(horned owl)[13]로 번역하고 있다. 이것은 올빼미종이 아니고 귀깃(ear tuft)[14]이 눈에 띄게 튀어나온 모습을 지닌 올빼미과를 가리키는 광범위한 분류명이다. 그리고 NIV와 NAB는 더 일반적인 명칭인 "사막 올빼미"(desert owl)로 옮기고 있다. 그러나 실제로 그런 올빼미과나 종은 없으며, 그 이름은 단지 사막에서 발견되는 올빼미란 뜻이다.

그러나 이보다 더욱 흥미로운 제안은 갈까마귀(jackdaw)로 번역하는 것이다. 이 명칭은 문맥에도 잘 어울릴 뿐 아니라 레 11:18; 신 14:17; 사 34:11; 습 2:14의 큰

---

10) [감수자주] 이 새는 한국에서 드물게 관찰되는데, '큰사다새'로 부르고 있다.

11) [역자주] 또는 훌라 골짜기(Hula Valley)로 불리며 훌레 호수가 있다. 이곳은 아프리카와 유럽과 아시아 사이에서 시리아-아프리카 지구대(단층 골짜기)를 따라 이동하는 새들의 주요한 중간 기착지이다.

12) [역자주] 성경의 엘랏 혹은 엘롯. 이스라엘 남쪽 끝, 아카바 만 북쪽 끝에 있는 항구도시이다.

13) [역자주] 'horned owl'은 올빼미목(Strigiformes) 올빼미과(Strigidae) 수리부엉이속(Bubo)의 조류를 두루 일컫는 것으로 보인다. 영어 역본들이 'horned owl'로 번역한 것은 미국수리부엉이(Great horned owl, Bubo virginianus)를 가리키는 것으로 보인다. 이 책에서는 'horned owl'을 '뿔 올빼미'로 번역한다.

14) [역자주] 귀깃 또는 귀뿔깃은 얼굴 깃털 일부가 포유류의 귀처럼 삐쭉 튀어나온 것을 말한다.

까마귀와도 단어 짝으로 어울린다. 마지막 두 구절에서 언급한 새들은 갈까마귀, 두 종류의 올빼미, 큰까마귀를 가리킬 것이다. 그렇게 보면 첫 번째 새와 마지막 새가, 그리고 중간의 두 종류의 새가 전형적인 히브리어 상응 구조를 이룬다. 레 11:13-19와 신 14:11-18의 부정한 새 목록의 구조는 이 목록을 다룬 곳(3.2 '정결한 새, 부정한 새'를 보라)에서 논의하였다. 현대 히브리어에서 갈까마귀는 '카아크'(*qa'ak*)인데 성서 히브리어의 '카아트'(*qa'ath*)를 약간 수정한 형태이다. 학자들은 모두 그 명칭이 이 새가 내는 소리와 관계가 있다는 데 의견을 같이 하고 있다. 이 단어는 갈까마귀가 내는 소리를 잘 표현해 주고 있다.

갈까마귀

모양 펠리컨은 이 새의 이름으로 적합한 것 같지 않으므로 여기서는 설명하지 않겠다. 이스라엘의 토종 올빼미에 대한 설명은 3.17 '올빼미'를 보라.

갈까마귀(jackdaw, *Corvus monedula*)는 까마귀(crow), 큰까마귀와 같은 과에 속한 새이지만 크기가 더 작고 전체가 검다. 3.6 '까마귀, 큰까마귀'의 설명을 보라.

특별한 의미 또는 상징 이 새는 부정함, 황폐함, 죽음을 상징한다.

번역 갈까마귀는 중동, 남아시아, 유럽에서 발견된다. 대부분의 다른 지역에서는 작은 크기의 까마귀를 부르는 명칭이 최선의 선택이 될 것이다. '작은 까마귀와 큰 까마귀'란 표현도 갈까마귀와 큰까마귀에 사용할 수 있다.

올빼미가 '카아트'(*qa'ath*)의 의미로 받아들여질 경우에는 올빼미류에 대한 일반적인 이름이 특정 종류의 올빼미를 가리키는 말보다 더 낫다. 하지만 이 경우, 원래 히브리어에는 없었던 마법과의 연관성이 끼어들지 않도록 주의를 기울여야 한다.

3.14 솔개류(kite)

관련 구절

다아(*da'ah*) 또는 다야(*dayah*) 레 11:14; 신 14:13; 사 34:15

이름에 대한 논의 히브리어 '다아'(*da'ah*)와 '다야'(*dayah*)는 중동과 이집트에서 발견되는 다양한 종류의 솔개류(kite), 특히 이들 지역에서 아주 흔한 솔개(black kite[15], *Milvus migrans*)를 가리키는 말이라는 데 의심의 여지가 없다. 붉은솔개(red kite, *Milvus milvus*)는 이스라엘 땅을 지나가는 철새로서 해마다 겨우 며

15) [감수자주] 한국에서는 black kite를 솔개라고 부른다.

솔개

칠만 머무른다.

모양 솔개류는 나는 방식에 따라 매(hawk)나 (독)수리(eagle)나 다른 새들과 구분된다. 이 새들은 아주 낮고 느리게 난다. 꽁지깃을 방향타처럼 사용하며, 방향을 바꿀 때는 꼬리를 비트는 모습이 보인다. 이렇게 하면 작은 원을 그리면서 정확하게 방향을 틀 수 있고, 짧은 발톱으로 날아가는 곤충을 잡기도 한다.

솔개는 머리만 회색빛을 띠고 나머지는 아주 균일하게 어두운 갈색을 띤다. 이 새는 긴 삼각형 꼬리가 있어서 바깥의 두 깃털을 움직이면 브이(V) 자처럼 보인다.

솔개는 곤충, 개구리, 도마뱀이나 사람들이 사는 곳에서 나오는 음식 부스러기를 먹으며 바닷가, 호숫가, 강가에서 죽은 물고기와 조개류를 먹어치운다. 이 새들은 짐승 사체의 고기 조각을 쪼아 먹고, 지나가는 자동차에 치어 죽은 생쥐, 새나 다른 짐승이 있으면 먹으려고 길 위를 따라 날아다닌다. 한 발로 먹이를 붙들고 날면서 먹는다. 대부분의 솔개류는 아주 온순하고 사람의 거주지와 아주 가까운 곳에서 종종 눈에 띈다. 이 새들은 사람들이 던져 주는 음식 부스러기를 받아먹기도 한다. 날벌레가 엄청나게 모일 때나 솔개류들이 이동할 때는 아주 많은 수의 솔개류가 모인다.

특별한 의미 또는 상징 이 새는 부정한 새로 분류되어 있다.

번역 솔개는 동남부 유럽, 아프리카 대부분 지역, 남아시아와 동남아시아, 호주, 파푸아뉴기니에서 발견된다. 아프리카 일부 지역에서는 이 새와 가까운 친족인 노랑부리솔개(yellow-billed kite, *Milvus migrans parasitus*)가 더 흔하다. 이와 아주 비슷한 다른 솔개류는 흰머리솔개(brahminy kite, *Haliastur indus*)로서 남아시아와 동남아시아권에는 매우 흔하다. 매가 알려져 있는 다른 지역에서는 매를 가리키는 단어를 이사야 구절에서 사용할 수 있고, 부정한 새 목록에서는 목록에 있는 모든 종류의 매들을 일일이 지정하기보다는 '모든 종류의 매'와 같은 포괄적인 표현을 사용할 수 있다.

3.15 물수리(osprey)

관련 구절

오즈니야(*'ozniyah*) 레 11:13; 신 14:12

샬라크(*shalak*) 레 11:17; 신 14:17

이름에 대한 논의 히브리어 '오즈니야'(*'ozniyah*)란 단어의 의미에 대하여 상당한 의문이 있다. 이 단어가 들어 있는 부정한 새 목록의 위치에서 그것의 기본적인 의미를 알 수 있는데, 물수리(osprey)보다는 일종의 수리류(vulture)를 가리키는 것 같다. 검은대머리수리(black vulture, *Aegypius monachus*)가 주름민목독수리(lappet-faced vulture)보다는 약간 작고, 수염수리(bearded vulture)보다는 약간 크기 때문에 '오즈니야'(*'ozniyah*)는 검은대머리수리가 가장 적합한 대상으로 보인다. 이 새는 크기가 같은 (독)수리(eagle)와 말똥가리(buzzards)의 집단을 가리키는 것 같다. 현대 히브리어 '오즈니야'(*'ozniyah*)는 주름민목독수리와 검은대머리수리를 가리키는 용어이다. 3.8 '(독)수리, 수리류'의 이름에 대한 논의를 보라.

히브리어 '샬라크'(*shalak*)를 '가마우지'(cormorant)로 번역한 것은 17세기부터 내려오는 전통이다. 하지만 이 번역이 적절한지에 대해서는 늘 의문이 제기되었다. 이를테면 '샬라크'(*shalak*)의 어근은 '던지다 또는 내던지다'인데, 그렇다면 이 이름을 가진 새는 몸을 '던져 덮쳐서' 먹이를 얻는 새라는 생각을 하게 된다. 그런데 가마우지는 그렇게 움직이지 않는다. 가마우지는 물에서 낮은 자세로 헤엄치다가 먹이를 찾으러 물속으로 잠수한다.

이 때문에 작고한 드라이버(G. R. Driver)는 이 단어를 '물고기잡이 부엉이'(fisher owl)로 번역할 것을 제안했고, NEB와 REB가 이것을 따르고 있다. 하지만 이런 제안 역시 문제가 있다. 물고기잡이 부엉이 또는 더 정확히 말해서 갈색물수리올빼미(brown fish owl, *Scotopelia ceylonensis*)는 잘 알려진 새가 아닐 가능성이 높다. 이 새가 고기를 잡아먹는 광경은 달빛이 있는 밤에 어부들이나 볼 수 있을 정도이며 이것도 아주 드문 일이다.

현대 히브리어 '샬라크'(*shalak*)는 물수리(osprey, *Pandion haliaetus*)를 가리킨다. 이 새는 공중에서 물속으로 들어가 물고기를 발톱으로 낚아채는 물고기잡이 (독)수리의 일종이다. 어떤 이스라엘 학자들은 이것이 흰목호반새(smyrna kingfisher, *Halcyon smyrnensis*) 또는 부비새(또는 가다랭이잡이새, gannet, *Sula bassana*)의 고대 이름이었을 것이라고 추정한다. 둘 다 모두 먹잇감을 향해 공중에서 하강하여 부리로 수면 아래의 물고기를 낚아챈다.

그러나 이 새의 정체를 규명하는 데 의문점이 많기 때문에 '물수리'로 번역하는 것이 '가마우지'로 번역하는 것보다 더 적절해 보인다. 3.4 '가마우지'를 보라.

모양 물수리(osprey, *Pandion haliaetus*)는 물고기잡이 (독)수리 모양의 새이다. 머리와 가슴과 배는 하얗고 등과 날개는 짙은 갈색이다. 부리의 가장자리에서부터 눈을 거쳐 목뒤까지 짙은 줄이 나 있다. 가슴에는 옅은 줄무늬가 보이는데, 날 때는 주로 하얗게 보이고 날개 끝은 짙은 갈색으로 보인다. 날 때 깃털과 꼬리에 옅은 갈색 줄이 보인다.

이 새는 해변과 호수와 큰 강 주변에서 발견된다. 대부분의 시간을 말뚝이나 나뭇가지나 물 근처의 바위에서 보내며 주기적으로 물 위를 천천히 날면서 먹이를 찾는다. 물고기를 보면 잠시 맴돌다가 날개를 거의 수직으로 세워 물로 다이빙한다. 보통 물속으로 곧장 잠수하고 수면으로 올라와서는 날개를 퍼덕거리며 발톱으로 물고기를 낚아채서 날아간다. 아프리카에서는 이 새가 날아가는 동안에 더 크고 빠른 아프리카물고기수리(African fish eagle, *Haliaeetus vocifer*)에게 먹이를 빼앗기기도 한다.

물수리

특별한 의미 또는 상징 물수리는 부정한 새로 분류되어 있다.

번역 물수리는 거의 전 세계에서 발견되지만 아프리카 일부 지역에서는 흔치 않다. 거기에서는 머리와 꼬리가 하얗고 큰 소리로 울며 눈에 잘 띄는 아프리카물고기수리가 훨씬 잘 알려져 있다. 이 지역에서는 이렇게 더 잘 알려진 새의 이름을 사용할 수 있다. 물수리를 이르는 말이 없는 언어권에서는 보통 '물고기 잡는 매(hawk)' 또는 '물고기 잡는 수리'와 같은 표현을 쓸 수 있다.

3.16 타조(ostrich)

관련 구절

야엔(*ya'en*) 애 4:3

르나님(*renanim*) 욥 39:13

이름에 대한 논의 위의 두 단어는 모두 타조(ostrich)를 가리키고 있다. 어떤 학자들은 이 두 단어가 같은 말의 단수형과 복수형이며 서기관이 실수로 철자를 잘못 기록한 것이라고 생각한다. 고대 히브리어의 글자 모양도 아주 비슷하다.

히브리어 '르나님'(*renanim*)은 '큰 소리를 내다'라는 뜻을 지닌 동사 어근과 관련이 있는데, 수컷의 큰 울음소리를 가리킨다.

모양 타조(ostrich, *Struthio camelus*)는 지구상에서 가장 몸집이 큰 새이다. 이 새는 날개가 발달하지 못해서 날지 못하며 목과 다리가 길어서 키가 2미터쯤 된다. 머리와 목은 민숭민숭한데, 짧고 억센 털로 덮여 있다. 수컷의 몸은 검은 색이며 길고 흰 날개를 갖고 있다. 꼬리는 흰색, 회색 또는 연갈색이다. 암컷은 전체가 회갈색이다.

타조는 주로 씨앗이나 떨어진 열매나 새로 돋아난 싹을 먹으며, 때때로 도마뱀이나 개구리를 잡아먹기도 한다. 소화를 돕기 위해 작은 자갈을 골라서 삼키기도 한다. 이들은 이십여 마리 정도의 적은 수로 무리를 지어 살아가며, 그 중 네다섯 마리는 수컷이다. 타조가 둥지를 만들고 사는 습성은 아주 특이하다. 둥지는 모래를 파내고 만든 크고 얕은 웅덩이가 고작이다. 열 마리나 되는 암컷이 한 둥지에 알을 낳으며, 오직 암컷 한 마리와 수컷 한 마리만이 알들을 부화시키는 역할을 한다. 낮에는 암컷이 둥지에 있고 오후가 되면 수컷과 자리를 교대한다. 아마도 검은 수컷은 밤에 위장이 잘되기 때문인 것 같다. 타조는 연중 새끼를 낳기 때문에 한 무리에 둥지가 서넛 된다.

수컷 타조

낮에 둥지에서 알을 품고 있는 암컷은 먹이를 찾으려 할 때 둥지를 떠난다. 위험이 닥치는 경우에도 암컷은 품은 알을 두고 달아나면서 위협하는 짐승이나 사람을 유인하여 둥지와 멀리 떨어지게 만든다. 알들은 뜨거운 모래 위에서 계속 따뜻해지기 때문에 암컷은 한참 동안 둥지를 떠날 수 있다. 새끼가 부화하면 한동안 품어준 암컷을 따르지만, 새끼들을 데리고 다니는 암컷들은 그중 한 마리 암컷이 무리 안에 있는 나머지 새끼들을 전부 차지할 때까지 서로 싸운다. 위험이 닥쳤다는 신호가 떨어지면 새끼들은 수풀 아래 꼼짝 않고 엎드리며, '어미'는 위험을 없애기 위하여 그 위험 요인을 유인한다.

수컷 타조는 멀리 떨어진 곳에서도 들릴 정도로 저음의 큰 울음소리를 연속해서 낸다. 때때로 그 소리는 사자가 울부짖는 소리로 착각할 정도이다. (<성서 속의 동물과 식물>[*Fauna and Flora of the Bible*]은 타조가 밤에 '쉰 목소리로 구슬프게 우는 소리[hoarse complaining cry]'를 낸다고 기술하고 있는데 이것은 오해의 소지가 있다.)

특별한 의미 또는 상징 성경은 타조를 단지 두 번 언급하고 있지만 두 번 모두 이 새의 무자비한 잔인함을 언급하고 있다. 이것은 1) 대부분의 암컷이 알을 낳은 뒤에 잘 돌보지 않고 다른 타조에게 알을 품게 내버려 두는 모습, 2) 알을 품는 암컷이 한참 동안 둥지를 떠나 있는 모습, 3) 부화한 새끼 타조를 돌보는 일을 누가 낳았건 누가 품었건 상관없이 암컷 한 마리가 맡는 습성에서 생긴 것이다. 전체적으로 보면 이것은 모든 '자연계의 어머니 본능'과 정반대되는 것처럼 보인다.

번역 타조가 잘 알려져 있는 아프리카의 사바나에서는 타조를 부르는 현지의 이름이 있다. 오스트랄라시아에서는 에뮤(emu)와 화식조(cassowary)가 아주 비슷한 종자이지만 별도의 각주가 필요하다. 특히 타조는 둥지를 만드는 습관이 화식조와 다르고, 이들은 탁 트인 사바나에 살기 때문에 화식조보다 훨씬 빨리 달린다. 다른 지역권에서는 그 지역의 언어를 차용할 필요가 있다.

욥 39:13의 히브리어 '르나님'(*renanim*)의 의미는 잘 이해되지 않는다. 주석가 사이의 일치된 견해는 '타조의 날개는 빨리(또는 즐거이) 움직이지만 황새(stork)의 날개와는 비교가 안 된다'는 뜻이다. KJV만이 '르나님'(*renanim*)을 "공작"(peacock)으로 번역하고 있다.

욥 39:18은 타조가 말과 말 탄 자를 우습게 여긴다고 언급하고 있는데, 이것은 타조가 말보다 빨리 달릴 수 있다는 사실을 가리키는 것이다. 일부 문화권에서는 이런 각주를 덧붙일 필요가 있다.

3.17 올빼미(owl)

올빼미류(owl)[16]는 남극 지방과 일부 도서 지역을 제외하고 세계 도처에서 발견된다. 이 새들은 밤에 활동하고 납작한 얼굴에 구부러진 짧은 부리가 특징이며, 입은 아주 크게 벌릴 수 있다. 이 새들은 먹이를 통째로 삼키며 소화되지 않은 것들은 작은 공 모양으로 토해낸다. 또 머리의 방향을 180도 이상으로 돌릴 수 있다.

두 종류의 기본적인 올빼미과의 동물이 있는데, 모두 이스라엘 땅에서 발견된

16) [감수자주] 부엉이는 올빼미과(科)에 속한다.

다. 한 종류는 가면올빼미과(*Tytonidae*)로, 가면올빼미(barn owl)[17]와 동양가면올빼미(grass owl)[18]가 있다. 이 새들은 하트 모양의 희끄무레한 얼굴에 보통은 짙은 선으로 윤곽이 그려져 있고 작고 검은 눈을 갖고 있다. 다른 한 종류는 전형적인 올빼미인 올빼미과(*Strigidae*)이다. 이 과(科)에는 매우 다양한 종(種)이 있고 모두 눈이 크다. 눈빛은 연갈색부터 오렌지색 그리고 노란색까지 다양하다. 이 과(科)에는 부엉이(eared owl) 또는 뿔 올빼미(horned owl), 아주 희귀한 물고기 잡는 부엉이(fishing owl), 그리고 20센티미터가 채 안 되는 난쟁이 부엉이(midget scops owl)부터 70센티미터가 넘는 자이언트수리부엉이(또는 검은수리부엉이, giant eagle owl)까지 다양한 크기의 올빼미류가 있다.

이스라엘 땅에 있는 아주 흔한 올빼미 종은 여덟 가지이다. 대부분은 사람 눈에 띄지 않지만 서로 구별되는 다른 소리로 잘 알려져 있다. 성서 시대에 밤은 현대의 대부분 지역들보다 훨씬 더 조용했을 것이고, 사람들은 밤에 나는 이상한 소리에 관심을 가지고 이런 소리를 내는 존재에 대해 다양한 상상을 했을 것이다. 그래서 사람들이 그 새들을 전혀 본 적이 없더라도 올빼미의 종류가 다르다면 그 이름도 달랐을 것이다. 실제로 대부분의 다양한 소리와 올빼미 종류를 눈으로 보고 연결시킬 수 있었을 것 같지는 않다. (당시에는 손전등이 없었다는 점을 기억하라.) 3.2 '정결한 새, 부정한 새'와 3.13 '갈까마귀'를 보라.

3.17.1 바트 야아나(bath ya'anah)

관련 구절

레 11:16; 신 14:15; 욥 30:29; 사 13:21; 34:13; 43:20; 렘 50:39; 미 1:8

이름에 대한 논의 일부 학자들은 히브리어 '바트 야아나'(*bath ya'anah*)를 '야엔'(*ya'en*), 즉 타조(ostrich)와 연관시키고 있다. 하지만 이 단어가 등장하는 문맥을 볼 때 그런 해석은 가능하지 않은 것 같다. 성경 문맥을 보면 '바트 야아나'(*bath ya'anah*)는 자칼(jackal), 버려진 폐허, 울부짖는 소리와 연결되어 있다. 또 물에 의지해서 사는 것 같다(**사 43:20**과 비교하라). 이것들 가운데 어느 것도 타조와 어울리는 문맥은 없다. 더욱이 어떤 새가 부정한 새에 포함되는 이유는 새의 식성이나 이방 신들과의 연관성을 통해 쉽게 알 수 있는데 타조의 경우에는 알기 쉽지 않다. 이 새들은 기본적으로 가금류처럼 채식성이다. 굳이

17) [감수자주] 한국에서 '가면올빼미'라고 부르고 있는 새는 오히려 '동양가면올빼미'(학명: Tyto longimembris)로 불러야 할 것이다.

18) [감수자주] 한국에서는 '동양가면올빼미'(grass owl, Tyto longimembris)나 '호주가면올빼미'(australian grass owl)를 '가면올빼미'라고 부르고 있다.

이유를 찾는다면 타조는 날지 못하기 때문에 박쥐처럼 '부자연스러운' 새로 여겼을 수도 있다.

다른 학자들은 이 명칭의 유래를 '사막'을 뜻하는 아랍어 단어나 '탐욕스럽다'는 뜻을 지닌 아람어에서 찾기도 한다. 헤이스팅스(J. Hastings)의 <성서 사전>(*Dictionary of the Bible*)에서 드라이버(G. R. Driver)는 이 단어를 수리부엉이(eagle owl)라고 주장한다. 부정한 새 목록에 등장하는 이 단어의 위치를 볼 때 이것은 충분히 가능해 보인다. (3.2 '정결한 새, 부정한 새'를 보라.) NEB와 REB의 "사막 올빼미"(desert owl)는 특정 종(種)이 아니라 마을과 동떨어진 곳에 사는 올빼미류를 가리키는 일반적인 이름이다.

모양 수리부엉이는 올빼미과(科) 가운데 제일 크다. 유럽수리부엉이(European eagle owl, *Bubo bubo*)는 중동에서 가장 큰 올빼미로서 키가 무려 75센티미터가 넘는다. 이에 해당하는 이스라엘 땅에 사는 올빼미는 윤기 없는 황갈색이며 얼룩덜룩하고 귀깃(ear tuft)이 있다. 밤에 시끄러울 정도로 굵고 낮게 우는 새로 잘 알려져 있다. 이 새는 낮에 아카시아 나무, 동굴, 무덤, 폐허가 된 건물의 어두운 그늘에서 잠을 잔다. 멧토끼(hare), 새끼 가젤(gazelle), 어린 양(lamb), 쥐(rat), 생쥐(mouse)같이 몸집이 작은 포유류를 먹는다. 특히 야생 오리나 집오리처럼 함께 무리지어 사는 새들도 먹이로 삼는다. 이 새는 때로는 낮에 횃대에서 쉬고 있을 때나 또는 동굴이나 오래된 무덤에서 방해를 받았을 때 볼 수 있고, 밤에는 드물게만 볼 수 있다. 예외적으로 현대에는 밤늦게 도로에서 가끔 볼 수 있다.

수리부엉이

특별한 의미 또는 상징 성경에서 이 올빼미는 부정한 새 목록에 있다는 점 외에도 죽음, 슬픔, 폐허와 연관되어 있다.

번역 한두 종류의 특정한 수리부엉이는 유럽의 남부와 동부, 아프리카 모든 지역, 남아시아와 동남아시아에서 볼 수 있다. 약간 다른 종류의 큰 올빼미는 오스트랄라시아에서 볼 수 있다. 아프리카에서 가장 흔한 두 종류의 수리부엉이는 아프리카수리부엉이(spotted eagle owl, *Bubo africanus*)와 자이언트수리부엉이

(또는 검은수리부엉이, giant eagle owl, *Bubo lacteus*, 동아프리카에서는 아프리카 큰수리부엉이[verreaux's eagle owl]로 알려져 있음)이다. 아시아수리부엉이(Asian eagle owl, *Bubo indicus*)는 마을과 동떨어진 산속의 나무숲이나 숲이 우거진 지역에서 볼 수 있다. 크기가 가장 큰 호주의 올빼미는 큰솔부엉이(powerful owl[19], *Ninox strenua*)이다. 이런 올빼미류를 부르는 말이나 '매우 큰 올빼미'를 가리키는 말은, 부정한 새 목록에 사용하기에 좋은 현지의 이름으로 대응이 될 수 있다. 다른 문맥에서는 '큰 올빼미'(large owls)와 같은 표현이면 충분하다.

3.17.2 얀슈프(yanshuf)

관련 구절

레 11:17; 신 14:16; 사 34:11

이름에 대한 논의 올빼미류를 번역하는 대다수의 경우들처럼 번역본들은 이를 서로 달리 번역하고 있다. 먼저 '비명올빼미'(screech owl, *Otus asio*)는 언뜻 보면 '얀슈프'(*yanshuf*)의 번역으로 절대적인 지지를 받는 것처럼 보인다. 하지만 이것은 오해이다. 레 11:18과 신 14:16의 부정한 새 목록을 보면 이 단어 다음에 히브리어 '틴쉐메트'(*tinshemeth*)가 나오는데, NIV는 이 단어를 "흰 올빼미"(white owl)로, NAB는 "가면올빼미"(barn owl)로 번역했다. 사실 흰 올빼미와 가면올빼미는 NIV와 NAB가 목록의 앞부분에서 언급한 비명올빼미의 별칭이다. 그렇다면 이것은 똑같은 올빼미를 두 번 언급한 셈이 된다. '틴쉐메트'(*tinshemeth*)를 가면올빼미로 번역하는 것은 유대인 학자들 사이에 오랜 역사를 갖고 있다. 현대 히브리어 역시 이 단어는 가면올빼미를 가리키고 있다(3.17.8 '틴쉐메트'의 이름에 대한 논의를 보라). 따라서 '얀슈프'(*yanshuf*)는 다르게 번역하는 것이 제일 좋다.

두 가지의 가능성이 있다. 이 목록에서 먼저 히브리어 '타흐마스'(*tachmas*)를 '부엉이'(eared owl)로 옮긴 번역자들은 '얀슈프'(*yanshuf*)를 '(황갈색)올빼미'(tawny owl)로 번역할 수 있다. 현대 히브리어 용법을 따라 '타흐마스'(*tachmas*)를 '쏙독새'(nightjar)로 번역하는 사람들은 '얀슈프'(*yanshuf*)를 '황갈색부엉이'(eared owl)로 번역하는 것이 좋다. 이것도 현대 히브리어 명칭을 따르는 것이다.

모양 (황갈색)올빼미(tawny owl, *strix aluco*)는 이스라엘에서 발견되고 있지만 아주 희귀한 새이다. 이 새의 소리를 들어보면 (황갈색)올빼미(tawny owl)인 것이 확실하다. 수컷은 후후후 후후후 하는 울음소리를 연속해서 내고, 암컷은

19) [역자주] Ninox strenua는 'powerful owl'로 불리는데, 이 책 저자는 'great scrub owl'이라 하였다. 본 번역서에서는 '큰솔부엉이'(powerful owl)로 번역한다.

부엉이

더 높은 음으로 한 번만 후 하고 대꾸한다. 눈은 희미한 원형의 윤곽이 있어서 마치 안경을 쓰고 있는 것처럼 보인다. '황갈색'을 뜻하는 이 새의 이름처럼 전체적으로 얼룩덜룩하게 황갈색을 띠고 있다. 이 새는 숲이나 과수원을 좋아하고 나무의 줄기 가까운 곳에 앉아 있다.

특별한 의미 또는 상징 이 새는 부정한 새로 분류되어 있다.

번역 (황갈색)올빼미(tawny owl)와 아주 비슷하게 생긴 올빼미류는 올빼미과(wood owls, *Strigidae*)에 속하며 세계 곳곳에서 볼 수 있다. 사하라 사막 이남 아프리카에서는 '올빼미'(wood owl, *Strix woodfordii*)가 이 올빼미와 아주 비슷하고 오스트랄라시아에서는 솔부엉이(boobook owl, *Ninox novaeseelandiae*)[20]가 현지의 대응어로 적합하다. 그 외의 지역에서 중간 크기의 올빼미(wood owl) 또는 '황갈색 올빼미'(tawny-colored owl)를 뜻하는 표현을 쓸 수 있다.

3.17.3 코스(kos)

관련 구절

레 11:17; 신 14:16; 시 102:6(7)

이름에 대한 논의 전통적으로 히브리어 '코스'(*kos*)는 '금눈쇠올빼미'(little owl)로 번역해 왔고, 현대 히브리어도 이런 의미를 지니고 있다. 이런 번역은 결정적이지 않지만 가장 설득력이 있다. 이 명칭을 사용하면 올빼미 중에서 가장 작은 올빼미와 맹금류 가운데 가장 작은 '네츠'(*nets*)를 하나의 짝으로 만들기 때문에 부정한 새 목록의 문학 구조가 매우 깔끔해진다.

모양 금눈쇠올빼미(little owl, *Athene noctua*)는 영어 이름에서 알 수 있듯이 몸집이 작은 올빼미이다. 주로 밤에 곤충과 새끼 새들을 잡아먹는다. 몸길이는 25센티미터 정도 되고 꼬리가 짧으며 귀깃(ear tuft)이 없다. 강둑이나 흰

20) [감수자주] 한국에서는 Northern Boobook을 '솔부엉이'라고 부르고 있다.

개미집의 둔덕 구멍 속에 둥지를 틀며 살아간다. 가끔 낮에도 작은 새 떼를 쫓아다니는 모습을 볼 수 있다.

특별한 의미 또는 상징 이 새는 부정한 새로 분류되어 있다.

번역 금눈쇠올빼미는 동남부 유럽, 중동, 동북 아프리카에서 볼 수 있다. 그 외의 지역에서는 작은 종류의 올빼미의 이름 또는 '작은 올빼미'와 같은 방식으로 표현할 수 있다.

금눈쇠올빼미

3.17.4 릴리트(lilith)

관련 구절

사 34:14

이름에 대한 논의 일부 주석가들은 이 단어를 바빌로니아 전설에 등장하는 여자 귀신(female demon)과 연관을 짓고 있다. RSV, TEV, NAB가 이 번역을 따르고 있다. 어떻든 이것이 받아들여진다 하더라도, 이 귀신은 밤에 활동하는 어떤 유형의 새와 연관이 있는 것 같다. 많은 중동문화권에서는 귀신과 괴물이 밤에 음침한 소리를 낸다고 생각했기 때문에 올빼미로 생각했을 것이다.

현대 히브리어의 '릴리트'(*lilith*) 역시 올빼미(tawny owl)를 부르는 명칭이다. 어떤 베두인 사람들은 다른 종류의 올빼미 즉 소쩍새(scops owl, *Otus scops*)(이스라엘에서 가장 흔한 올빼미 중 하나)가 청아하고 부드럽게 지저귀는 소리를, 먹잇감을 발견하고 은밀히 즐거워하는 여자 귀신이 내는 소리라고 말한다. 이 단어의 어근은 '밤'을 뜻하는 히브리어 단어와 비슷하지만 실제는 바빌로니아 단어이다. 이 단어는 현대 팔레스타인 사람들이 새 소리를 묘사하는 방식과 유사하다.

모양 올빼미(tawny owl)의 모양은 위의 3.17.2 '얀슈프'에서 설명한 바 있다. 소쩍새는 얼룩덜룩한 회색을 띤 작은 귀깃이 있는 올빼미다. 낮에는 나무줄기와 가까운 곳에 앉아 있는데, 이 새의 얼룩덜룩한 색깔이 나무껍질 색깔과 비슷해서 나뭇가지가 부러지고 남은 부분처럼 보인다. 청아하고 부드럽게 울음소리를 낸다.

특별한 의미 또는 상징 올빼미는 파멸, 파괴, 귀신과 연관이 있다.

번역 '올빼미 귀신' 또는 '올빼미 마녀' 같은 표현이 아마도 가장 좋은 해법일 것이다. 소쩍새가 잘 알려진 사하라 사막 이남 아프리카에서는 현지의 이름에 귀신이나 마녀에 해당하는 단어를 덧붙여 사용할 수 있다.

3.17.5 킵포드(qipod)

관련 구절

사 14:23; 34:11; 습 2:14

이름에 대한 논의 RSV가 '킵포드'(*qipod*)를 "고슴도치"(hedgehog)나 "산미치광이"(또는 호저[豪猪]나 아프리카 포큐파인, porcupine)[21]로 번역한 것은 거의 받아들이기 어렵다. 왜냐하면 같은 구절에서 언급한 다른 동물이 모두 새이기 때문이다. 이 단어가 등장하는 세 구절의 문맥을 보면 늪지나 광야나 폐허와 관련이 있는 새로 보인다. '덤불해오라기'(bittern)와 '해오라기'(heron)와 같은 번역은 늪지의 상황과 어울리지 에돔과 연관된 불모지 상황과는 어울리지 않는다. **습 2:14**에서는 '덤불해오라기'가 그 문맥의 의미와 어울리지 않는데, 그것은 이 새가 자신의 둥지를 성의 기둥 꼭대기에 짓는다고 말하기 때문이다. 덤불해오라기는 억센 풀이나 갈대 속 땅에 둥지를 만든다. (이 구절의 히브리어 본문 역시 문제가 많다.) 드라이버(G. R. Driver)의 주장을 따르는 NEB와 REB의 "느시"(bustard)는 에돔의 불모지 조건과 맞지만 다른 상황과는 어울리지 않는다. 느시는 반사막지대에 사는 새이며 땅에서만 둥지를 만든다.

최근의 연구는 이 새가 사실은 현대 히브리어로 '카판'(*kapan*, '킵포드'[*qipod*]의 한 변형으로 추정)이라고 부르는 노랑부리저어새(spoonbill, *Platalea leucorodia*)이거나 이 단어가 나오는 두 구절에서 큰까마귀(raven)가 언급되고 있기 때문에 갈까마귀(jackdaw)일 것이라고 제안하고 있다. 노랑부리저어새는 불모지의 상황과 어울리지 않으며, 이 제안은 현재 거의 받아들여지지 않고 있다. 한편 갈까마귀는 성경 본문의 모든 상황과 잘 맞지만 '카아트'(*qa'ath*)라는 단어가 이 새를 가리키는 말일 가능성이 더 높다.

이상의 논의는 히브리어 '킵포드'(*qipod*)가 어떤 종류의 올빼미라는 가능성을 남겨주는데, 이것이 문장에 표현된 모든 상황과 잘 어울리고 주석가들 대부분의 지지를 받는다. 하지만 이 새의 정체를 확인하는 것은 불가능하다.

모양 3.17 '올빼미' 설명을 보라.

---

21) [역자주] 쥐목 산미치광이과와 나무타기산미치광이과에 속하는 동물의 총칭.

특별한 의미 또는 상징 파멸과 파괴와 연관이 있다.

번역 대부분의 경우 올빼미류를 가리키는 일반 명칭이 가장 좋은 선택이 될 수 있다. 그러므로 **습 2:14**는 다음과 같이 번역할 수 있다: "각종 새들이 온갖 짐승과 함께 그 가운데 누울 것이다. 갈까마귀와 올빼미가 그 기둥 꼭대기에 깃들이고...."

3.17.6 킵포즈(qipoz)

관련 구절

사 34:15

이름에 대한 논의 JB가 히브리어 '킵포즈'(*qipoz*)를 "독사"(viper)라고 번역한 것은 이 단어를 독사의 일종인 '화살뱀'(arrowsnake)으로 이해한 결과이다. 그러나 히브리어 시문 구조를 보면 이 단어가 '솔개'(kite)와 평행한 위치에 있으므로 일종의 맹금류에 속한 새를 가리킬 가능성이 더 많다. 그래서 '킵포즈'(*qipoz*)가 '사막자고새'(sand partridge)일 수 있다는 것도 배제한다. 올빼미 종류가 확실히 문맥에 잘 맞는다. '킵포즈'(*qipoz*)와 '킵포드'(*qipod*)는 같은 단어의 두 가지 형태인 것 같다.

모양 3.17 '올빼미' 설명을 보라.

특별한 의미 또는 상징 파멸과 파괴와 연관이 있다.

번역 3.17.5 '킵포드'의 제안을 보라.

3.17.7 타흐마스(tachmas)

관련 구절

레 11:16; 신 14:15

이름에 대한 논의 영어 역본들의 다양한 번역 상황을 보면 히브리어 '타흐마스'(*tachmas*)의 의미에 대해서 일치된 견해가 없는 것이 분명하다. 다만 이 새는 밤에 활동한다는 사실에만 일치하고 있다.

이 새가 올빼미류의 일종이라면 부정한 새 목록의 위치상 이 새의 크기가 수리부엉이(eagle owl)와 금눈쇠올빼미(little owl)의 중간 정도라고 짐작할 수 있다. 다른 말로 하면 이 새는 중간 크기의 올빼미일 것이다.

여기에 해당될 만한 올빼미가 네 종류 있다. 즉 쇠부엉이(short-eared owl, *Asio flammeus*), 칡부엉이(long-eared owl, *Asio otus*), 가면올빼미(barn owl, 비명올빼미[screech owl] 또는 흰 올빼미[white owl]라고도 부름) 그리고 (황갈색)올빼미(tawny owl, *Strix aluco*, 올빼미[wood owl]라고도 부름)이다. 이스라엘 사람들이 칡부엉이

쇠부엉이

땅에 앉아 있는 쏙독새

를 알았을 것 같지는 않다. 이 새는 숲이 우거진 곳을 계속 따라 지나가는 철새이다. 이 새의 존재를 알았더라도 칡부엉이와 이보다 흔한 쇠부엉이의 차이점을 알기는 어려웠을 것이다. 손전등과 망원경을 지닌 현대의 조류 관찰자들도 이들을 구별하기 어려워하고 있다. 이스라엘 사람들이 이 올빼미들의 이름을 알았다면 둘이 아니라 하나로 알았을 것이다. 이렇게 볼 때 '타흐마스'(*tachmas*)는 세 가지 해석이 가능하고, 그 가운데 쇠부엉이가 가장 유력하다.

그러나 NAB가 "쏙독새"(nightjar)로 번역한 것을 무시할 수 없다. 이 새를 KJV와 RSV는 "나이트호크"(*nighthawk*)[22]로 번역하고 있다. 현대 히브리어에서 쏙독새는 '타흐마스'(*tachmas*)로, '얀슈프'(*yanshuf*)는 부엉이(eared owl)로 부르고 있다. (위의 3.17.2에서 이 이름에 대한 논의를 보라.)

모양 쇠부엉이는 쇠부엉이속(*Asio*)에 속한 다른 종류의 올빼미처럼 창백한 얼굴과 별로 표시나지 않는 귀깃(ear tuft)을 가진 중간 크기의 갈색 올빼미이다. 이 새는 짐승이나 사람이 코를 골 때 내는 것처럼 이상한 소리를 낸다. 목초지와 반사막 지역에서 살아간다.

쏙독새는 야행성이며 날아다니는 곤충을 먹는다. 이 새들은 주둥이가 짧지만 아주 크게 벌릴 수 있다. 낮에는 땅이나 우거진 나뭇가지에 앉아 있다. 아주 조용히 숨어 있어서 잘 보이지 않는다. 하지만 밤중에 내는 소리로 그들의 위치를 알 수 있다. 이스라엘 땅에서 가장 흔한 두 종류의 쏙독새는 누비아쏙독새(Nubian nightjar, *Caprimulgus nubicus*)와 유럽쏙독새(European nightjar, *Caprimulgus europaeus*)이다. 이 새는 길이가 15센티미터 정도 되고 몸에 갈색 얼룩무늬가 있다. 특히 번식하는 계절에는 이들의 소리를 밤에 종종 들을 수 있다. 소리를 낼 때는 쉬지 않고 두 마디의 소리를 네 번 연속해서 내는데, 모두 음정이 같고 첫 소리와 마지막 소리는 다른 소리보다 조금 약하게 소리를 낸다. 그래서 투카**투카투카**투

---

22) [감수자주] KJV(1611) 성서에 나오는 'nighthawk'는 영국에서는 유럽쏙독새(European nightjar)로 불리고 있음.

쏙독새

카 하는 식으로 묘사할 수 있다.

특별한 의미 또는 상징 이 새는 부정한 새로 분류되어 있다.

번역 쇠부엉이는 지중해 전 지역에서 볼 수 있는데, 아프리카 습지부엉이(African marsh owl, *Asio capensis*)처럼 비슷하게 생긴 부엉이는 아프리카 모든 지역에서 볼 수 있다. 이 지역에서 쇠부엉이와 아주 비슷한 명칭을 발견하기는 그리 어렵지 않다. 다른 지역에서는 중간 크기의 올빼미 명칭이나 '부엉이'를 가리키는 명칭을 사용할 수 있다.

유럽쏙독새는 유럽과 아프리카 전 지역에서 볼 수 있다. 다른 쏙독새 종류는 아프리카, 아시아, 오스트랄라시아에서 볼 수 있고, '타흐마스'(*tachmas*)를 '쏙독새'로 번역하기로 결정한다면 이 종을 부르는 현지의 이름을 쉽게 찾을 수 있다.

3.17.8 틴쉐메트(tinshemeth)

관련 구절

레 11:18; 신 14:16

이름에 대한 논의 위에서 말한 대로 가면올빼미(barn owl), 비명올빼미(screech owl), 흰 올빼미(white owl) 등은 모두 같은 올빼미를 가리키는 명칭이다. '틴쉐메트'(*tinshemeth*)를 "가면올빼미"(NAB, NIV의 "흰 올빼미")로 번역해 온 것은 유대인 학자와 기독교 학자들의 오래된 전통이다. NEB와 REB는 드라이버(G. R. Driver)의 제안에 따라 "금눈쇠올빼미"(little owl)라고 번역하고 있는데, 이것은 현대 히브리어로 '틴쉐메트'(*tinshemeth*)가 뜻하는 '가면올빼미'만큼 폭넓은 지지를 받지 못하고 있다. KJV와 RSV의 "백조"(swan)와 "물닭"(water hen)은 무시해도 무방하다. 백조는 이스라엘 땅에 극히 드물고, '물닭'도 사용하기가 애매한 명칭이다.

'틴쉐메트'(*tinshemeth*)는 실제로 성경에 세 번 나온다. 두 번은 가면올빼미를 말하고, 나머지 한 번은 도마뱀(lizard) 유형이나 카멜레온(chameleon)을 언급한 것이다(4.3 '카멜레온'을 보라).

가면올빼미

모양 가면올빼미(barn owl, *Tyto alba*)는 세계에 가장 널리 퍼져 있는 올빼미 가운데 하나이며, 북극과 남극과 외딴 섬을 제외한 거의 모든 지역에 분포되어 있다. 아주 옅은 회백색이며 날개와 등은 밝은 황갈색이나 회색이고, 가슴과 날개 아래는 거의 흰색을 띠고 있다. 이 새는 눈이 작고 몸집에 비해 머리가 크며 갈색 윤곽선을 한 하트 모양의 하얀 안면판(facial disk)[23]이 아주 두드러지게 보인다. 안면판은 올빼미가 매우 작은 소리를 감지하는 데 도움이 되는 짧고 뻣뻣한 깃털로 되어 있다. 가면올빼미는 외양간, 폐허, 동굴, 무덤에 종종 둥지를 튼다. 또 이 새는 아주 다양하고 이상한 소리를 내는데, 잘 알려진 떠는 듯한 소리부터 쉬익 하는 소리, 짹짹거리는 소리, 코 고는 소리 등을 낸다. 암컷이 수컷보다 더 크고 내는 소리도 크다. 올빼미는 주로 쥐(rat)나 생쥐(mouse)나 크기가 작은 야행성 동물을 먹고 산다.

특별한 의미 또는 상징 이 새는 부정한 새로 분류되어 있고, 무덤이나 죽음과 연관이 있다.

번역 이 올빼미의 현지 이름을 찾기는 어렵지 않다. 이에 해당하는 이름을 찾지 못하면 '흰얼굴 올빼미'(white-faced owl)란 표현을 사용할 수 있다. 하지만 엄밀하게 말하면 이러한 영어 이름을 가진 더 작은 크기의 다른 올빼미가 있으며 가면올빼미와 밀접한 관계는 없다.

3.18 자고새(partridge)

관련 구절

코레(*qore'*) 삼상 26:20; 렘 17:11

카르탈로스(*kartallos*) [집회 11:30]

이름에 대한 논의 '자고새'(partridge)는 수천 년 동안 덫을 놓아 사냥했다. 이스라엘 땅에는 오늘날에도 여전히 세 종류의 자고새가 발견되고 있다. 즉 중

---

23) [역자주] 안면판(facial disc)은 가면올빼미와 같은 올빼미류의 납작한 얼굴을 말한다. 안면판의 깃들이 움직여 거리를 조절하면서 소리를 모아 깃털 아래에 있는 귀로 전달하여 소리만으로 먹이를 찾을 수 있도록 한다.

동에서 꿩과에 속하는 추카(chukar, *Alectoris chukar*)로 알려지기도 한 바위자고새(rock partridge, *Alectoris graeca*), 검은자고새(black francolin, *Francolinus francolinus*), 사막자고새(sand partridge, *Ammoperdix heyi*)가 있다. 현대 히브리어에서는 사막자고새를 여전히 '코레'(*qore*')라고 부르고 있다. 그러나 성서 시대에는 세 종류의 자고새를 모두 '코레'(*qore*')라는 이름으로 불렀을 것이다. 이 이름은 주로 바위 위에서 수탉처럼 우는 수컷의 울음(crowing)과 연관을 지어서 '부르는 자'라는 뜻을 갖고 있다.

자고새를 사냥할 때는 돌과 무릿매와 막대기를 사용했으며, 덫을 놓아 잡기도 했다. **삼상 26:20**에서 다윗은 자신을 쫓기는 자고새에 비유하고 있다. 이는 매우 적절한 비유이다. 왜냐하면 자고새가 쫓길 때 줄곧 짧은 거리를 날아다니는 것과 마찬가지로, 다윗도 이 은신처에서 저 은신처로 도망 다녔기 때문이다. 다윗은 자고새가 둥지를 트는 엔게디 근처의 바위 언덕에 숨어 있기도 했다.

집회 11:30에는 '새장에 갇힌 미끼용 자고새'에 관하여 언급하는 내용이 나온다. 이것은 세계 각처에서 여전히 흔하게 일어나는 관행을 언급한 것이다. 미끼용 자고새 수컷을 잡아 새장에 넣어 자고새가 있는 곳으로 여겨지는 장소에 놓아두거나 새장에서 꺼내 다리를 덤불에 매어 놓는다. 주변에 곡식을 뿌려 놓은 후에 당기면 죄어지는 올가미를 설치한다. 해질녘에 갇힌 자고새가 울기 시작하면, 이 소리가 다른 자고새들을 유인하고, 유인된 자고새들은 곡식을 먹다가 올가미에 걸린다. 또한 『성서 속의 물건들』(*The Works of Their Hands*), 1.4.3 '새장'을 참고하라.

자고새 알은 고대 식단의 중요한 부분을 차지했다. 베두인 부족들 대부분은 아직도 규칙적으로 이 자고새 알을 모으고 있다. 20세기까지 이 세 종류의 자고새는 팔레스타인 모든 지역에 매우 많았다. 오늘날도 여전히 존재하지만 숫자는 대폭 줄어들었다.

모양 위에서 언급한 세 종류의 자고새는 서로 약간 다른 곳에서 서식하고 있다. 바위자고새는 이름 그대로 바위가 많은 언덕에서 자주 눈에 띈다. 이 새는 이스라엘 모든 지역에서 발견되고 있으며, 숨어 있기에 좋은 울퉁불퉁한 지형을 잘 이용한다. 검은자고새는 와디(wadi)[24]나 강 계곡의 잎이 무성한 초목을 더 좋아한다. 이 두 자고새가 옆에 있다고 알아채는 것은 실제 이 새들이 눈에 띄어서라기보다는 그들이 우는 소리 때문이다. 다만 사막자고새는 유대 광야에 자주 나타나며, 사해 주변 와디의 물웅덩이에 물을 마시러 오는 장면이 눈에 띈다.

24) [역자주] 우기 때 물이 흐른 흔적만 남아 있는 마른 계곡을 말한다.

바위자고새(추카)

세 종류의 자고새가 서로 다른 무늬를 지니고 있고 또 사막자고새는 다른 두 종류에 비해 몸집이 작지만, 이 자고새들은 모두 전형적인 자고새과(科)에 속한다. 이 새들은 작은 무리를 이루고 살며, 아주 많은 알을 낳고, 위험에 처했을 때 뛰어 달아나는 경향이 있으며, 필요할 때만 날아오른다. 도망칠 때도 짧은 거리만 날고, 도로 땅에 내려앉는다. 때로는 거의 혼수 상태로[25) 매우 조용히 웅크리고 있기도 한다. 자연스러운 위장 능력 때문에 바로 옆을 지나가는 사람조차도 이 새들을 알아채지 못하기도 한다.

바위자고새는 몸길이가 약 35센티미터 정도 된다. 검은 띠가 눈썹 아래로 타고 내려와 눈 주위를 거쳐 목 아래 가슴을 휘감고 있으며 매우 하얀 볼을 지니고 있다. 또한 옆구리는 검정색과 밤색 줄무늬를 지니고 있다. 등과 날개는 잿빛(회색)이며 부리와 다리는 붉은 빛이다. 수컷과 암컷 모두 모양이 비슷하다.

검은자고새는 바위자고새와 크기가 거의 비슷하지만 꼬리는 약간 짧다. 수컷은 가슴과 양 옆구리가 검은 반면에, 암컷은 갈색 얼룩 반점을 가지고 있다.

사막자고새는 해당 서식지의 모래 색깔을 띠며, 몸 크기는 앞에서 말한 두 종류의 새의 반 정도 된다.

특별한 의미 또는 상징 아래의 **번역** 부분의 해설을 참고하라.

번역 자고새나 자고새와 가까운 친족인 세가락메추라기(button quail)와 꿩(pheasant)은 전 세계에서 발견되고 있으며, 어느 지역이든 이 자고새에 해당되는 새를 찾기는 어렵지 않을 것이다. 아시아에서 대나무자고새(bamboo partridge, *Alectoris orientalis*)는 파키스탄에서 중국에 이르기까지 그리고 동남아시아에서도 두루 발견된다. 호주에 서식하고 있는 갈색메추라기(brown quail, *Coturnix australis*)와 수염메추라기(stubble quail, *Coturnix pectoralis*)는 아마 풀숲무덤새(mallee fowl)나 덤불무덤새(scrub fowl)보다 자고새과(科)의 새와 가장 가까운 새일 것이다. 풀숲무덤새와 덤불무덤새는 매우 특별한 종류의 새로, 썩은 식물들을 무덤처럼 만들

25) [역자주] 동물들의 자기 방어법을 설명하는 맥락으로, 죽은 척하거나 진짜 기절해 버리는 것을 뜻한다.

어 알을 묻어서 그 열로 부화시키는 '무덤새'(mound builder)이다.

아프리카에서는 어떤 종류의 검은자고새이든 자고새과(科)의 새와 매우 유사하다. 이 새들은 아프리카 모든 지역에서 발견되고 있다.

렘 17:11: 다음의 영어 역본에서 보듯이, 이 구절의 상반절을 주석할 때 많은 문제가 있다:

> "자기가 낳지 않은 알을 둥지에 모으는 자고새처럼"(NEB)
> "자고새가 알 위에 앉으나 부화시키지는 않는 것처럼"(KJV)
> "자기가 낳지 않은 알을 부화시키는 자고새처럼"(NIV; JB, REB, TEV와 비교하라)
> "자기가 부화시키지 않은 새끼를 모으는 자고새처럼"(RSV; NAB와 비교하라)

이 구절을 제대로 해석하려면 '다가르'(*dagar*)와 '얄라드'(*yalad*) 두 히브리어 단어가 중요하다.

'다가르'(*dagar*)는 성경에서 단 2회, **렘 17:11**과 **사 34:15**에서 나타나고 있다. 이 단어는 평범하지 않기 때문에 그 의미에 대한 실마리를 얻을 수 있는 곳은 이 두 구절의 문맥뿐이다. 이 구절들의 전후 관계를 감안할 때 가장 분명한 실마리를 제공하는 것은 이사야서 구절이지만, 여기에서도 일부 단어의 뜻이 분명하지 않다. 이 구절의 처음 두 동사에 대해서는 대부분의 주석서와 영어 역본이 일치하고 있지만 그 밖의 다른 단어에 대해서는 거의 일치하지 않고 있다. 만약 우리가 사 34:15에서 논란거리가 되고 있는 히브리어 단어들을 번역하기보다 음역한다면, 그 상반절은 문자적으로 다음과 같이 번역될 수 있다.

> '킵포즈'(*qipoz*)는 거기서 둥지를 만들고 알을 낳아 부화할 것이고, 그 그늘 아래 '다그라'(*dagrah*)할 것이다.

모든 영어 역본은 히브리어 '바크아'(*bak'ah*, '까다')를 '알을 부화시키다'로 번역하고 있다. 이것은 '다그라'(*dagrah*)를 '자기 새끼를 모으다'로 번역하게 만든다. 그러나 이러한 해석은 의도된 목적어를 '알'에서 '새끼'로 바꾸는 결과를 초래하게 됨을 유의할 필요가 있다.

만일 '다가르'(*dagar*)에 대한 번역이 일관성 있게 이루어진다면, 예레미야 본문은 다음과 같이 번역되어야 할 것이다.

1) 자고새가 자기가 부화시키지 않은 새끼를 돌보는/모으는 것처럼….

단지 RSV, NAB, NEB만 이렇게 번역하고 있다. 다른 대부분의 영어 역본들은 위의 번역 대신에 다음과 같이 번역하고 있다.

2) 자기가 낳지도 않은 알 위에 앉는 [NIV, TEV, JB에서는 "알을 부화시키는"] 자고새처럼….

대부분의 영어 역본들은 두 본문의 문맥이 매우 비슷하지만 '다가르'(*dagar*)를 두 종류의 다른 방식으로 번역하고 있다.

히브리어 '얄라드'(*yalad*)는 훨씬 잘 알려진 단어이다. 다른 문맥에서 이 단어는 '낳다' 또는 '생기게 하다'를 뜻한다. **렘 17:11**은 이 동사가 새와 함께 사용되는 유일한 곳이다. 이것은 이 구절의 동사를 두 가지 방식으로 번역하게 만든다. 첫 번째는 '알을 낳다'인데, 이는 위에서 제시한 해석 2)이다. 이렇게 되면 기본적으로 같은 문맥 안에서 '다가르'(*dagar*)에 대한 해석이 매우 다른 두 종류로 나눠진다. 그러나 명사형인 '옐레드'(*yeled*)가 새에게 적용될 때는 알이 아니라 새끼를 가리킨다(**욥 38:41**과 비교하라). 이것은 두 번째로 가능한 번역, 곧 '새끼를 부화시키다'를 정당화시켜 준다.

유대 미드라쉬 전승과 대부분의 주석서 및 성서 사전은 해석 2)를 지지해 주고 있다. 이 자료들은 '자고새가 다른 새의 알을 훔친다는 널리 퍼진 잘못된 믿음'을 반영하고 있다. 이 안내서를 쓰려고 연구하는 과정에 이 같은 믿음이 매우 의심스럽다는 사실이 드러났다. 이제 다수의 학자들은 이것을 의심스럽게 생각하고 있다. 전통적인 해석이 안고 있는 가장 큰 문제는 '널리 퍼진 잘못된 믿음'에 대한 증거를 **렘 17:11**에 대한 한 가지 가능한 해석에 의존하고 있다는 점이다. 그래서 다음과 같은 주장이 순환되고 있다: 렘 17:11은 신화에 비추어서 해석되어야 한다. 그리고 그 신화의 출처는 같은 본문인 렘 17:11이다.

'널리 퍼진 잘못된 믿음'에 대한 가설의 근거를 찾으려고 할 때, 각 지역의 토종 자고새 대부분은 한 번에 열두 개 이상의 알을 낳는다는 사실을 염두에 두어야 한다. 이것 때문에 자고새가 서로 낳은 알을 모은다는 믿음을 초래했을 수 있다. 그러나 위에서 언급했듯이 이런 믿음에 대한 별도의 증거는 전혀 없다. 자고새와 그 알은 정기적으로 중요한 양식(糧食)의 원천이었고, 현재도 주요 양식원이다. 고대의 예언자들이 그 알들의 출처를 몰랐다고 믿기 어렵다.

렘 17:11에 대하여 세 가지 다른 해석이 가능하다. 그러나 그 어느 것도 위에서 말한 해석 2)와 일치하지 않는다.

첫 번째 해석은 '다가르'(*dagar*)를 '앉아서 알을 품고 있는 상태에 있다'고 보는 것이다. 이는 이븐-쇼샨(Abraham Even-Shoshan)의 저작인 〈새로운 구약성서 성구사전〉(*A New Concordance of the Old Testament*)에서 제시한 해설이다. '얄라드'(*yalad*)를 '알을 낳다'로 보는 것이다. 따라서 이 구절을 다음과 같이 번역할 수 있다:

> 3) 알을 품고 앉아 있지만 알을 낳지 않은 자고새처럼….

이 번역은 자고새가 그늘에서 움직이지 않고 앉아 있는 습관을 가리키거나 그들의 자기 방어 수단 가운데 하나라고 여길 수 있다. 자고새는 (독)수리나 매의 공격 위험 속에서 놀라운 위장술을 이용하거나 거의 혼수상태라고 할 수 있는 상태로 놀라울 정도로 오랫동안 가만히 앉아 있다. 이렇게 앉아 있을 때는 누구든지 새 몇 발자국 앞까지 접근할 수 있다. 비유의 핵심은 부당한 방법으로 부자가 된 사람은 겉으로만 있어 보이는 자고새와 같다는 데 있다. 필자가 알기에 어떤 주석가도 이 같은 해석을 제시하지 않았다. 아마 그 이유는 이 구절의 하반절과 연결시키기 어렵기 때문일 것이다. 하반절은 문자적으로 '그들은 인생의 중도에서 그를 버릴 것이다.'로 번역된다.

사 34:15 역시 상반절의 마지막 문구를 '그늘에서 알을 품고 앉아 있는 것'으로 번역할 수 있다. (히브리어 '브칠라흐'[*betsilah*, '그 그늘에/그늘 아래'] 대신에 '브체야흐'[*betseyah*, '그 알 위에']로 바꿔 읽어야 한다는 제안이 있었다. 그러자 이 제안에 대하여 많은 학자들은 이렇게 바꾼 결과로 생긴 상반절의 동사 순서가 적절하지 않다고 지적했다. 현재 본문의 동사 순서는 다음과 같다. '둥지를 만들다 … 낳다 … 알을 부화시키다 … 그 알을 품고 앉다.')

두 번째로 가능한 해석은 '다가르'(*dagar*)에 대해서는 동일하게 이해하지만 '얄라드'(*yalad*)의 의미를 '새끼를 부화시키다'로 받아들이는 것이다.

> 4) 알을 품고 앉아 있지만 그 알을 부화시키지는 못하는 자고새처럼….

이 견해는 자고새가 낳은 알의 상당수를 인간이 가져가거나 자칼(jackal)과 몽구스(mongoose) 같은 짐승이나 까마귀(crow) 같은 새나 왕도마뱀(monitor lizard)이 훔쳐간다는 사실과 관계가 있다. 캐넌 트리스트럼(Canon Tristram)이 28개의 알이 들어 있는 자고새 둥지의 발견을 언급하고 있는 것은 흥미롭다. 트리스트럼이 교류하던 베두인족 무리가 단 한 번의 번식 철에 800개 이상의 자고새 알을 모아두었다는 사실도 놀랍다. 알을 주워서 모으는 일에 대한 언급이 **사 10:14**에 나와 있다. 자고새 알 찾기는 아주 흔하고 가장 손쉬웠던 것 같다.

4)의 번역은 KJV가 채택하고 있는 해석이다. 비유의 핵심은 부정한 방법으로 부유함을 얻는 것은 자고새가 다른 존재들이 훔쳐가는 알을 낳는 것만큼이나 부질없는 일이라는 데 있는 것 같다. 부정한 방법으로 얻은 부는 권력자 아니면 아마 하나님에 의해 빼앗길 수 있다고 추론하는 것 같다. 점점 더 많은 학자들이 이 해석을 선호하고 있으며, 이 구절의 하반절과도 꽤 잘 어울린다.

세 번째로 가능한 해석은 RSV와 NAB가 채택하고 있는 번역이다. '다가르'(*dagar*)를 '암컷이 하는 것처럼 새끼를 모으거나 돌보는 것'으로 해석하고, '얄라드'(*yalad*)를 '새끼를 부화시키는 것'으로 해석하는 것이다.

5) 자기가 부화시키지 않은 새끼를 모으는 자고새처럼….

이 번역은 바위자고새의 무리 가운데 암컷은 자기 새끼와 다른 새끼를 구분하지 못한다는 것과 연관이 있다. (이 사실은 일부 다른 자고새 종에게는 해당되지 않는다.) 바위자고새 암컷이 한 번에 50여 마리의 새끼를 돌보는 것을 볼 수 있다. 새끼는 다 자라면 어미 새와의 유대 관계가 상당히 약화된다. 점점 불어난 무리가 보다 작은 무리로 나눠질 때, 새끼 새들은 종종 흩어진다. 그러므로 이 번역은 **렘 17:11**의 비유적인 표현을 이 절 전체에서 잘 드러나게 하고 있다. 따라서 하반절의 '새끼들이 중간에 어미를 떠나게 될 것이다.'라는 어구는 매우 적절하다.

이렇게 되면 **사 34:15**는 '킵포즈(*qipoz*)는 거기서 자기 둥지를 만들고 알을 낳아 부화시킨 후에 그의 보호막 아래 자기 새끼를 모을 것이다.'로 일관성 있게 해석될 수 있다. 여러 번역들 가운데서 5)가 가장 적절하다. 이 번역은 문맥 전체와 잘 어울리며, 두 번 나타나는 '다가르'(*dagar*)의 번역도 일관성이 있다. 그러나 이런 추론을 전달하기 위해서는 바위자고새 암컷의 행동을 설명하는 각주가 필요한 것 같다.

삿 15:19에서 장소 이름인 히브리어 '엔-학코레'('*en-haqore*')를 '자고새의 샘'보다는 '부르짖는 자의 샘'을 뜻하는 것으로 보아야 한다. 왜냐하면 그 이름은 삼손이 하나님께 도와달라고 부르짖는 것을 기억하는 것이기 때문이다.

3.19 메추라기(quail)

관련 구절

슬라브(*selav*) 출 16:13; 민 11:31, 32; 시 105:40

오르투고메트라(*ortugomētra*) [지혜 16:2; 19:12]

코투르닉스(*coturnix*) 2에스 1:15

이름에 대한 논의 여러 번역본들과 주석가들은 위의 성경 구절에서 가리키는 새가 메추라기(common quail, *Coturnix coturnix*)라는 데 완전히 의견이 일치하고 있다. 이 새는 20세기 초반까지 이집트에서 수 세기에 걸쳐 수백만 마리가 대규모로 무리를 지어 살았다. 수많은 메추라기가 잡혀서 햇빛에 건조된 후에 수출되었다. 이 이집트 새는 이동 경로가 다소 한정되어서 이집트 동쪽을 가로질러 시나이 반도로, 그 다음에는 남쪽 수단으로 이동한다. 남부 유럽에서 아프리카로 이동하는 메추라기 또한 시나이 반도를 가로지른다. 이 새가 잡혔던 것은 이렇게 이동하는 동안 지면에서 불과 몇 미터 떨어져서 낮게 날기 때문이었다.

▲▲메추라기
▲메추라기와 그 새끼

모양 메추라기는 흰색 줄무늬를 띤 갈색의 작은 새로서 사냥감 새 중에서 가장 작다. 자고새의 축소형처럼 생겼으며, 부리 아래에는 흰색의 작은 반점 그리고 눈 위에는 흰 줄무늬가 있고, 목 주위에는 또 다른 줄무늬가 있다. 수컷은 적갈색의 가슴 반점 위에 검은 줄무늬가 있다.

특별한 의미 또는 상징 메추라기는 출애굽 때 하나님께서 공급하신 은총의 양식이다.

번역 메추라기는 아프리카 모든 지역과 남부 및 동남부 유럽과 중동에서 발견되고 있다. 그리고 뚝 떨어져 아시아 대륙 저편 일본에서도 발견된다.

다른 유사종인 얼룩메추라기(harlequin quail, *Coturnix delegorguei*)와 중국메추라기(Chinese quail, *Coturnix chinensis*)는 각각 아프리카와 아시아에서 흔하게 발견된다. 중국메추라기는 호주에서도 발견되는데, 이곳에서는 왕메추라기(king quail)라고 불리고 있다. 북아메리카에서는 캘리포니아메추라기(California quail)가 잘 알려져 있다. 참 메추라기가 없는 다른 지역에서는 '작은 자고새'(small partridge)라는 표현을 사용할 수 있다.

민 11:31에서 "지면 위 두 규빗쯤"이라는 표현은 '지면 위 1미터쯤 떨어져서 날고 있었다.'로 번역되어야 한다. 그 다음 절은 햇볕에 말리기 위하여 '메추라기를 땅 위에 펼쳐 놓았다.'로 해석되어야 한다.

3.20 바다갈매기(seagull)

관련 구절

샤하프(*shachaf*) 레 11:16; 신 14:15

이름에 대한 논의 NEB와 (드라이버[G. R. Driver]의 제안을 채택하고 있는) REB를 제외한 모든 현대 영어 역본들은 '샤하프'(*shachaf*)를 "갈매기"(gull) 또는 "바다갈매기"(seagull)로 번역하고 있다. 이것은 학자들 사이에 압도적으로 의견이 일치함을 보여준다. 현대 히브리어로도 같은 의미이지만 (갈매기의 친족인) 제비갈매기류(tern)는 '쉐샤핏'(*shechafit*, '작은 갈매기'[little gull])이라 불린다. 성서 시대에 이 단어는 아마 길고 폭이 좁은 날개를 지닌 바닷새를 통칭했던 것 같다. 여기에는 갈매기 외에도 제비갈매기류, 도둑갈매기(skua), 사막물떼새(courser)와 슴새(shearwater)를 비롯한 다른 새들이 포함된 것 같다. 이스라엘의 해안 지방과 갈릴리 호수 주변에서 이 과(科)의 조류는 적어도 열두 종이 발견되고 있다. 가장 흔한 것으로는 검은머리갈매기(black-headed gull, *Larus ridibundus*), 재갈매기(herring gull, *Larus argentatus*), 제비갈매기(common tern, *Sterna hirundo*), 작은제비갈매기(little tern, *Sterna albifrons*)가 있다.

모양 바다갈매기는 그 이름이 말하듯이 바닷가와 호숫가에 사는 바닷새이다. 이 새들의 친족인 제비갈매기류와 물갈매기류(skimmer)들 또한 세계 각처의 큰 강, 곧 아마존강, 나일강, 잠베지강, 갠지스강, 브라마푸트라강, 메콩강, 머리강과 미시시피강 유역에서 발견되고 있다. 일부는 작은 강과 연못에서도 발견된다. 갈매기는 제비갈매기류보다 크며 부리도 더 두껍다. 일부 종은 부리 끝이 두드러진 갈고리 모양을 하고 있다.

이 과에 속하는 대부분의 새는 흰색을 띠면서 등과

바다갈매기

위쪽 날개 표면은 회색이거나 검정색이다. 날개는 길고 유연하다. 물고기나 플랑크톤을 먹고 살며 대체로 먹이를 얻을 수 있는 물가에 자리를 잡는다. 일부 새는 먹이를 찾기 위해 물속으로 뛰어들며, 대부분 죽은 물고기, 게, 조개류를 먹으면서 해안가를 청소한다. 주로 낚싯배의 뒤를 따라다니면서 음식 찌꺼기나 버린 물고기를 먹어치운다.

특별한 의미 또는 상징 이 새는 부정한 새로 분류되어 있다.

번역 갈매기와 제비갈매기류는 전 세계의 바다나 큰 강에서 발견되기 때문에, 그 지역 특유의 명칭을 어렵지 않게 찾을 수 있다. 위에서 언급한 두 종류의 제비갈매기는 전 세계에서 발견되며, 이쪽 반구(半球)에서 저쪽 반구로 이동한다. 검은머리갈매기는 유럽과 아시아에서 발견된다. 갈매기나 제비갈매기류가 잘 알려지지 않은, 건조하거나 산이 많은 내륙 지역에서는 '바닷새'(seabird) 같은 표현을 사용할 수 있다.

3.21 참새(sparrow)

관련 구절

칩포르(*tsipor*) 창 7:14; 15:10; 레 14장(11회); 신 14:11; 22:6; 욥 41:5(40:29); 시 11:1; 84:3(4); 102:7(8); 104:17; 124:7; 잠 6:5; 7:23; 26:2; 27:8; 전 9:12; 12:4; 사 31:5; 애 3:52; 호 11:11; 암 3:5

스트루씨온(*strouthion*) 마 10:29, 31; 눅 12:6, 7; [토빗 2:10(2회)]

이름에 대한 논의 그리스어 '스트루씨온'(*strouthion*)은 참새(sparrow)를 가리키는 것이 분명하지만, 히브리어 '칩포르'(*tsipor*)는 사실 일반적으로 참새 크기의 새를 가리키는 포괄적인 단어이다. 특별히 참새와 같은 작은 새들은 그물과 덫으로 잡히며, 가난한 사람의 음식에서 중요한 부분을 차지했다.

참새

모양 이스라엘에서는 세 종류의 참새가 흔하다. 이들은 집참새(house sparrow, *Passer domesticus*), 스페인참새(Spanish sparrow, *Passer hispaniolensis*), 사해참새(Dead Sea sparrow, *Passer moabiticus*)이다. 이 참새들은

참새

모두 얼룩덜룩한 갈색의 작은 새들이다. 이외에 마을과 촌락 근처에 많이 사는 작은 새들은 멧새(bunting), 되새(finch), 박새(tit)과에 속하는 것들이다. 특히 참새는 꽤 많은 숫자가 함께 앉아 있거나 둥지를 트는 모습이 발견된다. 이 새들은 모두 씨앗을 먹는데 주로 풀 씨앗과 곡식을 먹고 산다.

특별한 의미 또는 상징 참새는 정결한 새로 분류되어 있으며, 가난한 사람과 연관되어 있다.

번역 참새나 이와 같은 작은 새는 전 세계 곳곳에서 발견되고 있다. 어느 지역이든 그 지방 특유의 이름을 찾는 일은 어렵지 않다. **시 102:7**에서 '지붕 위의 외로운 새'가 참새를 가리킨다면 좀 더 의미를 덧붙여야 할 것이다. 왜냐하면 참새는 홀로 발견되는 일이 거의 없기 때문이다. 이렇게 보면 이 구절은 시편 기자가 자기가 속한 공동체로부터 분리되어 느끼는 외로움을 암시한 것이라 할 수 있다.

3.22 황새(stork)

관련 구절

하시다(*chasidah*) 레 11:19; 신 14:18; 욥 39:13; 시 104:17; 렘 8:7; 슥 5:9

이름에 대한 논의 히브리어 '하시다'(*chasidah*)가 황새(stork)라는 의견은 거의 일치하고 있다. 이스라엘을 지나가는 황새는 두 종(種)이 있다. '흰황새'(white stork, *Ciconia ciconia*)와 '검은황새'(black stork, *Ciconia nigra*)이다. 황새는 유럽에서 아프리카로 그리고 그 반대 방향으로 이주할 때 며칠 동안 이스라엘에 머무른다.

모양 위의 두 황새는 긴 다리와 긴 목을 가진 큰 새이다. 대부분의 해오라기(heron)나 두루미(crane)보다 몸무게가 더 나간다. 흰황새는 몸은 희고, 날개

▲흰황새
▶검은황새

는 검고, 부리와 다리는 붉다. 검은황새는 배는 희지만 다른 부위는 윤이 나는 흑갈색을 띤다. 부리와 다리는 붉은 색이다. 황새는 중부와 동부 유럽에서 동아프리카와 중앙아프리카로 이주한다. 때때로 우기에는 짐바브웨와 남아프리카공화국 일부 지역까지 날아간다. 이 두 황새는 먹이를 찾아 지상이나 얕은 물에서 대부분의 시간을 보낸다. 흰황새는 주로 풀무치(locust)나 메뚜기(grasshopper)나 다른 곤충들을 먹이로 먹고, 또한 개구리나 도마뱀이나 땅에 둥지를 짓는 새 새끼들도 잡아먹는다. 검은황새는 물고기와 개구리를 더 좋아하지만, 흰황새가 먹는 것도 먹는다.

황새가 다른 먹이 터로 움직이기 시작할 무렵에는 대체로 상승온난기류라 불리는 상승기류를 타고 높이 날아오른다. 높은 곳에 도달한 뒤에는 힘을 아끼기 위해 이따금씩 날개를 치면서 자신들이 선택한 방향으로 날아오른다.

특별한 의미 또는 상징 '하시다'(*chasidah*)라는 이름은 '친절' 또는 '신실'을 뜻하는 '헤세드'(*chesed*)로부터 파생되었을 것이다. 아마 둥지를 틀 때 어린 새끼들을 특별히 세심하게 돌본다는 사실과 연관이 있는 듯하다.

번역 세계 도처에서 여러 종의 황새가 발견된다. 그들 대부분은 이주하는 습성을 지니고 있다. 유럽에서 인도와 극동으로 이주하는 황새가 있는가 하면, 동남아시아에서 호주로 이주하는 황새도 있다. 아브딤황새(abdim's stork, *Ciconia abdimii*)의 경우는 에티오피아에서 짐바브웨와 보츠와나로 이주하는데, 이 새는 가는 곳마다 우기의 시작을 알려준다.

황새의 존재를 모르는 일부 지역에서는 차용어나 음역을 사용할 수 있다. 이때 이스라엘을 지나 장거리로 이주하는 큰 새임을 알려주는 각주가 필요하다.

욥 39:13 이 구절의 히브리어는 해석하기 어렵다. 대부분의 주석가들은 '타조의 날개가 매우 빨리[기쁘게] 퍼덕거리지만 분명 황새의 날개에 비길 수 없다.'로 읽을 것을 권한다. 그러나 일부 주석가는 '하시다'(*chasidah*)를 (히브리어로는 매우 비슷한) '하세라'(*chaserah*)로 고쳐 읽을 것을 제안한다. 그러면 이 구절의 의미는 '타조의 날개가 매우 빨리 퍼덕거리지만 날개깃이 없다.'가 된다. 어느 해석이 본문에 반영되어 있는지 각주를 달아 알릴 필요가 있다.

3.23 제비, 칼새(swallow, swift)

관련 구절

드로르(*deror*) 시 84:3(4); 잠 26:2

수스(*sus*), 시스(*sis*) 사 38:14; 렘 8:7

켈리돈(*chelidōn*) [바룩 6:21]

이름에 대한 논의 제비(swallow), 흰털발제비(martin), 칼새(swift)는 그 모습이나 행동이 매우 유사하다. 이 새들이 발견되는 대부분의 지역에서는 대체로 한 개의 이름으로만 알려져 있다. 영어도 마찬가지인데, 세 종류의 이 새들은 모두 전문가가 아닌 일반 사람들 사이에서 '제비'로만 언급되기 때문이다. 학술적으로 볼 때, 제비와 흰털발제비는 서로 연관성이 있지만 칼새는 전혀 다른 과(科)의 새이다.

제비

대부분의 영어 역본들이 세 개의 히브리어 단어를 '제비'로 번역하고 있다는 사실은 보통 사람이 사용하는 언어 습관을 반영한 것이다. 그러나 '드로르'(*deror*)는 정확히 제비와 흰털발제비를 가리키고 있는 것 같다. 반면에 (같은 단어이지만 발음 형태가 다른) '수스'(*sus*)와 '시스'(*sis*)는 칼새를 시사한다. 현대 히브리어에서 '시스'(*sis*)는 칼새에 해당하는 명칭이고, '드로르'(*deror*)는 제비가 아닌 참새를 지칭하는 이름이다.

그리스어 '켈리돈'(*chelidōn*)은 제비 아니면 칼새 둘 중에 하나를 가리킨다.

이스라엘에서는 네 종의 칼새, 세 종의 흰털발제비, 두 종의 제비가 일반적이다. 유럽칼새(common swift, *Apus apus*), 연한 칼새(pallid swift, *Apus pallidus*), 고산(高山) 칼새(alpine swift, *Apus melba*), 작은 칼새(little swift, *Apus affinis*)는 모두 여름 내내 이스라엘에서 지내는 철새이다. 참 제비 종류인 붉은등꼬리제비

(red-rumped swallow, *Hirundo daurica*)와 집흰털발제비(house martin, *Delichon urbica*)도 마찬가지이다. 다른 흰털발제비 종인 옅은바위색흰털발제비(pale crag martin, *Hirundo obsoleta*)는 항상 이스라엘에서 살고 있다. 다른 흰털발제비와 제비는 겨우 며칠만 머무르다 지나가는 철새이다. 비록 일부 새가 개별적으로 여름 한 철을 이스라엘에서 보내기는 하지만, 대부분의 새는 그냥 지나친다.

모양 제비, 흰털발제비, 칼새는 모두 가느다란 긴 날개와 짧은 다리를 가진 작은 새이다. 대체로 꽤 큰 떼를 지어 몸을 비틀고 돌리기도 하면서 장시간 동안 쉬지 않고 빠른 속도로 나는데, 날면서 공중에 있는 벌레를 잡는다. 히브리어 '드로르'(*deror*)는 '자유로운'을 뜻하는 단어에서 파생된 명칭이다. 쉬기 위해 멈출 필요가 없이, 급강하하며 다이빙하며 회전하며, 빠른 속도로 자유롭게 날 수 있는 놀라운 능력에 대해 말한 이름일 것이다. '수스'(*sus*) 또는 '시스'(*sis*)라는 이름은 공중에서 빠르게 날아가는 칼새가 지나가면서 내는 '휙' 하는 소리와 연관되어 있다.

유럽칼새는 대부분의 조류 서적에서 묘사된 것처럼 비명 소리와 같은 고음을 만들어낸다. 번식 철에 그 소리가 심하지만, 특히 둥지 가까운 장소에서 계속 시

칼새, 제비

끄럽게 지저귀는 소리를 낸다. 이 또한 일부 다른 종류의 칼새와 대부분의 흰털발제비에게 흔하게 나타나는 특징이다.

유럽칼새, 집흰털발제비, 유럽제비(European swallow), 붉은등꼬리제비, 옅은바위색흰털발제비는 모두 바위 표면 위나 움푹 들어간 곳이나 건물이나 다리 아래쪽과 같이 인간이 지어놓은 구조물 안의 돌출 부위 밑에 둥지를 짓는다. (시 84:3은 성전에서 둥지를 짓는 '드로르'[*deror*]를 언급하고 있다.) 칼새는 자신의 둥지를 만들 때 풀과 나뭇잎을 자신의 침과 접착시켜서 만든다. (중국인들이 그 유명한 새둥지 수프를 만들기 위해 모으는 것이 바로 칼새의 둥지이다.) 제비와 흰털발제비는 풀과 작은 진흙 알갱이를 섞어서 둥지를 만든다. 이 두 종류의 둥지는

대체로 지붕과 같은 돌출 부위에 가까운 바위나 벽에 지어진다.

제비와 칼새는 놀라운 철새이다. 몇몇 종은 중앙아프리카에서 극동과 중국 서남부 지역까지 이동한다. 다른 종은 러시아 북쪽과 스칸디나비아에서 남아프리카 공화국까지 이동한다. 어떤 제비들은 35일 사이에 12,000킬로미터 이상을 이동하는 것으로 알려져 있다. 이동을 위해 모이거나 도중에 잠시 머무를 때에 수십만 마리를 목격할 수 있다. 방콕에서는 대학생들이 하룻밤 사이에 도시의 전화선과 전깃줄 위에 앉아 있는 거의 이백만 마리의 제비를 센 적이 있었다. 그런데 그 다음날 그 새들이 감쪽같이 사라져 버렸다.

특별한 의미 또는 상징 위에 언급한 성경 구절들은 모두 운문으로 되어 있으며, 이 새들에게 다음과 같은 특징들이 주목되고 있다: 1) 규칙적인 이동, 2) 쉬지 않고 날아감, 3) 칼새의 경우처럼 인간의 거처에 둥지를 지음, 4) 애처로운 소리를 끊임없이 냄.

번역 칼새, 제비, 흰털발제비는 전 세계에서 발견되고 있다. 만일 어떤 지역에서 칼새와 제비를 구별하는 언어를 사용한다면, '드로르'(*deror*)는 '제비'로 번역되어야 하고, '수스'(*sus*)와 '시스'(*sis*)는 '칼새'로 번역되어야 한다. 그러나 대부분의 언어권에서 제비와 칼새는 같은 명칭을 사용하고 있다. 그러므로 위의 세 히브리어 단어를 번역하기 위해서는 한 단어만 사용하면 된다.

잠 26:2는 제비가 한 번도 쉬지 않고 온종일 날 수 있다는 사실을 언급하고 있다.

4. 뱀과 도마뱀

4.1 뱀과 도마뱀 소개

A. 뱀(snake)

중동과 거기서 가까운 아프리카 지역에서 적어도 40종의 뱀이 발견되고 있다. 어떤 종은 길이가 15센티미터밖에 안 될 정도로 작은 반면에, 어떤 종은 길이가 무려 2미터에 달한다. 서식지는 사막은 물론 바위가 많은 와디와 빽빽한 덤불과 강둑에 이르기까지 다양하다. 종에 따라 좋아하는 환경도 다르다. 이 지역에는 '방울뱀'(rattlesnake)을 제외하고는 뱀과(科)의 주요 표본이 되는 모든 종이 다 있다.

대부분의 중동의 뱀은 독이 없지만, 성경 저자는 세상의 다른 많은 사람들과 마찬가지로 뱀은 모두 독을 가지고 있다는 전통적인 믿음을 가지고 있었다. 사실 이 지역은 대부분의 다른 지역보다 독을 가진 뱀의 비율이 더 높다. 대부분의 다른 사람들처럼, 유대인과 초대 기독교인들도 온갖 종류의 뱀에 대하여 큰 두려움을 가지고 있었다. 그래서 성경에는 해롭지 않은 뱀에 대한 언급이 없다.

성경 저자가 개별적인 종 사이의 차이점을 이해했을 가능성은 없는 듯하다. 가장 일반적인 뱀 종류 사이의 차이점만 구별했을 가능성이 더 크다. 물론 모든 뱀 종류를 포괄하는 일반적인 단어도 있었다.

일부 학자들은 이렇게 주장한다. 고대의 성경 저자는, '뱀이 어떤 사람을 물 때 뱀의 혀가 동시에 그 사람을 찌르는 것이며, 이렇게 찌름으로써 독이 그 사람에게 들어가는 것이라'고 믿었다는 것이다. 그러나 어떤 학자들은 독이 뱀의 혀와 연관이 있는 것은 분명하지만, '쏘다'는 동사는 사실 뱀이 무는 특정한 방식을 언급하는 히브리식 표현이라고 생각한다. 세계 도처의 여러 언어들에서 뱀이 무는 것은 일반적으로 쓰는 단어인 '물다'와 다르다는 사실이 이것을 뒷받침한다. 이런 언어들은 뱀이 무는 것을 '(부리로) 쪼다', '찌르다', '태우다', '쏘다'와 같은 단어로 표현한다.

사실 대부분의 독자가 알고 있듯이 뱀독은 혀가 아니라 뱀의 입과 눈 사이에 있는 분비기관에서 나온다. 독은 튜브 모양의 독샘을 통하여 독니에 전달된다. 어떤 종은 독니의 속이 비어 있고, 다른 종은 독니에 깊은 홈이 있다. 뱀이 물 때, 뱀 근육이 독액을 분비기관으로부터 독니로 밀어 넣어 물고 있는 대상에게 독을 주입한다.

모든 뱀은 육식성이다. 일부 작은 종은 곤충과 벌레를 먹지만, 나머지 뱀은 개구리, 생쥐, 새와 새알, 도마뱀과 다른 뱀을 먹는다. 먹이는 모조리 통째로 삼킨다. 뱀은 자기 턱을 턱관절에서 벗어나게 하여 턱을 매우 크게 벌릴 수 있다. 목 주위의 근육과 피부는 먹이가 지나갈 수 있을 정도로 탄력성을 지니고 있다. 그러나 뱀은 잘 먹지 않는 식성을 갖고 있다. 일부 큰 뱀은 먹지 않고 수개월을 지내는 것으로 알려져 있다. 자주 먹는 뱀이라도 단지 3일 또는 4일마다 먹을 뿐이다.

뱀은 모두 알을 낳지만, 살무사과의 독사들(viper)의 경우에는 알에서 새끼가 깨서 나올 때까지 암컷의 몸 안에 가지고 있다. 그래서 이 뱀은 알을 낳을 뿐만 아니라 살아 있는 새끼를 낳는 것 같이 보이기도 한다.

뱀 부리기는 오랜 역사를 가지고 있으며 성서 시대에도 널리 알려져 있었다. 보통 이런 목적으로 선택된 뱀은 이집트코브라(Egyptian cobra)였다. 이 뱀은 코브라과(科)에 전형적으로 나타나는 모습인 곧추 세우는 위협적인 자세를 취할 때 자신의 목을 늘려 편편한 덮개 모양을 만들 수 있다. 또한 늘린 목 부위에는 눈에 띄는 반점들이 있다. 뱀을 부리는 사람은 자신이 연주하는 피리 같은 악기를 사용한다. 뱀은 바구니나 항아리에서 나오기 시작하고, 그러고는 뱀 부리는 사람에 의해 최면에 걸리고, 그리고 나서 뱀을 부리는 사람의 동작을 따라 하기 시작한다. 이런 효과를 일으키는 것은 뱀을 부리는 사람의 마술적인 음악이라고 믿어왔다. 현대의 실험 결과에 의하면, 사실 코브라는 귀가 들리지 않으나 음악에 의해 발생하는 진동에 민감하다는 사실이 드러났다. 그러나 최면 상태를 일으키는 것은 음악만이 아니라 뱀을 부리는 사람이 피리를 불면서 만들어내는 몸을 흔드는 동작도 포함된다.

뱀을 가리키는 히브리어 단어들은 모두 뱀이 내는 '훅'하고 '슈웃'하는 소리와 비슷한 소리를 포함하고 있다. 이것은 뱀의 이름을 특정한 종과 연결시키는 것을 어렵게 하고 있다. 그러나 반복해서 나타나는 일부 이름의 경우에 그 이름의 문맥은 뱀의 종류를 잠정적으로 확인하는 데 도움을 주고 있다.

B. 도마뱀(lizard)

이스라엘 땅에서는 적어도 40종(種)의 도마뱀과 40아종(亞種)의 도마뱀이 발견되고 있다. 이에 대한 히브리어 단어들은 이 모든 종들 사이를 구별하기보다는 더 명백한 주요 종들만 구분 짓는 것 같다. 이 이름들의 대부분은 레위기의 부정한 음식 목록에서 한 번밖에 나타나지 않고 있다. 그래서 그 이름에 해당하는 도마뱀을 확인하는 것은 단지 이론에 불과하다. 이런 사실에도 불구하고, 학자들 사이에서는 레위기에 언급된 도마뱀의 종류에 관하여 어느 정도 의견이 일치되고 있다. 이는 히브리어 단어들이 꽤 구체적으로 묘사하기 때문이다. 그래서 많은 경우에 이렇게 구체적으로 묘사하는 이름으로 도마뱀의 종류를 확인할 수 있다.

TEV는 여러 다른 종류의 도마뱀을 열거하기보다는 **레 11:29-30**의 전체 목록을 간단히 "도마뱀들"로 요약하고 있다. 번역자들은 최후의 수단으로 이런 방식을 선택할 수 있다. 그렇지만 히브리어 목록이 구체적이기 때문에, 번역할 때 먼저 명확한 동의어를 발견하도록 노력해야 한다.

4.2 파충류(reptile, 기는 것)

관련 구절

자할(*zachal*) 신 32:24; 미 7:17

레메스(*remes*) 창 1:24, 25, 26; 6:7, 20; 7:14, 23; 8:17, 19; 9:3; 왕상 4:33(5:13); 시 104:25; 148:10; 겔 8:10; 38:20; 호 2:18(20); 합 1:14

쉐레츠(*sherets*) 창 7:21; 레 5:2; 11장(6회); 22:5

헤르페톤(*herpeton*) 행 10:12; 11:6; 롬 1:23; 약 3:7; [집회 10:11; 바룩 6:19]

렙틸리스(*reptilis*) 2에스 6:53

이름에 대한 논의 히브리어 '자할'(*zachal*)과 '레메스'(*remes*)는 문자적으로 지면 가까이에서 '기는 [것]' 또는 몸을 지면에 대고 '기는 [것]'을 뜻한다. 이것은 부정한 작은 생물, 특히 파충류를 히브리 방식으로 가리키는 말이다. 히브리어 '쉐레츠'(*sherets*)는 문자적으로 '떼를 짓는 것'을 뜻하며, 지면 가까이에서 무리를 지어 움직이는 포유류와 파충류를 가리킨다. 이스라엘에서 일부 독사는 (알이 아닌) 살아 있는 새끼를 낳고, 다 자랄 때까지 서로 가까이에서 살아간다. 그들은 짝짓기할 때가 되면 다시 서로 가까이에 모인다. '쉐레츠'(*sherets*)란 용어에 이러한 독사가 포함된다. 그리스어 '헤르페톤'(*herpeton*) 또한 파충류를 가리키는 일반적인 용어로서 뱀과 도마뱀을 포함한다. 위에서 언급한 히브리어, 그리스어, 라틴어 용어 모두 **창 1:20**의 경우를 제외하고는 대체로 물고기를 제외시킨다.

특별한 의미 또는 상징 위의 히브리어 단어들은 부정함을 함축적으로 나타낸다.

번역 '파충류'를 뜻하는 단어를 가진 언어권에서 그 단어들은 대부분의 문맥에 어울린다. 그렇지 못한 언어권에서는 '뱀과 도마뱀' 또는 '꿈틀거리는 것' 등과 같은 어구가 사용될 수 있다.

4.3 카멜레온(chameleon)

관련 구절

틴쉐메트(*tinshemeth*) 레 11:30

이름에 대한 논의 히브리어 '틴쉐메트'(*tinshemeth*)는 도마뱀의 목록뿐만 아니라 부정한 새의 목록에도 포함되어 있다. 올빼미류와 파충류가 똑같은 이름을 가졌다는 사실은 매우 분명해 보인다. 완전히 다른 생물에게 같은 이름을 사용하는 것은 많은 언어권에서 공통적으로 나타나는 현상이다. 예를 들어, 영어로 '캅'(cob)이란 단어는 승마용 말뿐만 아니라 수컷 고니(swan)에도 사용된다. '세이블'(sable)이란 단어는 큰 영양의 이름일 뿐만 아니라 작은 육식동물의 이름이기도 하다: 네덜란드어에서 '다이커'(duiker)는 조류인 가마우지(cormorant)와 영양(antelope)류를 모두 가리키는 말이다.

'틴쉐메트'(*tinshemeth*)는 '헐떡이다 또는 숨을 거칠게 내쉬다'를 뜻하는 동사에서 파생되었다. 이것은 카멜레온을 가리키는 말일 가능성이 크다. 괴롭힘을 당하거나 상처를 입거나 위험에 처할 때, 카멜레온은 검게 변하면서 자신의 큰 허파를 부풀려 크게 보이게 한 다음에 입을 크게 열어 뱀처럼 '훅'하는 소리와 '슈웃'하는 소리를 낸다. 또한 올빼미 종류인 3.17.8 '틴쉐메트'를 보라.

모양 카멜레온(chameleon, *Chamaeleo chamaeleon*)은 매우 흥미로운 도마뱀이다. 이 도마뱀은 초목 속에서 사는데, 기본적으로 초록색을 띠지만 주위 환경에 따라 색을 바꿀 수 있다. 갈색이나 연노란색 또는 회색으로 변할 수 있고, 몸 이곳저곳의 색의 농도를 다양하게 바꿈으로써 얼룩덜룩하게 하거나 군데군데 밝고 어두운 색을 띠게 할 수 있다. 이는 초목 속에서 그럴듯하게 위장할 수 있게 해 준다. 카멜레온은 매우 느리게 움직인다. 일련의 머뭇거리는 동작을 하면서 한 번에 사지 하나만을 겨우 움직일 때가 많다. 이는 산들바람에 흔들리는 나무 잔가지의 움직임을 흉내 내는 것이다. 각 발에는 안쪽으로 마주하고 있는 갈고리 발톱이 있어서, 가느다란 가지를 꽉 조여서 붙잡고 가지를 따라 걸어갈 수 있게 해 준다.

카멜레온은 비늘이 작으며 거친 피부 위에 사마귀 같은 작은 혹이 많다. 등뼈 아래쪽으로는 뾰족한 비늘 한 줄이 있다. 일부 카멜레온 종에는 머리와 얼굴에 뿔 같은 돌기가 나 있다.

카멜레온의 눈은 독특하다. 볼 수 있는 작은 구멍을 제외하고 눈을 완전히 가리는 눈꺼풀을 갖고 있다. 각 눈꺼풀은 독립적으로 따로 움직이면서 이 구멍을 여기저기로 움직일 수 있다. 이 때문에 카멜레온은 한 번에 두 방향으로 볼 수 있다. 곤충을 먹고 사는 카멜레온은 먹잇감을 향해 날름거리는 길고 끈적끈적하며

카멜레온

탄력적인 혀를 움직여 곤충을 잡는다. 또한 꼬리를 사용하여 잔가지와 다른 것들을 둘러 감는다. 이것은 바람이 불거나 가파른 경사면을 올라갈 때 버틸 수 있게 해 준다. 꼬리를 이용하여 어린 가지나 작은 가지에 매달릴 수도 있다. 이 기술을 이용하여 높은 가지에서 낮은 가지로 움직일 때가 많다.

특별한 의미 또는 상징 부정한 동물로 분류되고 있다.

번역 카멜레온은 사막을 제외한 아프리카 모든 지역과 열대 아시아 일부 지역에서 발견되고 있다. 카멜레온을 모르는 곳에서는 JB가 한 것처럼 그 지역의 주요 통용어 또는 히브리어로부터 단어를 차용할 필요가 있다. 또 '느린 도마뱀' 또는 '훅 소리를 내는 도마뱀' 같은 어구를 사용할 수도 있다.

4.4 코브라(cobra)

관련 구절

페텐(*pethen*) 신 32:33; 욥 20:14, 16; 시 58:4(5); 91:13; 사 11:8

체파(*tsefa'*), 치프오니(*tsif'oni*) 잠 23:32; 사 11:8; 14:29; 59:5; 렘 8:17

아스피스(*aspis*) 롬 3:13

이름에 대한 논의 오늘날 학자들 사이에서 히브리어 '페텐'(*pethen*)은 코브라를 가리키는 것으로 의견이 일치되고 있다. 왜냐하면 이 단어가 뱀 부리기 마술과 밀접하게 연관되기 때문이고, 뱀을 부리려면 뱀이 자기 몸의 앞부분을 수직으로 들어올릴 수 있어야 한다. 이것은 독사가 할 수 없는 몸짓이다. 히브리어 '치프오니'(*tsif'oni*)와 '체파'(*tsefa'*)라는 단어 역시 아마 코브라 종류를 가리키는 말일 것이다. 각 단어가 쓰이는 맥락이 코브라라는 사실을 잘 말해 준다. 이들이 구

코브라

멍에 살면서 알을 낳는다는 사실이 언급되기 때문이다. 이런 맥락들에서는 살무사과의 독사들은 어떤 종류라도 여기에서 제외될 것이다.

'페텐'(*pethen*)은 코브라의 초기 이름이고, '체파'(*tsefa'*)와 '치프오니'(*tsif'oni*)는 나중 이름이라는 일부 증거가 있다. 영어도 비슷하다. '코브라'(cobra)란 말은 지난 백 년 동안 사용되어 온 반면에, 그 이전에는 '아스프'(asp)란 말이 사용되었다.

'아더뱀'(adder)은 독사의 아종 일부를 가리키는 이름이므로 위의 세 개의 히브리어 단어들을 번역하기 위한 가장 적합한 말은 아닌 듯하다.

모양 코브라는 자신의 목 부위에 있는 늑골과 피부를 펼칠 수 있는 특징을 지니고 있다. 이것은 코브라가, '후드'(hood)라고 부르는 넓고 판판한 모양을 만들기 위한 것이다. 이렇게 하면 코브라는 실제보다 더 크고 굵어 보인다. 또한 코브라는 자신의 입 앞쪽에 짧고 단단한 독니를 가지고 있다. 이스라엘 땅에서 발견되는 코브라는 사막코브라(desert cobra) 또는 검은색사막코브라(또는 월터인네스뱀, Walter Innes's snake, *Walterinnesia aegyptia*)이다. 반면에 이집트에서 발견되는 코브라는 이집트코브라(Egyptian cobra, *Naja haje*)이다. 이 코브라는 몸길이가 2미터, 지름이 대략 50밀리미터에 달하는 큰 뱀이다. 몸 아래 부분이 누르스름한 암갈색의 뱀이다. 일부 지역에서는 이집트코브라가 누르스름한 넓은 띠를 지니고 있어서 띠무늬코브라(banded cobra)라는 다른 이름을 붙이기도 한다. 목 주변의 후드를 세워 펼치면, 후드 자체는 누르스름하지만 옆으로는 넓게 암갈색의 가로 줄무늬가 나타난다.

코브라가 물면 맹독성이라서 급속히 퍼져 신경 체계에 영향을 미친다. 코브라는 생쥐(mouse), 게르빌루스쥐(또는 사막쥐, gerbil), 새, 새알, 도마뱀, 개구리 및 다른 뱀류를 먹고 사는데, 혀로 느끼는 냄새 자취를 따라가면서 먹잇감을 찾는다. 먹잇감이 사정거리 내에 있을 때, 천천히 자신의 머리를 들어 올리면서 먹잇감이 방심할 때 갑자기 공격한다. 주로 초원 지대와 초목이 상당히 무성한 곳에서 서식하고 있다. 이들은 쥐구멍, 침식된 둑에 난 구멍, 속이 빈 나무, 통나무 밑, 벗겨진 나무뿌리 사이에 숨는다. 이 은신처에서 알을 낳고, 추운 날씨에는 체온을 보존하기 위하여 몸을 돌돌 휘감는다.

특별한 의미 또는 상징 코브라는 숨어 있는 위험의 상징일 뿐만 아니라 이집트와 밀접하게 연관되어 있다. 그러므로 성경의 일부 운문에서 코브라는 이스라엘의 적, 특히 이집트에 대한 은유로 사용되고 있다.

번역 이집트코브라는 아프리카 모든 지역에서 발견되므로 현지 이름을 찾기는 어렵지 않을 것이다. 남아시아와 동남아시아에서는 킹코브라(king cobra, *Naja hannah*)나 다른 종류의 코브라에 대한 단어가 성경 단어와 잘 들어맞는다. 코브라가 행운의 상징이면서 신의 임재를 나타내는 지역에서는 히브리 식의 상징 의미를 각주를 달아 설명할 필요가 있다. 코브라가 잘 알려지지 않은 다른 지역에서는 독사와 아더뱀과는 다른, 해당 지역에서 사는 몸이 길고 독이 있는 뱀 이름을 사용하는 것이 좋은 선택이다.

뱀이 '쏘는 것'으로써 언급되는 구절에서 문자적으로 '쏘다'라는 동사를 사용할 필요는 없다. 이 표현은 뱀이 무는 것을 히브리 식으로 묘사하는 방식일 뿐이다. 본 장의 서론에서 언급했듯이, 여러 언어들 가운데 뱀이 무는 것을 표현하는 동사는 개와 같은 다른 동물이 물 때 사용하는 동사와 다르다.

사 14:29: 이 구절은 운문이며 막대기가 뱀이 되고, 뱀이 훨씬 더 위험한 뱀을 낳는 것을 언급하고 있다. 문자적 번역은 '너희 모든 블레셋 사람들아, 치던 막대기가 부러졌다고 기뻐하지 말아라. 뱀 뿌리에서 코브라가 튀어 나올 것이다. 그 뿌리의 열매는 날아다니는 독사가 될 것이다.'가 된다. '뱀 뿌리'라는 표현은 언어기교이며 부러진 막대기의 '뿌리'와 코브라의 '뿌리' 또는 기원으로서의 뱀을 가리킨다. 이 구절을 다음과 같이 고쳐 옮길 수 있다:

> 기뻐하지 말아라. 너희 모든 블레셋 사람들아,
> 너를 친 막대기가 부러진 것을.
>
> 부러진 끝은 뱀이다.
> 뱀이 코브라를 낳을 것이며,
> 날아다니는 독사를 낳을 것이다.

'날아다니는' 독사에 대한 해설을 위해서는 4.10 '독사'를 보라.

4.5 도마뱀붙이(gecko)

관련 구절

아나카(*'anaqah*) 레 11:30

스마미트(*semamith*) 잠 30:28

이름에 대한 논의 번역본들은 히브리어 '아나카'(*'anaqah*)가 도마뱀붙이(gecko)라는 데 대체로 동의하고 있다. 이스라엘 땅에는 수많은 도마뱀붙이 종들이 있다. 즉 꽤 큰 바위도마뱀붙이(rock gecko, *Ptyodactylus hasselquistii*)로부터 길이가 불과 10센티미터밖에 되지 않는 작은 터키도마뱀붙이(Turkish gecko) 또는 지중해도마뱀붙이(Mediterranean gecko, *Hemidactylus turcicus*)가 있다. '아나카'(*'anaqah*)는 아마 모든 종류의 도마뱀붙이를 가리키는 일반적인 단어일 것이다. 이 단어는 '소리를 지르다'를 뜻하는 동사와 연관되어 있어서 이 동물의 이름을 밝히는 데 도움을 주고 있다.

모양 도마뱀붙이는 소리를 내는 유일한 도마뱀이다. '게코'(gecko)라는 이름은 어떤 한 종류의 도마뱀붙이의 소리를 흉내 낸 말레이 언어 '겟조크'(*getjok*)에서 빌려온 말이다. 많은 언어권에서 여러 다른 종류의 도마뱀붙이에 붙이는 이름도 그들이 내는 두 음절의 소리를 흉내 내고 있다. 예를 들면 큰도마뱀붙이(giant gecko)는 태국어로 '툭-개'(*tuk-gae*)로, 집도마뱀붙이(house gecko)는 '칭-촉'(*ching-chok*)이라 불리고 있다.

두드러진 소리 외에도 도마뱀붙이는 전부 발가락 끝에 혹 같이 튀어나온 부분을 지니고 있다. 발바닥은 미세한 털로 덮여 있어서 표면이 약간만 거칠어도 붙잡을 수 있기 때문에 천장과 돌출 부위에서 거꾸로 걸어 다닐 수 있다.

도마뱀붙이는 개미, 나방, 딱정벌레(beetle), 파리, 모기와 같은 곤충을 먹고 산다. 수컷은 자주 싸운다. 어떤 것은 상대방의 꼬리를 자신의 입에 넣고 끊은 후에

도마뱀붙이

야 싸움을 끝낸다. 그리고 이 꼬리를 먹이로 삼기도 한다. 일부 더 큰 도마뱀붙이는 작은 도마뱀과 작은 뱀도 먹는다.

특별한 의미 또는 상징 도마뱀붙이는 부정한 동물로 분류되고 있다. 잠 30:28의 문맥에서 도마뱀붙이는 왕실과 관련 있는 미물의 상징으로 나타나고 있다.

번역 도마뱀붙이는 아프리카, 중동, 동남부 유럽, 아시아, 호주의 열대 지역에서 두루 발견되고 있다. 이 지역들에서는 현지에서 통용되는 이름을 어렵지 않게 발견할 수 있다. 도마뱀붙이가 발견되지 않는 지역에서는 히브리어나 그 지역의 주요 통용어에서 빌려온 말을 도마뱀을 가리키는 말과 결합시킬 수 있다. 예를 들면 '아나카도마뱀'(anaka lizard) 또는 '게코도마뱀'(gecko lizard) 식으로 말이다.

KJV는 **잠 30:28**에서 히브리어 '스마미트'(*semamith*)에 해당하는 말을 "거미"(spider)로 표현하고 있는 반면에, 다른 번역본들과 주석가들은 만장일치로 이 단어를 '도마뱀'으로 해석하고 있다. 이 단어는 아마도 집안에서 가장 흔하게 발견되는 도마뱀인 집도마뱀붙이를 가리키는 것 같다. 대부분의 현대 주석가들은 이 구절의 동사를 수동태로 해석하고 있다.[1] 즉 '손에 잡힐 수 있는 도마뱀'이라고 해석하고 있다.

4.6 도마뱀(lizard)

관련 구절

르타아(*leta'ah*) 레 11:30

차브(*tsav*) 레 11:29

이름에 대한 논의 히브리어 '르타아'(*leta'ah*)가 학자들 사이에서 모래장지도마뱀(lacertid lizard)과 아가마도마뱀(agama lizard)을 가리키는 단어라는 데 상당히 일치하고 있다. 그 이유는 이 도마뱀들은 이스라엘에서 흔히 볼 수 있고 또 유난히 두드러지기 때문이다. 모래장지도마뱀은 피부가 부드럽고 도로와 주

대브 도마뱀

1) [역자주] 히브리어 구약성경에서 이 구절의 동사는 능동태 강조형인 피엘형으로 되어 있다.

택 근처에서 살고 있다. 가장 다채로운 색깔을 띠고 있는 것 중의 하나가 시리아녹색도마뱀(Syrian green lizard, *Lacerta trilineata*)인데, 과수원과 숲속에서 산다. 아가마도마뱀 중에 가장 흔한 것은 무지개아가마도마뱀(rainbow agama, *Agama stellio*)이다. 이 도마뱀은 보통 주택 주변과 벽과 바위 위에서 발견되고 있다.

대부분의 학자들은 히브리어 '차브'(*tsav*)가 이스라엘에서 다수의 종이 발견되는 작은 꼬리 또는 가시 꼬리를 가진 도마뱀을 지칭하는 이름이라는 데 동의하고 있다. 가장 흔한 것 가운데 두 종류가 이집트가시꼬리도마뱀(Egyptian thorn-tailed lizard, *Uromastyx aegyptius*)과 색깔이 있는 목무늬가시꼬리도마뱀(colored thorn-tailed lizard, *Uromastyx ornatus*)이다. '대브'(dab)라는 이름은 아랍어 '두브'(*dhubb*)나 '다브'(*dhabb*)의 영어식 이름이며, 히브리어 '차브'(*tsav*)에 반영되어 있다.

모양 모래장지도마뱀(Lacertid lizards, '르타아'[*leta'ah*])은 몸길이가 대략 15-20센티미터로 상당히 작으며, 윤기 나는 부드러운 피부를 지니고 있다. 시리아녹색도마뱀은 연녹색 바탕 위에 진한 녹색 얼룩을 지니고 있으며 배는 황록색이다. 이 도마뱀은 파리, 각다귀, 모기와 개미를 먹고 산다.

무지개아가마도마뱀은 몸길이가 50-60센티미터에 이를 정도로 훨씬 크다. 수컷은 번식기에 밝은 색을 드러낸다. 아종(亞種)에 따라 꼬리는 청색, 몸은 녹색, 머리는 선명한 오렌지색이나 선명한 녹색을 띤다. 암컷과 번식기에 있지 않은 수컷은 흐린 회색빛을 띤다. 아가마도마뱀은 전부 앞발로 '푸쉬업'(엎드려 팔굽혀펴기)을 함으로써 자신들의 머리를 재빠르게 위아래로 움직이는 특징이 있으며, 달릴 때 들어 올리는 길고 뻣뻣한 꼬리를 지니고 있다. 매우 다양한 곤충을 먹고 살 뿐만 아니라, 더 작은 도마뱀을 잡아먹기도 한다. 아랍어를 쓰는 대부분의 지역에서는 '하르둔'(*hardoun*) 도마뱀으로 알려져 있다. 일부 아가마도마뱀은 카멜레온처럼 주변 환경에 맞춰 색깔을 바꾸는 능력을 지니고 있다.

아가마도마뱀

수컷 가시꼬리도마뱀

가시꼬리도마뱀(thorn-tailed lizard, '차브'[*tsav*])은 길이가 대략 65센티미터나 되는 비교적 큰 사막의 도마뱀이다. 꽤 두툼하면서 땅딸막한 외관을 보여주고 있다. 두툼하고 짧은 꼬리에는 실제 원추형의 비늘인 날카롭고 뾰족한 가시가 나 있다. 꼬리는 방어를 위해 사용한다. 대개 구멍이나 바위 틈 속으로 기어들어간 다음에 가시가 많은 꼬리로 입구를 막는다. 채식을 위주로 하며, 수분이 많은 다양한 사막 식물을 먹고 산다. 비록 부정한 음식 목록에 포함되어 있지만, 아랍 사람과 베두인 사람은 새장에 가둬 두었다가 살찌워 주로 식용으로 사용하고 있다.

특별한 의미 또는 상징 부정한 것으로 분류되어 있다.

번역 아가마도마뱀은 아프리카 모든 지역과 열대 아시아에서 발견되고 있다. 모래장지도마뱀은 유럽 모든 지역에서 발견된다. 그 밖의 다른 곳에서는 도마뱀을 가리키는 일반적인 이름을 사용할 수 있다.

'차브'(*tsav*)를 지칭하는 데는 대체로 '가시 많은 큰 도마뱀' 또는 '가시 많은 꼬리를 가진 큰 도마뱀'과 같은 어구가 가장 적합한 선택이다. 작은 도마뱀과 왕도마뱀(monitor lizard) 사이를 구별하는 언어권에서는, '가시 많은 왕도마뱀' 또는 '가시 많은 꼬리를 가진 왕도마뱀'이 몸 크기에 대한 개념을 더 잘 전달할 것이다.

4.7 왕도마뱀(monitor)

관련 구절

코아흐(*koach*) 레 11:30

이름에 대한 논의 영어 역본들(KJV "카멜레온"; RSV "육지악어"; NEB "모래도마뱀붙이"; JB "코아흐"; NIV "왕도마뱀"; REB "모래도마뱀붙이"; NAB

이구아나

"카멜레온")의 다양한 번역은 히브리어 '코아흐'(*koach*)가 어떤 도마뱀을 가리키는지 정확하게 밝힐 수 없다는 사실을 보여주고 있다. RSV가 번역한 "육지악어"는 NIV의 "왕도마뱀"과 같은 도마뱀이다. 이 제안이 현대 학자들 사이에서 가장 큰 지지를 얻고 있다. 히브리어 '코아흐'(*koach*)는 '힘'을 뜻하는 어근과 연관되어 있다. 이 의미는 사막왕도마뱀(desert monitor, *Varanus griseus*)이나 나일도마뱀(Nile monitor, *Varanus niloticus*)에 잘 적용할 수 있다. 후자는 이스라엘에서 발견되지 않지만 이집트로부터 알려지게 되었을 것이다. 이 거대한 두 종류의 도마뱀은 이구아나(iguana)와 관련이 있다.

만약 '코아흐'(*koach*)가 '카멜레온'을 뜻한다면, 아마 악력 때문일 것이다. 카멜레온은 작은 가지를 잡을 수 있는 갈고리 발톱을 지니고 있다. 한쪽에 세 개의 발가락과 반대쪽에 두 개의 발가락이 있어서, 아주 꽉 붙잡을 수 있게 해 준다. 그러나 이런 해석은 '왕도마뱀'보다는 가능성이 낮다.

모양 사막왕도마뱀은 세상에서 가장 큰 도마뱀 중의 하나로서 이스라엘에서는 전체 길이가 거의 1.2미터이고, 다른 나라에서는 훨씬 더 길다. 힘이 세지만 보통 위험을 피할 때를 제외하고는 천천히 움직인다. 육식성이어서 다양한 종류의 먹이를 먹는다. 여기에는 곤충, 생쥐(mouse), 뱀, 도마뱀, 새 알, 갓 부화한 새끼 새, 썩은 동물 사체 고기가 포함된다. 이 도마뱀은 회색을 띤 갈색이며 사막과 반사막 지역인 사바나에 살고 있다.

나일도마뱀 또는 물왕도마뱀(water monitor)은 외관이 매우 비슷하지만 강 근처 또는 울창한 초목에서 살아간다. 보통 거북이와 악어 알을 먹는다.

특별한 의미 또는 상징 부정한 동물로 분류되어 있다.

번역 왕도마뱀 또는 이구아나 어느 것이든 모든 대륙의 따뜻한 지역에 있는

사막왕도마뱀

많은 나라들과 (이 도마뱀을 '고아나'[*goanna*]라고 부르는) 호주에서 발견되고 있다. 이 지역에서 이 동물의 현지 이름을 찾기는 어렵지 않을 것이다. 그 밖의 다른 지역에서는 '거대한 도마뱀'이란 어구가 사용될 수 있다.

4.8 스킹크도마뱀(skink)

관련 구절

호메트(*chomet*) 레 11:30

이름에 대한 논의 히브리어 '호메트'(*chomet*)의 의미는 상당히 의심스럽다. 그러나 열대 도마뱀의 일종인 스킹크도마뱀(skink)은 이스라엘과 북아프리카에 대단히 많이 서식하고 있기 때문에, 이 지역의 도마뱀(lizard) 목록에 있을 것이라고 예상할 수 있다. 이런 이유로 NIV와 NAB의 번역은 상당히 타당하다.

모양 스킹크도마뱀은 일반적으로 가늘고 매끈하게 길며, 매끄럽고 윤기 있는 피부를 지니고 있다. 크고 작은 다양한 종이 있다. 작은 것은 대략 10센티미터 정도이고, 가장 큰 사막스킹크도마뱀은 길이가 50센티미터에 이른다. 스킹크도마뱀은 대부분의 다른 도마뱀(lizard) 종류보다 다리가 더 짧다. 이로 인해 다소 뱀 같은 모습으로 비쳐지기도 한다. 일부 종은 아예 다리가 없다. 사막의 모래 지대에 사는 종은 헤엄치는 동작으로 모래 속을 움직인다. 어떤 종은 주택 안 또는 바위 사이에서 산다. 주로 갈라진 틈과 돌이나 바위 아래에 숨어 산다. 일부 종은 구멍 안에 살며 재빨리 달리기도 한다. 파리, 나방, 개미와 같은 곤충을 먹고 산다. 때때로 서로의 꼬리를 먹기도 한다.

대부분의 스킹크도마뱀은 회색이나 연한 갈색 빛을 띠며 세로 줄무늬를 지니고 있다.

스킹크도마뱀

특별한 의미 또는 상징 부정한 것으로 분류되고 있다.

번역 스킹크도마뱀은 북극과 남극 지역을 제외하고는 사실상 전 세계에서 발견되고 있다. 따라서 각 지역에서 사용하는 이름을 발견하기는 매우 쉽다. 그러나 많은 언어권에서 스킹크도마뱀은 다른 도마뱀과 구별되지 않고 있다. 이 경우 '매끄러운 도마뱀' 또는 '가느다란 도마뱀'과 같은 어구가 가장 잘 맞는 이름이다.

4.9 뱀(snake)

관련 구절

나하쉬(*nachash*) 창 3장(5회); 49:17; 출 4:3; 7:15; 민 21:6, 7, 9; 신 8:15; 왕하 18:4; 욥 26:13; 시 58:4(5); 140:3(4); 잠 23:32; 30:19; 전 10:8, 11; 사 14:29; 27:1; 65:25; 렘 8:17; 46:22; 암 5:19; 9:3; 미 7:17

탄닌(*tanin*) 출 7:9, 10, 12; 신 32:33; 시 91:13

드라콘(*drakōn*) [지혜 16:10]

헤르페톤(*herpeton*) [지혜 11:15; 17:9]

오피스(*ofis*) 마 7:10; 10:16; 23:33; 막 16:18; 눅 10:19; 11:11; 요 3:14; 고전 10:9; 고후 11:3; 계 9:19; 12:9, 14, 15; 20:2; [지혜 16:5; 집회 21:2; 25:15]

이름에 대한 논의 뱀을 가리키는 영어 '서펀트'(serpent)는 상당히 고어이다. 한때 이 단어가 모든 파충류를 의미했지만 나중에는 뱀(snake)에게만 사용되었다. 이제 '서펀트'(serpent)는 더 이상 실제 뱀을 가리키는 데 사용되지 않고, 단지 신화적인 뱀과 그 상징물에게만 적용하고 있다. 특히 배지(badge), 문장(紋章), 깃발의 상징물에 사용된다. 그러므로 성경 원문에서 실제 뱀을 가리키는 단어를 현대 영어 역본에서 '서펀트'(serpent)로 번역하는 경우는 다소 낯설다. 일부 이런 영어 역본 가운데 예를 들면 NAB는 구약에서 '서펀트'(serpent)를 사용하고, 신약에서는 '스네이크'(snake)를 사용한다.

뱀

위에서 언급한 히브리어와 그리스어 단어들은 모든 종류의 뱀을 포함하는 일반적인 용어이다. 일부 학자들은 **사 27:1**에 있는 '나하쉬'(*nachash*)를 '뱀'보다는 '파충류'나 '용'을 의미하는 것으로 해석하고 있다. NAB 또한 **렘 46:22**에서 이 의미를 적용하고 있다.

19세기에 캐넌 트리스트럼(Canon Tristram)은 뱀, 특히 코브라는 목 옆에 있는 일부 신경을 꽉 잡으면 그 목을 뻣뻣하게 굳게 만들어서 혼수상태에 빠뜨리게 할 수 있다는 이야기를 아랍인으로부터 들었다고 전했다. 이런 상태에 빠지면 뱀은 막대기처럼 변한다고 한다. 사람들이 이렇게 하고 있는 장면을 보여주는 몇 장의 옛 사진이 있다. 이어서 트리스트럼은 자신이 이 현상을 개인적으로 목격한 것은 아니라고 말한다. 그러나 최근의 한 영화가 이 기교를 보여주었다. 이것은 출애굽기에서 사람들이 지팡이를 뱀으로 바꾸고 그 반대로 바꾸는 이야기와 연관시킬 수 있다.

또한 4.4 '코브라'와 4.10 '독사'를 보라.

모양 뱀은 파충류이다. 곧 뱀은 자신의 피의 온도를 조절할 수 있는 내장을 지니고 있지 않다. 따라서 체온을 조절하려면 태양에 의존해야 한다. 뱀은 다리는 없지만 자신의 피부를 수많은 갈빗대와 연동시켜 움직임으로써 꿈틀거리거나 미끄러지면서 앞으로 나아간다. 이렇게 할 때 자신의 몸 비늘을 움직이고 있는 표면 위에 약간만 울퉁불퉁한 것이 있어도 걸리게 한다.

사막비단뱀

움직이는 방법이 그리 명확하지 않기 때문에, 많은 사람들에게 뱀은 신비한 방법 또는 적어도 신기한 방법으로 움직이는 것처럼 보인다. 이러한 점과 대부분의 뱀이 독을 사용한다는 사실 때문에 고대의 성서 시대 사람들을 포함하여 수많은 사람들은 뱀에 대하여 미신적인 두려움을 갖게 되었다.

특별한 의미 또는 상징 성경 저자에게 뱀은 숨어 있는 불시의 위험을 상징했다. 뱀은 독이 든 혀를 가지고 있다는 믿음 때문에 사람들은 뱀을 거짓말, 속임수, 그릇된 가르침과 연관지었다. 계 12:9에서 속이는 뱀으로 묘사된 마귀가 이 사실을 전형적으로 보여주고 있다.

게다가 코브라는 이집트의 주요 여신들 가운데 하나를 상징했기 때문에, 뱀 또한 이방 종교를 암시했다. 뱀은 이집트 사람들에게 장생(長生)의 상징이었다. 성경의 일부 문맥에서 뱀은 이집트를 상징하기도 한다.

그 밖에 신약성서에서 뱀은 교활한 지혜를 상징하고 있다.

번역 뱀은 북반구와 남반구의 극지방을 제외하고 전 세계에 걸쳐 발견되고 있다. 극지방은 길고 추운 겨울 때문에 뱀들이 생존하기에 적합하지 않다. 대부분의 언어권에서 뱀에 대한 일반적인 이름을 찾는 것은 어렵지 않다. 일부 언어에서는 뱀을 가리키는 두 가지 일반적인 이름이 있다. 하나는 독사(viper)나 아더뱀(adder) 종류를 가리키는 이름이고, 다른 하나는 코브라(cobra), 맘바(아프리카산 독사, mamba), 비단뱀(python), 보아뱀(boa)을 포함하여 좀 더 길고 가느다란 뱀을 가리키는 이름이다. 이런 경우 후자가 대부분의 문맥에서 더 잘 어울린다.

'불뱀'은 뱀의 모양보다는 오히려 이 뱀이 물어 초래되는 결과와 연관된 것으로 해석해야 할 것이다. 예를 들면 '불처럼 사람에게 깊은 통증을 일으킬 수 있는 뱀'을 가리킨다.

렘 46:22는 '그녀[이집트]는 도망치는 뱀처럼 슈웃 소리를 낼 것이다'를 의미한다.

전 10:11은 '만약 뱀이 주문에 걸리기 전에 문다면, 그것[그 무는 것]이 뱀을 부리는 사람의 수입의 전부가 된다(수입이 없다).'는 것을 의미한다.

대부분의 문맥을 고려할 때, KJV와 RSV에서 '탄닌'(*tanin*)은 '용'이나 '고래'(whale)로, 다른 번역본들에서는 '바다 괴물'로 번역되고 있다. 그러나 이 단어는 전통적으로 **출 7장; 신 32:33; 시 91:13**에서 '뱀'을 가리키는 '서펀트'(serpent)나 '스네이크'(snake)로 번역되고 있다. 이 구절들에서 '탄닌'(*tanin*)은 '뱀'을 가리키는 다른 단어와 평행을 이루고 있다.

'탄닌'(*tanin*)은 바다 괴물을 가리킬 가능성이 크지만, 위에 언급된 구절들에서는 거의 '뱀'을 가리키고 있다. 이 뱀의 실제 종류를 확인할 수는 없다. 대부분의 학자들은 이 단어를 더 보편적인 단어인 '나하쉬'(*nachash*)처럼 이 특정한 문맥들에서도 같은 뜻을 나타내는 것으로 보고 있다. 달리 말하면 이 단어는 일반적인 뱀을 지칭하는 대용어인 셈이다. 또한 7.2 '용, 바다 괴물'을 보라.

유대인 학자들은 그들의 출애굽기 주석에서 또 다른 가능성을 제시하고 있다. 그들은 출 4장에서 모세의 지팡이가 사막에서 '나하쉬'(*nachash*)로 변했고, 출 7장의 나일강둑에서 아론의 지팡이가 '탄닌'(*tanin*)으로 변한 것을 언급하면서, '탄닌'(*tanin*)이 '악어'를 의미하는 것으로 해석한다. 그러면 각각의 기적이 사막에서는 뱀이 되고, 강가에서는 악어가 되어 그 환경과 어울리게 된다는 것이다. 어떤 학자들은 또한 겔 29:3에서 바로(파라오)를 '자기의 강들 가운데 누운 큰 악어('탄님'[*tanim*])'라고 부르는 점과 이집트인들이 악어를 숭배했다는 점을 강조한다. 어떤 번역도 이 제안을 채택하고 있지 않지만, 진지하게 고려할 필요가 있다.

문제가 많은 히브리어 '킵포즈'(*qipoz*)는 **사 34:15**에서만 나타나고 있다. 일부 학자들은 이 단어를 뱀과 연관시킨다. ERV에서는 "화살뱀"으로, JB에서는 "독사"

로 번역되어 있다. 다소 생소하지만, '화살뱀'(arrowsnake, *Eryx jaculus*)이란 이름은 '킵포즈'(*qipoz*)와 연관되어 있다. 왜냐하면 '킵포즈'(*qipoz*)가 '뛰어오르다'라는 뜻의 동사 '카파즈'(*qafaz*)에서 파생된 것으로 알려져 있기 때문이다. <성서 속의 동물과 식물>(*Fauna and Flora of the Bible*)에서도 이렇게 설명하고 있다: "화살뱀은 스스로 몸을 나선형으로 똘똘 감은 후에 화살처럼 재빨리 앞으로 튀어나가거나 나무에서 뛸 수 있는 뱀이다." 사실 화살뱀은 보다 더 정확하게는 모래보아뱀(javelin sand boa)이라 불린다. 이렇게 불리는 이유는 뛰어오를 수 있기 때문이 아니라 가느다란 꼬리와 구별하기 어려울 정도로 작은 머리를 가지고 있기 때문이다. 즉 던지는 창처럼 꽤 두꺼운 몸체의 양끝이 뾰족하기 때문이다. 화살뱀은 소위 먹이를 졸라 죽이는 뱀의 범주에 속한다. 먹이를 똘똘 감은 다음에 숨을 쉬지 못하게 질식시키기 때문이다. 나무보다는 모래 속과 바위 사이에서 살고 있으며, 천천히 움직인다. 몸길이는 대략 75센티미터에 달한다. 그럼에도 불구하고 구절의 문맥과 시적인 평행을 이루는 다른 단어들은 결론적으로 '킵포즈'(*qipoz*)를 새의 부류로 해석하는 것이 더 낫다는 점을 시사하고 있다. 3.17.6 '킵포즈'를 보라.

4.10 독사(viper)

관련 구절

에프에('*ef'eh*) 욥 20:16; 사 30:6; 59:5

사라프(*saraf*) 민 21:6, 8; 신 8:15; 사 14:29; 30:6

쉐피폰(*shefifon*) 창 49:17

에키드나(*echidna*), 에키스(*echis*) 마 3:7; 12:34; 23:33; 눅 3:7; 행 28:3; [집회 39:30]

이름에 대한 논의 이스라엘에는 독사(viper)과(科)에 속하는 다수의 뱀(snake) 종(種)이 살고 있다. 문맥으로 미루어볼 때, 한두 군데에서 특정한 종들을 확인할 수 있다. 독사를 가리키는 여러 히브리어 단어들은 실제로 특정한 종들을 가리킬 수 있다. 그러나 비록 면밀한 추론에 근거한다 해도 여러 단어들을 상응하는 종(種)과 연계시키는 일은 대체로 추측에 불과하다.

이스라엘에서 가장 일반적인 독사는 팔레스타인독사(Palestinian viper, *Vipera palaestinae*), 카펫독사(carpet viper, *Echis coloratus*), 모래독사(sand viper, *Cerastes vipera*), 뿔독사(또는 사막뿔독사, horned viper, *Cerastes cerastes*, 또는 *Cerastes cornutus*)이다. 팔레스타인독사는 이 독사들 중에서 가장 크며, 북쪽의 숲 지대에서 사막의 가장자리에 이르기까지 다양한 서식지에서 발견되고 있다. 이 지역은 주민들이 가장 많이 사는 지역이기 때문에 다른 어느 곳보다 이 뱀에 물리

독사

는 일이 더 많다. 위에서 언급한 다른 세 종류의 뱀은 사막 지역에서 발견되고 있지만 서식지는 약간 다르다. 모래독사와 뿔독사는 모래 속에서 사는 반면에, 카펫독사는 자갈이 많은 지역과 바위 사이에서 서식한다. 종종 마른 나뭇잎 사이에 자신을 위장할 때가 많다.

모래독사는 모래 속에서 움직일 때, 정상적인 방법으로 움직일 수 없다. 그래서 몸을 회전하는 것처럼 '옆으로 굽이치기'(sidewinding)로 알려진 이동 방법을 선택한다. 몸을 옆으로 구부러지게 휘감아 머리 앞의 위치로 움직여서 이 동작을 한다. 그 다음에 공중에서 자기 머리와 몸의 앞쪽 부위를 움직여 모래 위에 떠서 아치(arching)를 그리면서 도달할 수 있는 한 멀리까지 나간 후에 다시 모래 위에 떨어진다. 그 다음에는 이 동작을 다시 반복한다. 비록 정상적으로 움직이는 다른 뱀들만큼 빠르지는 않지만, 이 독사는 놀라울 정도로 재빨리 모래 위를 비스듬히 움직인다. 모래 위에 남겨진 평행을 이루는 긴 S자 형태의 자국들은 마치 이 뱀이 잇달아 점프를 하며 움직인 것처럼 보이게 한다. 왜냐하면 이 자국들이 서로 연결되지 않은 듯하기 때문이다. 이런 동작이 성경 저자들로 하여금 이 뱀들을 '날아다니는' 것으로 언급하게 만들었다는 의견이 일반적으로 받아들여지고 있다.

모양 독사는 살아 있는 새끼를 낳는다는 점에서 다른 뱀과는 다르다. 암컷은 몸속의 특별한 주머니에 자신의 알을 간직한다. 알이 부화될 때 작은 뱀들이 어미로부터 나온다. 더 큰 독사는 한 번에 60마리 정도 되는 어린 뱀을 낳는다. 반면에 작은 모래독사는 대략 12~15마리의 새끼를 낳는다. 이 사실은 그 유명한 표현인 '독사의 자식'을 세례 요한이 언급한 이유가 무엇인지를 잘 말해주고 있다.

독사는 입 앞쪽에 접히는 긴 독니를 지니고 있다. 이 독니는 입을 닫을 때 뒤로 접힌다. 공격할 때 독니가 필요한 지점에 박힐 수 있도록 하기 위해서 독사는 입을 매우 크게 열어야 한다.

(톱비늘독사[saw-scaled viper]로도 알려진) **카펫독사**는 성서 시대의 이스라엘 및 이웃한 대부분의 다른 지역에 매우 많이 서식했다(서아프리카에서 남아시아와 중앙아시아에 이르기까지 넓게 펼쳐진 지역대에서 발견된다). 아마 이 뱀이 '사라프'(*saraf*)였을 것이다. 이 이름은 뱀에게 물렸을 때 독 때문에 화끈거리는 증상을

가리키는 '어떤 것을 화끈거리게 하다'를 뜻하는 동사에서 파생되었다.

이 뱀은 약간 다른 두 가지 모습으로 나타난다. 이스라엘과 시나이 반도에 사는 가장 흔한 종류는 아래쪽이 창백한 적갈색 뱀이다. 등 전체에는 한 줄로 짝을 이룬 창백한 점들이 나란히 쭉 배열되어 있다. 이 얼룩들은 뱀의 위장술을 탁월하게 해준다. 이 뱀은 길이가 대략 80센티미터까지 자라며 머리는 작고 몸집은 대부분의 전형적인 뱀보다 가늘다. 매우 쉽게 자극을 받으며 대단히 공격적인 뱀이다. 대다수의 다른 뱀보다 더 높은 온도에서도 견딜 수 있기 때문에 주로 대낮에 활동한다. 사막과 초목지대에 살고 있으며 날쥐(jerboa)나 생쥐(mouse)나 장님쥐(mole rat)를 먹고 산다. 이 뱀의 독성은 매우 강하며, 혈관과 혈구를 공격하지만, 대부분의 독사의 독처럼 그 효과는 서서히 나타난다.

카펫독사는 단단한 표면 위에서는 다른 독사들처럼 움직이지만, 모래 속에서는 몸을 옆으로 굽이치며 움직인다.

뿔독사(horned viper)는 이스라엘과 시나이 반도에서 발견되는 두 종류의 흔한 모래독사 가운데 하나이다. 그 종의 이름이 의미하듯이, 이 독사는 모래 속에 산다. 가지런히 배열된 비늘을 지니고 있어서 약간만 옆으로 움직여도 눈과 코만 내놓고 모래 속에 몸을 감출 수 있다. 이런 식으로 숨어서 날쥐와 작은 설치류 같은 먹잇감을 노린다. 모래가 불편할 정도로 너무 뜨거울 때에는 몸을 좀 더 깊은 곳에 숨기거나 바위 그늘로 이동한다.

뿔독사는 양 눈 위에 예외적으로 긴 비늘, 곧 '뿔'을 지니고 있다. 연한 갈색 얼룩무늬를 지니고 있으며 옆으로 굽이치기로 이동한다. 이마가 넓으며 몸길이가 대략 75센티미터까지 자란다.

모래독사(sand viper)는 뿔독사와 습성이 비슷하지만 크기는 약간 더 작다. 이스라엘에서는 길이가 대략 35센티미터에 달한다. 목과 꼬리는 가늘지만 몸은 통통하게 보이는 꽤 땅딸막한 뱀이다. 균일하게 연한 모래 색깔을 띠고 있다.

팔레스타인독사(Palestinian viper)는 중동의 다른 독사보다 훨씬 더 크다. 길이가 거의 1.25미터까지 자란다. 몸 두께는 100밀리미터 정도 된다. 미적(美的)으로 눈에 띄는 뱀이며 기본적으로 연한 갈색이다. 등 가운데에는 엷은 테두리가 있는 지그재그 모양의 암갈색 줄무늬가 전체에 걸쳐 이어져 있다. 또한 지그재그 모양의 줄무늬 양쪽 옆으로는 엷은 테두리가 있는 암갈색의 얼룩무늬가 있다. 머리에도 줄무늬가 있다.

이 뱀은 생쥐(mouse), 두꺼비(toad)와 개구리를 먹고 살며 사람의 주거지 근처에서 자주 눈에 띈다. 돌 밑이나 초목 속에서 살고 있다. 위에서 언급한 대로 사람들은 다른 어느 뱀보다도 이 뱀에 더 많이 물리고 있다. 그리스어 '에키드나'(*echidna*)

는 바로 이 뱀일 것이다.

특별한 의미 또는 상징 성경에서 독사는 다른 뱀(위의 4.9 '뱀'을 보라)과 기본적으로 같은 의미를 지니지만 한 가지 추가할 특징이 있다. 암컷 독사의 몸속에서 어린 새끼가 살아서 나오는데, 결과적으로 많은 수의 잘 자란 새끼를 낳는 것이다. 이런 이유로 독사는 번식력과 연관이 있다. 이 의미는 이집트와 가나안의 종교 체제에서도 통한다.

번역 비록 독사가 전 세계에 걸쳐서 발견되고 있지만, 모든 언어들이 독사를 다른 종류의 뱀과 구별하는 것은 아니다. 위에서 언급했듯이 카펫독사는 중앙 아프리카의 서쪽에서 동쪽 해안을 넘어 중앙아시아와 남아시아에 이르기까지 서식하고 있다. 이 지역에서는 이 뱀을 지칭하는 이름을 독사를 가리키는 모든 구절에서 사용할 수 있다. 남아프리카공화국에서는 아마 뻐끔살무사(puff adder, *Bitis arietans*)가 이에 해당하는 뱀일 것이다.

'사라프'(*saraf*)와 '어떤 것을 화끈거리게 하다'라는 동사를 연관시키기 위해서, 번역자는 종종 '[사람]을 화끈거리게 하는 독사' 또는 '불뱀'과 같은 표현을 사용하려고 시도한다. '화끈거리게 하다'를 의도하려면 사용한 단어가 '뜨거운 것으로 상처를 입히다'를 뜻하는 곳에서만 가능하다. '사람을 불에 태우는 독사' 또는 '불태우고 있는 독사'라는 개념을 실어서는 안 된다. 단순히 '독을 지닌 독사'를 의미하는 표현을 사용하는 것이 더 나을 때가 많다.

창 49:17: 일부 주석가는 이 뱀을 모래독사 가운데 하나로 간주한다. 왜냐하면 모래독사는 말이 이 뱀을 미처 보지 못해 발목을 물릴 정도로 자신을 매우 잘 숨기기 때문이다. 그러나 이 뱀은 모래 속에 살기에 '길 가에' 누울 가능성은 거의 없다. 완벽하게 자신을 위장하는 카펫독사였을 가능성이 더 크다.

욥 20:16: '독사의 혀'라는 어구는 뱀의 혀가 독을 만들어낸다는 히브리인의 믿음을 반영하고 있다. 가능하면 번역할 때 이런 믿음을 반영해야 한다. 문맥은 악한 수단을 통해 얻는 이득을 뱀독에 비유하고 있음을 보여주는 것이 분명하다. 그러므로 다음과 같은 표현을 고려할 수 있다:

> 그가 빨아들이는 것은 코브라의 독이다.
> 그가 얻는 것은 독이 든 독사의 혀처럼 자신을 파멸시킨다.

사 59:5: 이 구절은 난해해서 주석가들마다 달리 해석하고 있다. 히브리어 본문의 문자적 번역은 이렇다:

그들은 코브라의 알을 부화하고, 그들은 실을 내어 거미집을 만든다.
그 알을 먹는 사람은 죽는다.
짓눌림을 당한 자/것, 독사가 알에서 부화한다/태어난다.

해석상의 문제는 [세 번째 줄에 있는][2] 밑줄 친 첫 수동태 구절의 주어에 집중되어 있다. 누가 또는 무엇이 짓뭉개지는가, 쥐어짜지는가, 짓눌리는가? 많은 주석가는 이 동사들의 주어를 '알'이라고 생각한다. 그러나 일부는 '악인'을 가리킨다고 본다. (NAB의 "그들 중의 하나가 짓눌리면, 그것이 독사처럼 알을 부화할 것이다"와 비교해 보라) 만약 ['알'을 주어로 보는][3] 첫 번째 해석을 따른다면, 이 구절을 다음과 같이 읽어야 할 것이다:

그들은 코브라의 알을 부화하며 실을 내어 거미집을 만든다.
그 알을 먹는 사람은 누구든지 죽는다.
그리고 만약 그 알 중의 하나가 짓뭉개지면, 독사가 나온다.

그러나 다수가 지적했듯이, 독사가 코브라의 알에서 나온다고 말하는 것은 별로 이치에 맞지 않다. 이 구절은 전혀 새로운 주장이 못된다. 그러나 만약 ['악인'을 주어로 보는][3] 두 번째 해석을 따른다면, 이 구절을 다음과 같이 읽게 된다:

그들은 코브라의 알을 부화하며 실을 내어 거미집을 만든다;
그 알을 먹는 사람은 누구든지 죽는다;
그리고 만약 이 사람들 중의 한 사람이 쥐어짜지면, 독사가 태어난다.

다시 말하면, 만약 당신이 그들의 행위의 결과를 함께 나눈다면 당신은 파멸된다. 그러나 만약 당신이 그 결과에 맞선다 해도 당신은 위험에 처하게 된다. 후자의 번역이 주는 이미지는 자신의 알을 부화할 예정인 임신한 독사 암컷을 누군가가 짓누르리라는 것이다. 살아 있는 새끼 독사가 모습을 드러낼 것이다. 고대 아랍의 속담은 이렇게 말한다: "어미 독사를 짓밟아라. 그러면 일곱 새끼에게 물릴 것이다." 아랍의 속담과 히브리 시문 모두 공통된 뿌리를 가지고 있을 가능성이 있다.

---

2) [역자주] 이해를 돕기 위한 역자의 삽입이다.
3) [역자주] 묶음표 부분은 번역자의 첨가.

5. 물고기, 개구리, 연체동물

5.1 물고기(fish)

관련 구절

다그(*dag*), 다가(*dagah*) 창 1:26, 28; 9:2; 출 7:18, 21; 민 11:5, 22; 신 4:18; 왕상 4:33(5:13); 대하 33:14; 느 3:3; 12:39; 13:16; 욥 12:8; 41:7(40:31); 시 8:8(9); 105:29; 전 9:12; 사 50:2; 겔 29:4, 5; 38:20; 47:9, 10; 호 4:3; 욘 1:17(2:1); 2:1(2), 10(11); 합 1:14; 습 1:3, 10

에날리오스(*enalios*) 약 3:7

에누드로스(*enudros*) [지혜 19:10]

익투스(이크쑤스)(*ichthus*) 마 7:10; 14:17, 19; 15:36; 17:27; 막 6:38, 41, 43; 눅 5:6, 9; 9:13, 16; 11:11; 24:42; 요 21:6, 8, 11; 고전 15:39; [토빗 6장(7회); 8:2; 11:4]

이크쑤디온(*ichthudion*) 마 15:34; 막 8:7

케토스(*kētos*) 마 12:40

네크토스(*nēktos*) 지혜 19:19

옵사리온(*opsarion*) 요 6:9, 11; 21:9, 10, 13

프로스파기온(*prosfagion*) 요 21:5

피스키스(*piscis*) 2에스 5:7; 6:47; 16:12

이름에 대한 논의 이스라엘 사람들은 지느러미와 비늘이 있는 물고기를 먹을 수 있는 음식으로 여겼다.

성경에는 물고기가 자주 등장하지만, 구약성서에서 고기잡이에 대해 직접적으로 언급한 구절은 없다. 아마도 그 이유는 두 가지 때문일 것이다. 1) 유목하는 목축업자인 히브리인들은 그들이 이집트에 체류할 때까지 물고기를 주식으로 먹지 않았을 것이다. 2) 그들은 바다를 무서워하였고, 그 때문에 아마도 구약성서 시대의 역사 후반기까지 상업적인 고기잡이에 관여하지 않았을 것이다. 그럼에도 불구하고 특히 이집트에서 물고기는 정규 식단 목록에 있었을 것이다. 나일강은 나일퍼치(또는 나일농어, Nile perch), 틸라피아(tilapia), 큰바다동자개(giant catfish) 등과 같이 먹기 좋은 물고기로 가득했다. 이 중 큰바다동자개는 비늘이 없어 히브리인들은 먹지 못했을 것이다.

그렇지만 이스라엘 백성이 이집트에서 탈출한 뒤 물고기를 먹었음을 보여주는 충분한 자료들이 있고, 서로 다른 종류의 그물이나 작살이나 낚싯바늘에 대한 자료들도 있다. 이집트, 바빌로니아, 아시리아 사람들이 연못에서 물고기를 양식했음을 보여주는 고고학적 발견들이 있으며, 이스라엘 사람들도 양식했을 가능성이 있다. 대부분의 상업적인 고기잡이는 블레셋 사람들 그리고 그 밖에는 페니키아 사람들에 의해 이루어졌다. 블레셋 여신들 가운데 하나인 아타르가티스(Atargatis)는 물고기 여신으로서 이 여신의 제의는 시리아에서 시작되었다.

갈릴리 호수에서의 고기잡이는 마카비 시대에 와서야 유대인들의 주업이 된 것 같다. 마카비 시대까지는 유대인들은 강이나 시내에서 물고기를 잡거나 아마도 연못에서 물고기를 길렀을 것이다. 그러나 건어물은 해양 민족들로부터 구입했다.

물고기

히브리어 '다그'(*dag*)와 '다가'(*dagah*)는 일반명사이며 특정한 종을 가리키지는 않는다. 지중해 동쪽 바다는 영양의 보고가 아니기 때문에 바닷물고기들이 풍족하지 않다. 이 지역에서 그물에 잡힐 것 같은 유일한 물고기는 정어리(sardine)와 숭어(mullet)뿐이다. 암초가 얕게 있는 몇 안 되는 해안에는 열대 암초 물고기(tropical reef fish)가 산다. 아마도 낚시질로 이 물고기들을 잡았을 것이다.

그리스어 '익투스(이크쑤스)'(*ichthus*)와 라틴어 '피스키스'(*piscis*) 역시 물고기를 가리키는 일반 용어이다. 그러나 '이크쑤디온'(*ichthudion*; 문자적인 의미로는 '작은 물고기')은 때때로 조기류(bleak)라고 불리는 호수 또는 성지 정어리(the lake or holy land sardine; *Mirogrex terrae sanctae*)를 가리키는 것으로 추정된다. 이 물고기는 갈릴리 호수에 많으며 수 세기 동안 고기잡이의 대상이 되어 왔다. 이 작은 민물 정어리는 아프리카의 큰 호수에서 발견되는 탕가니카정어리(또는 카펜타, kapenta)와 비슷하다. 틸라피아 역시 갈릴리 호수에 풍부하다.

'에날리오스'(*enalios*)는 의미상 물고기를 포함하고 있지만 갑각류와 돌고래를 비롯해 모든 해양 생물을 가리키는 말이다. 이 용어는 요리한 생선 또는 막 요리할 또는 먹게 될 물고기를 가리킨다. **요 21:5**의 문맥에서 '프로스파기온'(*prosfagion*)은 아침 식사를 위한 물고기를 가리킨다. '네크토스'(*nēktos*)는 문자적으로 '헤엄치는 것'을 뜻하며, 아마도 개구리와 같은 다른 수중 생물을 포함하는 용어일 것이다.

번역 대부분의 문맥에서 물고기에 대한 일반적인 용어가 사용될 수 있다. **욥 41:7**의 히브리어 본문에 '작살'이라는 말이 나온다. 이 용어는 전쟁 때 쓰이는 금속창과 구별되는 간단히 뾰족하게 만든 고기잡이 창을 뜻한다.

'이크쑤디온'(*ichthudion*)의 경우, 현지에 알려진 민물 정어리 이름이나 '작은 물고기'로 번역할 수 있다. '옵사리온'(*opsarion*)은 '요리한 생선'으로 번역될 수 있다. "물고기를 좀 잡았느냐?"는 질문 속에 언급되는 '프로스파기온'(*prosfagion*)은 이러한 일상의 질문에 사용되는 보통 명사로 번역되어야 한다.

그리스어 '에날리오스'(*enalios*)는 '바다 생물들' 또는 '바다에 살고 있는 것들'로 번역하는 것이 제일 좋다.

'케토스'(*kētos*)는 물고기를 가리키는 일반적인 용어는 아니다. 대부분의 주석가들은 이 용어가 바다 괴물이나 괴물 물고기를 뜻하는 것으로 이해하고 있다. '괴물 물고기', '바다 괴물' 또는 '큰 물고기' 등으로 번역하는 것이 가장 좋다.

덧붙이는 말 물고기가 기독교의 상징이 된 것은 기원후 2세기이다. 이는 '예수 그리스도, 하나님의 아들, 구원자'에 해당하는 그리스어 '예수스 크리스토스 쎄우 휘오스 소테르'(*Iēsous CHristos THeou 'Uios Sōtēr*)에 근거하고 있다. 이 말들의 첫 번째 글자들을 묶으면 물고기를 뜻하는 그리스어, '익투스(이크쑤스)'(ICHTHUS)로 발음된다.

5.2 개구리(frog)

관련 구절

츠파르데아(*tsefardea*') 출 8장(7:27-29; 8)(11회); 시 78:45; 105:30

바트라코스(*batrachos*) 계 16:13; [지혜 19:10]

이름에 대한 논의 위에서 언급한 히브리어와 그리스어 단어들이 '개구리'를 뜻하는 것인지는 약간 의심스럽다. 출애굽기에서 '개구리 재앙'은 오염된 물 재앙 다음에 나온다. 개구리들이 물을 떠나 마을로 간 것 같다. 개구리는 파리를 먹기 때문에 파리의 번식에 영향을 끼치게 된다. 따라서 개구리의 죽음은 이집트를 괴롭힌 다음 재앙인 이와 파리 재앙의 한 원인이었던 것 같다.

모양 중동과 이집트에 서식하는 가장 일반적인 두 종류의 개구리는 참개구리(또는 식용개구리, edible frog, *Rana esculenta*)[1)]와 점개구리(또는 이집트개구리, spotted frog, *Rana punctata*)이다. 두 종류의 개구리 모두 몸집이 70밀리미터 정도이며 갈색 또는 황록색을 띠고 있다. 거의 대부분의 시간을 물속에서 지내며 이, 파리, 그 밖에 물가에 서식하는 곤충들을 먹으며 살아간다. 이들은 알을 낳는데 올챙이로 부화했다가 서서히 다리가 생긴다. 뒷다리가 앞다리보다 훨씬 길고 더 발달되어 있어서 점프하는 데 사용된다.

개구리

특별한 의미 또는 상징 개구리는 유대 사람들에게서도, 또한 이집트 사람이나 페르시아 사람들에게서도, 악마와 연관된 부정한 동물로 여겨졌다.

번역 개구리는 세계 모든 곳에서 발견되고 있다. 따라서 어느 지역에서든 이에 상응하는 이름을 찾아내는 데 문제가 없다.

---

1) [역자주] 참개구리(또는 식용개구리) 종으로는 유럽참개구리(Pelophylax kl. esculentus)와 북아메리카참개구리(Rana clamitans)가 있다.

5.3 오니차(또는 나감향, onycha)

관련 구절

쉐헬레트(*shecheleth*) 출 30:34

이름에 대한 논의 히브리어 '쉐헬레트'(*shecheleth*)는 유향을 만든 복합 향신료에 사용된 것을 말한다. 이 내용물은 고둥속(*strombus*) 종류의 한 연체동물(mollusk, 뼈 없는 해양 생물)의 발을 덮고 있는 발톱 같은 것으로 여겨지고 있다. 그러나 몇몇 학자들은 이것을 일종의 꽃이라고 제안하기도 한다.

모양 연체동물인 고둥(*strombus*)은 달팽이처럼 감도는 모양의 껍질 속에 살고 있는 해양 생물의 한 종류이다. 이들은 두 개의 막대처럼 돌출된 부위 끝에 눈이 있다. 연체 부위가 껍질로부터 나와서 바위나 평평한 면에 들러붙는다. 이것을 발이라고 부르는데 이것이 이동하는 수단이다. 발은 발톱 또는 숨문뚜껑(operculum)이라고 불리는 딱지 같은 것으로 덮여 있다. 그리고 연체 부위가 껍질 속으로 들어가면 이 숨문뚜껑이 껍질의 입구를 막는 마개 역할을 한다. 히브리어 '쉐헬레트'(*shecheleth*)는 바로 이 숨문뚜껑을 가리키는 것으로 보인다.

번역 '쉐헬레트'(*shecheleth*)에 상응하는 적절한 단어는 해양 생물에 대한 해박한 지식을 가지고 있는 사람들이 쓰는 말들이다. 따라서 해양 생물에 대한 친숙한 지식이 없는 지역에서는 "향기 나는 바다 조개/조개껍데기" 또는 "향기로운 바다 조개/조개껍데기"로 옮긴 NEB의 번역자들의 해결책을 따르는 것이 최선의 선택이 될 것이다. 또 다른 대안은 히브리어 '쉐헬레트'(*shecheleth*) 또는 그리스어 '오니차'(*onycha*)를 음역한 뒤, 이에 해당하는 목록을 소개하는 것이다.

5.4 달팽이(snail)

관련 구절

샤블룰(*shabelul*) 시 58:8(9)

이름에 대한 논의 히브리어 '샤블룰'(*shabelul*)을 '달팽이'로 해석하는 것은 오랜 전통이다. 몇몇 학자들은 이 절에서 '샤블룰'(*shabelul*)이 '만삭되지 못한 출생'이란 평행구와 상응하고 있으므로 유산, 낙태된 태아를 뜻하는 것으로 보고 있다. 그러나 단지 NEB와 REB만 이 제안을 따르고 있다.

모양 달팽이는 연체동물이지만 많은 종류가 습한 땅에서 살고 있다. 소라껍질처럼 감도는 모양의 껍질을 지니고 있으며 껍질 채로 움직인다. 대부분의 토양이 석회암인 이스라엘 땅의 달팽이는 극도의 더위에서도 견딜 수 있는 매우 단단한 껍질을 가지고 있기에 사막에서도 살 수 있다. 몇몇 달팽이 종은 다른 달팽이를 먹기도 하지만 대부분 채식을 한다. 껍질 밖으로 나와 있는 몸의

달팽이

민달팽이

일부를 발이라고 부르는데, 이것으로 꿈틀거리며 앞으로 움직인다. 머리도 껍질 바깥으로 돌출되어 있다. 달팽이는 움직일 때 점액을 배출하기에 지나간 자리에 끈적끈적한 점액 흔적을 남긴다. 고대 이스라엘 사람들은 이 점액을 달팽이가 움직일 때 녹는 증거라고 믿었던 것 같다.

민달팽이(slug)는 껍질이 없는 달팽이 종류이다.

번역 달팽이나 민달팽이는 몇몇 지역에서 겨울잠을 자지만, 세계 거의 모든 곳에 잘 알려져 있다. 따라서 달팽이에 관한 언급을 번역하는 것은 그리 어렵지 않다.

6. 곤충, 거미, 벌레

6.1 개미(ant)

관련 구절

느말라(*nemalah*) 잠 6:6; 30:25

이름에 대한 논의 히브리어 '느말라'(*nemalah*)는 아마도 모든 종류의 개미를 포괄적으로 부르는 이름일 것이다. 그러나 성경의 문맥에 가장 잘 부합하는 개미는 이스라엘 모든 지역에 퍼져 있는 추수개미(harvester ant, *Messor semirufus*)이다. 이 개미는 여름에 자라는 곡물과 풀의 씨를 모아서 겨울을 위해 둥지에 비축해 둔다.

모양 추수개미는 꽤 크고 진한 갈색을 띠고 있다. 대부분의 개미처럼 둥지를 만들어 사는데, 여기에는 여왕개미와 일개미와 둥지를 지키는 병정개미들이 있다. 둥지는 땅 속에 있는데, 그 입구는 주로 그곳까지 이르는 가느다란 통로나 입구 가까이 개미들이 쌓아놓은 왕겨더미 등으로 쉽게 알아차릴 수 있다. 어느 개미든 자기 몸무게보다 몇 배가 넘는 짐을 운반할 수 있다.

개미

특별한 의미 또는 상징 개미는 근면과 고된 노동의 상징이다.

번역 개미라는 일반적인 이름으로 번역하는 것이 최선의 선택일 것이다. 그러나 필요한 경우 둥지로 양식을 운반하는 현지의 개미 이름으로 번역하는 것도 적절한 선택일 수 있다.

6.2 벌(bee)

관련 구절

드보라(*devorah*) 신 1:44; 삿 14:8; 시 118:12; 사 7:18

멜리싸(*melissa*) [집회 11:3]

벌

이름에 대한 논의 벌을 언급하고 있는 대부분의 성경 구절은 벌이 떼를 지어 사람 주위를 맴돌다 공격하는 내용을 담고 있다. 그렇기 때문에 성서 시대에 이스라엘에서 발견된 벌의 종류는 틀림없이 사나운 종이었을 것이다. 사실상 모든 벌은 원래 오늘날 벌통에 가둬 키우는 벌들처럼, 온순하지 않고 매우 공격적이었던 것 같다. 오늘날 벌통에 키우는 벌은 특정 여왕벌로부터 품종이 개량된 것들이다. 대부분의 성경 구절은 '야생벌들', 곧 사람이 벌통에서 키우는 벌들이 아니라, 자연 속에 있는 벌집의 벌들을 가리킨다. 그러나 알려진 것처럼 이른 시기부터 이집트나 그리스나 로마 등지에서 벌들은 흔히 양봉장에서 길러졌던 것 같다.

'꿀'을 뜻하는 히브리어 '드바쉬'(*devash*)는 무화과, 대추야자, 포도 또는 특정한 종류의 야자나무 등에서 추출한 시럽을 가리키는 데도 쓰인다. "젖과 꿀이 흐르는 땅"이란 구절은 풍족한 땅, 즉 목초, 과일, 곡식, 벌이 꿀을 만드는 꽃 등이 풍부한 땅을 뜻한다.

모양 벌은 꽃에서 꽃즙을 모으고, 이것을 꿀로 바꾸는 날아다니는 곤충이다. 벌은 수천 마리가 떼를 지어 살아간다. 이들은 구멍이 있는 나무나 바위틈의 공간, 땅속 구멍, 오래된 흰개미 둥지, 또는 다른 여러 곳에 밀랍으로 벌집을 만든다. 벌집에는 작은 방들이 있는데, 벌집 중앙에 있는 방에 여왕벌이 알을 낳고 새끼 벌을 기른다. 바깥쪽 방에는 꿀이 저장된다. 벌은 벌집이 위협받는다고 느낄 때 벌침을 쏜다. 벌 한 마리가 쏜 벌침 냄새는 벌집 안에 있는 다른 벌들을 사납게 만든다.

번역 벌은 어느 곳에나 있기 때문에 번역하는 데에는 어려움이 없다. 일반적으로 벌을 총칭하는 용어가 없는 경우, 꿀벌이나 식용 꿀을 만드는 벌을 가리키는 특정 이름을 **삿 14:8**에 있는 히브리어 '드보라'(*devorah*)에 적용할 수 있다. 그러나 다른 구절에서는 떼 지어 주위를 맴돌면서 침입자에게 침을 쏘며 공격하는 종류의 벌 이름으로 번역해야 한다.

덧붙이는 말 NEB가 시 118:12상반절을 "그들이 꿀 앞의 벌들처럼 나를 에워쌌으나"로 번역한 것은 명백한 실수이다. 이 구절은 벌이 꿀 주위에 떼를 지은 것이 아니라 공격하기 위해 벌들이 떼를 지은 것을 나타내고자 한 것이 요점이다.

6.3 벼룩(flea)

관련 구절

파르오쉬(*par'osh*) 삼상 24:14(15); 26:20

이름에 대한 논의 벼룩(common flea, *Pulex irritans*)은 인간에게 기생하는 여러 벼룩들 가운데 하나이다. 그러나 벼룩 중에는 개, 낙타와 다른 포유동물에 기생하는 아종(亞種)도 있다. 벼룩은 매우 작고 (약 1.25밀리미터의 길이) 검으며, 뛰어오르는 곤충이다. 다 자란 벼룩은 피를 빨아먹는데, 물린 곳은 가렵다. 그리고 물린 곳을 긁으면 쉽게 덧난다. 뒷다리는 높이 뛰어오르기에 적절하게 발달되어 있는데, 뛰어오르기 전에 필요한 긴장은 달라붙는 성질을 가진 특수 단백질에서 생성된다. 벼룩은 그 끈끈한 물질에 맞서 힘을 줘 다리를 굽혔다가 톡 튀어오르면 놀랄 만큼 많은 힘이 다리에서 방출된다. 1밀리미터도 안 되는 작은 벼룩이 1미터 이상, 즉 자신의 몸길이보다 천 배 이상의 높이를 뛰어오를 수 있다.

벼룩은 먼지와 흙에서 번식하는 해충이다. 성서 시대의 사람들은 벼룩에 대한 보호책이 전혀 없었고, 바닥이 진흙인 집에서 살았기 때문에 벼룩 문제는 심각했다. 벼룩 문제가 심해지면 다른 집으로 이사를 하는 것밖에는 방법이 없었다.

벼룩의 또 다른 종인 열대쥐벼룩(*Xonopsylla cheopis*)은 곰쥐(black rat)에 기생하며 선(腺)페스트(bubonic plague)를 옮기는 주범이다. 2.27 '생쥐, 쥐'를 보라.

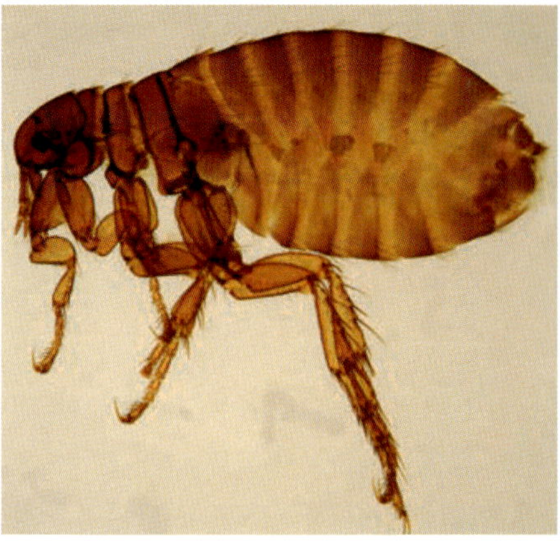

벼룩

특별한 의미 또는 상징 벼룩은

불필요한 말썽을 일으키는 사람과 그다지 중요하지 않은 귀찮은 사람을 상징하였다.

번역 **삼상 24:14**는 다윗이 왕(사울)이 아니라 자신을 향해 경멸하는 투로 말하는 것으로 번역해야만 한다. 다윗은 자신을 '벼룩'이라고 지칭하고 있다. 다윗의 말을 모두 의문문으로 해석하는 번역본들에서 이 문구가 종종 잘못 전달되고 있지만 그 의미를 더 잘 전달하기 위해서는 질문과 이에 대한 두 개의 대답으로 다음과 같이 번역하는 것이 좋다: '왕께서는 무엇을 찾으러 오셨습니까? 죽은 개 한 마리! 벼룩 한 마리!' 몇몇 언어에서는 '나는 한 마리 죽은 개일 뿐입니다! 나는 한 마리 벼룩일 뿐입니다!'로 번역하는 것이 필요할 수도 있다.

삼상 26:14를 번역하는 데는 사본상의 문제점이 있다. 학자들은 어느 것이 더 나은 본문인지에 대해 입장이 나누어지기도 한다. RSV와 JB는 칠십인역을 따라 "내 인생"이라고 읽고, 다른 번역본들은 마소라 본문을 따라 "벼룩"이라고 읽고 있다. 가장 적절한 번역은 본문에 '벼룩'이라고 번역한 뒤 각주를 달아, 칠십인역에는 '벼룩' 대신 '내 인생'으로 적혀 있다고 밝혀주는 것이다.

6.4 파리(fly)

관련 구절

즈부브(*zevuv*) 왕하 1:2, 3, 6, 16; 전 10:1; 사 7:18

아로브(*'arov*) 출 8장(7회); 시 78:45; 105:31

무이아(*muia*) [지혜 16:9]

이름에 대한 논의 다양한 종류의 파리가 이집트와 중동 지역에 살고 있다. 집파리(common housefly, *Musca domestica*)는 거의 모든 집과 가축이나 양이나 염소를 기르는 축사에서 발견되는 종이다.

파리

모양 집파리는 커다란 겹눈과 두 날개를 가진 곤충이다. 파리는 온갖 종류의 채소와 단백질을 먹으며, 썩어가는 과일이나 고기, 대변과 생활 쓰레기 등의 음식에 집중적으로 몰려 있다. 때문에 파리는 다양한 경로를 통해서 인간의 음식에 세균과 병원균을 옮기고, 그 오염된 음식으로 질병을 일으킨다.

파리는 박테리아의 활동으로 온도가 올라간 썩는 채소나 고기 같은 단백질 음식 또는 그 음식 주변에 알을 낳는다. 알은 작은 구더기로 부화하여 썩은 음식을 먹으며 자란다. 몇몇 종의 파리들은 알을 동물이나 사람의 피부에 생긴 상처 주변에 낳기도 하는데 구더기들은 그 상처의 살을 먹으며 자란다.

특별한 의미 또는 상징 파리는 부패나 불결함과 연관이 있다.

번역 집파리는 세계 어느 곳에서나 발견되므로 그 지역에서 통용되는 이름을 찾는 데 어려움이 없다.

왕하 1장의 에그론(Ekron) 신의 이름, 바알세붑(Baal-zebub)은 '파리의 주(主)'를 뜻할 것이다. 즉 파리로 인해 생기는 상처와 질병으로부터 인간을 보호하는 신을 뜻한다. 그러나 그 신의 이름은 '가장 높으신 이'를 뜻하는 우가리트어 '제불'(*zebul*)과 연관되었을 수도 있다. 본래 이 이름은 가나안어로 '가장 높으신 주'로 번역되는 바알세불(Baal-zebul)이었는데, 이스라엘 사람들이 이 이름을 풍자적으로 바알세붑, 즉 '파리의 주'로 바꾸었을 것이다. 이 말의 어원에 대한 명확한 근거가 부족하므로, 가장 나은 선택은, 이 이름을 번역하기보다는 음역하고, 그 아래에 각주를 붙여서 다음과 같이 밝히는 것이다: "이 이름은 '파리의 주'를 뜻하는데, 실제 이름이 '바알세불'인 신을 조롱하기 위해 붙인 이름일 것이다(JB와 비교하라)."

히브리어 '아로브'('*arov*)는 문자적으로 '혼합물'을 뜻하며, 실제로 특정 곤충을 지칭하지는 않는다. 이 때문에 새유대교출판공회판(NJPSV)과 새미국표준성경(NASB)은 "곤충 떼"로, 에큐메니컬전통성경(TOB)과 독일일상어성경(GECL)은 "해충"으로 번역하고 있다. 또 다른 번역본들은 "말파리"(horsefly) 또는 "등에"(gadfly) 등 쏘는 파리 종류의 이름으로 번역하고 있다. (루터역, 네덜란드일상어성경(Dutch common language version[DUCL]), 새예루살렘성경(NJB), 스페인일상어성경(Spanish common language verson[SPCL]) 등을 비교하라.) SPCL은 **출 8:21**에서 "본문이 가리키는 해충이 무엇인지 분명하지 않다. 아마도 위협적인 공격을 가하는 모든 종류의 해충을 가리키는 일반적인 용어로 보인다."는 각주를 첨가하고 있다.

덧붙이는 말 **사 51:6**에서 NIV와 REB는 좋은 영어 관용구인 "파리같이 죽는다"로 번역하고 있다. 6.6 '각다귀, 모기, 이'를 보라.

6.5 등에(gadfly)

관련 구절

케레츠(*qerets*) 렘 46:20

이름에 대한 논의와 모양 등에(gadfly)는 말파리(horsefly)나 가뢰(blister fly, 가룃과에 속하는 딱정벌레 일종)로도 알려져 있으며, 기회가 있을 때마다 따뜻한 피를 가진 동물이나 사람의 피를 빨아먹는 다양한 파리 종들이다. 어떤 종들은 질병을 옮기기도 한다. 성경에 언급된 특별한 종류의 등에는 아마도 중동, 서아시아, 호주, 아프리카 등지에 매우 흔한 '침파리'(common horsefly, *Stomoxys calcitrans*)로 여겨진다. 이 파리는 집요해서 털어내거나 연거푸 쳐서 떨어뜨리기 전까지는 들러붙은 몸체에서 좀처럼 떨어지지 않는다. 이 파리들이 물면 톡 쏘듯 아팠다가 나중에 잠깐 가려움증이 나타난다.

특별한 의미 또는 상징 성경에 단 한 번 언급된 등에는 말썽을 일으키는 사소한 적들을 가리킨다.

번역 무는 파리들이 살고 있는 지역에서는 그런 종류의 파리 이름을 사용하면 된다. 다른 지역에서는 '무는 파리', '쏘는 파리', '따끔하게 하는 파리' 등 짧은 설명을 붙여서 번역할 수 있다.

6.6 각다귀, 모기, 이(gnat, mosquito, louse)

관련 구절

켄(*ken*), 킨남(*kinam*) 출 8:16(12), 17(13)(2회), 18(14)(2회); 시 105:31; 사 51:6

코놉스(*kōnōps*) 마 23:24

스크닙스(*sknips*) [지혜 19:10]

이름에 대한 논의 히브리어 '켄'(*ken*)의 의미에 대하여 꽤 많은 의문이 제기되고 있다. 이 단어는 '단단하게 만들다', '세우다' 또는 '단단하게 들러붙어 있다'라는 뜻을 지닌 말에서 유래된 것 같다. 영어 역본들은 나름대로의 증거를

모기

깔따구 떼

제시하면서 다양한 번역의 가능성을 보여주고 있다.

'켄'(*ken*)은 구약성서에서 모두 5회 나타나고 있는데, 그 가운데 네 번이 출애굽 이전에 이집트에 내린 재앙과 관련이 있다. '켄'(*ken*)에 대하여 아래와 같은 해충들이 제안되었다.

각다귀(gnat)**/모기**(mosquito): '각다귀'는 모기, 하루살이(lake fly), '깔따구'(midge)라고도 알려진 미세파리(minute fly) 등과 같이 날아다니는 작은 해충의 종들을 가리키는 꽤 오래된 이름이다. 이들은 자연발생적으로 이집트, 특별히 나일강변에 많이 서식하고 있다. 그래서 히브리어 '켄'(*ken*)이 가리키는 해충은 사람을 무는 모기로 추정되고 있는데, 이 경우에는 '말라리아모기'(malaria mosquito, *Anopheles*)를 가리킬 것이다. 이 결론은 이집트의 개구리가 모두 죽었을 때 모기와 파리 떼가 엄청난 숫자로 번성했던 점을 지적한 호르트(Hort)의 주장에 의해 지지를 받았다.

모기는 날아다닐 때 윙윙거리는 소리를 내는 벌레이다. 모기는 괴어 있는 물이나 풀이 있는 곳 어디서나 발견된다. 대낮에 활동하는 종도 있고, 밤에 활동하는 종도 있다. 이들은 연못이나 물웅덩이 표면 위나 축축한 초목 위에 알을 낳는다. 알에서 작은 벌레 같은 애벌레가 부화하는데, 이 애벌레는 머리카락 같은 꼬리를 통해 숨을 쉰다. 대부분의 애벌레는 물에서 살지만 숨을 쉬기 위해서는 표면 위로 떠올라야만 한다. 이들은 다 자라면 물 밖으로 나온다. 그리고 먹이를 찾아 날아가기 전에 새로 생긴 날개가 마를 때까지 기다린다. 암컷들은 사람이나 동물의 피를 빨아먹으며, 몇몇 종의 모기들은 말라리아나 댕기열 같은 질병을 옮긴다.

이(louse): 이렇게 날개 없는 작은 곤충은 이아목(*Siphunculata* [*Anoplura*])이라는 학명을 가진 과에 속한다. 대체로 작고 흰색을 띠며 사람이나 포유동물이나 새 등의 살에 붙어 피를 빨아먹고 산다. 머릿니(human body louse, *Pediculus humanus*)는 머리나 몸의 털이 난 부위에서 발견된다. 이는 기어 다니며 벼룩처럼 점프하지는 않는다. 이는 사람 사이를 쉽게 옮겨 다니기 때문에 붐비는 곳에서 쉽게 발견할 수 있다. 이는 머리털에 붙어서 조그만 알을 낳는다.

이

이는 더러운 곳에서 번식한다. 첫 번째 재앙에서 물이 '피로 변했기' 때문에 이집트 사람들은 아마도 얼마 동안 목욕을 하지 못했을 것이다. 이것 때문에 평상시보다 더 더러운 조건에서 생활하였을 것이다. 이들은 죽음의 질병인 발진티푸스(typhus)를 옮긴다. 그렇지만 '켄'(*ken*)이 이(louse)라는 데에 반대하는 의견도 있다. 왜냐하면 몇몇 학자들이 성경 본문에서 '킨님'(*kinim*)이 인간과 가축을 공격했다는 점에 주목하기 때문이다. 대체로 이는 가축 떼에게 심각한 위협 세력이 아니고 단지 귀찮은 대상일 뿐이다.

KJV는 유명한 동물 고고학자인 보덴하이머(F. S. Bodenheimer), 랍비 전통, 요세푸스(Josephus)와 같은 고대 주석가들의 견해를 근거로 히브리어 '켄'(*ken*)을 '이'로 번역하고 있다.

구더기(maggot): 열대 기후의 나라에서 주로 발견되는 구더기는 다양한 파리 종의 애벌레들이다. 파리는 옷이나 피부의 상처 부위에 알을 낳는데, 곧바로 알에서 작은 벌레들이 부화하고, 이 벌레들은 살에 들어가 이 살을 먹고 산다. 그리고 이들이 자라면서 살갗 밑에 부스럼 같은 덩어리를 만들고, 거기에서 성충이 되어 나오면서 상처를 만든다. 그러므로 구더기는 한편으로는 파리와 관련이 있고 다른 한편으로는 부스럼과 연관이 있다. 이어지는 이집트의 세 재앙이 파리와 부스럼 재앙이라는 점이 중요하다. 이러한 논리적 연계성은 NEB와 REB에 주요한 근거가 되고 있다. 6.13 '벌레, 구더기'를 보라.

진드기류(ticks): 진드기는 거미나 전갈이 포함되어 있는 거미강(-綱, *Arachnida*)에 속한 여덟 개의 발이 달린 작은 곤충이다. 진드기는 이 강(綱, class)에 속한 다른 곤충보다 훨씬 더 작으며 거미나 전갈의 모양과도 다르다. 사람이나 포유동물, 파충류 또는 새 등의 피부에 딱 달라붙어 피를 빨아먹는다(학자들이 히브리어 '켄'(*ken*)의 어원을 '딱 달라붙어 있는'이란 단어에서 찾고 있는 점과 비교하라). 암컷들은 자기 몸의 거의 백 배나 되는 크기로 부풀어 올라 땅 위에 수많은 알을 낳는다. 이 알들이 수백 마리의 새끼 진드기로 부화하여 흙 속이나 풀뿌리에 붙어산다. 수개월 동안 이렇게 지내면서 조건에 맞는 사람이나 포유동물이나 새 등이 지나가기를 기다린다. 기생할 대상을 만난 진드기들은 혈관이 있는 피부 표면까지 기어오른다. 그런 후 피부를 뚫고 피를 먹기 시작한다. 진드기가 피를 빨아먹기 시작하면 그 부위는 매우 가렵고 상처로 변할 수 있다.

진드기는 이집트나 다른 많은 아열대 기후와 열대 기후의 나라들에서 흔한 해충이다. 이들은 열대 회귀열(relapsing fever)로도 알려진 열대 진드기열(tropical tick fever)과 같이 인간에게 위험한 질병이나 텍사스 가축열(Texas cattle fever)과 디스템퍼(distemper)[1]와 같은 동물에게 위험한 질병을 옮긴다. 어떤 영어 역본도 이 해석을 받아들이지 않고 있으며, 단지 NEB와 REB가 이와 유사한 추론을 하고 있

1) [역자주] 강아지 전염병 또는 말의 선역(腺疫)과 같은 질병.

을 뿐이다. 그러나 우드(J. G. Wood)와 캔스데일(G. S. Cansdale) 같은 학자들은 이 번역을 지지하고 있다.

그리스어 '스크닙스'(*sknips*)는 '이'(louse)를 의미한다.

특별한 의미 또는 상징 '켄'(*ken*)은 작지만 치명적인 전염병 또는 작지만 성가신 골칫거리를 상징한다.

마 23:24에서 '코놉스'(*kōnōps*)는 매우 작고 하찮은 것을 상징한다고 볼 수 있다.

번역 모기, 이, 벼룩, 구더기는 사막 지역을 제외하고 세계 거의 모든 곳에서 발견되고 있다. 번역자들은 주요 본문에서 가장 적절한 가능성을 결정하고, 각주에 다른 가능성도 함께 제시해 주어야 한다. 각주는 다음과 같이 붙이면 될 것이다: "히브리어의 뜻은 불확실하다. 이것은 …, 또는 …, 또는 …을 뜻하는 말인 듯하다."

사 51:6 중반부의 히브리어 본문은 다음과 같다:

> 비록 하늘이 연기와 같이 사라지고
> 땅이 옷과 같이 해어지며
> 거기에 사는 자들이 '켄'(*ken*)처럼 사라질지라도…

많은 학자들은 여기에서 히브리어 '켄'(*ken*)이 아니라 '킨님'(*kinim*)이 원래 본문이었으므로 이 본문은 "모기들/이들/벼룩들처럼 사라진다."로 번역할 것을 제안하고 있다. 이 문맥을 보면 이 단어는 수명이 짧은 작고 떼 지어 다니는 (아마도 혐오스러운) 곤충일 것이다. 따라서 NIV, TEV, REB, NAB는 "파리들처럼 죽는다."로, RSV는 "각다귀들처럼 죽는다."로, JB는 "해충들처럼 죽는다."로 번역하고 있다. 비영어권 성경 중에는 "개미들처럼 죽다." 그리고 "벼룩들처럼 죽다."로 번역한 경우가 있다.

마 23:24의 "각다귀는 걸러내고"는 포도주나 물을 마시기 전 걸러 내었던 고대의 일반적인 유대인 관습과 연관이 있다. 즉 레 11장을 따라 사람을 부정하게 만드는 모기나 다른 곤충들을 삼키는 것을 방지하기 위한 관습이었을 것이다. TEV는 이 단어를 "파리"로 번역하고 있다. 파리는 영어권 독자들에게 더러운 곤충이기 때문이다. 그러나 예수께서 말씀하신 강조점은 곤충의 부정한 속성이 아니라 이 곤충의 작고 중요하지 않은 특징에 있다. 대부분의 언어권에서 '모기'가 적절한 번역이지만, 경우에 따라서는 이런 의미를 담아내기 위해서 '자그마한 모기'라고 번역할 필요가 있다.

6.7 말벌(hornet, wasp)

관련 구절

치르아(*tsir'ah*) 출 23:28; 신 7:20; 수 24:12

스펙스(*sfēx*) [지혜 12:8]

이름에 대한 논의 히브리어 '치르아'(*tsir'ah*)와 그리스어 '스펙스'(*sfēx*)가 말벌류의 곤충을 뜻한다는 것을 의심하는 학자는 거의 없다. NEB와 REB는 이 단어들이 아랍어 '다라아'(*dara'a*)에서 유래되었다고 제안하면서 "당황스러운"으로 번역하고 있는데, 이 번역은 논쟁의 여지가 많다.

모양 말벌을 가리키는 영어 '호넷'(*hornet*)과 '워스프'(*wasp*)는 밀접하게 연관된 종이며 전자가 후자보다 더 크다. 이들은 벌처럼 동물학 분류에서는 뻣뻣하고 투명한 막 같은 날개를 가진 벌목(目, *Hymenoptera*)에 속한다. 말벌(hornet)은 보통 검정색이나 갈색이고, 어떤 종은 노란색 띠가 있다. 약간 다른 말벌(wasp)은 보통 녹색을 띠며 노랑 또는 연두색 띠가 있다. 조금 더 큰 말벌(hornet)은 몸길이가 30-40밀리미터 정도 된다.

큰 말벌(hornet)

작은 말벌(wasp)

말벌은 가슴(thorax)과 배(abdomen) 사이에 길고 가느다란 허리를 가진 것이 특징이다. 모든 말벌은 벌침을 가지고 있는데, 침이 크기 때문에 쏘이면 매우 아프고 심지어 치명적일 수도 있다. 벌(bee)과는 다르게 말벌은 벌침이 떨어져 나가지 않기 때문에 반복해서 쏠 수 있다. 이들은 곤충, 애벌레, 거미 등을 먹이로 삼는데, 먹잇감을 여러 번 침으로 쏘아 마비시킨 뒤 아직 살아 있는 곤충이나 거미를 말벌의 알들이 있는 곳 근처에 보관해 둔다. 이것은 그들이 알에서 갓 부화한 애벌레들에게 먹이를 쉽게 제공하기 위해서다. 실제로 마비된 먹잇감 위에 알을 낳는 말벌도 있다.

가장 위험한 말벌 가운데 하나는 땅 속에 큰 둥지를 만드는 베스파오리엔탈리스

(또는 등검은말벌, oriental black ground hornet, *Vespa orientalis*)이다. 이것은 크고 윤기 나는 검은색 말벌인데, 둥지가 위협을 당하면 떼로 나타나서 근처의 동물이나 사람을 공격한다. 진동에 매우 민감하여 동물 한 마리나 한 사람이 가까이 걸어가도 알아챈다. 이들이 벌침을 쏘기 시작하면 침 냄새가 이들을 더 흥분시켜서 몇 시간 동안 성난 상태를 유지하면서 새로운 침으로 공격의 강도를 높인다. 이들의 공격 대상이 된 희생물은 결국 마비되거나 심지어 죽게 된다.

검은땅말벌은 아프리카의 열대성 기후 지역과 중동 그리고 아시아의 중국 동부 지역에서 발견되고 있다. 이 지역의 나라들 중 많은 곳에서는 행인들에게 경각심을 주기 위해서 뾰족한 나뭇가지로 이 말벌의 둥지가 있는 곳을 표시해 주는 방식 등으로 이들의 위치를 알려주고 있다.

특별한 의미 또는 상징 두말할 것 없이 말벌은 성경에서 위험한 적이나 공격하는 군대를 상징한다.

번역 말벌이 대부분의 온난 기후 국가에서 발견되지만, 이들 가운데 크고 위험해 보이는 몇몇 말벌은 상대적으로 해를 끼치지 않는다. 예를 들어 아프리카 모든 지역에서 발견되는 검은 집말벌(black house hornet)은 떼를 지어 살지 않고 독자적으로 살아간다. 이들은 벽이나 지붕 아래 진흙으로 둥지를 만든다. 몸집이 크고 벌침을 갖고 있지만 공격적이지 않고 사람이나 동물을 쏘는 일이 거의 없다. 따라서 번역자들은 말벌의 이름을 선택할 때 떼를 지어 살면서 치명적인 말벌의 이름을 선택해서 번역하도록 주의해야 한다. 그 지역의 말벌이 비교적 치명적이지 않을 경우 '전사 말벌류', '싸움꾼 말벌', '치명적인 말벌' 또는 이와 비슷한 설명을 덧붙여 번역할 수 있다.

6.8 거머리(leech)

관련 구절

알루카('*aluqah*) 잠 30:15

이름에 대한 논의 소수의 학자들이 히브리어 '알루카'('*aluqah*)가 사람 피를 빨아먹는 악마의 이름이었다고 제안하였지만 많은 지지를 얻지 못하고 있으므로 무시해도 좋다. 이 단어가 피를 빨아먹는 흡혈박쥐(vampire bat)라는 견해도 있었는데, 이 역시 무시해도 좋다. 그런 박쥐는 라틴아메리카에서만 발견되므로 성경 저자들에게는 알려지지 않았을 것이다. 이 단어는 대체로 거머리를 뜻하는 것으로 받아들이고 있다. 이 말의 히브리어 어원은 '달라붙다' 또는 '빨아먹다'를 뜻하는 말에서 나온 것이다.

모양 거머리는 거머리강(-綱, *Hirudinea*)에 속하는 벌레의 일종이다. 거머리는 시내, 웅덩이 또는 쓰레기 더미 등에 살지만 건조한 땅에서도 살 수 있다. 중동 거머리(Middle Eastern leeches) 중 가장 많은 수를 차지하는 것은 나일거머리(Nile leech, *Limnatis nilotica*)이다. 거머리는 사람, 동물, 파충류, 심지어 물고기 피부에 작은 상처를 낼 수 있는 특수한 입을 가지고 있다. 상처를 낸 후에는 피부에 딱 달라붙어서 피를 게걸스럽게 빨아먹는다. 거머리는 작은 주름이 많은 피부를 가지고 있으며 피를 빨아먹는 동안 본래 자기 몸 크기의 몇 배까지 몸을 팽창시킨다. 그리고 실컷 먹은 후에 피부에서 떨어진다.

거머리

만일 거머리를 피부에서 강제로 떼어내면, 거머리가 낸 작은 상처에서 심하게 피가 난다. 거머리가 소금에 민감하기 때문에, 아주 오래 전부터 거머리를 떼어내기 위해 피부에 소금을 뿌렸다. 그렇게 하면 거머리는 떨어지고 상처에서는 피가 덜 난다.

고대 시대부터 의사들은 피가 흐르게 하기 위해서 환자에게 거머리를 사용해왔다.

특별한 의미 또는 상징 성경에 단 한 번 언급되는 거머리는 탐욕의 상징이다.

번역 거머리는 습하고 따뜻한 조건이라면 세계 어느 곳에서나 발견되며, 그런 지역에서는 거머리에 해당하는 현지 이름을 찾아내기가 어렵지 않을 것이다. 그 밖의 지역에서는 '피를 빨아먹는 벌레'란 의미의 문구가 사용될 수 있고, 또 그 지역 통상어나 국제적인 통용어에서 차용한 말로 번역할 수 있다.

6.9 풀무치[2], 메뚜기, 귀뚜라미(locust, grasshopper, cricket)

관련 구절

아르베(*'arbeh*) 출 10장(7회); 레 11:22; 신 28:38; 삿 6:5; 7:12; 왕상 8:37; 대하 6:28; 욥 39:20; 시 78:46; 105:34; 109:23; 잠 30:27; 렘 46:23; 욜 1:4; 2:25; 나 3:15, 17

게브(*gev*), 고브(*gov*), 고바이(*govay*) 사 33:4; 암 7:1; 나 3:17

가잠(*gazam*) 욜 1:4; 2:25; 암 4:9

2) [감수자주] 메뚜기목 메뚜기과의 곤충. 한국과 중국에서는 황충(蝗蟲)이라고 했다. 학명의 종 이름 migratoria는 이동한다는 뜻이다.

하가브(*chagav*) 레 11:22; 민 13:33; 대하 7:13; 전 12:5; 사 40:22
하실(*chasil*) 왕상 8:37; 대하 6:28; 시 78:46; 사 33:4; 욜 1:4; 2:25
하르골(*chargol*) 레 11:22
옐레크(*yeleq*) 시 105:34; 렘 51:14, 27; 욜 1:4; 2:25; 나 3:15, 16
솔암(*sol'am*) 레 11:22
츨라찰(*tselatsal*) 신 28:42; 사 18:1
아크리스(*akris*) 마 3:4; 막 1:6; 계 9:3, 7; [유딧 2:20; 지혜 16:9; 집회 43:17]
로쿠스타(*locusta*) 2에스 4:24

이름에 대한 논의 풀무치(또는 황충, locust)는 성경에서 그 어떤 곤충보다 많이 언급되는 가장 중요한 곤충이다. 성경에 풀무치를 가리키는 히브리어가 아홉 개나 있지만 가장 일반적인 단어는 '아르베'('*arbeh*)이다. 이에 상응하는 그리스어는 '아크리스'(*akris*)이며, 라틴어는 '로쿠스타'(*locusta*)이다. 이 단어들은 메뚜기(grasshopper)보다는 풀무치를 가리키는 것이 분명하다. 풀무치와 메뚜기는 모두 메뚜기목(*Orthoptera*) 아래, 메뚜기과(*Acrididae*)에 딸려 있으며, '곧은 날개'(straight-winged)를 가진 곤충으로 분류되고 있다. 많은 종류의 풀무치가 이스라엘과 이집트에서 발견되지만, 가장 중요한 종은 이동풀무치(migratory locust, *Locusta migratoria*), 사막풀무치(desert locust, *Schistocerca gregaria*), 모로코풀무치(Moroccan locust, *Dociostaurus moroccanus*)이다. 이들은 그 지역의 주요 먹거리였으며, 아마도 세 종 모두 성경에서 '아르베'('*arbeh*)라고 했을 것이다.

모양 **메뚜기와 풀무치**(grasshopper and locust): 풀무치와 메뚜기는 여섯 개의 다리와 날개를 가진 곤충이다. 세 번째 쌍의 다리가 길고 껑충 뛰어오르기에 적합한 것이 특징이다. 다리 아랫부분에는 뾰족한 털들이 나 있는데, 이것은 소리를 만들어 내고 방어하는 수단으로 쓰인다. 앞날개는 좁고 곧으며 뻣뻣하다. 날지 않을 때 앞날개는 가늘고 막같이 생긴 뒷날개를 덮는 기능을 한다. 뒷날개는 훨씬 넓고 색깔이 있으며 중국 부채처럼 포개져 있다. 풀무치나 메뚜기는 날 때 공중으로 날개를 펴면서 껑충 뛰어오른다. 이들은 날 때 타닥거리는 소리를 낸다. 이는 뻣뻣한

메뚜기

잎을 먹는 풀무치

풀무치 떼

앞날개가 서로 부딪치며 나는 소리이다.

풀무치와 메뚜기 사이의 주요한 차이점은 풀무치는 특정 기간 동안 떼를 이루고 새로운 지역으로 옮겨가 정착한다는 것이다. 풀무치는 다른 기간에는 무리를 짓지 않고 혼자 있거나 적은 무리를 지어 산다. 풀무치가 번식하는 비율은 날씨 조건에 따라 다르다. 이들은 땅속으로 작은 알주머니에 알을 낳는데 습도에 따라 부화되는 양이 다르다. 건조한 기간에는 몇 개의 알만 부화하고, 비가 충분히 내리는 기간에는 갑자기 유난히 많은 알들이 부화한다.

대부분의 다른 곤충들과 달리, 풀무치는 애벌레로 있는 단계를 거치지 않는다. 이들은 알에서 약충[3]으로 부화한다. 이때는 발달되지 않은 깡충깡충 뛰는 다리를 지닌 날개 없는 작은 풀무치 상태이다. 약충은 기어서만 돌아다닐 수 있는데, 날마다 자기 몸무게의 몇 배나 되는 양의 푸른 식물을 먹는다. 몸집이 점점 커지고 발달되면, 허물을 벗는다. 날개보다 다리가 먼저 발달되는데, 이로써 이들은 날지 못해도 뛰어오를 수 있는 3령~5령 단계에 이른다. 이 단계의 풀무치를 '호퍼'(약충풀무치, 또는 폴짝이풀무치, hopper)라고 부르는데, 이때는 다소 흩어져 생활하며 약충 때보다 덜 밀집된 군집 생활을 한다. 그러나 이때는 전보다 훨씬 더 많은 양의 먹이를 먹기 때문에 곡식에 상당한 피해를 줄 수 있다. 이들이 다 자라면 뛰기도 하고 날 수도 있다. 만일 날씨 조건이 좋아서 유난히 많은 수가 이 단계까지 성장하면, 그 지역에서 재배되고 있는 농작물을 완전히 황폐화한다. 이렇게 되면 풀무치들은 무리를 이루기 위해 모인다. 달리 말하면, 이들은 함께 모여 큰 무리를 이루어 더 푸른 목초지로 옮겨 간다. 이렇게 모여서 집단 이주를 하는 동안과 그 직후에 풀무치들은 곡식이나 다른 채소들을 쉬지 않고 먹어치우며 심

3) [역자주] 약충(nymph, 若蟲), 불완전변태를 하는 곤충의 애벌레. 보통 유충(幼蟲)이라고 하지만, 완전변태를 하는 곤충의 유충과 구별할 때 사용하는 말이다.

각한 피해를 입힌다.

풀무치 떼는 수억 마리의 풀무치로 이루어진다. 캔스데일(G. S. Cansdale)의 보고를 인용하자면, 1889년에 있었던 한 풀무치 떼는 5,500제곱킬로미터를 뒤덮었다. 최근에도 풀무치 떼의 크기가 커다란 검은 구름이 해를 가리는 것 같을 정도로 큰 경우가 있었다. 풀무치들이 접근해 올 때 들리는 파닥거리는 날개 소리는 잊기 어려울 정도이다. 풀무치 떼가 땅에 내려앉으면, 잠깐이어도 푸른색 덤불이나 푸른 숲으로 보이는 곳은 이들의 공격을 받게 된다. 이파리를 뜯어먹는 소리가 또렷하게 들리고, 때로는 몇 시간 동안 지속되기도 한다. 그런 후에는 푸른 이파리나 풀잎은 거의 볼 수 없게 되고, 대부분의 관목들은 껍질까지 벗겨져 황량한 채로 남는다.

고대 사람들은 무수한 풀무치 떼 앞에서 완전히 무력했을 것이다. 그들은 재난을 막을 방법이 없었다. 불을 내서 풀을 태우는 것이 소극적이지만 유일한 수단이었을 것이다. 그러나 역설적이게도 많은 식량을 쉽게 얻을 수 있는 것도 이런 풀무치 떼를 만났을 때이다. 사람들은 풀무치를 주로 포대나 물고기 그물망이나 바구니 등으로 잡았다. 뒷다리 아랫부분은 떼어내고, 굽거나 튀기거나 삶아서 풀무치 요리를 한다. 어떤 지역에서는 날 것으로 먹기도 한다. 풀무치를 구워 소금을 치면 소금 친 땅콩 맛이 난다.

몇몇 주석가들은 이집트의 풀무치 재앙이 아라비아 사막이나 시나이 광야를 지나는 이스라엘 사람들에게 음식을 제공해 주는 기회가 되었을 것이라고 본다. 이 지역이 풀무치의 일반적인 이동 경로이기 때문이다.

다음은 주요 풀무치 종의 발달 단계를 요약한 것이다. 먼저 단지 기어다닐 수만 있는 약충은 뛸 수 있는 단계로 성장한다. 그리고 폴짝폴짝 뛰어다니는 폴짝이풀무치는 날개가 나오고 드디어 어른 곤충이 된다. 만일 기후 조건이 좋다면 풀무치는 떼를 이루고 새로운 지역으로 옮겨간다. 암컷은 알을 낳고 같은 성장 단계를 반복한다. 그리고 약충, 폴짝이풀무치, 한 곳에 머무는 풀무치, 떼를 이루거나 이동하는 풀무치, 이렇게 네 단계가 분명하게 나타난다. 히브리어 '하실'(*chasil*)은 기어다니는 약충을, '옐레크'(*yeleq*)는 중간 정도로 성장한 폴짝이풀무치를, '아르베'(*'arbeh*)는 한 곳에 머무는 풀무치를, '가잠'(*gazam*)은 떼 지어 다니는 풀무치를 가리킬 것이다. 그러나 확인된 것은 아니다. 왜냐하면 이런 용어들은 풀무치 재앙을 가리킬 때 서로 호환할 수 있기 때문이다.

귀뚜라미와 여치(cricket and katydid): 귀뚜라미(cricket)는 풀무치나 메뚜기와 친족인 날개 없는 야행성 곤충이다. 이들은 보통 검거나 갈색이고, 더 작고 둥근 몸을 갖고 있다. 낮에는 바위나 나무 밑에서 쉬고 있거나, 소위 땅강아지(mole cricket)

처럼 자신들이 파놓은 구멍 속에 머문다. 밤에는 높고 날카로운 소리로 우는 특징이 있는데, 먼 거리까지 들린다. 귀뚜라미 종은 저마다 약간씩 다른 소리를 낸다. 풀무치나 메뚜기처럼, 이들도 식물을 먹는데, 보통 잎을 먹고 산다.

여치(katydid)는 귀뚜라미와 비슷하지만 푸른색을 띠며 날개가 있다. 이들은 밤에 활동하며 귀뚜라미와 같은 소리를 내며 운다. 낮에는 나무 이파리 아래쪽에 머문다. 날개는 나뭇잎 모양으로 푸른색을 띠므로 아주 뛰어난 위장 보호수단이다. 어떤 여치는 다른 곤충을 먹기도 한다.

귀뚜라미와 여치는 아주 긴 더듬이가 있다.

나뭇잎여치

풀무치

특별한 의미 또는 상징 많은 숫자와 떼로 몰려다니는 속성을 고려한다면 풀무치는 확실히 많은 수로 공격하는 방어하기 힘든 군대를 상징하고 있다. 풀무치 떼는 또한 하나님의 징계를 상징하기도 한다. 히브리어 '하가브'(*chagav*)가 나타나는 다섯 곳의 성경 본문 가운데 두 곳에서 이 단어는 은유적으로 작고 하찮은 무엇인가를 묘사하고 있다. (따라서 TEV는 **사 40:22**에서 이 단어를 "개미처럼 작은"으로 번역하고 있다.)

문자적으로 "메뚜기는 단지 기어 다닐 수 있을 뿐이다"를 뜻하는 **전 12:5**의 히브리어 '하가브'(*chagav*)의 사용은 문제가 있다. 이 본문은 사람이 늙어 가면서 맞이하는 노년을 묘사하는 것이 분명하다. 일반적으로 주석가들은 이 절을 다음의 두 가지 가능한 해석 가운데 하나를 받아들인다: 1) 노인이 거동하기 어려운 상황을 묘사한다. 또는 2) 남자가 왕성한 정력을 잃어버린 것을 풍자하는 것이다. 만일 전자의 경우라면, '메뚜기'는 (지금 겨우 거동할 수 있는) 살아 있는 사람을 가리키는 별명이다. 반면 두 번째 경우라면 이 단어는 남성의 성기에 대한 별칭이다.

번역 이동풀무치는 북아메리카를 제외한 세계 곳곳에서 발견되고 있다.

따라서 이 지역에서는 풀무치에 해당하는 현지 이름을 발견하는 일이 그리 어렵지 않다. 그러나 비가 많이 내리는 몇몇 나라에서 이 풀무치나 다른 풀무치 종들은 중동이나 더 건조한 아프리카 지역의 풀무치가 떼를 지어 날아다니는 것과는 달리 떼 지어 다니지 않는다. 이런 곳에서는 단순히 '풀무치'보다는 '풀무치 떼'와 같은 어구로 번역할 필요가 있다. 풀무치가 알려져 있지 않은 곳에서는 '큰/거대한 메뚜기'란 말로 대치할 수 있다.

히브리어 '게브'(*gev*), '고브'(*gov*), '고바이'(*govay*)는 '떼 지어 다니다' 또는 '함께 모이다'는 뜻의 동사와 연관이 있으며 거의 확실하게 풀무치를 가리킨다.

신 28:42와 **사 18:1**에 나오는 히브리어 '츨라찰'(*tselatsal*)은 곤충의 날갯짓 소리로서 풀무치 떼가 만들어내는 소리를 가리키는 것이 거의 확실하다. '윙윙거리다' 또는 '앵앵거리다'로 번역하는 영어 역본들이 이러한 견해를 반영하고 있다. 그러나 '앵앵거리다'는 곤충 떼가 만들어 내는 소리를 묘사하기에 적절하지 않다. 영어 역본들에는 '타닥타닥', '찍찍거리는', '윙윙거리는' 또는 '펄럭이는' 등이 히브리어 '츨라찰'(*tselatsal*)을 표현하는 소리로 제시되고 있다.

NEB와 REB만이 히브리어 '츨라찰'(*tselatsal*)을 풀무치 떼의 재앙이 아니라 최악의 상태라 해도 사소한 불쾌감만 주는 곤충인 "땅강아지"로 번역하고 있다. 이 두 성경은 사 18:1에서는 마소라 본문이 아닌 칠십인역을 따라 "항해하는 배"로 번역하고 있다.

추천할 만한 번역으로는 1) 풀무치 떼와 2) 풀무치 떼가 만들어내는 소리가 있다. 즉 신명기와 이사야 본문에서 '풀무치 떼의 윙윙거리는 소리'로 번역할 수 있다. 날갯짓하는 소리를 묘사하는 표의음(ideophone)이 수천 개 있는 아프리카의 반투어권이나 다른 언어권에서는 이에 상응하는 적절한 표의음으로 번역할 수 있다. 다른 곳에서는 영어에서와 마찬가지로 풀무치 떼의 소리를 묘사하는 수식어를 포함한 명사구로 번역하면 된다.

풀무치를 가리키는 대하 7:13을 제외하고 대부분의 문맥에서 히브리어 '하가브'(*chagav*)는 '메뚜기'를 뜻한다. **민 13:33**과 **사 40:22**에서 메뚜기는 작고 하찮은 것을 상징하고 있다. 문자적인 번역만으로 이런 의미를 담아내기는 쉽지 않다. 그런 경우 번역가는 그 지역에서 작고 하찮은 존재를 상징하는 '개미', '이', '벼룩' 등 다른 곤충 이름으로 대체할 수 있다. 이를 표현할 만한 적절한 곤충이 없는 지역에서는 이런 의미를 담을 만한 동물 이름을 제시할 수도 있다: 예를 들어, '생쥐' 또는 '다람쥐'가 있다.

'풀무치'에 해당하는 히브리어 단어가 단지 한 개만 등장하는 절에서는 거의 문제가 되지 않는다. '풀무치'나 '메뚜기'에 해당하는 현지 이름을 사용하면 된다.

아래의 경우는 풀무치나 메뚜기를 가리키는 히브리어 단어가 두 개 이상 나오는 본문이다:

레 11:22: 이 절은 네 종류의 정결한 곤충을 열거하고 있다. 두 번째와 세 번째 히브리어 '솔암'(*sol'am*)과 '하르골'(*chargol*)은 이 절에서만 나오므로 그 의미를 정확히 알기가 어렵다. 따라서 이에 대한 제안은 임시방편적이다.

이 절이 정결한 곤충의 특징을 나열하고 있는 점을 감안한다면 네 곤충들은 뛰어오를 수 있는 특별한 다리를 가지고 있다고 추정해 볼 수 있다. 그러므로 이 목록에 포함된 곤충이 '풀무치'('아르베'[*'arbeh*]), '메뚜기'('하가브'[*chagav*]), '귀뚜라미'(아마도 '하르골'[*chargol*])일 것이라고 추측할 수 있다. 이 세 곤충의 다양한 종들이 중동, 아프리카, 아시아 일부 지역에서 흔히 식용으로 사용되고 있다. 또 이 목록에 네 번째 곤충으로 '하가브'(*chagav*)가 있기 때문에, NIV는 '솔암'(*sol'am*)을 '여치'로 번역했고(세 번째와 네 번째를 묶어서 '귀뚜라미 또는 메뚜기'[cricket or grasshopper]로 번역함), 이와 달리 NAB는 '하르골'(*chargol*)과 '솔암'(*sol'am*)을 각각 "여치"와 "메뚜기"로 번역했다. 여치는 뛰어오르기도 하면서 여러 가지 면에서 메뚜기와 비슷한 특성을 가진 야행성 곤충이다. 그러나 이 곤충은 보통 푸른색 나뭇잎 모양의 날개를 가지고 있다. 그리고 여치는 주로 혼자 지내며 좀처럼 무리를 짓지 않고 식용거리로 흔하게 사용되지 않는다. RSV와 아마도 TEV는 '솔암'(*sol'am*)을 풀무치 종류로 여긴 것으로 보이며, 그래서 정결 곤충 목록에 두 종류의 풀무치를 넣고, 여기에 메뚜기와 귀뚜라미를 더하고 있다.

NEB와 REB는 오히려 네 가지 다른 종류의 풀무치로 보고, 이들을 "큰풀무치"(great locust, '아르베'[*'arbeh*]), "긴머리풀무치"(long-headed locust, '솔암'[*sol'am*]), "초록풀무치"(green locust, '하르골'[*chargol*]), "사막풀무치"('하가브'[*chagav*])로 번역하고 있다. 이렇게 이름을 붙인 것은 각 단어의 어원에 대한 추정을 근거로 한 것이다. 즉 히브리어가 유래한 고대 셈 계통 언어의 어원을 추적한 것이다. 그러나 각 어원은 단어의 뜻을 추론하는 근거로 사용하기에는 매우 모호하며, 학자들 사이에서도 이 단어들의 특별한 어원에 대한 주장은 거의 지지받지 못하고 있다. NAB는 '하가브'(*chagav*)를 "귀뚜라미"로 번역하고 있다.

정결한 곤충 목록에 대하여 확실하게 말할 수 있는 것은, 식용으로 사용되는 풀무치와 메뚜기와 귀뚜라미가 모두 포함되어 있다는 것이다. 이 목록을 '모든 종류의 풀무치, 모든 종류의 메뚜기, 모든 종류의 귀뚜라미'로 번역한 뒤 '히브리어 본문에는 목록에 네 개의 곤충이 열거되어 있다. 어떤 학자들은 이 모든 것들이 네 종류의 풀무치라고 제안하고 있다.'는 각주를 첨가하는 것이 제일 안전할 것이다.

왕상 8:37; 대하 6:28: 이 두 절에 나오는 재난 목록에 히브리어 '아르베'(*'arbeh*)

와 '하실'(*chasil*)이 있다. 이 단어들은 어른 풀무치와 어린 풀무치를 가리키는 것으로 여겨지므로, '풀무치와 메뚜기들', '크고 작은 풀무치들', '어른 풀무치와 어린 풀무치들'과 같이 번역하는 것이 일반적이다.

시 78:46: 이 절에서도 히브리어 '아르베'(*'arbeh*)와 '하실'(*chasil*)이 모두 사용되고 있으며, 이것은 아마도 어른 풀무치와 어린 풀무치를 가리키는 듯하다. 따라서 아래와 같은 번역이 하나의 모범 사례가 될 수 있다:

> 그가 [새롭게 돋아나는] 풀밭을 메뚜기들[어린 풀무치들/작은 풀무치들]에게 주셨고,
> 그 [잘 익은] 토산물을 풀무치들[어른 풀무치/큰 풀무치들]에게 주었다.

시 105:34: 이 절에서는 히브리어 '아르베'(*'arbeh*)와 '옐레크'(*yeleq*)가 사용되었으며 시 78:46의 의미와 비슷하다:

> 그가 말하자 풀무치 떼가 왔다.
> 어린 풀무치들/메뚜기들이 셀 수 없이 많았다.

사 33:4: 이 절에서는 히브리어 '하실'(*chasil*)과 '게브'(*gev*)가 사용되었으며 위에서 언급한 것과 마찬가지로 어린 풀무치와 어른 풀무치를 가리키는 듯하다.

> 메뚜기들[어린 풀무치들]이 휩쓸어가듯이 그들의 노략물이 강탈될 것이며,
> 사람들이 (어른) 풀무치들처럼 그들의 전리품에 떼로 달려들 것이다.

욜 1:4; 2:25: 이 절에서는 풀무치에 대한 네 개의 서로 다른 히브리어가 나타나고 있다: '가잠'(*gazam*), '아르베'(*'arbeh*), '옐레크'(*yeleq*), '하실'(*chasil*).

대부분의 주석가들은 이 목록이 풀무치가 성장하는 네 단계를 가리킨다는 데 동의하고 있다. 그러므로 이들은 떼 지어 다니는 어른 풀무치, 한 곳에 머무는 어른 풀무치, 날개 없는 폴짝이풀무치, 기어 다니는 약충으로 해석되고 있다. 그러나 위에서 보았듯이 '옐레크'(*yeleq*)와 '하실'(*chasil*) 두 단어 모두 어린 풀무치를 가리키는 말이기 때문에, 이 두 단어를 약충과 날개 없는 폴짝이풀무치를 가리키는 것으로 해석하는 것은 불가능하다.

TEV는 "풀무치 떼가 남겨놓은 것을 다음 떼가 먹어치웠다."로 번역하고 있다. 이것은 풀무치에 대한 일반적인 생각을 반영하고 있지만, 모든 히브리어가 반드

시 풀무치 떼를 가리키는 것은 아니므로 기술적으로 정확한 번역은 아니다. 좀 더 정확한 번역은 아래와 같다:

떼 지어 이동하는 풀무치들이 남겨놓은 것을, 한 곳에 머무는 풀무치들이 먹었다;
한 곳에 머무는 풀무치들이 남겨놓은 것을, 기어 다니는 어린 풀무치들이 먹었다;
뛰어다니는 어린 풀무치들이 남겨놓은 것을, 기어 다니는 어린 풀무치들이 먹어치웠다.

나 3:15-17: 이 절의 히브리어 본문은 운문 형식으로 세 개의 히브리어 단어가 평행구로 나오고 있다: '아르베'(*'arbeh*), '옐레크'(*yeleq*), '고브'(*gov*).

각 단어가 뜻하는 풀무치가 어떤 종을 가리키든 상관없이, 이 세 단어가 모두 동의어로 평행을 이루고 있다는 점은 확실하다. 여기서 풀무치들은 1) 많은 수, 2) 파괴성, 3) 임시성(일시적인 방문자들)을 위한 은유로 사용되고 있다. 많은 언어권에서 풀무치에 대한 이름으로 한 개 이상의 단어들을 가지고 있을 것이다. 만일 그렇다면 한 단어를 연속해서 반복하는 것을 피하고, 약간씩 다른 구절들을 사용하여 번역하는 것이 좋다. 아래는 시의 구조를 살리고 풀무치를 가리키는 세 단어를 다르게 표현해본 하나의 모범 사례이다.

15 비록 화염이 너를 삼킬지라도,
칼이 너를 쓰러뜨릴지라도,
이는 메뚜기가 풀을 먹어치움과 같을 것이다.
많아져라
메뚜기와 같이!
많아져라
풀무치와 같이!
16 하늘의 별들보다 더 많아질 때까지
너는 상인들[군대]의 숫자를 늘렸다.
풀무치가 기습하였다가 날아가 버리는구나!
17 너의 방백들[고관들]은 메뚜기와 같고,
너의 전령들은 풀무치 떼와 같다.
추운 날에는

돌담에 모이고
해가 나오면
날아가 버린다.
그들이 어디로 가버렸는지
아무도 알지 못하는구나.[4)]

히브리어 '가잠'(*gazam*)이 어른 풀무치를, '옐레크'(*yeleq*)와 '하실'(*chasil*)이 어린 풀무치를 가리키는 말이라는 점에는 일반적인 합의가 있다. 그러나 몇몇 학자들은 이 단어들이 풀무치의 성장 단계를 반영하기보다는 풀무치의 다른 종들을 가리키는 것으로 해석하기도 한다. KJV는 욜 1:4와 2:25에서는 "나방애벌레"(palmer-worm)와 "자벌레"(cankerworm)로 번역하고, 나 3:15-17에서는 이를 대신할 만한 단어인 "애벌레"(caterpillar)로 번역하고 있다. 그러나 이 번역들은 히브리어 단어 어떤 것에 대해서도 좋은 선택은 아닌 것이 거의 확실하다.

몇몇 주석가들과 몇 개의 번역본들은 **마 3:4**와 **막 1:6**에서 그리스어 '아크리스'(*akris*)가 그 지역의 먹거리였던 '구주콩나무'(또는 캐럽나무, carob pods)에 해당하는 단어를 잘못 표기한 것이라고 추정하고 있다(<성서 속의 동물과 식물> [*Fauna and Flora of the Bible*], 103-104를 보라). 그러나 이러한 변경을 지지할 만한 사본적 증거가 없다. 본문 자체의 의미를 살펴보면 풀무치가 발견되는 곳마다 사람들이 이것을 먹고 즐긴다는 정황을 묘사하는 것이 분명하다. 풀무치와 꿀은 실제로 단백질, 탄수화물, 비타민과 미량 원소 등을 포함하고 있어 좋은 영양을 제공해 주는 음식이었을 것이다.

6.10 나방(moth)

관련 구절

아쉬('*ash*) 욥 4:19; 13:28; 27:18; 시 39:12(11); 사 50:9; 51:8; 호 5:12
사스(*sas*) 사 51:8
세스(*sēs*) 마 6:19, 20; 눅 12:33; (약 5:2); [집회 42:13]

이름에 대한 논의 히브리어 성경에서 '아쉬'('*ash*)는 나방(moth)을, '사

4) 15 거기서 불이 너를 삼키며 칼이 너를 베기를 느치가 먹는 것 같이 하리라 네가 느치 같이 스스로 많게 할지어다 네가 메뚜기 같이 스스로 많게 할지어다 16 네가 네 상인을 하늘의 별보다 많게 하였으나 느치가 날개를 펴서 날아감과 같고 17 네 방백은 메뚜기 같고 너의 장수들은 큰 메뚜기 떼가 추운 날에는 울타리에 깃들였다가 해가 뜨면 날아감과 같으니 그 있는 곳을 알 수 없도다(『개역개정』)

스'(*sas*)는 나방의 애벌레 단계를, 신약성서에서 '세스'(*sēs*)는 나방을 가리킨다는 점에 대체로 동의하고 있다. 나방은 항상 폐기된 옷이나 해어진 옷을 가리키는 맥락에서 언급되고 있으므로, 이 말은 인간 옷에 알을 낳는 나방을 뜻하는 것이 분명하다. 그렇다면 이 단어는 옷에 알을 낳는 나방 종류인 곡식좀나방과(*Tineidae*) 가운데 아마도 옷좀나방(clothes moth, *Tineola bisselliella*)을 가리킬 것이다. 성경에서는 그 피해를 나방 탓으로 돌리고 있지만 실제로 피해를 입히는 것은 애벌레이다. '아쉬'('*ash*)는 나방과 그 애벌레 모두를 가리키는 데 사용되었을 것이다.

모양 옷좀나방은 옷이나 천 등에 알을 낳는 갈색 또는 회색의 자그마한 나방이다. 알은 아주 작은 애벌레로 부화하는데, 애벌레가 되자마자 천을 갉아먹기 시작한다. 이들은 머리(와 가슴)만 고치 밖으로 내밀고 비단 같은 실로 몸을 감싸는 작은 고치(cocoon)를 만든다. 그리고 나중에 마침내 나방이 되어서 나온다.

옷좀나방 (애벌레, 성충)

특별한 의미 또는 상징 나방은 부패와 폐허 그리고 서서히 파괴되는 것을 상징한다.

번역 **욥 4:19:** 대부분의 번역본들은 이 절의 마지막 히브리어 구를 "그들은 나방처럼 쉽게 무너진다."[5]로 번역하고 있다.

욥 27:18: 이 절의 상반절에 대하여 대부분의 번역본들은 히브리어 본문의 "그가 나방처럼 그의 집을 짓고"보다는 칠십인역과 시리아역을 따라 "그가 거미줄처럼 그의 집을 짓고"라고 번역하고 있다. 그러나 만일 나방의 번데기도 '아쉬'('*ash*)로 불렸다면, 히브리어 본문은 '그는 나방의 고치처럼 그의 집을 지었다'라는 의미로 해석할 수 있다. 이런 해석은 기본적으로 그리스어역이나 시리아역과 비슷한 시적 이미지를 반영한 것이다.

5) 하루살이 앞에서라도 무너질 자이겠느냐 (『개역개정』)

약 5:2: 이 절에 사용된 동사는 '나방처럼 먹다'를 뜻하며, 그리스어 명사 '세스'(*sēs*)의 어원을 포함하고 있다.

6.11 전갈(scorpion)

관련 구절

아크라브(*'aqrav*) 민 34:4; 신 8:15; 수 15:3; 삿 1:36; 왕상 12:11, 14; 대하 10:11, 14; 겔 2:6

스코르피오스(*scorpios*) 눅 10:19; 11:12; 계 9:3, 5, 10; [집회 26:7; 39:30]

이름에 대한 논의 위에서 언급한 단어들이 전갈을 가리킨다는 점에 모두가 동의하고 있다. 많은 학자들은 히브리어 '아크라브'(*'aqrav*)가 범죄자들을 처벌할 때 사용하는 채찍의 한 종류를 가리키는 별칭이기도 했다고 생각하고 있다.

모양 전갈은 여덟 개의 다리를 가지고 있다. 이스라엘 땅에서는 13센티미터 정도까지 자란다. 그러나 어떤 열대 지역에서는 18센티미터까지 자라기도 한다. 앞다리는 게처럼 집게발로 되어 있고, 머리 위까지 원을 그릴 수 있는 꼬리는 매서운 침을 가지고 있다. 다른 곤충이나 새끼 도마뱀 같은 작은 파충류를 먹고 산다. 집게발로 먹이를 잡아서 꼬리의 침으로 찌른 후, 기절시키거나 죽인다.

전갈

특별한 의미 또는 상징 히브리어 구약성경에서 전갈은 거칠고 살기 적합하지 않은 생활 환경을 함축적으로 나타내고 있다.

번역 왕상 12장과 대하 10장에 나타나는 '아크라브'(*'aqrav*)는 특별히 고통스러운 채찍을 가리키는 것으로 보이며, 이에 따라 NEB는 "채찍"으로, JB는 "(무언가를) 박은 채찍"으로, TEV는 "가죽채찍"으로 번역하고 있다. 비영어권 번역본들에서는 '전갈 채찍'이란 어구가 많이 쓰이고 있다.

민 34:4; 수 15:3; 삿 1:36에서는 문자적으로 '전갈 비탈'을 뜻하는 장소의 이름인 '마알레 아크랍빔'(*ma'aleh 'aqrabim*)이 쓰이지만, 장소의 이름이기 때문에 보통 번역하지 않고 '아크랍빔 비탈'이란 이름으로 음역하고 있다.

전갈은 북극의 툰드라 지역과 몇몇 섬 지역을 제외한 세계 거의 모든 곳에서 발견되고 있다. 그러므로 대부분의 지역에서 그 지역 명칭으로 번역할 수 있을 것이다.

6.12 거미(spider)

관련 구절

악카비쉬('*akavish*) 욥 8:14; 사 59:5

이름에 대한 논의 히브리어 '악카비쉬'('*akavish*)는 히브리어 구약성경에 두 번 등장하는데, 두 곳에서 모두 거미줄을 뜻하고 있다. 이 해석에 대해서는 의심의 여지가 없다.

모양 거미는 비단실 같은 그물 실자락을 만들어내는 여덟 개의 다리를 가진 곤충이다. 이 물질은 그물 같은 거미줄을 만들거나(무당거미[orb spider]의

거미

거미줄에 있는 거미

경우), 둥지를 걸쳐 놓고 알을 감싸는 데 쓰이며, 문짝거미(또는 덧문거미류[6], trap-door spider)는 덧문을 여닫을 수 있도록 매어 주는 연결끈(경첩)을 만드는 용도로 사용한다. 성경에 언급된 거미의 종류로 추측되는 무당거미는 먹이를 잡으면 거미줄을 회전시킨다. 주로 파리, 메뚜기, 이와 비슷한 날아다니는 곤충이 주요 먹잇감이다. 이스라엘에는 사실상 다른 종의 거미들이 많이 있는데, '악카비쉬'('*akavish*)를 그중 어느 것 하나와 연관 짓기는 어렵다. 이 단어는 모든 거미에 대한 보통명사이다.

특별한 의미 또는 상징 성경에서 거미줄은 약하고 임시적이며 부서지기 쉬

6) [감수자주] 덧문거미류는 땅 속에 굴을 파고 그 입구에 거미실로 경첩이 된 문을 만들어 먹이가 되는 곤충이 가까이 지나가면 재빨리 덧문을 열고 먹이를 낚아챈다.

운 무언가를 상징한다.

번역 거미는 세계 어디에서나 발견되고 있다. 그러나 성경을 받아들일 대부분의 문화권에서 거미줄이 임시적이고 부서지기 쉬운 무언가로 여겨지지는 않는다. 이 때문에 NEB는 **사 59:5**에서 '그들이 거미줄을 짠다.' 대신에 "그들이 거미집(또는 얇은 천, 계략, cobweb)을 짠다."로 번역하고 있다. 이 번역이 뭔가 바람직하지 않고 가치가 없는 무엇인가를 나타내는 데 더 적절해 보이기 때문이다. 많은 언어의 경우, '그들이 허술한 거미줄을 짠다.'라는 번역이 더 잘 어울릴 것이다. **욥 8:14**의 경우 뜻을 알 수 없는 히브리어가 쓰였지만 그 요점은 상당히 분명하다.

> 그가 믿는 것은 쉽게 부서진다;
> 그가 의지하는 것은 허술한 거미줄이다.[7]

6.13 벌레, 구더기(worm, maggot)

관련 구절

림마(*rimah*) 출 16:24; 욥 7:5; 17:14; 21:26; 24:20; 25:6; 사 14:11

톨레아(*tole'ah*), 톨라아트(*tola'ath*) 출 16:20; 25:4; 26:1, 31(총 43회)

스콜렉스(*skōlēx*) [막 9:44, 46]; 막 9:48; (행 12:23); [유딧 16:17; 집회 7:17; 10:11; 19:3; 1마카 2:62; 2마카 9:9]

이름에 대한 논의 영어에서 '벌레'(worm)는 상당히 일반적인 단어이고, '새끼벌레'(grub)는 과일이나 콩과 같은 채소들을 먹는 벌레와 곤충 애벌레를 가리킨다. '구더기'(maggot)는 파리나 딱정벌레목(beetle)의 애벌레를 가리키며, 썩은 고기나 살을 먹는다. 히브리어 '톨레아'(*tole'ah*)와 '톨라아트'(*tola'ath*)는 그 벌레가 무엇을 먹든 상관없이 모든 종류의 벌레를 뜻하는 일반 명사이다.

출애굽기, 레위기, 민수기에는 문자적으로 '진홍 벌레'를 뜻하는 '톨라아트 샤니'(*tola'ath shani*)가 나타나고 있다. 이 히브리어는 진홍색과 이 색을 만들어내는 염료를 모두 의미한다. 이 진홍 염료는 아라라트(Ararat) 지역에서 발견되는 팔레스틴참나무(kermes oak)에서 기생하는 연지벌레(kermes, *Coccus ilicis*)에서 추출한다. 페니키아 사람들은 무역으로 이 염료를 중동, 북아프리카, 남부 유럽과 메소포타미아 그리고 더 먼 곳까지도 보냈다.

보다 더 보편적인 의미를 담은 '톨레아'(*tole'ah*)와 '톨라아트'(*tola'ath*)와는 달리

---

7) 그가 믿는 것이 끊어지고 그가 의지하는 것이 거미줄 같은즉 (『개역개정』)

'림마'(*rimah*)와 이에 상응하는 그리스어 '스콜렉스'(*skōlēx*)는 성경에서만은 살을 먹고 사는 벌레 곧 구더기를 뜻한다. 현대의 영어 역본들이 이 단어들을 '벌레'와 '해충'으로 번역하는 것은, 영어권 문화에서 사람의 몸이 구더기로 뒤덮였다고 말하는 것이 혐오감을 불러일으키고 불손한 것으로 인식되기 때문이다. 다른 문화에서는 그렇지 않을 수 있다.

모양 벌레, 새끼벌레, 구더기는 작고, 부드러우며, 다리가 없고, 뼈나 껍질이 없는 관 모양의 생물체이다. 이들은 보통 너무 익은 과일이나 부패한 육류 등을 먹고 산다. 대부분이 파리나 몇몇 딱정벌레류가 낳아놓은 알에서 부화한 애벌레들이다. 이들 중 대부분이 번데기가 되었다가 성충이 된다.

구더기

특별한 의미 또는 상징 성경에서 벌레와 구더기는 부정함과 부패와 하찮음의 상징이다. **시 22:6**과 **사 41:14**에서 '톨라아트'(*tola'ath*)는 매우 하찮은 인간 또는 심지어 나라를 의미하고 있다. **욥 25:6**에서도 역시 구더기는 혐오스럽고 하찮은 사람의 상징이다. 사람을 벌레나 구더기에 비유하는 곳에서 이와 같은 의미가 전달되지 않을 때는 하찮음을 나타내는 다른 곤충으로 대신해도 좋을 것이다. 그런 비유를 할 만한 것이 없을 경우 "벌레처럼 약하고 무력한"(GECL, 사 41:14)이라는 식의 보충 설명을 덧붙이는 것이 필요하다.

번역 벌레나 구더기는 어디서나 발견되므로 이에 상응하는 말을 찾아내기란 어렵지 않을 것이다. 그러나 많은 언어권에서 벌레나 구더기의 다양한 종류들을 세부적으로 나타내는 단어들은 있지만 모든 종류를 총칭하는 말은 없다. 그런 경우 번역가들은 개별적인 문맥을 고려해서 단어를 선택해야 한다. 벌레가 포도나 올리브 등을 망가뜨리는 것을 묘사하는 경우에는 그러한 상황에 알맞은 벌레 이름을 찾아야 한다. 또 구더기가 시체를 먹는 것을 묘사하는 경우에는 그에 알맞은 단어를 구사해야 한다. 같은 히브리어나 그리스어를 매번 한 단어로 똑같이 번역하는 것보다 주어진 맥락에서 알맞은 단어를 골라 번역하는 것이 더 중요하다.

욥 24:20의 마소라 본문은 이해하기가 매우 어렵고 모호하다. 이 절에서는 '림마'(*rimah*)가 나타나고 있다. RSV는 본문 수정을 지지하면서 이 히브리어 단어를 '구더기'를 뜻하는 '림마'(*rimah*)에서 '그의 이름'을 뜻하는 '쉐모'(*shemo*)로 바꾸어 번역하고 있다. 그렇지만 많은 주석가들과 대부분의 현대 영어 역본들이 본문 수정 없이 이 절을 해석하면서도 서로 비슷한 번역을 아래와 같이 하고 있다:

> 모태 [즉 그의 어머니]가 그를 잊고
> 벌레가 그를 달게 먹을 것이다. [또는 그를 빨아 말려버릴 것이다.]
> 악인은 잊힐 것이다.
> 부러진 나무처럼.[8)]

구더기는 막 9:44, 46에도 나타나고 있다. 그러나 이 두 절은 그리 좋은 그리스어 본문이 아니며, 주로 각주에서만 언급되고 있다.

행 12:23에는 '구더기에게 먹힌'을 뜻하는 그리스어 동사 '스콜레코브로토스'(*skōlēkobrōtos*)가 나타난다. 이 구절은 헤롯 아그립바(Herod Agrippa)의 죽음을 악인에 대한 심판으로 여기고, 이것을 그가 구더기에게 먹힌 것으로 묘사하고 있다. 이것은 아마도 치료가 안 된 상처가 (이런 일은 아마 괴저, 당뇨, 매독, 열대 궤양 등의 질병에서 발생할 것이다) 비위생적인 상태에서 구더기에 감염되고, 결국에는 피에 독이 퍼져서 죽게 되는 것을 가리키는 듯하다. 또 다른 가능한 해석은 '구더기'를 건강을 해치고 결국 죽음에 이르게 하는 촌충(tapeworms)이나 간에 기생하는 흡충(fluke) 같은 장내 기생충으로 번역하는 것이다. 6.4 '파리'를 보라.

8) 모태가 그를 잊어버리고 구더기가 그를 달게 먹을 것이라 그는 다시 기억되지 않을 것이니 불의가 나무처럼 꺾이리라 (『개역개정』)

7. 신화적 괴물

7.1 베헤못(behemoth)

관련 구절

브헤모트(*behemoth*) 욥 40:15

이름에 대한 논의 다른 문맥에서 히브리어 '브헤마'(*behemah*)는 일반적으로 큰 동물, 특별히 가축을 가리킨다. (1. '동물 일반'을 보라.) 그러나 **욥 40:15**가 묘사하는 이 동물은 특별한 종류의 동물로 등장하고 있다(이 절에서는 히브리어가 복수형으로 나온다). 이 동물의 정체에 대해서는 세 가지로 해석할 수 있다.

1) 악의 세력을 상징하는 신화적 괴물이다. 후대 랍비 문헌들은 이 동물을 다른 괴물인 리워야단(leviathan)과 격렬한 싸움을 한 괴물로 묘사하고 있다. 그 가운데 몇몇 문헌들은 아브라함 대축제일(Great Feast of Abraham) 마지막 날에 먹는 고기가 베헤못(behemoth) 고기라고 말한다. 이것은 창 1:21에 언급된 '큰 바다 괴물'과 연관이 있다.

2) 하마(Hippopotamus, *Hippopotamus*)이다. 이 제안이 널리 받아들여지고 있으며 많은 영어 역본들이 각주에서 이렇게 표시하고 있다. 하마는 이집트에 잘 알려져 있는 동물임에 틀림없으며 아마도 메소포타미아의 일부 지역에서도 알려졌을 것이다. 그러나 욥 40:15-20의 문맥과 하마는 많은 점에서 잘 어울리지 않는다:

우선 욥 40:16에서 묘사하는 베헤못의 힘과 강한 근육은 대부분의 시간을 조용하게 풀을 뜯어먹거나 물에서 쉬기만 하는 하마와 연관 짓기가 어렵다. (하마의 턱은 대단히 강하고 수컷 하마는 위험한 동물이다. 그렇지만 전체적으로 평가해 볼 때 이들의 근육과 힘이 매우 감탄할 정도는 아니니다.)

둘째로 하마의 작고 뭉툭한 꼬리는 들어 올리기 어렵고, 자신이 싼 대변을 흩어뜨리는 데만 사용된다. 이 점은 욥 40:17에서 말하는 백향목(또는 레바논개잎갈나무, cedar) 모습 같다고 보기 어렵다.

마지막으로 욥 40:20에 나타난 베헤못은 산의 풀을 먹는 것으로 언급되고 있는데, 하마는 보통 강변에서 서식하며 범람원 주변이나 강물이 흐르는 골짜기 그리고 아주 드물게는 언덕에서 발견되기도 한다. 하마는 극도로 짧은 다리와 무거운 체중 때문에 바위를 넘어가거나 가파른 언덕을 오르기는 힘들다. (JB, NEB, REB

는 20절을 완전히 재해석함으로써 이 문제를 해결하고 있으나 히브리어의 뜻은 그리 분명하지 않다.)

3) 남부 이집트의 나일 계곡, 수단, 에티오피아에 살았던 아프리카코끼리(African elephant, *Loxodonta africana*)와 메소포타미아 북부에 살았던 인도코끼리(Indian elephant, *Elephas maximus*)는 구약시대에도 알려져 있었다. 베헤못에 관한 설명은 하마보다는 코끼리에 더 잘 어울린다. 이 동물의 강력한 힘이 가장 뚜렷한 증거이다. 달릴 때 코끼리는 자신의 꼬리를 곧게 세운다. 그러나 '꼬리'로 번역되는 히브리어는 코끼리 코로 해석될 수도 있다. 욥 40:21에서 "가시나무 아래에나 습지의 갈대밭 그늘에 누우니"라는 묘사는 진흙구덩이나 강에서 진흙 목욕을 하거나 뒹군다고 잘 알려진 코끼리의 습관을 가리킬 수 있다.

때로는 강에 자주 가는 것이나 풀을 먹는 점이 코끼리를 가리키는 것으로 보기 어렵다는 논쟁도 있다. 그러나 사실 강기슭에 있는 풀은 코끼리가 좋아하는 먹이이다. 코끼리들은 가끔 강이나 물웅덩이에서 몇 시간씩 시간을 보내기도 한다. 2.14 '코끼리'를 보라.

번역 가장 좋은 번역은 아마도 본문에 '괴물 베헤못'으로 적은 뒤, '이것은 아마도 코끼리를 가리킬 것'이라는 각주를 덧붙이는 것이다. 이것은 독자들이 코끼리를 알고 있음을 전제로 한 것이다. 만일 독자가 코끼리를 모른다면 각주를 생략하는 것이 낫다.

덧붙이는 말 NEB와 REB는 욥 41:1-6을 욥 39:30에 이어지는 본문으로 바꿔놓은 뒤 '브헤모트'(*behemoth*)를 "악어"로 번역하고 있다. 만일 이렇게 번역할 경우, 욥 41:7-34의 설명이 40:15에 나오는 동물과 동일한 동물임을 전제로 해야

하마

한다. 이러한 본문 이동을 지지하는 학자들은 거의 없다. 여기에 나오는 동물이 악어라는 점을 입증하기 위해서는 히브리어 본문을 상당히 많이 수정해야 하기 때문이다.

7.2 용, 바다 괴물(dragon, sea monster)

관련 구절

탄닌(*tanin*) 창 1:21; 욥 7:12; 시 74:13; 148:7; 사 27:1; 51:9; 렘 51:34; 겔 29:3; 32:2

드라콘(*drakōn*) 계 12장(8회); 13:2, 4, 11; 16:13; 20:2; [에(외) 1:1[5]; 10:3[4]; 11:6; 집회 25:16; 단(외) 14장(5회)]

케토스(*kētos*) [집회 43:25; 단(외) 3:79; 3마카 6:8]

드라코(*draco*) 2에스 15:29, 31

몬스트룸(*monstrum*) 2에스 5:8

이름에 대한 논의 히브리어 '탄닌'(*tanin*)은 **출 7장**과 **신 32:33**과 **시 91:13**에서 전통적으로 '뱀'(serpent 또는 snake)으로 번역되고 있다. 여기서 이 단어는 다른 종류의 '뱀'과 평행구로 언급되고 있다(4.9 '뱀'을 보라). 이 구절들과 **느 2:13**과 **애 4:3**(여기서 이 말은 '자칼'을 뜻함)을 제외한 다른 곳에서 '탄닌'(*tanin*)은 신화적인 바다 괴물을 가리킨다. '탄닌'(*tanin*)은 신화적인 바다 괴물을 지칭하는 일반적인 단어이고, '브헤모트'(*behemoth*)와 '리워야탄'(*liwyathan*)은 두 괴물의 구체적인 이름이었던 것으로 보인다. 이 괴물들에 대한 생각이 후대 랍비 문헌에서 확장되고 발전되었으며, 묵시문학에서는 이스라엘의 적을 대표하는 것으로 사용되었다.

또 다른 가능한 해석이 유대인 학자인 카수토(U. Cassuto)와 하캄(A. Hacham)의 출애굽기 주석에서 제시되고 있다. 이 학자들은 출 4장에서 모세의 지팡이가 사막의 '나하쉬'(*nahash*)로 변했으나, 7장에서는 아론의 지팡이가 '탄닌'(*tanin*)으로 변했다고 묘사한 점을 들어 이 동물을 '악어'로 번역하고 있다. 각각의 기적이 그 일어난 장소에서 적절하게 이루어졌다는 것이다. 즉 사막에서는 뱀으로, 강가에서는 악어로 변한 것이다. 하캄은 또한 겔 29:3에서 바로(파라오)를 '그의 강 가운데 누운 커다란 악어('탄닌'[*tanin*])'로 불렀고, 이집트인들이 악어를 숭배했던 점을 지적한다. 이러한 제안을 받아들인 번역본은 없지만, 이런 해석은 신중하게 고려해볼 만하다. (악어 사진은 7.3 '리워야단'에 나온다.)

그리스어 '드라콘'(*drakōn*)은 모든 영어 역본들에서 '용'으로 번역되고 있다. NEB만이 집회 25:16에서 '드라콘'(*drakōn*)을 "뱀"으로 번역하고 있다. 히브리어 성경을 그리스어로 번역한 칠십인역에서 '드라콘'(*drakōn*)은 보통 히브리어 '탄닌'(*tanin*)에 대한 번역이다.

그리스어 '케토스'(*kētos*)는 거대한 몸집의 동물을 가리킨다. 대부분의 경우 '케토스'(*kētos*)는 바다 괴물을 지칭하고 있지만 단(외) 3:79에서 NEB는 이 단어를 "고래"로 번역하고 있다.

모양 성경은 이 신화 괴물들에 대하여 상세하게 묘사하지 않고 있다. 그러나 이들의 외모를 추측하는 데 도움이 되는 몇몇 정황에 비추어볼 때 이 괴물들은 바다에 살았던 거대한 뱀 같은 모습으로 추정된다.

특별한 의미 또는 상징 유대전통은 바다 괴물 또는 용을 1) 창조 때의 원초적인 상태에 존재했던 혼돈을 구체화한 것으로, 그리고 2) 이스라엘의 적이었던 나라들의 상징으로 간주했다. 신약성서에서는 두 번째 견해가 받아들여진 뒤 좀 더 발전되어 용이 예수 그리스도의 교회를 대적하여 전쟁을 일으키는 악한 세력의 상징으로 나온다.

신화에 나오는 날개 달린 용

번역 대부분의 번역본들은 바다 괴물이라는 의미를 가진 문구나 '거대한 바다 동물' 또는 '거대한 바다 뱀' 등과 같이 설명구를 덧붙여서 번역하고 있다. 어떤 문화권에서는 용이 행운과 번영을 상징한다. 또 다른 곳에서는 바다 괴물 또는 거대한 뱀이 박애 정신을 상징하며 종종 비와 연관된다. 이런 문화권에서는 각각의 본문이 위치한 문맥에서 적절한 각주를 첨가할 필요가 있다. (창조 본문의 경우) 성경의 괴물이 창조의 초기 단계에 존재했던 혼돈을 상징한다는 내용의 설명을, 또는 (이스라엘이 적과 싸우는 문맥에서는) 성경의 괴물이 이스라엘 또는 교회의 적들을 대표한다는 내용의 설명을 덧붙이는 것이다.

칠십인역에서 '케토스'(*kētos*)는 욘 2장에서의 '큰 물고기'를 묘사하고 있다. 5.1 '물고기'를 보라.

애 4:3에서는 '탄닌'(*tanin*), 즉 '바다 괴물'(RSV, JB, NIV, HOTTP와 비교하라) 보다는 '탄님'(*tanim*), 즉 '자칼'로 해석해야 한다. NEB와 REB는 놀랍게도 "고래"

로 번역하고 있다. 그러나 이 번역은 부적절하며 주석가들의 지지도 거의 받지 못하고 있다.

7.3 리워야단(또는 레비아단, leviathan)

관련 구절

리워야탄(*liwyathan*) 욥 3:8; 41:1(40:25); 시 74:14; 104:26; 사 27:1

레비아탄(*Leviathan*) 2에스 6:49, 52

이름에 대한 논의 학자들 사이에 히브리어 '리워야탄'(*liwyathan*)의 의미에 대하여 의견이 분분하지만, 이 단어가 물에 사는 어떤 괴물을 뜻한다는 점에서는 모두 동의하고 있다. 이 단어는 '비틀어 돌리다'라는 뜻을 가진 히브리어 어원과 관련이 있는 듯하다. 어떤 학자들은 '리워야탄'(*liwyathan*)이 매년 나일강에 홍수를 일으키고, 태양의 일식을 일으키는 것으로 믿었던 신화적 악어 괴물에 대한 고대 이집트 신앙과 연관이 있다고 생각한다. 욥 41:1과 시 74:14의 구절들이 이 견해를 지지한다. **시 74:13-14**에서 '리워야탄'(*liwyathan*)은 물속에 살고 있는 괴물을 가리키는 또 다른 단어, '탄닌'(*tanin*)과 평행구를 이루고 있다. 겔 29:3에서 '탄님'(*tanim*)은 강한 턱과 비늘을 가진 것으로 묘사되고 있다. 많은 주석가들은 이 동물이 악어의 모습과 비슷하다고 여기고 있다.

다른 학자들은 이 괴물을 바빌로니아 신화에 나오는 혼돈의 용인 티아마트(Tiamat)와 연관시킨다. 우가리트 문서에도 비슷한 괴물이 등장하는데, 그 이름이 '로탄'(*lotan*)이다. 이 이름은 '리워야탄'(*liwyathan*)의 우가리트어 형태에 해당된다. 이것은 **사 27:1**의 '리워야탄'(*liwyathan*)과 비슷하다. 아마도 성경에서 '리워야탄'(*liwyathan*)이란 단어는 두 가지 의미를 모두 포함하고 있는 듯하다.

NEB와 REB가 **욥 41:1**에서 이 단어를 "고래"로 번역한 것은 매우 파격적이다. 특별히 이 번역본들이 욥 40장에서 '브헤모트'(*behemoth*)를 "악어"로 번역하고 있는 점에서 더욱 그렇다. 그렇지만 이 번역은 학자들의 지지를 거의 받지 못하고 있다.

유대인 학자들은 대체적으로 '탄닌'(*tanin*)이 '바다 괴물'에 대한 보다 일반적인 이름이고, '브헤모트'(*behemoth*)와 '리워야탄'(*liwyathan*)은 바로 그 괴물들을 가리킨다고 여긴다. 2에스 6:49, 52에서 '레비아탄'(*Leviathan*)은 이 바다 괴물 가운데 하나를 가리키는 고유명사로 사용되고 있음이 분명하다.

모양 악어는 파충류 가운데 가장 크다. 나일 계곡에서 발견되는 악어의 종은 나일악어(Nile crocodile, *Crocodylus niloticus*)이다. 성서 시대에 이 악어들은 이스라엘의 큰 강에서도 살았으며, 다른 종들은 메소포타미아의 티그리스강이나

나일악어

유프라테스강에서 서식하였다.

악어는 큰 이를 가진 거대한 도마뱀처럼 생겼으며, 길이가 5미터 이상인 경우도 종종 있다. 겉은 두터운 육질의 비늘로 덮여 있다. 강이나 강어귀에서 생활하며, 물에서 육지로 나와 매일 장시간 햇볕을 쪼이곤 한다. 물속에 10분이나 그 이상을 잠수한 채 머물 수 있다.

물속에서 물고기를 잡아먹거나, 아니면 물속에 완전히 또는 반쯤 잠수해 누워서 동물이나 사람이 물을 마시러 오기를 기다렸다가 갑자기 튀어나와 먹이를 낚아채 이를 물속으로 던지거나 끌고 들어가 익사시킨다. 그런 후 먹이를 나무 아래나 바위틈 또는 갈대 사이에 끼워놓고 사체를 이빨로 꽉 문 채로 고기가 연해질 때까지 계속해서 몸을 빙빙 돌린 후에 큰 조각으로 찢어서, 씹지도 않고 고기를 삼킨다. 악어가 서식하는 지역에서는 매년 사람이 악어에게 희생당하는 사고가 발생하고 있다.

그렇지만 이집트의 악어 괴물은 실제가 아니라 매년 발생하는 나일강의 홍수와 관련된 거대한 크기의 신화적 동물이었다. 사람들은 이 악어 괴물이 너무 커서 이 괴물이 나일강에 뛰어들면 그때마다 강물이 범람한다고 믿었다.

특별한 의미 또는 상징 리워야단(또는 레비아단, leviathan)은 이집트 국가 또는 그 나라의 신들을 상징하였다. 이것은 또한 아시리아와 바빌론, 두 강한 나라를 상징하기도 하였다. 그러므로 리워야단은 이스라엘의 강력한 적을 상징한다.

번역 대부분의 번역본들에서 이 단어는 번역되기보다 히브리어 음역으로 표기되어 있다. 그러나 리워야단이란 이름 자체는 일반 독자들에게 생소하다. 악어가 잘 알려진 언어권에서는 욥기와 시편 본문의 경우 '거대한 악어 리워야단'이란 표현이 더 좋은 번역이 될 것이다. 한편 본문 자체에서 리워야단을 뱀(또는 파충류)이라고 밝히고 있는 이사야서의 경우에는 히브리어를 음역한 이름으로 표현해도 좋을 것이다. 홍수가 신화적인 괴물 뱀이나 악어 때문이라고 믿는 나라에서는 신화적인 괴물을 가리키는 그 지역의 이름을 그대로 사용하고, 각주에 이 괴물 이름이 히브리어로는 '리워야탄'(*liwyathan*)이며, 이것이 이스라엘의 적들을 대표한다고 밝히는 방식도 좋을 것이다.

참고 문헌

성경 본문

Biblia Hebraica Stuttgartensia. 1967/77; 5th corrected printing, 1997. Edited by K. Elliger and W. Rudolph. Stuttgart: Deutsche Bibelgesellschaft.

Biblia Sacra: Iuxta Vulgatam Versionem. 1983. Edited by Robert Weber. Stuttgart: Deutsche Bibelgesellschaft. (Cited as Vulgate.)

The Greek New Testament. 4th revised edition, 1994. Edited by Barbara Aland, Kurt Aland, Johannes Karavidopoulos, Carlo M. Martini, and Bruce M. Metzger. Stuttgart: Deutsche Bibelgesellschaft.

Novum Testamentum Graece. 27th revised edition, 1993. Edited by Barbara Aland, Kurt Aland, Johannes Karavidopoulos, Carlo M. Martini, and Bruce M. Metzger. Stuttgart: Deutsche Bibelgesellschaft.

Septuaginta: Id est Vetus Testamentum graece iuxta LXX interpretes. 1935; combined one-volume edition, 1979. Edited by Alfred Rahlfs. Stuttgart: Deutsche Bibelgesellschaft. (Cited as Septuagint.)

현대어 역본들

Die Bibel in heutigem Deutsch: Die Gute Nachricht des Alten und Neuen Testaments. 1982. Stuttgart: Deutsche Bibelgesellschaft. (Cited as GECL, German common language version.)

Die Bibel: Nach der Übersetzung Martin Luthers. Revised edition, 1985. Stuttgart: Deutsche Bibelgesellschaft.

The Catholic Study Bible: New American Bible. 1990. New York: Oxford University Press. (Cited as NAB.)

The Complete Bible: An American Translation. 1923, 1927, 1948. The Old Testament translated by J. M. Powis Smith and others; the Apocrypha and the New Testament translated by Edgar J. Goodspeed. Chicago: University of Chicago Press.

Dios Habla Hoy: La Biblia, Versión Popular. 1966, 1970, 1979. New York: Sociedades Biblicas Unidas. (Cited as SPCL, Spanish common language version.)

Good News Bible: The Bible in Today's English Version. 1976; 2nd edition, 1992. New York: American Bible Society. (Cited as TEV.)

Groot Nieuws Bijbel. 1996. Haarlem: Nederlands Bijbelgenootschap. (Cited as Dutch common language version.)

The Holy Bible (Authorized or King James Version). 1611. (Cited as KJV.)

The Holy Bible: Contemporary English Version. 1995. New York: American Bible Society. (Cited as CEV.)

The Holy Bible: New Century Version. 1991. Dallas: Word Publishing.

The Holy Bible: New Revised Standard Version. 1989. New York: Division of Christian Education of the National Council of Churches of Christ in the United States of America.

The Holy Bible: Revised Standard Version. 1952, 1971, 1973. New York: Division of Christian Education of the National Council of the Churches of Christ in the United States of America. (Cited as RSV.)

The Holy Bible: Revised Version. 1885.

The Jerusalem Bible. 1966. Garden City, New York: Doubleday. (Cited as JB.)

The New American Standard Bible. 1976, 1978. Chicago: Moody Press.

The New English Bible. 1961, 1970. Oxford: Oxford University Press; and Cambridge: Cambridge University Press. (Cited as NEB.)

The New Jerusalem Bible. 1985. London: Darton, Longman & Todd; and New York: Doubleday.

The New Testament in Modern English. 1972. Translated by J. B. Phillips. New York: Macmillan.

The NIV Study Bible: New International Version. 1985. Grand Rapids: Zondervan. (Cited as NIV.)

The Revised English Bible. 1989. Oxford: Oxford University Press; and Cambridge: Cambridge University Press. (Cited as REB.)

TANAKH: A New Translation of the Holy Scriptures According to the Traditional Hebrew Text. 1985. Philadelphia: Jewish Publication Society.

Traduction œcuménique de la Bible. 1975. Paris: Société biblique française et Éditions du Cerf.

과학적 연구물들

Amitai, P. 1987. *Handbook of Insects of Israel and Other Arthropods* (English title for a work written in modern Hebrew). Jerusalem: Keter.

Arnold, Paula Kellner, and Ferguson, Walter. 1962. *Birds of Israel*. Haifa: Shabit Publishers.

Bauer, Walter. 1953. "The 'colt' of Palm Sunday." *Journal of Biblical Literature* 72:220–229.

Bodenheimer, F. S. 1960. *Animal and Man in Bible Lands*. Leiden: E. J. Brill.
A scholarly description of zoological and archaeological research findings current at the time. Very useful references to zoological comments from Greek, Latin and Egyptian classical writers.

Cansdale, George Soper. 1970. *Animals of Bible Lands*. Exeter: Paternoster Press.
A very useful popular book by a man who was curator of the London Zoo. Somewhat lacking in discussion of the Bible text.

Danin, Avinoam, and Arbel, Avi. 1998. *The Fauna and Flora of the Holy Land* (English title for a work written in modern Hebrew). Jerusalem: Karta.

Darom, David. 1999. *Animals of the Bible: From the Lion to the Snail*. Herzlia: Palphot.

Driver, G. R. 1955. "Birds in the Old Testament: I. Birds in Law." *Palestine Exploration Quarterly* 87:5–20.
A widely quoted article (along with the following one) by a famous biblical scholar, but of limited value due to his questionable attempts to derive the meaning of names from supposed Hebrew roots, and a limited knowledge of the birds of the

area.

________. 1955. "Birds in the Old Testament: II. Birds in Life." *Palestine Exploration Quarterly* 87:129–140.

________. Revised edition, 1963. "Ostrich." In *Dictionary of the Bible*, pages 715–716. Edited by James Hastings, Frederick C. Grant, and H. H. Rowley. New York: Charles Scribner's Sons.

Eshbol, Yossi. 1989, 1990. *Guide to Birds in Israel*. Jerusalem: Society for the Preservation of Nature in Israel.
Contains some of the best bird photos ever taken.

Feliks, Y. 1984. *Animals and Plants of the Torah* (English title for a work written in modern Hebrew). Tel Aviv: Israel Zair.

________. 1982. *Animals and Plants of the Mishnah* (English title for a work written in modern Hebrew). Jerusalem: Council for Mishnah Research.

Ferguson, Walter W. 2002. *The Mammals of Israel*. Jerusalem: Gefen.

France, Peter. 1986. *An Encyclopedia of Bible Animals*. Tel Aviv: Steimatsky.

Harrison, David L. 1964–1972. *The Mammals of Arabia*. 3 volumes. London: Ernest Benn.
Very useful reference book, with scholarly notes based on the author's expeditions to the area. No reference to biblical texts.

Heinzel, Hermann, Richard Fitter, and John Parslow. 1972; 3rd edition, 1974. *The Birds of Britain and Europe with North Africa and the Middle East*. London: Collins.

Hollom, P. A. D., et al. 1988. *Birds of the Middle East and North Africa: A Companion Guide*. Vermillion: Buteo Books.

Hovel, H. 1987. *Check-list of the Birds of Israel*. Jerusalem: Society for the Preservation of Nature in Israel.

Inbar, Re'uven. 1971–1988. *The Birds of the Land of Israel* (English title for a work written in modern Hebrew). 5 volumes. Tel Aviv: Yavneh.

________. 1977. *Guide to the Birds of Israel* (English title for a work written in modern Hebrew). Tel Aviv: Yavneh.

[Joergensen, K. E. J.] 1972. *Fauna and Flora of the Bible*. London: United Bible Societies.
The flora section of this book is much better than the fauna section. The drawings illustrating the fauna are not to be taken seriously, as they are inaccurate and often misleading.

Mendelssohn, Heinrich, and Y. Yom-Tov. 1999. *Mammalia of Israel*. Jerusalem: The Israel Academy of Sciences and Humanities.

Merom, Chaim. 1960. *The Birds of the Land of Israel* (English title for a work written in modern Hebrew). Tel Aviv: Hakibbutz Hameuhad.

Paz, Uzi. 1986. *The Fauna and Flora of the Land of Israel* (English title for a work written in modern Hebrew). Volume 6: *Birds*. Edited by A. Alon. Tel Aviv: Ministry of Defense and Society for the Protection of Nature in Israel.

________. 1987. *The Birds of Israel*. Tel Aviv: Steimatsky.

________. 1993. *Birds in the Land of the Bible*. Herzlia: Palphot.

________. 1990. *Photographic Guide to the Birds of Israel* (English title for a work written in modern Hebrew). Jerusalem: Keter.

Parmelee, Alice. Revised edition, 1988. *All the Birds of the Bible: Their Stories, Identification, and Meaning*. New Canaan, Conn.: Keats.
A popular mixture of Bible stories, medieval art, devotional material and references to the birds in the Bible.

Pinney, Roy. 1964. *The Animals in the Bible*. Philadelphia: Chilton Books.
A book with some good black and white photographs, written by a photojournalist. The first chapter deals well with the different vegetation and environment types in Israel in biblical times.

Pritz, Ray. [forthcoming]. *The Works of Their Hands: Bible Artifacts*. New York: United Bible Societies.

Roberts, Austin, Gordon L. Maclean, Kenneth B. Newman, and Geoffrey Lockwood, editors. 5th edition, 1985. *Roberts' Birds of Southern Africa*. Cape Town: Trustees of the J. Voelcker Bird Book Fund.

Schouten van der Velden, Adriaan. 1992. *Tierwelt der Bibel*. Stuttgart:

Deutsche Bibelgesellschaft.

Shalmon, Benny, Tatiana Kofyan, and Ezra Hadad. 1993. *A Field Guide to the Land Mammals of Israel* (English title for a work written in modern Hebrew). Jerusalem: Keter.

Shirihai, Hadoram. 1996. *The Birds of Israel: A Complete Avifauna and Bird Atlas of Israel*. London: Academic Press.

Tristram, H. B. 1867. *The Natural History of the Bible*. London: Society for Promoting Christian Knowledge.
A very useful but unobtainable book, based on the author's personal observations during a long expedition to the Middle East in the mid 19th century, before the major destruction of wild animals in the region. Illustrated with the owner's own exceptionally good paintings. Some major libraries still have copies.

Werner, Yehudah L. 1995. *A Guide to the Reptiles and Amphibians of Israel* (English title for a work written in modern Hebrew). Jerusalem: Nature Reserves Authority.

Wood, John George. 1888. *Story of the Bible Animals*. Philadelphia: Office of Charles Foster's Publications.

Yekutiel, David. 1991. *Raptors in Israel: Passage and Wintering Populations*. Eilat: International Birdwatching Center Eilat.

사전, 사본 연구, 기타 참고 연구물들

Barthélemy, Dominique; A. R. Hulst; Norbert Lohfink; W. D. McHardy; H. P. Rüger; and James A. Sanders. 1973–1980. *Preliminary and Interim Report on the Hebrew Old Testament Text Project.* 5 volumes. New York: United Bible Societies. (Cited as HOTTP.)

Bratcher, Robert G., and Howard A. Hatton. 1993. *A Handbook on the Revelation to John*. New York: United Bible Societies.

Brown, Francis; S. R. Driver; and Charles A. Briggs, editors. 1907; revised edition, 1968. *A Hebrew and English Lexicon of the Old Testament*. London: Oxford University Press.

Cassuto, Umberto. 1967. *A Commentary on the Book of Exodus*. Translated by Israel Abrahams. Jerusalem: Magnes Press.

Even–Shoshan, Abraham. 2nd edition, 1989. *A New Concordance of the Old Testament*. Grand Rapids: Baker.

Hacham, Amos. 1991. *The Book of Exodus*. Jerusalem: Mossad Harav Kook.

Hort, Greta. 1957. "The Plagues of Egypt." *Zeitschrift für die Alttestamentliche Wissenschaft* 69:84–103.

Josephus, Flavius. 1930–1965. *The Jewish Antiquities, Books 1-20*. Translated by H. St. J. Thackeray et al. 9 volumes. Loeb Classical Library. Cambridge: Harvard University Press.

de Waard, Jan, and William A. Smalley. 1979. *A Handbook on the Book of Amos*. New York: United Bible Societies.

용어 해설

이 **용어 해설**은 주석적, 과학적, 언어학적 전문 용어들을 담고 있다. 이곳에서 정의되지 않은 다른 용어들은 성서 사전에서 찾아볼 수 있을 것이다.

강(綱, class): 생물 분류 체계에서 일반적으로 문(門, phylum) 바로 아래의 단위이다. 대개 몇 개의 **목**(目, order)으로 구성된다. **일러두기**에서 '동물 분류 계급' 표를 보라.

고고학적 증거(archaeological evidence): 땅에서 파냈거나 발견한 과거의 자료로서, 그 해석을 통해 이전 시대의 삶을 조명할 수 있게 된다. 이 증거는 기록된 문서의 내용을 뒷받침해 줄 수도 있고, 그 문서를 이해하는 데 도움 되는 정보를 줄 수도 있다.

과(科, family): 생물 분류 체계에서 일반적으로 **목**(目, order) 또는 아목(suborder) 바로 아래의 분류 단위이다. 대개 몇 개의 **속**(屬, genus, 복수형 genera)으로 구성된다. **일러두기**에서 '동물 분류 계급' 표를 보라.

관용구(idiom): 단어들의 결합인 관용구는 각 단어의 의미를 다 합하더라도 그 의미를 포착할 수 없다. 관용구는 거의 언제나 본래의 의미를 벗어나므로, 한 언어에서 다른 언어로 번역할 때 문자적으로 하게 되면 잘못된 의미를 전달하게 된다. 한국어에서 '바늘귀'라 하면 바늘에 있는 실을 꿰는 구멍을 말한다. 영어에서는 'eye of a needle'(바늘 눈)이 된다.

교차대구(chiasmus): 어떤 구조의 후반부의 단어나 어구가 전반부와는 반대 순서로 대칭을 이루어 나타나는 것이다. 예를 들면,

A. 저는
B. 만들어졌습니다,
C. 죄 속에서.
C′ 죄 속에서
B′ 제 어머니가 배었습니다,
A′ 저를.

그리스어(Greek): 신약이 기록된 언어이다. 인도-유럽 어족에 속하고 오늘날의 그

리스에 해당하는 아카이아(Achaia)에서 사용되던 언어이다. 그리스도의 시대에 이르렀을 때에 그리스어는 로마 제국의 동쪽 지역에 사는 이들의 다수가 사용하는 언어가 되었고, 그리하여 초기 기독교인들은 출신 국가가 다른 경우일지라도 서로 그리스어로 말하고 쓸 수 있었다. 이 시기에 전체 히브리어 구약성서가 그리스어로 번역이 되었는데, 이 역본을 **칠십인역**(Septuagint)이라고 부른다.

기술적(descriptive): 이 말은 어떤 용어를 특징짓거나 묘사해 주는 단어나 어구에 대해 쓰인다.

길들이기(domestic, domesticated): 또는 **가축화**. 사람이 길들인 동물, 사람과 친밀한 관계를 맺으며 살아가는 동물을 가리킨다. 가정의 애완동물일 수도 있고 일하는 짐승일 수도 있다. 길들이기는 몇 세대에 걸친 교배와 사육을 통해 일어난다. 일반적으로 길들여진 동물은 야생에서 혼자 살아갈 수 있는 능력을 잃는다.

내포적 의미(connotation): 또는 '함축적 의미', '함의(含意)'. 내포적 의미는 자신이 사용하는 표현에 대한 화자(또는 저자)의 정서적 태도 및 청자(또는 독자)의 정서적 반응과 관계된다. 내포적 의미는 좋을 수도 나쁠 수도 있고, 강할 수도 약할 수도 있다. 내포적 의미는 '구어체적', '금기', '저속', '구식', '친밀하다' 같은 용어로 자주 설명된다.

담화(discourse): 구어든 문어든 언어를 매개로 한, 서로 연관되고 연속된 생각의 소통을 가리킨다.

동의어(synonym): 예컨대 '청년'과 '젊은이'처럼 형태는 다르지만 뜻은 비슷한 단어이다.

마소라 본문(Masoretic text): 기원후 8-9세기경 히브리 학자들이 확립한 히브리어 구약 성서 본문이다.

모호(ambiguous): 또는 **중의적**. 과학적 맥락에서 이 표현은 의미를 둘 이상 지니는 단어나 문구를 가리킨다. 예를 들면, "빌은 존이 왔기 때문에 떠나지 않았다"라는 문장은 (1) "존이 온 것은 빌이 떠나는 것을 막았다"와 (2) "존이 온 것은 빌이 떠나게 된 이유가 아니다"를 다 뜻할 수 있다. 글에서 모호하던 것이 실제로 말로 표현될 때에는 모호하지 않은 경우가 많다. 억양이나 말할 때 잠깐씩 멈추는 것을 통해 둘 이상의 뜻 중 어느 것이 의도되었는지 보통은 분명히 알 수 있기 때문이다. 나아가 글로 적힌 담화에서도 대개는 전체 문맥을 통해서 저자가 의도하는 의미가 무엇인지를 파악할 수 있다.

목(目, order): 생물 분류 체계에서 일반적으로 **강**(綱, class) 또는 아강(subclass) 바

로 아래의 분류 단위이다. 목은 몇 개의 **과**(科, family)로 구성된다. **일러두기**에서 '동물 분류 계급' 표를 보라.

묵시적(apocalyptic): 현세의 종말에 관한 예언적 계시를 가리킨다. 예를 들면 요한계시록은 묵시적 저작이다.

문맥, 맥락(context): 담화의 어떤 부분의 앞이나 뒤에 있는 본문이다. 예를 들면, 성경 속 어떤 단어나 어구가 있다면 그 문맥은 그 말이 사용되는 문장이나 문단이나 단위나 심지어 책 전체에서 그 말과 연결되는 단어들과 어구들일 것이다. 어떤 단어의 문맥은 그 단어의 의미에 영향을 준다. 그리하여 어떤 단어가 한 문맥에서 뜻하는 바와 다른 문맥에서 뜻하는 바가 완전히 똑같지는 않게 된다.

문자적(literal): 어떤 용어나 표현의 평범한 혹은 일차적인 의미를 말한다. **비유적**(figurative) 의미와 대조된다.

문화, 문화적(culture, cultural): 어떤 인간 공동체의 신앙, 행동 양식, 상호 관계의 집합을 모두 합한 것이다. 문화는 한 세대에서 다음 세대로 전수되는데, 발전하기도 하고 점진적으로 변화하기도 한다.

미드라쉬(Midrash): 성서 본문에 대한 유대인들의 초기 해석을 가리킨다.

번역(render): 원어를 다른 언어로 옮기거나 표현하는 것을 말한다. 어떤 특정 본문을 한 언어에서 다른 언어로 바꾸는 방식이다.

번역본(version): 또는 역본. 번역을 말한다. 고대 또는 초기 (번)역본은 고대에 번역된 성경 전체 또는 일부의 번역을 말한다. 그리스어 **칠십인역**, 고대 시리아어역, 에티오피아어 역본들이 그 예이다.

불가타(Vulgate): 기원후 4세기말 무렵 본래 성 히에로니무스(Saint Jerome)가 번역/편집한 라틴어 번역 성서이다. 이 번역본은 전통적으로 로마 가톨릭 교회의 공인 번역본이 되었다.

비유적 표현(figurative expression): 단어를 쓸 때에 **문자적**(literal) 혹은 평범한 의미로 쓰지 아니하고, 비교나 연상을 통해 의미의 어떠한 측면을 이끌어 내기 위하여 쓰는 것과 관계된다. "빗방울이 길에서 춤춘다" 또는 "그의 연설은 천둥 같았다" 등이 그러한 예이다. **은유**(metaphor)와 **직유**(simile)는 수사적 기법이다.

상징(symbol): 어떤 특정 의미와 (임의로 그리고 관습적으로) 연결되는 언어적/비언어적 형태이다. 예를 들어, 단어로서의 '십자가'는 특정한 물건을 가리키는 언어적 상징이다. 이와 비슷하게, 기독교 전통 안에서 사물로서의 십자가는 예수의 죽음을 가리키는 상징이다.

셈어(Semitic): **히브리어**, **아람어**, 아랍어를 포함하는 어족을 말한다. **그리스어**는 별개의 문화적 배경을 지닌, 비교적 멀리 떨어진 어족에 속한다. 신약의 저자들이 유대인 혈통을 지녔고 유대적 훈련을 받은 점을 기억한다면, 신약의 그리스어 저작에 셈어적 어법과 사고방식(세미티즘[Semitism] 혹은 헤브라이즘[Hebraism]으로 불린다.)이 많이 나타나는 것은 놀라운 일이 아니다.

속(屬, genus, 복수형 genera): 생물 분류 체계에서 일반적으로 **과**(科, family) 또는 아과(subfamily) 바로 아래의 분류 단위이다. 대개 둘 이상의 **종**(種, species)으로 구성된다. **일러두기**에서 '동물 분류 계급' 표를 보라.

수미쌍관 형식(envelope, 또는 inclusio): 또는 **봉투 구조**. 글의 처음과 끝에 같거나 비슷한 단어 또는 핵심적인 어구를 사용하는 것을 말한다. 많은 경우 '봉투 구조'라고 알려진 수미쌍관 형식이 사용된 것을 보면서 성서 본문 단위의 처음과 끝을 결정할 수 있다.

수식어(modifier): 문장의 다른 단어나 어구의 의미를 수식하거나 영향을 미치는 단어나 어구를 가리키는 문법적 용어이다. 명사를 수식하는 형용사, 동사를 수식하는 부사 등이 그러한 예이다.

수용자(receptor): 메시지를 받는 사람이다. '수용언어'는 번역이 되어 나오는 언어이다. 예를 들면, 히브리어에서 독일어로 번역할 때 히브리어는 원천언어이고 독일어는 수용언어이다.

(본문) 수정(emendation): 본문을 고치거나 바꾼 것을 말한다. 이것은 대개 학자들이 비평적 편집 과정을 통해서 하게 되는데, 필사본 증거에 직접적으로 근거를 두지는 않는다.

시리아어(Syriac): **셈어**에 속하는 한 언어인데, **아람어** 어군의 일부이고, 서아시아에서 사용되었다. 매우 이른 시기에 성서가 이 언어로 번역되었다(**시리아어 역본**).

아과(subfamily): **과**(科, family) 안에서 서로 관련된 **속들**(genera)을 묶어서 부르는 범주이다. **일러두기**에서 '동물 분류 계급' 표를 보라.

아람어(Aramaic): 그리스도 이전 시대와 그리스도의 시대까지 서남아시아 곧 지중해 동쪽 지역에서 널리 사용되던 언어이다. 아람어는 **히브리어**와 동족어이고, 신약 시대 이스라엘 땅에 사는 유대인들 중에서는 여러 상황에서 히브리어를 대체하였다.

아종(subspecies): **종**(種, species)의 하위 분류 단위인데, 특히 지리적 혹은 생태적 하위 분류 단위이다. **일러두기**에서 '동물 분류 계급' 표를 보라.

야생으로 돌아간/달아난(feral): 전문 용어로서 이 표현은 길들여 기르던 동물이 주인 없이 들짐승처럼 살아갈 때를 가리킨다.

어원학(etymology): 단어의 유래나 역사를 연구하는 학문이다. 이 연구는 여러 면에서 도움이 될 수 있지만, 그보다 훨씬 더 중요한 것은 원천언어의 실제 문맥에서 그 언어의 사용자가 그 단어를 어떻게 이해했는가를 아는 것이다.

역본: '번역본'을 보라.

외경(제2경전)**의 책들**(deuterocanonical books): **칠십인역**과 **불가타**에는 포함되었지만, 유대교 성경과 개신교 구약에는 포함되지 못한 문서들을 가리킨다.

용어 해설(glossary): 책에서 본문에 사용되는 생소한 단어나 표현을 따로 설명하거나 정의해 주는 목록. 보통 책 뒤에 나온다.

우두머리 수컷(dominant male): 많은 동물 사회에서 우두머리 수컷은 집단의 암컷들과 번식할 권한을 가진 한 마리의 수컷을 가리킨다. 때로 '알파 수컷'(alpha male)이라고 불리기도 한다. 우두머리 수컷의 자리는 일반적으로 직전 우두머리 수컷과 싸워서 승리할 때에 얻게 된다.

은유(metaphor): 한 사물, 사건, 상태를 어떤 다른 것과 같은 것인 양 비기는 것이다. 예를 들면, '꽃들이 산들바람에 춤춘다'는 꽃의 움직임을 춤과 비교한다. 은유는 가장 흔히 사용되는 수사법이고, 아주 미묘하기 때문에 화자나 저자는 자기가 비유적 언어를 사용한다는 사실을 인식하지 못하는 경우도 많다. **직유**(simile)를 보라.

음역(transliteration): 원천언어에서 사용되는 단어를 수용언어로 표현할 때에 그 뜻을 번역하지 아니하고 소리나 글자를 비슷하게 표기하는 것이다. 히브리어에서 온 '아멘'이나 그리스어에서 온 호칭 '그리스도'가 그러한 예이다.

의성어(onomatopoeic): 언급하는 대상의 소리를 흉내 내어 만든 단어이다.
보기: (말이) "힝힝" 하고 콧김을 뿜으며(욥 39:25)

이주(migration, migrate): 일부 새나 짐승의 본능적 습성으로서 한 지역에서 다른 지역으로 정기적으로 이동하는 것을 말한다. 그 동기는 대개 먹이나 더 나은 기후 조건을 찾기 위함이다.

일상어 성경(common language version): 어떤 언어의 모든 요소 중에서 모두가 적절하다고 이해하고 인정하는 일상적인 언어 요소들로만 번역한 성경 역본을 말한다. 일상어 성경을 번역할 때 사용되지 않고 배제되는 언어적 요소들은 특정 방언, 비표준어, 비속어, 전문적인 언어, 고도로 문어체적인 언어에서만 사용되는 언어적 특징들 등이다.

재구성(restructure): 번역 과정에서 담화의 문장이나 다른 단위의 다양한 요소를 분리하거나 재배열하는 것이다.

정결함(clean)과 **부정함**(unclean): 제의적 정결함과 부정함을 가리킨다. **정결한 동**

물은 레 11장에 언급되어 있는데, 이 동물들은 이스라엘 사람들이 먹거나 하나님께 희생 제사로 드리는 것이 허락되었다. **부정한 동물**은 그것이 금지된 동물들을 가리킨다.

종(種, species): **속**(屬, genus) 또는 아속(subgenus) 바로 아래의 분류 단위이며, 생물학적 분류 체계의 기초 범주로 여겨진다. 종은 서로 닮은 동족 개체들로 구성되고, 종 안에서는 서로 간에 생식이 가능하지만, 다른 종의 구성원과는 생식이 불가능하다. **일러두기**에서 '동물 분류 계급' 표를 보라.

주석, 주석적(exegesis, exegetical): 본문의 의미를 결정하는 과정(또는 이 과정의 결과)이다. 보통 "누가 누구에게 무엇을 어떤 배경에서 무슨 의도로 말했는가"로 표현된다. 본문이 바르게 번역되기에 앞서 정확한 주석은 필수 불가결하다.

주요 언어(dominant language): 작은 언어 집단이 많은 지역에서 일차적으로 사용하는 지배적인 언어를 가리킨다. '주요 언어'는 한 나라의 공식 언어일 수도 있고, 성서 번역의 수용언어를 사용하는 이들이 제2 언어라고 이해하는 국제 언어일 수도 있다. 또한 **무역 언어**일 수도 있다.

지배적인 통용어: '주요 언어'를 보라.

직유(simile): 어떤 사건이나 사물을 다른 것과 비교함으로써 묘사하되, '처럼', '같이', 혹은 그 밖에 비교를 나타내는 다른 단어를 사용하는 수사법이다. "그는 사슴처럼 달린다", "그는 화살같이 직설적이다"가 그러한 예이다. 직유는 비교할 때에 '처럼', '같이' 같은 단어를 쓴다는 점에서 그렇지 않은 **은유**보다 덜 미묘하다. **은유**(metaphor)를 보라.

차용(borrowing): '하이에나' 또는 '코브라'와 같이 다른 언어의 단어를 빌려 쓰는 것이다.

칠십인역(Septuagint): 기원전 200여 년 전부터 만들어지기 시작한 히브리어 구약성서의 그리스어 역본이다. 흔히 약자로 LXX라고 쓴다.

타르굼(Targum): 고대 히브리어 성서의 일부를 아람어로 옮기거나 풀어 쓴 것이다.

통상어(trade language): 또는 **무역 언어**. 서로 다른 언어를 사용하는 민족들이 무역이나 사업을 할 때에 의사소통의 수단으로 사용하는 언어를 가리킨다.

통칭하는, 일반적인(generic): 통칭적/일반적인 것은 사물들, 사건들, 개념들의 보다 보편적인 부류나 종류를 가리킨다. 반대 개념은 '특수한'(particular) 것이다. 예를 들면, '동물'이라는 용어는 '개'와 비교할 때 통칭적/일반적이고, 반대로 후자는 전자의 특수한 한 종류이다. 그러나 더 특수한 용어인 '푸들'(poodle)과 비교할 때 '개'는 통칭적/일반적이다.

평행, 평행법(parallel, parallelism): 일반적으로 어떤 구조의 두 부분이 내용이나 형태에 있어 유사한 경우를 가리킨다. "그 남자는 시각장애인이다, 그는 볼 수 없다."가 그런 예이다. 이 문장에서 두 상응하는 구조는 서로 **평행**하다.

표의음(表意音, ideophone): 소리를 통한 표현인데, 보통의 문법 양식에 들어맞지 않는 경우가 많지만, 감정이나 특성, 움직임 같은 것을 표현하고, 때론 담화의 어떤 특징을 나타내거나 강조한다. 표의음은 아프리카의 언어들에 특히 흔한데, 그 용법과 의미는 매우 다양하다.

필사본(manuscript): 손으로 쓰거나 베낀 책, 문서, 편지를 말한다. 다양한 구약과 신약 책들의 필사본이 수천 개가 아직 존재하지만, 최초의 필사본은 하나도 남아 있지 않다.

함의, 함축적 의미: '내포적 의미'를 보라.

현지어(vernacular): 또는 **통속어**, **대중어**. 특정 그룹의 사람들이 일상적인 말에서 사용하는 평범한 언어를 가리킨다. 학습된 언어나 문어체 언어와 대조된다.

히브리어(Hebrew): 구약이 기록된 언어이다. **셈어족**에 속한다. 그리스도의 시대에 이르렀을 때에 유대인들의 다수는 더 이상 히브리어를 공용어로 사용하지 않았다.

일반 색인

숫자는 이 책의 쪽 번호임. '☞' 기호는 '…을 보라'는 뜻임.

동물 이름 색인

동물 학명 색인

지명 색인

성경 장절 색인

성경 낱말 색인

히브리어와 아람어 낱말들

그리스어 낱말들

라틴어 낱말들